Minibijbel
Vegetarische gerechten

Minibijbel
Vegetarische gerechten

De 500 beste recepten zonder vlees

Onder redactie van Valerie Ferguson

Oorspronkelijke titel: Vegetarian

© 2001 Anness Publishing Ltd., Londen

Uitgever: Joanna Lorenz
Eindredactie: Helen Sudell
Redactie: Valerie Ferguson
Ontwerp: Carole Perks
Productiecoördinatie: Steve Lang

Recepten:
Catherine Atkinson, Alex Barker, Michelle Berriedale-Johnson, Angela Boggiano, Kathy Brown, Carla Capalbo, Kit Chan, Jacqueline Clark, Carole Clements, Trish Davies, Roz Denny, Patrizia Diemling, Matthew Drennan, Sarah Edmonds, Rafi Fernandez, Christine France, Silvano Franco, Shirley Gill, Nicola Graimes, Rosamund Grant, Carole Handslip, Rebekah Hassan, Deh-Ta Hsuing, Shehzad Husain, Christine Ingram, Judy Jackson, Manisha Kanani, Sheila Kimberley, Sara Lewis, Patricia Lousada, Lesley Mackley, Sue Maggs, Kathy Man, Sally Mansfield, Norma Miller, Sallie Morris, Annie Nichols, Maggie Pannell, Katherine Richmond, Jennie Shapter, Anne Sheasby, Liz Trigg, Hilaire Walden, Laura Washburn, Steven Wheeler, Elizabeth Wolf-Cohen, Jeni Wright.

Foto's:
William Adams-Lingwood, Karl Adamson, Edward Allwright, Steve Baxter, Nicki Dowey, James Duncan, John Freeman, Ian Garlick, Michelle Garrett, John Heseltine, Amanda Heywood, Ferguson Hill, Janine Hosegood, David Jordan, Dave King, Don Last, Patrick McLeavey, Michael Michaels, Steve Moss, Thomas Odulate, Simon Smith, Sam Stowell, Polly Wreford.

© 2002 Nederlandstalige editie: Veltman Uitgevers, Utrecht

Productie Nederlandstalige editie: TextCase, Groningen
Vertaling: TextCase, Wilma Hoving, Tal Maes, Susan Tate
Redactie: TextCase, Kirsten Pijl
Omslagontwerp: Ton Wienbelt, Den Haag
Opmaak: De ZrIJ, Utrecht

ISBN 978 90 483 0708 1

5e druk 2012

Dit boek is eerder verschenen onder ISBN 978 90 483 0165 2 en ISBN 978 90 5920 039 5

Alle rechten voorbehouden.

Hoeveelheden

Wanneer hoeveelheden in lepels worden aangegeven, gaat het altijd om afgestreken lepels: 1 theelepel (tl) is 5 ml en 1 eetlepel (el) is 15 ml.

Tenzij anders aangegeven worden er in de recepten eieren van gemiddelde grootte (M) gebruikt.

Inhoud

Inleiding	6
Vegetarische ingrediënten	8
Technieken	10
Basisrecepten	12
Soepen en voorgerechten	14
Dipsauzen, spreads en snacks	40
Klassieke vegetarische recepten	62
Pittig en gekruid	98
Vetarme vegetarische gerechten	128
Speciale gelegenheden	158
Bijgerechten en salades	196
Brood en hartige taarten	232
Register	254

Inleiding

Spannend en verrassend eten is tegenwoordig vaak vegetarisch. Bij het zien van de heerlijke soepen, voorgerechten, snacks, salades en hoofdgerechten uit de vegetarische keuken kun je je bijna niet

meer voorstellen dat vegetarisch eten ooit beschouwd werd als saai of onsmakelijk.

Het plezier van vegetarisch koken begint al lang voordat u in de keuken gaat staan. Wat is er prettiger dan verse kruiden plukken, ze kneuzen met de vingers, waardoor hun heerlijke geur vrijkomt? Of slenteren over een markt en uw mand vullen met donkerpaarse aubergines, dikke, rode tomaten, glanzende paprika's, kleine radijsjes of vette venkelknollen met ragfijn loof? Veel kookliefhebbers genieten al van het kopen van specerijen, een nieuwe olie of azijn of het ontdekken van een winkel die lekkere, verse pasta verkoopt.

De dagen dat vegetarische recepten werden geassocieerd met 'bruine gerechten met bonen' zijn allang voorbij. Vegetarisch eten is weliswaar een tijd onpopulair geweest, maar tegenwoordig is het vegetarisch wat de klok slaat. Bezoek een willekeurig goed restaurant, bij voorkeur tijdens de lunch, en u vindt geweldige gerechten zonder vlees of vis op de kaart. Gegrilde plakjes aubergine of courgette met geitenkaas ertussen geserveerd met een rijke tomatensaus, pasta met pesto en pijnboompitten, bladerdeegbakjes gevuld met jonge groenten, aspergerisotto – deze heerlijke gerechten staan niet zozeer op de kaart omdat ze vegetarisch zijn, maar omdat de gasten ze echt lekker vinden.

Voor dit soort lekkernijen hoeft u tegenwoordig niet meer naar een restaurant te gaan. Dit boek bevat meer dan vijfhonderd lekkere, aantrekkelijk uitziende recepten zonder vlees of vis. Hoewel niet het uitgangspunt van dit kookboek zijn de meeste van de recepten ook nog eens heel gezond; behalve frivole snacks zult u heel verantwoorde recepten tegenkomen. Dus als u een diner begint met cock-

tails en borrelhapjes, kunt u ervoor kiezen een gezond hoofdgerecht te serveren, zoals het stoofpotje met gemengde groenten en linzen of de lasagne met spinazie en hazelnoten uit het hoofdstuk Vetarme vegetarische gerechten. Een evenwichtig voedingspatroon is niet zo moeilijk te bereiken. Probeer zo veel mogelijk fruit, groenten, peulvruchten, noten, zaden, rijst, brood, pasta en aardappels te eten en neem genoeg zuivelproducten of zuivelvrije alternatieven. Beperk het eten van zoetigheid, vette en calorierijke voedingsproducten tot een minimum. (In dit boek staan geen recepten voor nagerechten en gebak – een goed begin!)

Omdat u uit zo veel recepten kunt kiezen, hoeft het koken voor speciale gelegenheden nooit meer een te nachtmerrie zijn. Er is een heel hoofdstuk gewijd aan gerechten die u uw vrienden vast en zeker wilt voorzetten, zoals de courgettebeignets met pistou, de taart met veldchampignons, noten en pruimen of de pastinaaksoesjes. Misschien wilt u liever een themadineetje geven? U kunt dan bijvoorbeeld kiezen uit gerechten uit China, India, Griekenland of Marokko. Ook kunt u voor inspiratie in het hoofdstuk Pittig en gekruid terecht.

Waarschijnlijk is dit boek net zo interessant voor niet-vegetariërs als voor vegetariërs. De niet-vegetariërs kunnen aan de recepten eventueel garnalen of reepjes kip toevoegen of in sommige recepten kippenbouillon in plaats van groentebouillon gebruiken. Toch willen we benadrukken dat indien u als vleeseter wilt koken voor een vegetariër, u de recepten in dit boek zorgvuldig moet volgen. Laat niet alleen de voor de hand liggende ingrediënten weg, zoals vlees, gevogelte en vis, maar vermijd ook producten die niet-vegetarische ingrediënten kunnen bevatten, zoals vissaus of worcestersaus.

Enkele recepten bevatten kaas. We hebben geen vegetarische kaas gebruikt, omdat we ervan uitgaan dat toegewijde vegetariërs zelf wel weten welke kazen ze willen eten en dat veganisten de recepten zonder zuivelproducten zullen uitkiezen. Hoewel er bepaalde soorten kazen in de ingrediëntenlijsten worden opgevoerd, is het bijna altijd mogelijk ze te vervangen door andere, zolang het maar soortgelijke varianten zijn. Vegetarische cheddar zal bijvoorbeeld niet hetzelfde resultaat opleveren als parmezaanse kaas, maar zal desalniettemin prima smaken.

Vegetarische ingrediënten

De belangrijkste regel bij de aanschaf van vegetarische ingrediënten is het kopen van zo vers mogelijke producten. Koop kleine hoeveelheden en koop vaker in. Kijk voortdurend uit naar nieuwe en spannende ingrediënten. Vegetarisch eten wordt steeds populairder en het aanbod voedingsmiddelen groeit daarin mee. Waren vegetarische producten ooit alleen in natuurvoedingswinkels te koop, nu vindt u ze ook steeds meer in supermarkten. Ook de vraag naar biologische producten neemt de laatste tijd enorm toe.

Groenten en fruit

Koop zo mogelijk groente en fruit van lokale telers en combineer die met producten van eigen grond met een aantal exotische importgewassen. Enkele supermarktketens ondersteunen ook biologische boeren; het ekokeurmerk staat duidelijk vermeld op de etiketten. Sommige natuurvoedingswinkels bieden groente- en/of fruittasjes aan, die elke week kunnen worden afgehaald. Waarmee de tasjes worden gevuld, is afhankelijk van wat zojuist is geoogst. Deze producten zijn dus heerlijk vers. Het is een uitstekende manier om aan groenten als spinazie of snijbiet te komen. Ook boerenmarkten zijn goede plekken voor het kopen van vers fruit en verse groenten. Als u op het platteland woont, kijk dan uit naar stalletjes langs de weg. Hier verkoopt men vaak tegen redelijke prijzen producten die niet altijd in de winkel zijn te krijgen, zoals verschillende soorten pompoen. Ook belangrijke smaakmakers als gember en knoflook moeten natuurlijk vers zijn.

tomaten

snijbiet

winterpompoen

appels

knoflook

aubergines

Kruiden en specerijen

Zelf kruiden verbouwen is het leukst. U hoeft hiervoor echt geen grote tuin te hebben, een kleine kas op de vensterbank of een paar potten op een binnenplaatsje kunnen al een grote oogst opleveren. Vaste kandidaten zijn munt en peterselie, bij voorkeur bladpeterselie, maar u kunt ook tijm, basilicum, salie of oregano of majoraan verbouwen. En als het even mogelijk is, voeg dan koriander, bieslook, kervel, dragon, rozemarijn en laurier toe. U kunt verse kruiden natuurlijk ook in de supermarkt kopen, maar gebruik ze dan wel onmiddellijk na aankoop. Gedroogde kruiden verliezen hun krachtige smaak vrij snel, schaf ze daarom in kleine hoeveelheden aan, bewaar ze op een koele, droge plek (geen direct zonlicht) en vervang ze zodra ze muf beginnen te worden. U kunt het best hele specerijen en zaden kopen en ze op het moment van gebruik fijnmalen in een molen. De smaak van specerijen wordt intenser door ze voor gebruik even droog te bakken. Belangrijke specerijen zijn kardemompeultjes, komijnzaad, korianderzaad, stokjes kaneel, nootmuskaat, gedroogde chilipepers, chilipoeder, cayennepeper, paprikapoeder, Chinees vijfkruidenpoeder, garam masala, saffraan, gemalen geelwortel en kerriepoeder.

bladpeterselie

basilicum

kaneel

bieslook en laurierblaadjes

korianderzaad en -blad

Met de klok mee vanaf boven: selderijzaad, chilipoeder, chilivlokken en cayennepeper

VEGETARISCHE INGREDIËNTEN

Granen, pasta en peulvruchten

Deze droge ingrediënten bewaart u in de voorraadkast. Rijst vormt een basis voor stoofgerechten, gebakken en gevulde groenten en is onmisbaar voor de vegetarische kok. Probeer naast langkorrelige witte rijst en zilvervliesrijst ook eens basmatirijst met zijn heerlijke aroma en smaak. Spoel de rijst voor gebruik goed schoon en laat hem eventueel even weken in het laatste spoelwater. Voor risotto hebt u kortkorrelige rijst nodig, zoals arborio en carnaroli. Bulgur is al een gedeeltelijk voorbehandelde graansoort en hoeft voor gebruik alleen nog maar even te worden geweekt. Bulgur vormt de basis voor tabbouleh en smaakt ook goed in pilav- en ovengerechten. Een andere lekkere korrel die om weinig voorbereiding vraagt, is couscous. Couscous is gemaakt van harde tarwe. Gedroogde pasta is in verrassend veel vormen te krijgen. Sommige minder bekende vormen komen in dit boek voor, maar u kunt ze altijd vervangen door een andere pastavorm die u in de voorraadkast hebt staan. Gedroogde einoedels zijn in veel oosterse gerechten onmisbaar.

Verse pasta is tegenwoordig bijna overal te koop. Ga op zoek naar een adres waar ze goede, verse pasta hebben en schaf de pasta pas aan op het moment dat u hem gaat gebruiken. Of maak aan de hand van het basisrecept in dit boek zelf verse pasta.

Peulvruchten, zoals gedroogde bonen, spliterwten en linzen, zijn lang houdbaar en heel belangrijk in de vegetarische keuken. Veel peulvruchten moeten eerst een nacht worden geweekt.

rijst

gedroogde pasta

linzen

gedroogde bonen

Uit koelkast en vriezer

Zuivelproducten leveren waardevolle proteïnen, calcium en de vitaminen B12, A en D. Zuivelproducten kunnen echter ook een hoog vetgehalte hebben, zoals eieren. Ga op zoek naar de vegetarische versies van uw favoriete kazen (gemaakt met vegetarisch stremsel). Yoghurt, crème fraîche en fromage frais kunt u ook goed gebruiken, evenals tofu. Dit product heeft een hoog proteïne-gehalte en is gemaakt van sojabonen. Tofu is in verschillende vormen verkrijgbaar. Hij kan in blokjes worden gesneden en dan worden gebakken. Tempé is iets nootachtiger van smaak. Bewaar filo-, korst- en bladerdeeg in de vriezer, maar laat ze voor gebruik eerst langzaam ontdooien. Noten kunt u ook goed bewaren in de vriezer.

mezaanse kaas

tofu

zure room en crème fraîche

Uit de provisiekast

Met een goed uitgeruste voorraadkast tovert u altijd een maaltijd op tafel. Behalve pasta, peulvruchten en granen is het handig diverse soorten bloem, gedroogde gist, polenta en haver in huis te hebben. Leg ook een klein voorraadje noten aan. Handig zijn ook gedroogde paddestoelen, zongedroogde tomaten en pepers. Zongedroogde tomaten kunt u ook op olie in potten kopen. Andere producten in pot zijn: pesto (groene en rode), tahin (sesampasta), pindakaas, kappertjes, olijven en mierikswortel. Handige sauzen zijn passata (gezeefde tomaten), verschillende soorten sojasaus, zwartebonensaus en de vegetarische varianten van oestersaus en worcestersaus. U hebt ook een aantal soorten azijn nodig, waaronder balsamico- en rijstazijn, en verschillende soorten olie, zoals olijfolie, zonnebloemolie, sesamolie, arachideolie en walnotenolie. Als u vetarm wilt koken, is een spuitbus olie aan te raden. Blikken kunnen veel plaats innemen, maar het is de moeite waard een aantal van uw favorieten in huis te hebben, zoals tomaten, kidneybonen, boterbonen, flageolets, kikkererwten, maïskorrels, artisjokharten en bamboescheuten. Kokosmelk uit blik is handig voor in groentecurry's en soepen.

gemengde noten

bonen uit blik

wijnazijn

Technieken

Als u een paar handige, snelle technieken niet beheerst, kunnen zelfs de eenvoudigste taken in de keuken meer tijd kosten dan nodig is. Hieronder staan enkele stap-voor-stapaanwijzingen voor het bereiden van verschillende ingrediënten. Hiermee bespaart u tijd. U hebt, behalve een scherp mes, geen speciale keukenapparatuur nodig.

Uien snipperen

1 Snijd een gepelde ui doormidden, snijd de helften met de snijkant naar beneden op een plank verticaal in plakjes.

2 Maak twee horizontale inkepingen van de top naar het wortelgedeelte, maar snijd de ui niet door. Snijd de ui vervolgens in snippers.

Groenten julienne snijden

1 Snijd de groenten in stukken van 5 cm lang en dan in plakjes van 3 mm dik.

2 Leg de plakjes op elkaar en snijd ze over de lengte in luciferdunne reepjes.

Tomaten ontvellen en snijden

1 Snijd de tomaten bovenop kruislings in. Leg ze in een ovenschaal en schenk er kokend water over.

2 Laat de tomaten 30 sec. staan tot de velletjes loskomen van het vruchtvlees. Giet het water af, ontvel de tomaten en snijd ze in blokjes.

Kruiden fijnhakken

1 Verwijder de dikke stelen van de kruiden. Leg de kruiden op een hoopje op een plank en snijd ze fijn: eerst in de ene, vervolgens in de andere richting. Gebruik een scherp mes of een *mezzaluna* (wiegmes).

Groenten blancheren

1 Breng een pan met heet water aan de kook en doe de groenten in de pan. Breng het water weer aan de kook.

2 Kook de groenten 1-2 min., giet ze af en spoel ze af onder koud stromend water. Laat de groenten vervolgens goed uitlekken.

Paprika's roosteren en ontvellen

1 Laat de paprika's heel of snijd ze doormidden en verwijder de zaadjes. Leg ze op een rooster onder de grill. Draai ze regelmatig om tot de velletjes bruine schroeiplekken krijgen. Ze mogen niet te zwart worden.

2 Stop de paprika's in een plasticzak en knoop die dicht, of leg ze in een kom en bedek ze met keukenpapier. Ontvel de paprika's zodra de stoom hun vel zachter heeft gemaakt. Verwijder eventueel nog de bittere zaden.

Knoflook kneuzen

1 Druk met de platte kant van een mes stevig op een teentje knoflook en verwijder het velletje.

2 Hak het knoflook grof en bestrooi het met wat zout. Kneus het knoflook vervolgens tot een zachte pasta met de platte kant van een mes.

Chilipepers voorbereiden

1 Snijd de chilipeper over de lengte doormidden. Laat de zaadjes zitten of schraap ze eruit en gooi ze weg.

2 Snijd of hak de chilipeper fijn. Was het mes, de plank en uw handen in heet water schoon met zeep. Chilipepers bevatten een stof die gevoelige huid verbrandt. Wrijf nooit in uw ogen of over uw lippen als u net chilipepers hebt bereid.

Verse gemberwortel voorbereiden

1 Schil een stuk verse gemberwortel met een groenteschiller of klein mesje en snijd hem in plakjes.

2 Leg de plakjes op een plank en snijd ze in dunne reepjes of draai de reepjes nog een kwartslag en snijd ze fijn. Gemberwortel kan ook worden geraspt. U hoeft hem dan niet eerst te schillen.

Citroengras voorbereiden

1 Verwijder de buitenste, harde bladeren van het citroengras. Snijd het kontje en de uiteinden eraf, zodat een stuk van ca. 10 cm overblijft.

2 Snijd het citroengras over de lengte doormidden en snijd het heel fijn. Hele stukken citroengras kunnen voor de smaak aan gerechten worden toegevoegd en vlak voor serveren worden verwijderd.

Specerijen malen

1 Bak hele specerijen kort in een droge pan en maal ze in een vijzel met een stamper tot een fijn poeder.

2 U kunt de specerijen ook fijnmalen in een specerij- of koffiemolen, die u alleen voor dit doel gebruikt. Met een kwastje verwijdert u de gemalen specerijen uit de molen.

Peulvruchten voorbereiden

1 Was de peulvruchten goed. Doe ze in een kom met flink wat koud water en laat ze 4-8 uur weken.

2 Giet de peulvruchten af, spoel ze af met koud water en giet ze dan weer af. Breng ze in ruim water aan de kook en kook ze 10 min. op hoog vuur. Draai het vuur lager en laat ze zacht sudderen. Giet ze af en voeg zout en peper toe.

> Linzen hoeft u niet eerst te weken, hoewel u daarmee wel de kooktijd verkort. Rode linzen zijn gekookt erg zacht en zijn uitstekend geschikt om te pureren. Groene en bruine linzen zijn steviger en behouden hun textuur beter. Bruine linzen zijn het pittigst.

Basisrecepten

De recepten in dit boek staan over het algemeen op zichzelf, maar er is een aantal basisrecepten dat telkens terugkeert, zoals groentebouillon, tomatensaus, gearomatiseerde olie, pizza- en pastadeeg. Natuurlijk kunt u deze producten vervangen door kant-en-klare ingrediënten, maar probeer ze ook eens zelf te maken, dan smaken ze namelijk nog beter.

Pizzadeeg
Voor 1 ronde pizzabodem van 25-30 cm doorsnede
175 g bloem
¼ tl zout
1 tl gedroogde gist
1,5 dl lauwwarm water

Pastadeeg
Voor 6 personen
300 g Italiaanse tarwebloem (type 00) of bloem
1 tl zout
3 eieren, losgeklopt

Tomatensaus
Voor ca. 3,5 dl
1 el olijfolie
1 ui, gesnipperd
1 teentje knoflook, geperst
400 g blokjes tomaat uit blik
1 el tomatenpuree
1 el fijngehakte gemengde verse kruiden (peterselie, tijm, oregano, basilicum)
snufje suiker
zout en versgemalen zwarte peper

1 Zeef bloem en zout in een kom en voeg de gist toe. Doe het water erbij en kneed het geheel tot een zacht, soepel deeg. Leg het deeg in een schone kom en dek het af met een stuk licht met olie ingevette huishoudfolie. Laat het deeg ca. 1 uur rijzen op een warme plek tot het in volume is verdubbeld.

1 Doe de bloem en het zout in een keukenmachine met metalen messen. Doe er 1 losgeklopt ei bij en mix dit op de hoogste stand. Voeg de rest van de eieren toe en laat de machine kort draaien.

2 Kneed het deeg 5 min. op een schoon werkvlak als u een pastamachine gaat gebruiken; 10 min. als u pasta met de hand gaat maken. Het deeg moet heel zacht en soepel zijn. Wikkel het deeg in een stuk huishoudfolie en laat het 15-20 min. rusten alvorens het uit te rollen en er pasta van te maken.

Pastadeeg maken met de hand

1 Verhit de olie in een pan en bak de ui en het knoflook op laag vuur zacht. Roer er tomaten, tomatenpuree, kruiden en suiker door en voeg zout en peper toe.

2 Laat de saus onafgedekt onder af en toe roeren 20 min. sudderen tot hij is ingedikt. Gebruik de saus direct of laat hem afkoelen en zet hem in de koelkast.

2 Kneed het deeg 2 min. door en rol het uit tot een ronde lap van 25-30 cm doorsnede. Leg de lap deeg op een ingevette bakplaat en duw de rand iets omhoog. Beleg en bak de pizza.

> **Tip van de kok**
> *Meng en kneed het deeg eventueel in een keukenmachine, maar laat het rijzen in een kom.*

1 Maak een kuiltje in de bloem, breek de eieren erboven en voeg het zout toe. Kneed het geheel, daarbij van binnen naar buiten werkend tot alle bloem is opgenomen. Kneed het deeg verder zoals hierboven beschreven.

> **Tip van de kok**
> *Gebruik deze tomatensaus op pizza's of in pastagerechten. Schep de saus over gekookte bloemkool, strooi er wat geraspte kaas over en gril het geheel tot de kaas gaat bubbelen.*

Groentebouillon
Voor ca. 2,4 l
2 grote uien, grof gehakt
2 stengels prei, in ringen
3 teentjes knoflook, geperst
3 wortels, in stukken
4 stengels bleekselderij, in plakjes
1 lange reep afgesneden citroenschil
12 takjes verse peterselie
een paar takjes verse tijm
2 laurierblaadjes
2,4 l water

1 Doe ui, prei, knoflook, wortels en bleekselderij in een grote pan. Voeg citroenschil, peterselie, tijm en laurier toe. Giet het water in de pan en breng het geheel aan de kook. Schep het schuim van de bovenkant af.

2 Draai het vuur lager en laat het geheel onafgedekt 30 min. sudderen. Zeef de bouillon, voeg zout en peper toe en laat hem afkoelen. Dek de bouillon af en bewaar hem in de koelkast.

Tip van de kok
Bespaar meer ruimte in uw vriezer door de groentebouillon tot de helft in te koken en in te vriezen als ijsblokjes. Voeg als u de bouillon ontdooit dezelfde hoeveelheid water toe.

Franse dressing
Voor ca. 1,2 dl
6 el olijfolie
1 el wittewijnazijn
1 tl Franse mosterd
snufje suiker
zout en versgemalen zwarte peper

1 Giet de olie in een pot met schroefdeksel en voeg de mosterd en suiker toe.

2 Draai het deksel erop en schud goed. Breng op smaak met zout en peper.

Mayonaise
Voor ca. 3,5 dl
2 eierdooiers
1 el dijonmosterd
2 el citroensap of wittewijnazijn
3 dl olie (plantaardige olie, maïsolie of milde olijfolie)
zout en versgemalen zwarte peper

1 Doe eierdooiers, mosterd, de helft van het citroensap of de azijn en een snufje zout in een keukenmachine en mix het geheel 10 min. Schenk ondertussen de olie er voorzichtig bij, eerst druppelsgewijs, later in een dun straaltje. Laat de machine draaien tot een dikke, romige mayonaise ontstaat. Proef de mayonaise, voeg zo nodig de rest van het citroensap of de azijn toe en breng de mayonaise op smaak met zout en peper.

Chiliolie
Voor ca. 1,5 dl
1,5 dl olijfolie
2 tl tomatenpuree
1 el gedroogde chilipepervlokken

1 Verhit de olie op hoog vuur in een pan en roer de tomatenpuree en chilipepervlokken erdoor. Laat de olie afkoelen.

2 Schenk de olie in een klein flesje. Sluit het goed en bewaar de olie maximaal 2 maanden in de koelkast (hoe langer, hoe heter hij wordt).

Knoflookolie
Voor ca. 1,2 dl
3-4 teentjes knoflook
1,2 dl olijfolie

1 Pel de teentjes knoflook en stop ze in een klein potje of flesje. Giet de olie erover, sluit goed af en bewaar de olie maximaal 1 maand in de koelkast.

Koude tomaten-paprikasoep

Geroosterde, rode paprika's geven deze soep een zoete, licht gerookte smaak. De combinatie met zongerijpte tomaten is verrukkelijk.

Voor 4 personen
2 rode paprika's, gehalveerd en zonder zaadjes
3 el olijfolie
1 ui, gesnipperd
2 teentjes knoflook, geperst
675 g rijpe tomaten
1,5 dl rode wijn
6 dl groentebouillon
zout en versgemalen zwarte peper
geknipt bieslook ter garnering

Voor de croutons
2 sneetjes stevig witbrood, zonder korst
4 el olijfolie

1 Leg de paprikahelften met de bolle kant naar boven op een rooster en gril ze tot de velletjes zwartgeblakerd zijn. Leg de paprika's in een kom en bedek ze met verkreukeld keukenpapier. Laat de paprika's afkoelen.

2 Verhit de olie in een grote pan en bak hierin ui en knoflook zacht. Ontvel ondertussen de paprika's en snijd het vruchtvlees in grove stukken. Snijd de tomaten in blokjes.

3 Voeg paprika en tomaat toe aan het uienmengsel, dek de pan af en laat het geheel 10 min. sudderen. Schenk de wijn erbij en laat het geheel nog 5 min. sudderen. Doe de bouillon erbij, voeg zout en peper toe en laat het geheel nog 20 min. sudderen.

4 Snijd het brood in dobbelsteentjes. Verhit de olie in een kleine koekenpan en bak de dobbelsteentjes goudbruin. Schep ze uit de pan en laat ze uitlekken op keukenpapier. Bewaar ze afgekoeld in een luchtdichte doos.

5 Pureer de soep met een staafmixer. Giet hem in een schone aardewerken kom, laat hem afkoelen en zet hem 3 uur in de koelkast. Serveer de soep in gekoelde kommen en strooi de croutons en het geknipte bieslook erover.

Gazpacho

Tomaten, komkommer en paprika vormen de basis van deze klassieke, koude soep.

Voor 4 personen
2 sneetjes stevig witbrood
1 kg tomaten
6 dl koud water
1 komkommer
1 rode paprika, gehalveerd, zonder zaadjes en in stukjes
1 groene chilipeper, zonder zaadjes en fijngehakt
2 teentjes knoflook, fijngehakt
2 el olijfolie extra vierge
sap van 1 limoen en 1 citroen
enkele druppels tabasco
zout en versgemalen zwarte peper
handvol blaadjes basilicum ter garnering
ijsblokjes en avocadosalsa (naar keuze) om te serveren

Voor de knoflookcroutons
2 sneetjes stevig witbrood, zonder korst
1 teentje knoflook, gehalveerd
1 el olijfolie

1 Week het brood 5 min. in 1,5 dl water. Leg de tomaten ondertussen 30 sec. in een kom met kokend water. Giet ze af, ontvel ze, verwijder de zaadjes en snijd het vruchtvlees in blokjes.

2 Schil de komkommer dun, snijd hem doormidden en rits de zaadjes er met een theelepel uit. Snijd het vruchtvlees in blokjes.

3 Pureer in een keukenmachine het geweekte brood, de tomaten, de komkommer, de paprika, de chilipeper, het knoflook, de olijfolie, het limoen- en citroensap, de tabasco en de rest van het gekoelde water tot een grove puree. Schenk de soep in een kom en voeg zout en peper toe. Zet de soep 2-3 uur in de koelkast.

4 Wrijf de sneetjes brood in met het knoflook en snijd ze in blokjes. Hussel ze door de olijfolie tot ze rondom vet zijn. Verhit een grote pan met antiaanbaklaag en bak de croutons op matig vuur knapperig en goudbruin. Laat ze uitlekken op keukenpapier.

5 Schep de soep in kommen en voeg per kom twee blokjes ijs toe. Garneer soep met basilicum. Schep er eventueel de avocadosalsa op en geef de croutons er apart bij.

Avocadosalsa

Schep een beetje van deze lekkere salsa op Gazpacho of serveer hem met chips of stokbrood.

Voor 4 personen
1 rijpe avocado
1 tl citroensap
2,5 cm komkommer, in blokjes
½ rode chilipeper, fijngehakt

1 Snijd de avocado doormidden, verwijder de pit en schil hem. Snijd het vruchtvlees in blokjes en doe ze in een kom. Roer om verkleuring te voorkomen direct het citroensap erdoor.
2 Meng de avocado met de blokjes komkommer en de fijngehakte chilipeper en serveer direct.

Koude soep met komkommer, yoghurt en walnoten

Het zijn de walnoten die deze frisse soep zo bijzonder maken.

Voor 5-6 personen
1 komkommer
4 teentjes knoflook, gepeld
½ tl zout
75 g walnoten, gepeld
40 g stevig witbrood, in stukken
2 el walnotenolie
4 dl yoghurt
1,2 dl koud mineraalwater zonder koolzuur
1-2 tl citroensap

Voor de garnering
40 g walnoten, grof gehakt
5 el olijfolie
takjes verse dille

1 Halveer de komkommer over de lengte en schil de ene helft. Snijd beide helften in blokjes, en zet ze even weg.

2 Wrijf in een vijzel het knoflook en zout met een stamper fijn. Voeg de walnoten toe en wrijf ze door het mengsel. Voeg dan het brood toe en wrijf het geheel tot een glad mengsel. Giet geleidelijk de walnotenolie erdoor en wrijf het geheel met de stamper goed door elkaar.

3 Schep het mengsel in een grote kom en meng het met de yoghurt en de komkommer. Klop het mineraalwater en het citroensap door het mengsel. Zet de soep even in de koelkast.

4 Schenk de soep in gekoelde kommen. Strooi de grof gehakte walnoten erover en besprenkel de walnoten met wat olijfolie. Garneer de soep met verse dille.

Tip van de kok
Als u van gladde soep houdt, pureert u hem vlak voor het serveren met een staafmixer of in een keukenmachine.

Koude amandelsoep

Een keukenmachine is hier onontbeerlijk, tenzij u de tijd hebt voor het fijnstampen van de ingrediënten voor deze verfrissende, Spaanse soep.

Voor 6 personen
4 sneetjes stevig witbrood, zonder korst
7,5 dl gekoeld water
115 g blanke amandelen
2 teentjes knoflook, in plakjes
5 el olijfolie
5 tl sherryazijn
zout en versgemalen zwarte peper
geroosterd amandelschaafsel en ontvelde pitloze druiven ter garnering

1 Scheur het brood boven een kom in stukken en giet er 1,5 dl water bij. Laat het brood 5 min. weken.

2 Hak in een keukenmachine de amandelen en het knoflook zeer fijn. Voeg het geweekte witbrood toe en pureer het geheel tot een gladde massa.

3 Voeg ondertussen geleidelijk de olie toe via het gat in de bovenkant tot een gladde pasta ontstaat. Voeg de sherryazijn en de rest van het gekoelde water toe en pureer het geheel tot alle ingrediënten goed zijn gemengd.

4 Giet de soep in een kom en breng hem op smaak met zout en peper. Voeg als de soep te dik is extra water toe. Zet de soep minimaal 3 uur in de koelkast.

5 Schep de soep in gekoelde kommen en verdeel het amandelschaafsel en de ontvelde druiven erover.

Tip van de kok
U kunt amandelen ook zelf ontvellen. Doe de noten in een kom, giet er kokend water op en laat ze 5 min. staan. Giet ze af en wrijf de velletjes er met de palm van uw handen vanaf.

Koude soep met aardappel en prei

De zurige smaak van de yoghurt vult de subtiele maar bijzondere smaak van deze roomzachte soep uitstekend aan.

Voor 4 personen
2 el boter
1 el plantaardige olie
1 kleine ui, gesnipperd
3 stengels prei, in ringen
2 bloemige aardappels, in blokjes
ca. 6 dl groentebouillon
ca. 3 dl melk
3 el slagroom
zout en versgemalen zwarte peper
4 el yoghurt en gebakken prei-ringen om te serveren

1 Verhit boter en olie in een grote pan met zware bodem en bak hierin ui, prei en aardappels. Dek de pan af en bak het geheel 15 min. op laag vuur tot de groenten zacht zijn en de ui goudbruin is; schep het regelmatig om.

2 Roer de bouillon en de melk erdoor. Breng het geheel aan de kook, draai het vuur lager en dek de pan af. Laat het geheel 10 min. sudderen.

3 Laat de soep een beetje afkoelen en pureer hem dan, eventueel in gedeelten, in een keukenmachine of met een staafmixer. Schenk de soep in een kom en roer de slagroom erdoor. Breng de soep op smaak met veel zout en peper.

4 Laat de soep afkoelen. Dek hem af en zet hem 3-4 uur in de koelkast. Voeg vlak voor serveren nog wat extra melk of koude groentebouillon toe om de soep wat te verdunnen.

5 Schep de soep in gekoelde kommen en giet in elke kom een scheutje yoghurt. Garneer met gebakken prei.

> **Tip van de kok**
> Voor de garnering hebt u 1-2 dunne, jonge stengels prei nodig. Maak de stengels schoon en snijd ze in ringen. Bak ze licht knapperig in een mengsel van boter en olijfolie.

Koude kokossoep

Deze verfrissende, lichte soep is zeer geschikt als voorgerecht in de zomer. U kunt hem ter verkoeling eventueel ook na een pittige curry serveren.

Voor 6 personen
1,2 l melk
225 g gedroogde gemalen kokos
4 dl kokosmelk
4 dl groentebouillon
2 dl slagroom
½ tl zout
½ tl versgemalen witte peper
1 tl suiker
klein bosje verse koriander

1 Breng in een grote pan de melk aan de kook. Meng het gemalen kokos erdoor en draai het vuur lager. Laat het mengsel onder af en toe roeren 30 min. sudderen en pureer het in een keukenmachine tot een glad geheel. Dit duurt ongeveer 5 min. Pauzeer regelmatig om de zijkanten van de kom schoon te schrapen.

2 Maak de pan schoon om de resten kokos te verwijderen. Schenk het melkmengsel erin en voeg de kokosmelk toe. Roer de bouillon, de slagroom, het zout, de peper en de suiker erdoor. Breng het geheel aan de kook en roer de soep af en toe door. Draai het vuur lager en laat de soep 10 min. sudderen.

3 Houd enkele blaadjes koriander apart voor de garnering, hak de rest fijn. Roer de fijngehakte koriander door de soep. Schenk de soep in een grote kom en laat hem afkoelen. Dek de soep af en laat hem koud worden in de koelkast.

4 Breng de soep vlak voor serveren eventueel nog op smaak met zout en peper. Serveer de soep in gekoelde kommen. Garneer hem met blaadjes koriander.

> **Tips van de kok**
> • Gebruik geen gezoet kokos, want dat bederft de smaak van de soep.
> • Neem een pittige groentebouillon. Concentreer de smaak van de bouillon zo nodig door hem eerst in te koken.

Franse uiensoep

Deze klassieke, Franse soep is over de hele wereld populair. In de soep drijft traditioneel een stukje brood met daarop ietwat taaie, gesmolten gruyère.

Voor 4 personen
50 g boter
2 grote uien, in ringen
2 tl bloem
1 l groentebouillon
4 el droge witte wijn of 2 el droge sherry
4 sneetjes knapperig witbrood
150 g geraspte gruyère of emmentaler
zout en versgemalen zwarte peper

1 Verhit de boter in een grote pan met zware bodem. Voeg de uiringen toe en bak ze op matig vuur in ca. 12 min. lichtbruin. Schep ze zo nu en dan om. Roer de bloem erdoor en bak het geheel al omscheppend tot de bloem zandkleurig is.

2 Schenk de bouillon en de wijn of sherry in de pan en breng het geheel al roerend aan de kook. Voeg zout en peper toe, dek de pan af en laat het geheel 15 min. sudderen.

3 Leg de sneetjes brood naast elkaar onder de grill en rooster ze licht goudbruin. Verdeel de geraspte kaas over de sneetjes brood. Leg de broodjes weer onder de grill tot de kaas begint te bubbelen. Leg de kaasbroodjes in vier voorverwarmde, ovenvaste kommen.

4 Schep met een schuimspaan de uien uit de soep en verdeel ze over de voorverwarmde kommen. Schenk de soep erover en Serveer direct.

> **Tips van de kok**
> • Zorg ervoor dat de uien lichtbruin zijn voordat u de bouillon toevoegt; op deze manier krijgt de soep een mooie kleur.
> • U kunt de gruyère of emmentaler vervangen door geraspte pittige oude kaas. De authentieke smaak en textuur gaan dan wel iets verloren.

Romige courgettesoep

Deze rijke, romige soep heeft een prachtige kleur en subtiele smaak.

Voor 4-6 personen
2 el olijfolie
1 el boter
1 ui, gesnipperd
900 g courgette, in plakjes
1 tl gedroogde oregano
6 dl groentebouillon
115 g zachte blauwe kaas, zonder korst en in stukjes
3 dl slagroom
zout en versgemalen zwarte peper
verse oregano en extra zachte blauwe kaas ter garnering

1 Verhit de olie en boter in een grote pan tot ze gaan schuimen. Fruit de ui ca. 5 min. tot hij zacht maar nog niet bruin is.

2 Voeg plakjes courgette, oregano, zout en peper toe. Bak het geheel ca. 10 min. op matig vuur; schep het mengsel regelmatig om.

3 Voeg de bouillon toe en breng de soep al roerend aan de kook. Draai het vuur lager en laat de soep met het deksel schuin op de pan 30 min. pruttelen onder af en toe roeren. Roer de stukjes kaas erdoor tot ze zijn gesmolten.

4 Pureer de soep in een keukenmachine tot een glad mengsel. Druk de soep boven een schone pan door een zeef.

5 Voeg twee derde van de slagroom toe. Kook de soep al roerend, maar laat hem niet koken. Voeg als de soep te dik is extra bouillon toe. Breng het geheel op smaak met zout en peper en schenk de soep in voorverwarmde kommen. Garneer met verse oregano en extra kaas, en Serveer direct.

> **Tip van de kok**
> In natuurvoedingswinkels en sommige supermarkten kunt u verschillende soorten vegetarische kazen krijgen.

Waterkerssoep met peer

Peer en stilton zijn klassieke partners, maar ze worden vrijwel zelden samen in soep verwerkt. Dit gedistingeerde voorgerecht is zalig!

Voor 6 personen
1 bosje of zakje waterkers
4 peren
9 dl groentebouillon
1,25 dl crème fraîche
sap van 1 limoen
zout en versgemalen zwarte peper

Voor de stiltoncroutons
2 el boter
1 el olijfolie
3 sneetjes stevig witbrood, zonder korst, in blokjes
125 g stilton (of andere blauwe kaas)

1 Houd een derde van de waterkers apart, leg de rest in een grote pan en voeg de peren en bouillon toe. Breng het geheel aan de kook en laat het 15-20 min. zachtjes sudderen.

2 Laat het mengsel enigszins afkoelen en pureer het dan met bijna alle achtergehouden waterkers tot een gladde massa.

3 Schenk de soep in een schone pan en roer de crème fraîche en het limoensap erdoor. Breng de soep op smaak met zout en peper.

4 Verhit de boter en olie in een pan en bak de blokjes brood hierin goudbruin. Laat ze uitlekken op keukenpapier en verdeel ze over de bodem van een ondiepe ovenschaal. Verkruimel de kaas over het brood. Zet de schaal onder een hete grill, tot de kaas gaat bubbelen.

5 Warm ondertussen al roerend de soep weer op en schenk hem in voorverwarmde, diepe borden. Verdeel de croutons en de rest van de waterkers en serveer direct.

> **Tip van de kok**
> *Waterkers is niet zo lang houdbaar: de blaadjes verwelken snel. Gebruik de groente daarom binnen een dag na aankoop.*

Aspergesoep

Zelfgemaakte aspergesoep is lekkerder dan aspergesoep uit blik. Neem jonge, groene asperges, die zijn zachter en makkelijker te pureren.

Voor 4 personen
450 g jonge groene asperges
3 el boter
6 sjalotjes, gesnipperd
2 el bloem
6 dl groentebouillon of water
1 el citroensap
zout en versgemalen zwarte peper
2,5 dl melk
1,25 dl slagroom
2 tl fijngehakte verse kervel ter garnering

1 Snijd eventueel de houtachtige onderkanten van de asperges af. Snijd van de helft van de asperges de kopjes af (tot ca. 4 cm onder de kopjes) en houd ze apart ter garnering. Snijd de rest van de asperges in plakjes.

2 Verhit 2 el boter in een grote pan met dikke bodem en fruit de sjalotjes 2-3 min. op laag vuur glazig.

3 Voeg de asperges toe en bak ze ca. 1 min. op laag vuur. Roer de bloem erdoor en bak het geheel al omscheppend 1 min. Voeg al roerend de bouillon of het water, het citroensap, het zout en de peper toe. Breng de soep aan de kook, draai het vuur lager en laat de soep half afgedekt 15-20 min. pruttelen tot de asperges zeer zacht zijn.

4 Laat de soep enigszins afkoelen en pureer hem in een keukenmachine tot een glad mengsel. Wrijf de puree boven een schone pan door een zeef. Roer de melk door de soep.

5 Verhit de rest van de boter in een koekenpan en bak de aspergekopjes in 3-4 min. zacht op laag vuur.

6 Kook de soep 3-4 min. op laag vuur en roer de slagroom en de aspergekopjes erdoor. Schep de soep in voorverwarmde, diepe borden en strooi er fijngehakte verse kervel over. Serveer direct.

Soep met knoflook en koriander

Deze eenvoudige soep moet met de beste ingrediënten worden bereid: met vers knoflook, verse koriander, goede kwaliteit knapperig landbrood en olijfolie extra vierge.

Voor 6 personen
25 g verse koriander, steeltjes en blaadjes apart fijngehakt
1,5 l groentebouillon
5-6 teentjes knoflook
6 eieren
3 sneetjes stevig witbrood, zonder korst en in stukken
6 el olijfolie extra vierge, plus extra
zout en versgemalen zwarte peper

1 Doe de koriandersteeltjes in een pan en schenk de bouillon erop. Breng het geheel op matig vuur aan de kook. Draai het vuur lager en laat het geheel 10 min. sudderen. Laat de korianderbouillon een beetje afkoelen. Pureer het mengsel met een staafmixer en wrijf de puree boven een schone pan door een zeef. Kook de soep weer zachtjes.

2 Kneus het knoflook met 1 tl zout en roer er dan 1,2 dl van de warme korianderbouillon door. Doe het mengsel in de pan.

3 Breng de soep aan de kook en voeg naar smaak zout en peper toe. Laat de soep op laag vuur zachtjes pruttelen. Pocheer de eieren.

4 Verdeel de stukken brood over zes diepe borden of kommen en sprenkel de olijfolie erover. Roer de fijngehakte blaadjes koriander door de soep en schep hem over het brood. Roer elk bord een keer door en verdeel de gepocheerde eieren erover. Serveer de soep direct. Besprenkel hem aan tafel eventueel nog met wat extra olijfolie.

> **Tip van de kok**
> *De olijfolie wordt hier gebruikt om het brood vochtig te maken en de soep smaak te geven, maar als u wilt, kunt u gerust minder gebruiken.*

Tomatensoep met vers basilicum

Een smaakvolle soep voor de nazomer, wanneer verse tomaten op hun best zijn.

Voor 4 personen–6
1 el olijfolie
2 el boter
1 ui, fijngesnipperd
1 kg romatomaten, in stukjes
1 teentje knoflook, fijngehakt
ca. 7,5 dl groentebouillon
1,25 dl droge witte wijn
2 el zongedroogde tomatenpuree
2 el vers basilicum, in reepjes
1,5 dl crème fraîche
zout en versgemalen zwarte peper
blaadjes vers basilicum ter garnering

1 Verhit de olie en boter in een grote pan met dikke bodem en fruit de ui al omscheppend in ca. 5 min. glazig.

2 Roer de tomaten en het knoflook erdoor. Voeg bouillon, wijn, tomatenpuree en zout en peper toe. Breng de soep aan de kook en laat hem half afgedekt 20 min. pruttelen. Roer de soep zo nu en dan door.

3 Pureer de soep samen met het basilicum met een staafmixer tot een glad mengsel. Wrijf de puree boven een schone pan door een zeef.

4 Voeg de crème fraîche toe en kook de soep al roerend, maar laat hem niet koken. Voeg eventueel nog extra bouillon toe en breng de soep op smaak met zout en peper. Schenk hem in verwarmde, diepe borden. Garneer met vers basilicum en Serveer direct.

> **Variatie**
> *Deze soep kunt u ook koud serveren. Schenk de soep na het zeven in een afsluitbare plastic doos en zet hem minimaal 4 uur in de koelkast. Serveer de soep in gekoelde kommen.*

Wildepaddestoelensoep

Gedroogde porcini (eekhoorntjesbrood) hebben een sterke smaak, zodat u maar weinig nodig hebt om van deze soep iets zeer bijzonders te maken.

Voor 4 personen

25 g gedroogde porcini funghi (eekhoorntjesbrood)
2,5 dl warm water
2 el olijfolie
1 el boter
2 stengels prei, in dunne ringen
2 sjalotjes, gesnipperd
1 teentje knoflook, fijngehakt
250 g verse wilde paddestoelen
1,2 l groentebouillon
½ tl gedroogde tijm
1,5 dl crème fraîche
zout en versgemalen zwarte peper
takjes verse tijm ter garnering

1 Laat de porcini 20-30 min. weken in het warme water. Neem de paddestoelen uit het vocht en knijp er zo veel mogelijk vocht uit. Zeef het vocht en houd het apart; hak de porcini fijn.

2 Verhit de olie en boter in een grote pan en bak hierin op laag vuur de prei, de sjalotjes en het knoflook ca. 5 min.

3 Snijd de verse paddestoelen in plakjes en voeg ze aan het preimengsel toe. Bak ze al roerend mee, tot ze zachter worden. Schenk de bouillon erbij en breng het geheel aan de kook. Voeg de porcini, het weekvocht, de gedroogde tijm en zout en peper naar smaak toe. Laat de soep met het deksel schuin op de pan 30 min. zachtjes pruttelen; roer de soep zo nu en dan door.

4 Pureer driekwart van de soep in een keukenmachine tot een glad mengsel. Giet de soep terug in de pan, roer de crème fraîche erdoor en kook de soep goed. Voeg, indien de soep te dik is, extra bouillon toe. Breng de soep op smaak met zout en peper en garneer met verse tijm. Serveer heet.

> **Tip van de kok**
> In de supermarkt kunt u doosjes met verse, gemengde paddestoelen krijgen. Omdat paddestoelen niet zo lang mooi blijven, kunt u ze het best zo snel mogelijk gebruiken.

Borstsj

In deze klassieke, Russische soep spelen bieten de hoofdrol. Ook in Oost-Europa is deze soep geliefd.

Voor 4-6 personen

3 el boter
2 uien, in ringen
1 kg rode bieten, geschild en in dikke repen
2 wortels, in dikke repen
2 stengels bleekselderij, in dikke repen
2 teentjes knoflook, geperst
4 tomaten, ontveld, zonder zaadjes en in blokjes
1 bouquet garni
4 peperkorrels
1,2 l groentebouillon
1,5 dl bietensap
2 el rodewijnazijn
zout en versgemalen zwarte peper
zure room en geknipt vers bieslook ter garnering

1 Verhit de boter in een grote pan en fruit de uien 5 min. op laag vuur. Schep ze zo nu en dan om.

2 Voeg bieten, wortels en bleekselderij toe en bak het geheel nog 5 min. Schep het geheel af en toe om.

3 Roer het knoflook en de blokjes tomaat erdoor en bak het geheel al omscheppend nog 2 min.

4 Voeg het bouqet garni, de peperkorrels en de bouillon toe en breng het geheel aan de kook. Laat de soep afgedekt 1,5 uur sudderen tot alle groenten zacht zijn. Verwijder het bouquet garni. Roer het bietensap en de azijn door de soep en breng hem op smaak. Breng de soep aan de kook. Schep hem daarna in kommen. Garneer met zure room en geknipt bieslook.

> **Tip van de kok**
> In Rusland voegen ze bietenkwas in plaats van bietensap toe. Dit is een gefermenteerde bietensap met een intense roodpaarse kleur en een ietwat wrange smaak. Als u bietenkwas op de kop kunt tikken, vervang het bietensap en de azijn dan door 1,5 dl bietenkwas. Het resultaat is een authentieke Russische borstsj.

Broccolisoep met erwtjes en prei

Een heerlijke, voedzame soep die ideaal is voor gure winteravonden.

Voor 4-6 personen
1 ui, gesnipperd
250 g prei, in ringen
250 g aardappels in de schil, in blokjes
1 l groentebouillon
1 laurierblaadje
250 g broccoli, in roosjes
175 g diepvriesdoperwten
2-3 el verse fijngehakte peterselie
zout en versgemalen zwarte peper
enkele blaadjes peterselie ter garnering

1 Meng de ui, de preiringen, de aardappelblokjes, de bouillon en het laurierblaadje in een grote pan met dikke bodem. Breng het geheel aan de kook. Draai het vuur lager en laat de soep afgedekt 10 min. sudderen. Roer het geheel regelmatig door.

2 Voeg de broccoli en de doperwten toe. Dek de pan af en breng de soep weer aan de kook. Draai het vuur lager en laat de soep nog eens 10 min. sudderen.

3 Laat de soep enigszins afkoelen en verwijder het laurierblaadje. Pureer de soep in een keukenmachine tot een glad mengsel.

4 Voeg de peterselie toe, breng de soep op smaak met zout en peper en laat de keukenmachine nog even draaien. Giet de soep weer in de pan en verwarm hem langzaam tot zeer heet. Verdeel de soep over de soepkommen en garneer met wat blaadjes peterselie. Serveer direct.

Variaties
• Voor een grovere soep kunt u de groenten ook fijnhakken in plaats van pureren.
• De aardappels kunt u eventueel ook schillen, maar de soep zal dan minder voedzaam zijn.
• Vervang de diepvriesdoperwten door uitgelekte maïskorrels uit blik.

Indiase bloemkoolsoep

Deze romige en mild gekruide soep is licht, waardoor hij zeer geschikt is als voorgerecht. Geserveerd met Indiaas brood (*naan*) ook een verrukkelijk lunchgerecht!

Voor 4-6 personen
1 grote aardappel, in blokjes
1 kleine bloemkool, in roosjes
1 ui, gesnipperd
1 el zonnebloemolie
3 el water
1 teentje knoflook, geperst
1 el verse gember, geraspt
2 tl gemalen kurkuma
1 tl komijnzaad
1 tl zwart mosterdzaad
2 tl gemalen koriander
1 l groentebouillon
3 dl yoghurt
zout en versgemalen zwarte peper
verse koriander of peterselie ter garnering

1 Doe de aardappel, bloemkool en ui samen met de olie en het water in een pan met zware bodem. Bak het mengsel op matig vuur tot het water borrelt. Draai het vuur lager en dek de pan af. Laat het geheel 10 min. zachtjes stoven.

2 Voeg het knoflook, de gember, de kurkuma, de komijnzaadjes, de mosterdzaadjes en de gemalen koriander toe. Bak het geheel al roerend 2 min.

3 Giet de bouillon in de pan en voeg naar smaak zout en peper toe. Breng het geheel aan de kook, draai het vuur lager en dek de pan af. Laat de soep ca. 20 min. sudderen.

4 Roer de yoghurt door de soep en voeg eventueel nog extra zout en peper toe. Schep de soep in verwarmde soepborden en garneer met verse koriander of peterselie. Serveer direct.

Variatie
Deze soep is ook koud heel lekker. Laat hem afkoelen en roer de yoghurt erdoor. Zet hem 4-6 uur in de koelkast en schep hem in gekoelde kommen.

Pittige pindasoep

Als u vaak soep eet, is het leuk een paar ongebruikelijke recepten te proberen. Deze soep komt uit Afrika en is ronduit zalig!

Voor 6 personen
2 el plantaardige olie
1 grote ui, gesnipperd
2 teentjes knoflook, geperst
1 tl milde chilipoeder
2 rode paprika's, zonder zaadjes en in kleine stukjes
225 g wortels, in stukjes
225 g aardappels, in blokjes
3 stengels bleekselderij, in plakjes
1 l groentebouillon
6 el pindakaas met stukjes noot
125 g maïskorrels
zout en versgemalen zwarte peper
grof gehakte, ongezouten pinda's ter garnering

1 Verhit de olie in een grote pan met zware bodem en bak ui en knoflook in 3 min. glazig. Roer het chilipoeder erdoor en bak het geheel nog 1 min.

2 Schep er paprika, wortel, aardappel en bleekselderij door. Bak het geheel nog 4 min. Schep het geheel af en toe om.

3 Voeg de bouillon, pindakaas en maïskorrels toe en roer het geheel goed door.

4 Breng de soep met zout en peper op smaak en breng hem aan de kook. Draai het vuur lager en laat de soep ca. 20 min. sudderen tot de groenten zacht zijn. Voeg eventueel nog zout en peper toe. Schep de soep in voorverwarmde kommen en strooi de gehakte pinda's erover. Serveer direct.

> **Tip van de kok**
> *Chilipoeder is in verschillende maten van scherpheid verkrijgbaar; let hier bij gebruik goed op.*

Soep met geroosterde groenten

De geroosterde groenten geven deze winterse soep een heerlijke, volle smaak.

Voor 6 personen
4 el olijfolie
1 kleine pompoen, geschild, zonder zaadjes en in blokjes
2 wortels
1 grote pastinaak, in blokjes
1 kleine koolraap, in blokjes
2 stengels prei, in dikke ringen
1 ui, in vier partjes
3 laurierblaadjes
4 takjes verse tijm, plus extra ter garnering
3 takjes verse rozemarijn
1,2 l groentebouillon
zout en versgemalen zwarte peper
zure room

1 Verwarm de oven voor op 200 °C. Giet de olijfolie in een grote kom en roer hier de groenten door.

2 Leg de groenten naast elkaar op een grote bakplaat of twee kleine bakplaten en stop de blaadjes laurier, de tijm en de rozemarijn ertussen.

3 Rooster de groenten in ca. 50 min. zacht. Draai ze af en toe om, zodat ze gelijkmatig bruin worden. Haal de groenten uit de oven en verwijder de kruiden. Leg de groenten in een grote pan.

4 Giet de bouillon bij de groenten in de pan en breng het geheel aan de kook. Draai het vuur lager en voeg naar smaak zout en peper toe. Laat de soep 10 min. sudderen. Pureer de soep een paar minuten met een staafmixer tot hij dik en glad is.

5 Doe de soep terug in de pan en kook hem goed door. Voeg eventueel nog zout en peper toe. Serveer de soep in kommen en schep in het midden van elke kom wat zure room. Garneer met tijm.

> **Tip van de kok**
> *Met een staafmixer kunt u snel soep pureren en u hebt er weinig afwas van.*

Pompoensoep

De diepgouden kleur, romige textuur en milde kerriesmaak maken van deze soep een populair winters gerecht voor de hele familie.

Voor 6 personen
1 pompoen
1 appel (goudrenet)
2 el boter
1 ui, gesnipperd
1-2 tl kerriepoeder
9 dl groentebouillon
1 tl fijngehakte verse salie
1,5 dl appelsap
zout en versgemalen zwarte peper
kerriepoeder en limoenrasp ter garnering
mierikswortelroom met kerrie, naar keuze (zie onderstaand recept)

1 Schil de pompoen, snijd hem doormidden en verwijder de zaadjes. Snijd het vruchtvlees in blokjes. Schil de appel, verwijder het klokhuis en snijd het vruchtvlees in blokjes.

2 Verhit de boter in een grote pan met zware bodem en bak de ui al omscheppend in 5 min. glazig. Roer het kerriepoeder erdoor en bak het geheel al omscheppend nog 2 min.

3 Giet de bouillon in de pan en voeg pompoen, appel en salie toe. Breng het geheel aan de kook. Draai het vuur lager, dek de pan af en laat de soep 20 min. sudderen tot pompoen en appel zacht zijn.

4 Pureer de soep in een keukenmachine. Giet hem terug in een schone pan en voeg het appelsap toe. Breng de soep op smaak met zout en peper. Verwarm de soep zachtjes, maar laat hem niet koken.

5 Serveer de soep in voorverwarmde kommen. Strooi er wat kerriepoeder over en garneer hem met wat limoenrasp. Voeg eventueel een beetje Mierikswortelroom met kerrie toe.

> **Tip van de kok**
> *In Nederland is de oranje pompoen het populairst, maar langzaam maar zeker zien we hier ook andere variëteiten verschijnen. Voor dit recept kunt u ook andere soorten pompoen, zoals de butternut, gebruiken.*

Mierikswortelroom met kerrie

Deze room smaakt zeer goed bij pompoensoep, maar kan ook bij andere groentesoepen worden geserveerd. U kunt er ook rauwkost in dippen, maar verdubbel of verdrievoudig dan wel de hoeveelheid.

Garnering voor 6 personen
6 el zure room
3 tl geraspte mierikswortel (potje)
1 tl kerriepoeder

1 Meng in een kom de zure room, de mierikswortel en het kerriepoeder.

2 Dek de room af en bewaar hem maximaal 3 dagen in de koelkast.

Pittige linzensoep

Een subtiel mengsel van specerijen maakt van deze soep iets bijzonders. Serveer de soep met warm, knapperig brood als lunchgerecht.

Voor 6 personen
2 uien, gesnipperd
2 teentjes knoflook, geperst
4 tomaten, in blokjes
½ tl gemalen kurkuma
1 tl gemalen komijn
6 kardemompeultjes
½ kaneelstokje
225 g rode linzen
9 dl water
400 g kokosmelk (blik)
1 el vers limoensap
zout en versgemalen zwarte peper
komijnzaad ter garnering

1 Doe de uien, het knoflook, de tomaten, de kurkuma, de komijn, de kardemompeultjes, het kaneelstokje en de linzen in een pan en giet het water erbij en breng het geheel aan de kook. Laat het geheel ca. 20 min. sudderen tot de linzen zacht zijn.

2 Verwijder de kardemom en het kaneelstokje. Pureer het mengsel met een staafmixer. Wrijf de soep boven een schone pan door een zeef.

3 Houd een beetje kokosmelk achter voor de garnering en schenk de rest samen met het limoensap bij de soep. Meng het geheel goed en voeg zout en peper toe. Laat de soep even pruttelen. Schep de soep in voorverwarmde kommen en doe de rest van de kokosmelk erbij. Garneer met komijnzaad.

> **Tips van de kok**
> • *Gebruik voor een optimale smaak zongerijpte tomaten in plaats van kastomaten. Ook kunt u wat tomatenpuree toevoegen of tomaten uit blik gebruiken.*
> • *Hele kardemompeultjes worden in soepen en stoofgerechten gebruikt om ze smaak te geven. Ze moeten voor het pureren verwijderd worden. De kleine zwarte zaadjes in de peultjes kunt u eten.*
> • *De kooktijd van linzen kan variëren. Kijk voor de juiste kooktijd op de verpakking.*

Chinese soep met paddestoelen

Deze pittige soep is perfect als voorgerecht bij een eenvoudige Chinese maaltijd. De wolkenoor is een bepaald soort Chinese paddestoel.

Voor 4 personen
10 g gedroogde wolkenoren (of gedroogde Chinese paddestoelen)
8 verse shii-take
75 g tofu
50 g bamboescheuten uit blik, uitgelekt
9 dl groentebouillon
1 el suiker
3 el rijstazijn
1 el lichte sojasaus
¼ tl chiliolie
½ tl zout
1 tl witte peper
1 el maïzena
1 el koud water
1 eiwit
1 tl sesamolie
2 lente-uitjes, in dunne ringen

1 Week de paddestoelen 30 min. in heet water tot ze zacht zijn. Giet ze af en snijd het harde eruit. Snijd de paddestoelen in grove stukken.

2 Verwijder de steeltjes van de shii-take en snijd de hoedjes in dunne reepjes. Snijd de tofu in blokjes van 1 cm en de bamboescheuten in dunne reepjes.

3 Doe bouillon, shii-take, tofu, bamboescheuten en Chinese paddestoelen in een grote pan met zware bodem en breng het geheel aan de kook. Draai het vuur lager en laat de soep 5 min. pruttelen.

4 Roer suiker, azijn, sojasaus, chiliolie, zout en peper door de soep. Meng de maïzena met het water tot een pasta en voeg dit mengsel al roerend toe aan de soep tot die wat dikker is.

5 Klop het eiwit een beetje los en schenk het al roerend langzaam en gelijkmatig in de soep. Blijf roeren tot het eiwit van kleur verandert.

6 Voeg vlak voor serveren de sesamolie toe. Schep de soep in voorverwarmde soepborden en garneer met de lente-ui.

Pittige Noord-Afrikaanse soep

Specerijen als kaneel en gember geven deze dikke groentesoep met kikkererwten een onvergetelijke smaak.

Voor 6 personen
1 grote ui, gesnipperd
1,2 l groentebouillon
1 tl gemalen kaneel
1 tl gemalen kurkuma
1 el verse gemberwortel, geraspt
snufje cayennepeper
2 wortels, in blokjes
2 stengels bleekselderij, in plakjes
400 g tomaten uit blik
450 g bloemige aardappels, in blokjes
5 saffraandraadjes
400 g kikkererwten uit blik
2 el fijngehakte verse koriander
1 el citroensap
zout en versgemalen zwarte peper
gebakken partjes citroen om te serveren

1 Doe de ui samen met 3 dl van de bouillon in een grote pan. Breng het geheel aan de kook. Draai het vuur lager en laat de bouillon 10 min. pruttelen.

2 Doe ondertussen kaneel, kurkuma, gember en cayennepeper in een kom. Meng de specerijen met 3 eetlepels van de achtergehouden bouillon tot een pasta. Roer de specerijenpasta door de bouillon met ui. Voeg blokjes wortels en stukjes bleekselderij toe en schenk de rest van de bouillon erbij.

3 Breng de soep aan de kook. Draai het vuur lager, dek de pan af en laat de soep 5 min. pruttelen.

4 Meng de tomaten en de aardappels erdoor. Dek de pan af en laat de soep nog 20 min. pruttelen. Voeg de saffraan, de kikkererwten, de verse koriander en het citroensap toe. Breng de soep op smaak met zout en peper. Serveer de soep zeer heet in voorverwarmde kommen en geef partjes citroen bij.

> **Tip van de kok**
> *Goede saffraan is behoorlijk prijzig. Beknibbel echter niet op saffraan, want dit ingrediënt geeft een unieke smaak.*

Soep met spinazie en rijst

Gebruik voor deze lichte, frisse soep jonge bladspinazie.

Voor 4 personen
675 g verse jonge bladspinazie, gewassen
3 el olijfolie extra vierge
1 kleine ui, gesnipperd
2 teentjes knoflook, gesnipperd
1 kleine rode chilipeper, zonder zaadjes en fijngehakt
200 g risottorijst
1,2 l groentebouillon
zout en versgemalen zwarte peper
4 el geraspte pecorino om te serveren

1 Doe de spinazie met aanhangend water in een grote pan. Voeg een flinke snuf zout toe. Verwarm het geheel zachtjes tot de spinazie slinkt en haal de pan dan van het vuur. Laat de spinazie uitlekken en bewaar het kookvocht.

2 Snijd de spinazie met een groot mes fijn of pureer de groente grof in een keukenmachine.

3 Verhit de olie in een grote pan met zware bodem en bak hierin op laag vuur ui, knoflook en chilipeper 4-5 min. Schep het geheel af en toe om.

4 Voeg de rijst toe en meng het geheel tot alle korrels met vet zijn bedekt. Schenk de bouillon en het achtergehouden spinazievocht erbij. Breng het geheel op matig vuur aan de kook. Draai het vuur lager en laat de soep ca. 10 min. pruttelen.

5 Voeg de spinazie toe en breng het geheel op smaak met zout en peper. Laat de soep nog 5-7 min. koken tot de rijst zacht is. Dien de soep in voorverwarmde borden op en strooi de geraspte pecorino over.

Tip van de kok
Gebruik voor deze soep Italiaanse risottorijst, zoals arborio of carnaroli. Probeer ook de minder bekende vialone nano eens.

Aardperensoep

Aardperen zijn mild en nootachtig van smaak en zeer geschikt om romige soep van te maken.

Voor 4 personen
2 el olijfolie
1 grote ui, gesnipperd
1 teentje knoflook, fijngehakt
1 stengel bleekselderij, in plakjes
675 g aardperen, geschild of schoongeborsteld en in blokjes
1,2 l groentebouillon
3 dl melk
zout en versgemalen zwarte peper
toast met gruyère, naar keuze (zie onderstaand recept)

1 Verhit de olie in een grote pan en bak de ui, het knoflook en de bleekselderij in 5 min. zacht op matig vuur. Voeg de aardperen toe en bak het geheel nog 5 min.

2 Voeg de bouillon toe en breng alles op smaak met zout en peper. Breng het geheel aan de kook. Draai het vuur lager en laat de soep 20-25 min. pruttelen tot de aardperen zacht zijn. Roer de soep af en toe.

3 Pureer de soep met een staafmixer tot een glad geheel. Roer de melk erdoor. Kook de soep 2 min. zachtjes door. Schep hem in soepborden, leg er eventueel Toast met gruyère op en strooi er versgemalen zwarte peper over.

Toast met gruyère

Deze toastjes smaken erg goed bij de aardperensoep, maar kunnen ook goed als snack worden gegeten.

Voor 8 stuks
8 sneetjes stokbrood
115 g geraspte gruyère

1 Leg de sneetjes stokbrood naast elkaar op een bakplaat en rooster ze lichtbruin onder een hete grill.
2 Draai de sneetjes brood om en bestrooi de niet-geroosterde kant met de gruyère. Gril de broodjes tot de kaas is gesmolten en een goudbruine kleur heeft gekregen.

Ribollita

Ribollita is een Italiaanse soep die lijkt op minestrone, maar met bonen in plaats van met pasta wordt bereid. Traditioneel wordt de soep over brood en groene groente gegoten.

Voor 6-8 personen
3 el olijfolie
2 uien, gesnipperd
2 wortels, in plakjes
4 teentjes knoflook, geperst
2 stengels bleekselderij, in dunne plakjes
1 venkelknol, schoongemaakt en in stukjes
2 grote courgettes, in dunne plakjes
400 g blokjes tomaat uit blik
2 el zelfgemaakte of kant-en-klare pesto
9 dl groentebouillon
400 g borlottibonen of boterbonen uit blik, uitgelekt
zout en versgemalen zwarte peper

Voor het serveren
1 el olijfolie extra vierge, plus extra om mee te besprenkelen
450 g jonge spinazie
6-8 sneetjes witbrood
versgemalen zwarte peper

1 Verhit de olie in een grote pan en bak uien, wortels, knoflook, bleekselderij en venkel 10 min. op laag vuur. Voeg de courgettes toe en bak het geheel nog 2 min.

2 Schep blokjes tomaat, pesto, bouillon en bonen erdoor en breng het geheel aan de kook. Draai het vuur lager, dek de pan af en laat de soep 25-30 min. pruttelen tot de groenten zeer zacht zijn. Voeg zout en peper toe.

3 Verhit vlak voor serveren olie in een pan met zware bodem en bak de spinazie 2 min. tot deze is geslonken. Leg in elke voorverwarmde soepkom een snee brood en schep de spinazie erop. Giet de soep erover en besprenkel eventueel met extra olijfolie. Strooi er versgemalen zwarte peper over.

Variatie
In plaats van spinazie kunt u ook andere groene groenten gebruiken, zoals boerenkool of snijbiet. Snijd ze fijn en kook ze gaar.

Romige soep met maïs en aardappel

Dit is een romige, gevulde soep met de zoete smaak van maïs. Strooi er voor het serveren wat oude kaas over.

Voor 4 personen
2 el zonnebloemolie
2 el boter
1 ui, gesnipperd
1 teentje knoflook, geperst
1 aardappel, in blokjes
2 stengels bleekselderij, in plakjes
1 kleine groene paprika, gehalveerd, zonder zaadjes en in plakjes
6 dl groentebouillon of water
3 dl melk
200 g flageoletbonen uit blik
300 g maïskorrels uit blik
mespunt gedroogde salie
zout en versgemalen zwarte peper
geraspte oude kaas om te serveren
verse blaadjes salie ter garnering

1 Verhit olie en boter in een grote pan met dikke bodem en bak ui, knoflook, aardappel, bleekselderij en paprika ca. 10 min. op laag vuur tot de ui zacht en goudbruin is.

2 Schenk de bouillon of het water in de pan en breng het geheel aan de kook. Breng de soep op smaak met zout en peper. Draai het vuur lager, dek de pan af en laat het geheel ca. 15 min. pruttelen tot de groenten zacht zijn.

3 Voeg de melk, de bonen en de maïskorrels (inclusief het vocht uit het blik) toe. Roer de salie erdoor. Laat de soep onafgedekt 5 min. pruttelen. garneer met blaadjes salie.

Tip van de kok
In het Engels wordt deze soep chowder genoemd. Officieel is dit een romige soep met schelpdieren, maar hier worden geen schelpdieren gebruikt.

Variatie
Als u geen flageoletbonen uit blik kunt krijgen, kunt u ook diepgevroren doperwten gebruiken.

Knoflooksoep met kikkererwten

Tahin, ofwel sesamzaadpasta, is het geheime ingrediënt van deze dikke, romige en heerlijke soep.

Voor 4 personen
- 2 el olijfolie
- 4 teentjes knoflook, geperst
- 1 ui, grof gehakt
- 2 tl gemalen komijn
- 2 tl gemalen koriander
- 1,2 l groentebouillon
- 350 g aardappels, in kleine blokjes
- 425 g kikkererwten uit blik, uitgelekt
- 1 el maïzena
- 1,5 dl crème fraîche
- 2 el tahin (sesamzaadpasta)
- 200 g jonge spinazie, in reepjes
- zout en versgemalen zwarte peper
- cayennepeper om te serveren

1 Verhit de olie in een grote pan met zware bodem en bak knoflook en ui op matig vuur 5 min. tot de ui zacht en goudbruin is. Schep het geheel af en toe om.

2 Roer er komijn en koriander door en bak het geheel nog 1 min. Giet de bouillon in de pan, voeg de aardappels toe en breng het geheel aan de kook. Draai het vuur lager en laat de soep 10 min. pruttelen.

3 Voeg de uitgelekte kikkererwten toe en laat het geheel nog 5 min. pruttelen tot de aardappels net zacht zijn.

4 Meng in een kom de maïzena met de crème fraîche, de tahin en flink wat zout en peper. Roer het mengsel door de soep en voeg de spinazie toe. Breng het geheel al roerend aan de kook en laat de soep 2 min. zachtjes doorkoken. Schep hem in voorverwarmde kommen en bestrooi hem met wat cayennepeper.

> **Variatie**
> *Tuinbonen zijn een goed alternatief voor kikkererwten. Als u gedroogde bonen gebruikt, week ze dan eerst een nacht en laat ze voor gebruik ze 3-4 uur sudderen.*

Soep met bonen en pasta

Deze maaltijdsoep is gebaseerd op een klassieke Italiaanse soep. Traditioneel krijgt degene die het blaadje laurier vindt een zoen van de kok.

Voor 4 personen
- 5 el olijfolie
- 1 ui, gesnipperd
- 1 stengel bleekselderij, in plakjes
- 2 wortels, in kleine stukjes
- 1 laurierblaadje
- 1,2 l groentebouillon
- 400 g blokjes tomaat uit blik
- 175 g gedroogde pasta (vormpjes)
- 400 g borlottibonen (of boterbonen) uit blik, uitgelekt
- 250 g verse jonge spinazie
- zout en versgemalen zwarte peper
- 50 g versgeraspte parmezaanse kaas om te serveren

1 Verhit de olie in een grote pan met zware bodem en bak ui, bleekselderij en wortels 5 min. op matig vuur tot de groenten zacht zijn en de ui glazig is. Schep het geheel af en toe om.

2 Voeg laurier, bouillon en tomaten toe en breng het geheel aan de kook. Draai het vuur lager en laat de soep ca. 10 min. pruttelen tot de groenten beetgaar zijn.

3 Breng de soep weer aan de kook, voeg de pasta en bonen toe en laat het geheel 8 min. zachtjes koken tot de pasta beetgaar is. Roer de soep regelmatig, zodat de pasta niet aan de bodem van de pan gaat plakken.

4 Breng de soep op smaak met zout en peper. Voeg de spinazie toe en kook het geheel nog 2 min. Serveer de soep in voorverwarmde kommen en bestrooi hem met parmezaanse kaas.

> **Variaties**
> • *Voeg naar smaak een glas witte wijn samen met de bouillon toe.*
> • *Vervang de ui door twee sjalotjes en de bleekselderij door een halve kleine venkelknol.*

Salade met peer, parmezaanse kaas en maanzaaddressing

Dit voorgerecht is het lekkerst wanneer peren op hun hoogtepunt zijn. Besprenkel ze met de maanzaaddressing en strooi er geschaafde parmezaanse kaas over.

Voor 4 personen
4 rijpe handperen
stuk parmezaanse kaas van 50 g
waterkers ter garnering
crackers of roggebrood om te serveren (naar keuze)

Voor de dressing
2 el ciderazijn
½ tl lichtbruine basterdsuiker
mespunt gedroogde tijm
2 el olijfolie extra vierge
1 el zonnebloemolie
1 el maanzaad
zout en versgemalen zwarte peper

1 Als u wilt kunt u de peren schillen, maar met schil zien ze er aantrekkelijker uit. Snijd de peren in vier partjes en verwijder de klokhuizen.

2 Snijd elk partje peer in de lengte doormidden en rangschik ze op vier kleine bordjes.

3 Meng azijn, suiker en tijm in een kommetje. Klop er geleidelijk olijfolie door, daarna zonnebloemolie. Breng de dressing op smaak met zout en peper en roer het maanzaad erdoor.

4 Besprenkel de peren met de dressing. Rasp of schaaf er wat parmezaanse kaas over en garneer de borden met waterkers. Serveer de salade met crackers of dunne sneetjes roggebrood.

> **Variatie**
> Blauwe kaas en peren vormen een goede combinatie. Neem stilton, gorgonzola, danisch blue of dolcelatte in plaats van parmezaanse kaas. Gebruik ca. 200 g blauwe kaas en snijd hem in puntjes of blokjes.

Salade met verse paddestoelen

Paddestoelen zijn heerlijk in een salade, vooral wilde paddestoelen, zoals eekhoorntjesbrood of cantharellen. Maar eigenlijk kan elke soort wilde of gekweekte paddestoel in dit recept worden gebruikt. Verwijder bij shii-take wel eerst de steeltjes.

Voor 4 personen
350 verse paddestoelen, in dunne plakjes
175 g gemengde groene sla, gewassen
50 g walnoten, grof gehakt
stuk parmezaanse kaas van 50 g
zout en versgemalen zwarte peper

Voor de dressing
2 eierdooiers
½ tl Franse mosterd
5 el arachideolie
3 el walnotenolie
2 el citroensap
2 el fijngehakte verse peterselie
snufje suiker

1 Doe in een pot met schroefdeksel eierdooiers, mosterd, arachideolie, walnotenolie, citroensap, peterselie en suiker. Sluit de pot goed af en schud het geheel goed.

2 Leg de paddestoelen in een grote slakom en giet de dressing erover. Hussel het geheel goed en zet de paddestoelen 10-15 min. apart, zodat de smaken er goed in kunnen trekken.

3 Hussel de gemengde sla door de paddestoelen. Breng het geheel op smaak met flink wat zout en peper.

4 Verdeel de salade over vier grote borden, verdeel er de gehakte walnoten over en schaaf er de parmezaanse kaas over.

> **Tip van de kok**
> In deze dressing zitten rauwe eierdooiers. Om salmonella te voorkomen, dompelt u de eieren eerst 1 minuut onder in kokend water. Vrouwen die zwanger zijn, jonge kinderen en oude mensen kunnen beter geen rauwe eierdooiers eten. De dressing kan eventueel ook zonder eierdooiers worden bereid.

Salade met gegrilde geitenkaas

In dit heerlijke en mooie voorgerecht contrasteert de frisse uitgesproken smaak van geitenkaas prachtig met de zachte smaak van sla.

Voor 4 personen
2 stevige ronde geitenkaasjes à 65-115 g
4 sneetjes stokbrood
olijfolie extra vierge
175 g gemengde groene sla
geknipt bieslook ter garnering

Voor de vinaigrette
½ teentje knoflook
1 tl dijonmosterd
1 tl wittewijnazijn
1 tl droge witte wijn
3 el olijfolie extra vierge
zout en versgemalen zwarte peper

1 Wrijf een grote slakom in met de snijkant van het knoflook. Meng in de kom de mosterd met de azijn en de wijn. Voeg zout en peper naar smaak toe en klop er dan geleidelijk olie door tot een dikke vinaigrette ontstaat.

2 Snijd met een scherp mes de geitenkaasjes doormidden, zodat u vier platte rondjes krijgt.

3 Leg de sneetjes brood naast elkaar onder de grill en rooster ze goudbruin. Draai ze om en leg op elk sneetje een plak geitenkaas, met de snijkant naar boven. Sprenkel er wat olijfolie over en gril de broodjes tot de kaas lichtbruin wordt.

4 Hussel de gemengde sla door de vinaigrette in de kom. Verdeel de sla over vier borden en leg op elk bord een broodje met geitenkaas. Garneer met bieslook en serveer direct.

> **Tip van de kok**
> De bekendste geitenkaas is van Franse komaf en wordt meestal chèvre genoemd. Ook worden ze wel onder hun eigen naam verkocht, zoals crottin de chavignol. Geitenkaas komt voor in verschillende maten van rijpheid: van heel jong tot oud. Voor dit recept gebruikt u geitenkaas van gemiddelde rijpheid.

Asperges met ei-citroensaus

Serveer dit gerecht als voorgerecht of lichte lunch. Verse asperges zijn een bijzondere traktatie, vooral met deze friszure saus.

Voor 4 personen
675 g groene asperges
1 el maïzena
2 tl suiker
2 eierdooiers
sap van 1,5 citroen
zout

1 Snijd een eindje van de onderkanten van de asperges af. Maak een bundeltje van de asperges en bind ze vast. Kook de asperges op matig vuur 7-10 min. in een aspergepan met kokend water met zout.

2 Laat ze goed uitlekken en bewaar 2 dl van het kookvocht. Maak de asperges los en leg ze in een ondiepe schaal.

3 Doe de maïzena in een klein pannetje en roer er wat kookvocht door, zodat een pasta ontstaat. Roer de rest van het kookvocht erdoor. Breng het mengsel al roerend aan de kook en verwarm het zachtjes tot de saus wat dikker is. Roer de suiker erdoor en neem de pan van het vuur. Laat de saus wat afkoelen.

4 Klop de eierdooiers los met het citroensap. Roer dit mengsel geleidelijk door de afgekoelde saus. Verwarm het geheel al roerend op laag vuur tot de saus behoorlijk dik is. Neem de pan van het vuur en roer de saus nog 1 min.

5 Proef de saus en voeg eventueel nog zout of suiker toe. Laat hem daarna wat afkoelen en schenk dan een beetje van de saus over de asperges. Dek de asperges af en zet ze minimaal 2 uur in de koelkast. Serveer ze met de rest van de saus.

> **Variatie**
> *Deze saus smaakt erg goed bij verschillende soorten jonge groenten, zoals jonge prei, heel of in stukken, of minigroenten, zoals miniworteltjes of minicourgettes.*

Sjalotjes en champignons op Griekse wijze

Er zijn veel variaties op dit klassieke recept. De champignons kunt u weglaten, maar ze geven het gerecht wel veel meer smaak.

Voor 4 personen
2 wortels
350 g sjalotjes (of verse zilveruitjes)
4 el olijfolie
1,2 dl droge witte wijn
1 tl korianderzaad, licht gekneusd
2 laurierblaadjes
snufje cayennepeper
1 teentje knoflook, geperst
350 g minichampignons
3 tomaten, ontveld, zonder zaadjes en in vier partjes
zout en versgemalen zwarte peper
3 el fijngehakte verse peterselie, ter garnering
knapperig brood om te serveren

1 Schraap de wortels schoon en snijd ze in kleine blokjes. Pel de sjalotjes en snijd de bovenkanten en onderkanten er vanaf.

2 Verhit 3 el olijfolie in een diepe koekenpan en bak de wortels en sjalotjes lichtbruin in ca. 20 min. Schep het geheel zo nu en dan om.

3 Voeg witte wijn, korianderzaad, laurierblaadjes, cayennepeper, knoflook, champignons, tomaten, zout en peper toe. Bak het geheel onafgedekt 20-30 min. tot de groenten zacht zijn en de saus is ingedikt.

4 Schep het groentemengsel op een schaal en laat het afkoelen. Dek de schaal af en zet hem tot gebruik in de koelkast. Sprenkel vlak voor het opdienen de rest van de olijfolie erover en bestrooi het met de peterselie. Serveer met knapperig brood.

> **Tip van de kok**
> *Snijd niet te veel van de boven- en onderkant van de sjalotjes af, want dan vallen ze tijdens het bereiden uit elkaar.*

Gemarineerde groenten

Dit voorgerecht in Italiaanse stijl laat zien hoe heerlijk groenten kunnen zijn. Geef er knapperig vers brood bij.

Voor 4 personen
Voor de paprika's
3 rode paprika's, gehalveerd en zonder zaadjes
3 gele paprika's, gehalveerd en zonder zaadjes
4 teentjes knoflook, in plakjes
handvol vers basilicum, plus extra ter garnering
olijfolie extra vierge
zout

Voor de paddestoelen
450 g oesterzwammen of reuzenchampignons
4 el olijfolie extra vierge
1 grote teen knoflook, fijngehakt
1 el fijngehakte verse rozemarijn
2,5 dl droge witte wijn
zout en versgemalen zwarte peper
takjes rozemarijn ter garnering

Voor de olijven
1,2 dl olijfolie extra vierge
1 gedroogd chilipepertje, gescheurd
fijngeraspte schil van 1 citroen
250 g zwarte Italiaanse olijven
2 el fijngehakte verse bladpeterselie
1 partje citroen ter garnering

1 Leg de paprikahelften met de bolle kant naar boven onder een hete grill en rooster ze tot de velletjes zwartgeblakerd zijn. Leg ze in een kom, bedek ze met verkreukeld keukenpapier en laat ze wat afkoelen.

2 Ontvel de afgekoelde paprika's en snijd het vruchtvlees in reepjes. Leg de reepjes in een schaal met knoflook en basilicum. Breng ze op smaak met zout en peper, overgiet ze met olie en laat ze 3-4 uur marineren. Schep ze geregeld om en zet ze tot aan gebruik in de koelkast.

3 Snijd de paddestoelen in dikke plakken en leg ze in een ovenschaal. Verhit de olie in een pannetje en voeg knoflook en rozemarijn toe. Schenk de wijn erbij en breng het geheel aan de kook. Draai het vuur lager en laat het mengsel 3 min. pruttelen. Voeg naar smaak zout en peper toe.

4 Giet het mengsel over de paddestoelen. Meng het goed en laat het afkoelen. Schep de paddestoelen geregeld om. Dek de paddestoelen af en laat ze een nacht marineren in de koelkast.

5 Bereid de olijven. Verhit de olie met het verscheurde pepertje en het citroenraspsel 3 min. op laag vuur. Voeg de olijven toe en bak ze 1 min. mee. Schep het olijvenmengsel in een schaaltje, laat het afkoelen en een nacht marineren.

6 Laat de gemarineerde champignons voor het opdienen op kamertemperatuur komen en garneer ze met takjes rozemarijn. Garneer de gemarineerde paprika met basilicum. Strooi de peterselie over de olijven en serveer ze met het partje citroen.

> **Tip van de kok**
> *U kunt de gemarineerde paprika twee weken bewaren in de koelkast in een pot met schroefdeksel.*

Aubergine-spinazieterrines

Deze kleine terrines zijn elegante voorgerechtjes.

Voor 4 personen
1 aubergine
2 el olijfolie extra vierge
2 courgettes, in dunne plakjes
blaadjes van 1 takje tijm
4 stevige tomaten, ontveld en zonder zaadjes
4 verse blaadjes basilicum, in reepjes
275 g jonge bladspinazie
1 teentje knoflook, geperst
1 el boter
snufje versgeraspte nootmuskaat
zout en versgemalen zwarte peper
½ geroosterde rode paprika, ontveld en fijngehakt ter garnering
balsamicoazijn om te serveren

1 Verwarm de oven voor op 190 °C. Maak van vier metalen kleine taartringen een kant dicht met huishoudfolie.

2 Snijd de aubergine in vier plakken. Verhit de helft van de olie in een koekenpan en bak de plakken bruin. Leg ze op een bakplaat en zet ze 10 min. in de oven. Laat ze uitlekken op keukenpapier.

3 Verhit de helft van de overige olie in de pan van de aubergines en bak hierin de courgettes 2 min. Laat ze uitlekken op keukenpapier. Strooi er zout, peper en blaadjes tijm over.

4 Verhit de rest van de olie in een pan met zware bodem en bak hierin de tomaten in basilicum 5-8 min. Verhit de boter in een andere pan en bak hierin spinazie en knoflook tot het vocht is verdampt. Laat de spinazie goed uitlekken en voeg naar smaak nootmuskaat, zout en peper toe.

5 Vul de taartringen tot 1 cm met de spinazie. Druk goed aan. Bedek de zijkanten met de plakjes courgette, die u wat laat overlappen. Vul de vormpjes met het tomatenmengsel en druk het geheel goed aan. Leg de plakken aubergine bovenop.

6 Sluit de bovenkanten af met huishoudfolie, prik een paar gaatjes in de bodem en zet de terrines een nacht in de koelkast. Verwijder de ringen en garneer de taartjes met geroosterde paprika. Druppel er wat balsamicoazijn over.

Groenteterrine met cognac

Dit luxe voorgerecht met cognac is een kleurrijke combinatie van groenten. Een lust voor het oog en heerlijk van smaak!

Voor 4 personen
olie om in te vetten
1 rode paprika, in vier stukken en zonder zaadjes
1 groene paprika, in vier stukken en zonder zaadjes
75 g verse of diepvriesdoperwten
6 verse groene asperges
2 wortels, julienne
1,5 dl melk
1,5 dl crème fraîche
6 eieren, losgeklopt
1 el cognac
175 g (magere) zachte kaas
1 el fijngehakte verse peterselie
zout en versgemalen zwarte peper
groene sla, plakjes komkommer en halve tomaatjes om te serveren

1 Verwarm de oven voor op 180 °C. Vet een cakevorm van ca. 1 liter inhoud in. Leg de stukken paprika met de bolle kant naar boven onder een grill en rooster ze tot hun schil zwartgeblakerd is. Leg ze in een schaal en bedek ze met verkreukeld keukenpapier. Laat ze afkoelen.

2 Kook in afzonderlijke pannen met water en zout doperwtjes, asperges en wortels zacht. Laat ze uitlekken en dep ze droog met keukenpapier. Ontvel de stukken paprika.

3 Meng in een kom de melk met crème fraîche, eieren, cognac, zachte kaas en peterselie. Voeg zout en peper toe.

4 Leg wat van de groenten op de bodem van het cakeblik en schep er vervolgens wat kaasmengsel over. Ga door met het maken van lagen tot de groenten en het kaasmengsel op zijn; eindig met een laag geroosterde paprika. Dek het cakeblik af met aluminiumfolie en zet het in een braadslee. Schenk kokend water in de braadslee tot het blik tot de helft is gevuld.

5 Zet de terrine 45 min. in de oven tot ze net is gestold. Laat de terrine afkoelen in het blik en stort haar op een bord. Snijd de terrine in plakken en serveer met sla, komkommer en tomaat.

Zoeteaardappelrol

Zoete aardappel is heel geschikt voor dit gerecht, dat het uitstekend doet als voorgerecht van een feestelijk diner.

Voor 8 personen
boter om in te vetten
225 g (magere) zachte kaas
5 el yoghurt
6-8 lente-uitjes, in dunne ringen
2 el paranoten, fijngehakt
450 g zoete aardappels, geschild en in blokjes
12 pimentbessen, gekneusd
4 eieren, gesplitst
50 g geraspte belegen kaas
zout en versgemalen zwarte peper
1 el sesamzaad
gemengde groene salade om te serveren

1 Verwarm de oven voor op 200 °C. Vet een plat bakblik van ca. 33 x 25 cm in met boter en bekleed het met bakpapier. Meng in een kommetje de zachte kaas met yoghurt, lente-uitjes en paranoten en zet dit mengsel apart.

2 Kook of stoom de zoete aardappels gaar en giet ze af. Pureer ze met de pimentbessen in de keukenmachine tot een glad mengsel. Schep het mengsel in een kom en roer de eierdooiers en de geraspte kaas erdoor. Voeg zout en peper toe.

3 Klop de eiwitten stijf. Schep een derde van het eiwit door de aardappelpuree en schep vervolgens de rest van het eiwit erdoor.

4 Verdeel het mengsel over de bakvorm. Strijk de bovenkant glad met een pannenkoekmes en bak het geheel 10-15 min. in de oven.

5 Leg ondertussen een groot stuk bakpapier op een schone theedoek en strooi het sesamzaad erover.

6 Leg de laag gebakken aardappels erop, rol hem op en laat de rol afkoelen. Rol hem weer uit, verwijder het bakpapier, verdeel de kaasvulling over de aardappelplak en rol hem weer op. Snijd de rol in plakken en serveer hem met een salade.

Polenta met pittige saus

Dit is een Italiaans-Mexicaans recept. In de polenta zijn kleurrijke groenten verwerkt. De pittige Mexicaanse saus smaakt er zalig bij.

Voor 4 personen
olie om in te vetten
3 minicourgettes, gewassen
1,2 l groentebouillon
250 g polenta (maïsmeel)
200 g kant-en-klare gemarineerde rode paprika, uitgelekt en in plakjes
125 g groene sla

Voor de saus
75 g geroosterde zonnebloempitten
1 sneetje stevig witbrood, zonder korst
2 dl groentebouillon
1 teentje knoflook, geperst
½ rode chilipeper, zonder zaadjes en fijngehakt
2 el fijngehakte verse koriander
1 tl suiker
1 el vers limoensap
snufje zout

1 Vet een cakevorm van 23 cm in en bedek hem met bakpapier. Kook in een pan met water en weinig zout de courgettes 2-3 min. Spoel de courgettes af onder koud stromend water en laat ze uitlekken. Laat ze afkoelen en snijd ze in repen.

2 Verhit in een pan met zware bodem de bouillon tot het kookpunt. Voeg al roerend gelijkmatig de polenta toe. Blijf 2-3 min. roeren tot de polenta dik is.

3 Schep de helft van polenta in de cakevorm en verdeel de reepjes courgette en paprika erover. Schep de rest van de polenta in de vorm en laat het geheel 10-15 min. opstijven.

4 Maak ondertussen de saus. Maal de zonnebloempitten in een keukenmachine tot een dikke pasta. Voeg de rest van de ingrediënten toe en mix tot een goed gemengde saus ontstaat. Doe de saus in een schaaltje.

5 Stort de warme polenta op een bord en verwijder het papier. Snijd de polenta met een groot nat mes in dikke plakken. Serveer de polenta met sla en de saus.

Pasta met citroen

Omdat dit frisse gerecht snel en gemakkelijk te maken is, is het een prima voorgerecht.

Voor 4 personen
350 g gedroogde lange dunne pasta
sap van 2 grote citroenen
50 g boter
2 dl crème fraîche
1 el geraspte citroenschil
125 g geraspte parmezaanse kaas
zout en versgemalen zwarte peper

1 Kook de pasta in een pan met kokend water en zout beetgaar.

2 Schenk ondertussen het citroensap in een sauspan en roer er boter, crème fraîche en citroenrasp door. Voeg naar smaak zout en peper toe.

3 Breng het geheel al roerend aan de kook. Draai het vuur lager en laat de saus ca. 5 min. pruttelen tot hij een beetje is ingedikt.

4 Giet de pasta af en doe hem weer in de pan. Schep de geraspte kaas door de saus en voeg eventueel nog wat zout en peper toe. Giet de saus over de pasta en hussel het geheel goed. Verdeel de pasta over vier voorverwarmde diepe borden en serveer direct.

Gevulde wijnbladeren

Of u dit gerechtje nu als borrelhapje of voorgerecht opdient; u zult er zeker succes mee boeken.

Voor ca. 40 stuks
40 verse druivenbladeren
4 el olijfolie
partjes citroen en een frisse salade om te serveren

Voor de vulling
150 g langkorrelige rijst, gewassen
2 bosjes lente-uitjes, fijngehakt
40 g pijnboompitten
3 el rozijnen
2 el fijngehakte blaadjes munt
4 el fijngehakte verse peterselie
¾ tl versgemalen zwarte peper
zout

1 Knip of snijd de dikke nerven uit de druivenbladeren. Blancheer de bladeren in een grote pan met gezouten water tot ze van kleur veranderen. Giet ze af, spoel ze af onder koud stromend water en laat ze uitlekken.

2 Meng in een kom alle ingrediënten voor de vulling en voeg zout en peper toe. Spreid de bladeren open met de nerven naar boven en leg op elk blad een volle theelepel van de vulling.

3 Vouw de twee zijkanten over de vulling en rol de bladeren vanaf de steelkant naar boven.

4 Leg de rolletjes naast elkaar in een stoompan en besprenkel ze met olijfolie. Stoom de rolletjes 50-60 min. tot de rijst helemaal gaar is. Serveer de gevulde wijnbladeren koud met partjes citroen en een salade.

Tips van de kok
• Een gemiddeld, grote, verse citroen bevat ongeveer 4-6 eetlepels sap. De citroensmaak in dit gerecht is vrij uitgesproken!. Eventueel kunt u minder citroensap toevoegen.
• Gebruik bij voorkeur biologische citroenen, zodat het citroenraspsel vrij is van giftige stoffen. Was ze grondig voor gebruik als u geen biologische citroenen kunt krijgen.

Tip van de kok
Als u geen verse druivenbladeren kunt vinden, gebruik dan wijnbladeren op zout water uit een pot. Spoel de bladeren voor gebruik goed en laat ze uitlekken. Dep ze droog met keukenpapier.

Koude gevulde courgettes

Vol van smaak, maar weinig calorieën en een laag vetgehalte – een perfect voorgerecht voor in de zomer.

Voor 6 personen
6 courgettes, uiteinden afgesneden
1 ui, gesnipperd
1 teentje knoflook, geperst
4-5 el vinaigrette (zie Tip van de kok)
1 groene paprika, zonder zaadjes en in blokjes
3 tomaten, ontveld, zonder zaadjes en in blokjes
1 el kappertjes, uitgelekt
1 el fijngehakte verse peterselie
1 el fijngehakt vers basilicum
zeezout en versgemalen zwarte peper
verse takjes peterselie ter garnering

1 Breng een pan met lichtgezouten water aan de kook. Leg de courgettes erin en kook ze 2-3 min. Neem ze uit de pan en laat ze uitlekken.

2 Snijd de courgettes over de lengte doormidden. Schep het vruchtvlees er voorzichtig uit; zorg dat de schil heel blijft. Snijd het vruchtvlees in blokjes, leg ze in een schaal en schep de helft van de gesnipperde ui en het knoflook erdoor.

3 Besprenkel met 2 eetlepels vinaigrette. Dek de schaal af en laat het 2-3 uur marineren. Wikkel de courgettehelften goed in huishoudfolie en leg ze tot gebruik in de koelkast.

4 Schep paprika, tomaten, kappertjes, de rest van de ui en de kruiden door het courgettemengsel en voeg zout en peper toe. Roer de rest van de vinaigrette door het groentemengsel en zet het geheel in de koelkast.

5 Vul de courgettehelften met het groentemengsel. Leg ze op een bord en garneer ze met peterselie.

> **Tip van de kok**
> De vinaigrette maakt u door 1 el wijnazijn, 1 tl dijonmosterd en 5 el olijfolie door elkaar te kloppen.

Gevulde champignons

Dit is een klassieke bereidingswijze voor champignons. Aan dit recept is veel knoflook toegevoegd.

Voor 6 personen
12-18 reuzen- of grotchampignons
boter om in te vetten
3 el olijfolie
2 teentjes knoflook, fijngehakt
3 el fijngehakte verse peterselie
45 g vers witbroodkruim
zout en versgemalen zwarte peper
takjes bladpeterselie ter garnering

1 Verwarm de oven voor op 180 °C. Snijd de steeltjes van de paddestoelen en houd ze apart. Vet een ovenschaal in met boter. Leg de paddestoelen op hun hoedje, met de open kant omhoog, in de ovenschaal.

2 Verhit 1 eetlepel olie en fruit hierin het knoflook kort. Hak de paddestoelsteeltjes fijn en meng ze met de peterselie en het broodkruim. Voeg het knoflook, 1 eetlepel olie en zout en peper toe. Verdeel de vulling over de paddestoelen.

3 Sprenkel de overige olie over de champignons en dek ze af met ingevet bakpapier. Bak ze 15-20 min. Verwijder 5 min. voor het eind het bakpapier, zodat de bovenkant bruin kan worden.

4 Leg op elk bord twee of drie paddestoelen en garneer het gerecht met takjes peterselie.

> **Tips van de kok**
> • De baktijd van de champignons is afhankelijk van hun grootte en dikte. Bak kleine exemplaren korter in de oven. Ze moeten na bereiding gaar, maar niet te zacht zijn.
> • Een sterkere knoflooksmaak krijgt u door de knoflook niet eerst te bakken voordat u het toevoegt aan het broodkruimmengsel.

Haloumi met geroosterde paprika

Haloumi is een pittige, smaakvolle kaas, die gegrild of gebakken heerlijk van textuur is. De geroosterde rode paprika's passen er uitstekend bij.

Voor 4 personen
6 paprika's van verschillende kleur, gehalveerd en zonder zaadjes
olijfolie
2 el balsamicoazijn
klein handje rozijnen (naar keuze)
300 g Haloumi, in dikke plakken
zout en versgemalen zwarte peper
bladpeterselie ter garnering

1 Leg de paprikahelften met de bolle kant naar boven onder een hete grill en rooster ze tot de velletjes zwartgeblakerd zien. Leg ze in een kom en bedek ze met verkreukeld keukenpapier. Laat ze wat afkoelen. Verwijder de velletjes, snijd het vruchtvlees in reepjes en leg ze in een schaal. Vang vrijkomende sappen op en roer ze door de reepjes paprika.

2 Schenk een beetje olijfolie over de paprika en schep er azijn en rozijnen door. Voeg zout en peper toe en laat het mengsel afkoelen.

3 Verdeel de paprikasalade over vier borden. Verhit in een pan met zware bodem ca. 0,5 cm olijfolie. Bak hierin op matig vuur de plakken Haloumi 2-3 min.; draai ze halverwege om. Bak ze aan beide kanten goudbruin.

4 Laat de Haloumi uitlekken op keukenpapier en leg ze bij de geroosterde paprika. Garneer met peterselie en serveer direct.

> **Tips van de kok**
> • Voor een knapperige buitenkant van de haloumi, haalt u de kaas voor het bakken even door de bloem.
> • Gril de haloumi in plaats van hem te bakken. Verhit een grill of geribbelde grillpan en gril de kaas tot hij goudbruin is. Draai hem een keer om. Haloumi is bereid op de barbecue ook lekker.

Malfatti met paprikasaus

De saus van geroosterde paprika's en tomaat gaat goed samen met deze luchtige spinazieknoedels.

Voor 5 personen
500 g verse spinazie
1 ui, gesnipperd
1 teentje knoflook, geperst
1 el olijfolie extra vierge
350 g ricotta
3 eieren, losgeklopt
50 g droog broodkruim
50 g bloem
50 g parmezaanse kaas versgeraspte nootmuskaat
2 el boter, gesmolten
zout en versgemalen zwarte peper

Voor de saus
2 rode paprika's, in vier partjes en zonder zaadjes
2 el olijfolie extra vierge
1 ui, gesnipperd
400 g blokjes tomaat uit blik
1,5 dl water

1 Bereid de saus. Leg de paprika's met de bolle kant naar boven onder de grill en rooster ze tot ze zwartgeblakerd zien. Leg ze in een kom, bedek ze met verkreukeld keukenpapier en laat ze afkoelen. Ontvel ze en snijd het vruchtvlees in blokjes.

2 Verhit de olie in een pan en bak ui en paprika 5 min. Voeg tomaten, water, zout en peper toe en breng het geheel aan de kook. Draai het vuur lager en laat de saus 15 min. pruttelen. Pureer de saus en giet hem in een schone pan.

3 Blancheer de spinazie 1 min. in een pan met kokend water. Laat hem goed uitlekken, spoel hem onder koud stromend water en laat hem weer uitlekken. Knijp de spinazie uit en snijd hem fijn. Meng in een kom ui, knoflook, olie, ricotta, eieren, broodkruim en spinazie. Roer er bloem en 1 tl zout door. Voeg de helft van de parmezaanse kaas, zout, peper en nootmuskaat toe. Maak 15 kleine rolletjes en leg ze even in de koelkast.

4 Breng een grote pan met water aan de kook en kook hierin de malfatti 5 min. in porties. Neem ze met een schuimspaan uit de pan en schep ze door de gesmolten boter. Warm de saus weer op en verdeel hem over vijf borden. Leg op elk bord 3 malfatti en strooi de rest van de parmezaanse kaas erover.

Groentetempura

Dit recept met gefrituurde groenten is gebaseerd op kaki-age, een populair gerecht in Japan.

Voor 8 personen
2 courgettes
½ aubergine
1 grote wortel
½ ui

plantaardige olie om te frituren
zout en versgemalen zwarte peper
zeezoutvlokken, partjes citroen en Japanse sojasaus om te serveren

Voor het beslag
1 ei
1,2 dl ijskoud water
115 g bloem

1 Snijd met een aardappelschilmesje over de breedte repen uit de schil van de courgettes en aubergine, zodat u een gestreept effect krijgt. Snijd de courgette, aubergine en wortel in lange, dunne repen van 7,5-10 cm bij 3 mm en leg ze in een vergiet.

2 Strooi flink wat zout over de groenten en laat ze 30 min. staan. Spoel de groenten af onder koud stromend water en laat ze goed uitlekken.

3 Snijd de ui van de bovenkant naar de onderkant in dunne plakjes. Gooi het harde binnenste gedeelte weg. Scheid de lagen van elkaar, zodat u veel dunne reepjes ui krijgt. Schep alle groenten door elkaar en strooi er naar smaak zout en peper over.

4 Maak het beslag vlak voor het frituren. Meng in een kom het ei met het ijswater en zeef er dan bloem boven. Meng het geheel kort met een vork of stokjes: het beslag moet klonterig blijven. Haal de groenten door het beslag.

5 Schenk een wok tot de helft vol met olie en verhit de olie tot 180 °C. Laat kleine hoeveelheden groenten met beslag in gedeelten voorzichtig in de olie zakken. Frituur de groenten ca. 3 min. tot ze goudbruin en knapperig zijn.

6 Laat de gefrituurde groenten uitlekken op keukenpapier en serveer ze direct. Geef er zeezoutvlokken, schijfjes citroen en een klein kommetje met Japanse sojasaus voor het dippen bij.

Beignets met lente-ui en ricotta

Deze lekkere beignets smelten op de tong. Ze vormen een bijzonder voorgerecht, vooral wanneer u ze serveert met een pittige avocadosalsa.

Voor 4-6 personen
250 g ricotta
1 groot ei, losgeklopt
6 el zelfrijzend bakmeel
6 el melk
1 bosje lente-uitjes, in dunne ringetjes
2 el fijngehakte verse koriander

zonnebloemolie om te frituren
zout en versgemalen zwarte peper

Ter garnering
verse takjes koriander
partjes limoen

Om te serveren
salsa met avocado en tomaat
 (zie volgend recept)
2 dl crème fraîche

1 Klop de ricotta goed los. Roer het ei en bakmeel erdoor. Voeg de melk toe en klop het mengsel tot een zacht, dik beslag. Schep de lente-uitjes, koriander en zout en peper erdoor.

2 Verhit wat olie in een pan met antiaanbaklaag op matig vuur. Schep er enkele eetlepels van het beslag in, zodat u beignets met een doorsnede van ca. 7,5 cm krijgt. Bak de beignets in porties. Bak ze 4-5 min. per kant tot ze stevig en bruin zijn. Van het beslag kunt u ca. 12 beignets maken.

3 Laat de beignets uitlekken op keukenpapier en serveer ze direct. Garneer ze met takjes koriander en partjes limoen. Serveer er salsa en crème fraîche bij.

> **Tip van de kok**
> Het is belangrijk dat de ricotta goed is losgeklopt als u de andere ingrediënten toevoegt. Klop het beslag na toevoeging van het zelfrijzend bakmeel alleen nog luchtig door – niet te grondig, want dan komen de gluten van het meel vrij en worden de beignets te compact.

Salsa met avocado en tomaat

Voor 4-6 personen
2 rijpe avocado's
1 kleine rode ui, gesnipperd
geraspte schil en sap van 1 limoen
½-1 groene of rode chilipeper, zonder zaadjes en fijngehakt

225 g tomaten, ontveld, zonder zaadjes en in blokjes
2-3 el fijngehakte munt en koriander, gemengd
snufje suiker
zout en versgemalen zwarte peper

1 Schil de avocado's en verwijder de pitten. Snijd het vruchtvlees in blokjes en doe ze met de rode ui, het limoenraspsel en het limoensap in een kom. Voeg chilipeper naar smaak toe en schep er tomaten, munt en koriander door. Voeg zout en peper toe en roer de suiker erdoor.

2 Dek de kom goed af en laat de salsa voor gebruik 30 min. rusten.

Indiase aardappelkoekjes

In India worden deze koekjes *bhajas* genoemd. Ze kunnen met van alles worden bereid en maken onderdeel uit van het voorgerecht bij formele Indiase diners.

Voor 10 stuks
300 g aardappels
1½ tl garam masala of kerriepoeder
4 lente-uitjes, fijngehakt
1 eiwit, licht geklopt
2 el plantaardige olie
zout en versgemalen zwarte peper
chutney en Indiase salades (zoals raita) om te serveren

1 Schil de aardappels en rasp ze boven een grote kom. Knijp met de handen het overtollige vocht uit het raspsel. Dep het droog met keukenpapier en schep het in een kom.

2 Voeg de garam masala of het kerriepoeder, de lente-uitjes en het eiwit toe aan de aardappelrasp. Meng het geheel goed en breng het op smaak met zout en peper.

3 Verhit de olie in een koekenpan met antiaanbaklaag op matig vuur. Laat voorzichtig eetlepels met het aardappelmengsel in de olie glijden en druk de koekjes met de achterkant van een lepel plat.

4 Bak de koekjes enkele minuten en draai ze om. Bak ze nog eens 3 min.

5 Laat de koekjes uitlekken op keukenpapier en houd ze warm terwijl u de andere koekjes bakt. Serveer ze heet en geef er chutney en Indiase salades bij.

> **Tips van de kok**
> • Rasp de aardappels pas op het laatste moment, want aardappelraspsel wordt bruin als het te lang staat.
> • Garam masala is een mengsel van specerijen, meestal gedroogde chilipeper, kaneel, kerrieblad, koriander, komijn, mosterdzaad, fenegriekzaad en zwartepeperkorrels.

Eieren 'en cocote' met wilde paddestoelen en bieslook

Dit eenvoudige en lekkere gerecht met ei is een prima voorgerecht voor bij een licht hoofdgerecht. Serveer met toast.

Voor 6 personen
5 el boter
2 sjalotjes
1 klein teentje knoflook, fijngehakt
250 g wilde paddestoelen, fijngehakt
1 el citroensap
1 tl fijngehakte verse dragon
2 el crème fraîche
2 el fijngeknipt vers bieslook
6 eieren
zout en versgemalen zwarte peper
sprietjes bieslook ter garnering
volkoren toast met boter om te serveren

1 Smelt 4 eetlepels boter in een koekenpan en bak hierin de sjalotjes en het knoflook tot ze zacht, maar nog niet bruin zijn.

2 Draai het vuur hoger en voeg de paddestoelen toe. Bak het geheel al omscheppend op hoog vuur tot de paddestoelen hun vocht verliezen en bruin worden.

3 Roer het citroensap en de dragon erdoor en bak het geheel al omscheppend tot de paddestoelen het vocht hebben opgenomen. Meng de helft van de crème fraîche en de helft van het geknipte bieslook erdoor en breng het op smaak.

4 Verwarm de oven voor op 190 °C. Verdeel het paddestoelenmengsel over de bodem van zes kleine souffléschaaltjes. Strooi de rest van het geknipte bieslook erover.

5 Breek boven elk souffléschaaltje een ei en schep er nog een beetje crème fraîche op. Strooi er naar smaak zout en peper over. Verdeel de rest van de boter erover en zet de souffléschaaltjes 10-15 min. in de oven tot de eiwitten zijn gestold en de eierdooiers gaar genoeg zijn.

6 Garneer met bieslook en serveer met warme toast met boter.

Gebakken eieren met crème fraîche

Dit rijke gerecht is gemakkelijk en snel te bereiden.

Voor 4 personen
1 el zachte boter om in te vetten
1,25 dl crème fraîche
2 el fijngeknipt vers bieslook
4 eieren
125 g geraspte gruyère
zout en versgemalen zwarte peper

1 Verwarm de oven voor op 180 °C. Vet vier kleine ovenschaaltjes in. Meng de crème fraîche met het bieslook en breng het mengsel op smaak met zout en peper.

2 Breek boven elk schaaltje een ei en verdeel het crèmefraîchemengsel erover. Strooi de kaas erover en bak de eieren 15-20 min. Zet de gaar geworden eieren nog even onder de hete grill en laat ze van boven in korte tijd bruin worden. Serveer direct.

Dubbelgebakken soufflés met gruyère en aardappel

Deze soufflés waren een paar jaar geleden heel populair en mogen niet in de vergetelheid raken. U kunt ze goed van tevoren bereiden.

Voor 4 personen
boter om in te vetten
225 g bloemige aardappels
2 eieren, gesplitst
175 g geraspte gruyère
50 g zelfrijzend bakmeel
50 g verse jonge spinazie, fijngehakt
zout en versgemalen zwarte peper
groene salade om erbij te serveren

1 Verwarm de oven voor op 200 °C. Vet vier kleine souffléschaaltjes in. Kook de aardappels in 20 min. gaar in water met wat zout. Giet ze af en pureer ze samen met de eierdooiers.

2 Schep de helft van de gruyère en het zelfrijzend bakmeel door de puree. Voeg zout en peper toe en schep vervolgens de spinazie erdoor.

3 Klop de eiwitten zo stijf dat er zachte pieken verschijnen. Schep eerst een beetje van het eiwit door het spinaziemengsel, zodat het wat luchtiger wordt. Schep dan de rest van het eiwit erdoor.

4 Zet de souffléschaaltjes op een bakplaat en verdeel het mengsel over de schaaltjes. Bak de soufflés 20 min., haal ze uit de oven en laat ze afkoelen.

5 Verwarm de oven weer voor op 200 °C. Stort de soufflés voorzichtig op de bakplaat en strooi de rest van de gruyère erover. Bak de soufflés nog 5 min. Serveer ze met een groene salade.

> **Variatie**
> *Voor een andere smaak kunt u gruyère vervangen door verkruimelde blauwe kaas, zoals stilton of roquefort.*

Samosa's met kaas en pesto

In plaats van een voorgerecht kunt u bij de borrel ook eens samosa's serveren. Ze zijn ook zeer geschikt voor op feestjes.

Voor 8 personen
225 g gehakte diepvriesspinazie
2 el pijnboompitten
4 el pesto
115 g geraspte gruyère
50 g versgerapste parmezaanse kaas
550 g filodeeg, ontdooid
2 el olijfolie
zout en versgemalen zwarte peper

1 Verwarm de oven voor op 190 °C. Bereid de vulling. Kook de bevroren spinazie zachtjes in een pan; roer hem tijdens het ontdooien zo nu en dan door. Draai het vuur hoger, zodat het overtollige vocht kan verdampen. Schep de spinazie in een kom en laat hem afkoelen.

2 Rooster de pijnboompitten op laag vuur goudbruin van kleur in een droge koekenpan. Hak ze fijn en schep ze met de pesto door de spinazie. Schep de gruyère en de parmezaanse kaas erdoor. Voeg zout en peper toe.

3 Snijd een vel filodeeg in repen van 5 cm breed; bedek de rest van de vellen. Bestrijk elke reep met olie en schep een theelepel vulling op een van de uiteinden van elke reep. Vouw het uiteinde in een driehoekje, zodat de vulling geheel is bedekt.

4 Vouw het driehoekje verder op tot u het eind van de reep hebt bereikt. Doe dit ook met de andere repen deeg tot alle vulling op is.

5 Leg de samosa's op een bakplaat en bestrijk ze met olie. Bak ze in 20-25 min. goudbruin. Laat ze op een rekje iets afkoelen. Serveer ze warm.

> **Tip van de kok**
> *Houd het filodeeg tijdens de bereiding bedekt met huishoudfolie of een vochtige theedoek. Neem er telkens een velletje vanaf.*

Taartjes met kwarteleitjes

De gemarineerde eitjes zijn door hun gemarmerde buitenkant een lust voor het oog.

Voor 4 personen
10 kwarteleitjes
2 el sojasaus
2 el mosterdzaad
1 el groenetheeblaadjes
6 vellen filodeeg, ontdooid
50 g boter, gesmolten
1 kleine avocado
3 el droge witte vermout
2 el mayonaise
2 tl versgeperst limoensap
zout en versgemalen zwarte peper
paprikapoeder om te bestuiven
veldsla om te serveren

1 Leg de kwarteleitjes in een steelpan. Doe er koud water bij tot ze net onderstaan. Voeg sojasaus, mosterdzaad en theeblaadjes toe en breng het geheel aan de kook. Draai het vuur lager en laat de eitjes 3 min. pruttelen.

2 Neem de pan van het vuur en haal de eieren met een schuimspaan uit de pan (bewaar het kookvocht). Tik ze voorzichtig tegen een hard oppervlak, zodat de schalen rondom barsten. Doe de eieren terug in het kookvocht en laat ze acht uur marineren.

3 Verwarm de oven voor op 190 °C. Vet vier kleine taartvormpjes in. Bestrijk elk velletje filodeeg met een beetje gesmolten boter en leg de zes vellen op elkaar. Snijd er vier rondjes met een doorsnede van 15 cm uit.

4 Leg de rondjes deeg in de taartvormpjes en maak ribbels in de zijkanten. Leg een verkreukeld stuk aluminiumfolie in elke vorm en bak de vormpjes 12-15 min. tot het deeg gaar en goudbruin is. Verwijder het folie en laat de deegbakjes even afkoelen.

5 Snijd de avocado doormidden, verwijder de pit en schep het vruchtvlees eruit. Pureer in een keukenmachine het vruchtvlees samen met de vermout, de mayonaise en het limoensap tot een zacht geheel.

6 Pel en halveer de eitjes. Spuit of schep het avocadomengsel in de bakjes en rangschik de eieren erop. Bestuif de eieren met een snufje paprikapoeder en serveer de taartjes direct met veldsla.

Roqueforttaartjes met cognac

Luchtige bladerdeegbodems zijn hier belegd met de onweerstaanbaar lekkere combinatie van roquefort en cognac.

Voor 6 personen
150 g roquefort
2 el cognac
2 el olijfolie
225 g rode ui, in dunne ringen
225 g bladerdeeg, ontdooid
bloem om te bestuiven
geklopt ei of melk om te bestrijken
6 halve walnoten, fijngehakt
2 el fijngeknipt vers bieslook
zout en versgemalen zwarte peper
bieslookbundeltjes ter garnering
  (zie Tip van de kok)
groene sla, blokjes komkommer en
  dunne partjes tomaat om te
  serveren

1 Verkruimel de roquefort in een kleine kom, overgiet hem met de cognac en laat de kaas 1 uur marineren. Verhit ondertussen in een koekenpan de olie en fruit de ui 20 min. op laag vuur. Schep de uien af en toe om en zet ze apart.

2 Verwarm de oven voor op 220 °C. Rol het deeg op een met bloem bestoven werkvlak uit tot een lap van 5 mm dik en snijd er zes rondjes uit van 10 cm in doorsnede. Leg de deegrondjes op de ingevette bakplaat en prik er gaatjes in.

3 Bestrijk de randen van het deeg met een beetje geklopte ei of melk. Schep de walnoten en het bieslook door de uien en voeg zout en peper toe. Verdeel het mengsel over de deegbodems, maar laat de randen vrij.

4 Schep het kaas-cognacmengsel erop en bak de taartjes in 12-15 min. goudbruin in de oven. Garneer de taartjes met de bieslookbundeltjes en leg ze op een bedje van veldsla, blokjes komkommer en partjes tomaat. Serveer direct.

> **Tip van de kok**
> *Wind een sprietje bieslook om drie sprietjes en knoop het vast. U kunt de sprietjes bieslook wat buigzamer maken door ze eerst even te blancheren.*

Pittige worteldipsaus

Een heerlijke dipsaus met een zoete, maar toch hartige smaak. Lekker met volkoren toastjes of tortillachips.

Voor 4 personen
1 ui
4 wortels
geraspte schil en sap van 2 sinaasappels
1 el pikante currypasta
1,5 dl magere yoghurt
handvol verse blaadjes basilicum
1-2 el citroensap
tabasco naar smaak
zout en versgemalen zwarte peper

1 Snipper de ui en schrap en rasp de wortels. Doe de ui, driekwart van de wortel, de sinaasappelrasp en het sinaasappelsap en de currypasta in een pan en breng het geheel aan de kook. Draai het vuur lager, dek de pan af en laat het mengsel 10 min. pruttelen tot ui en wortel gaar zijn.

2 Laat het mengsel een beetje afkoelen en mix het in een keukenmachine tot een zachte puree. Schep de puree in een pan en laat de puree afkoelen.

3 Roer de yoghurt door de puree. Scheur de blaadjes basilicum in stukjes en schep ze door het mengsel.

4 Voeg citroensap, tabasco en naar smaak zout en peper toe. Serveer de dip binnen een paar uur op kamertemperatuur, gegarneerd met de rest van de geraspte wortel.

Tip van de kok
De originele tabasco stamt uit het midden van de negentiende eeuw en is gemaakt van rode chilipeper, azijn en zout. Er is ook een groene, iets hetere variant verkrijgbaar.

Variatie
Voor een volle en romige versie gebruikt u in plaats van magere yoghurt Griekse yoghurt of zure room.

Saffraandipsaus

Serveer deze milde dipsaus met rauwkost: vooral lekker met bloemkoolroosjes, minimaïs en bleekselderij.

Voor 4 personen
enkele saffraandraadjes
200 g (magere) kwark
10 sprietjes bieslook
10 blaadjes basilicum
zout en versgemalen zwarte peper
rauwkost om te serveren

1 Laat in een klein kommetje de saffraan 3 min. weken in 1 eetlepel kokend water.

2 Roer de kwark tot een gladde massa en roer het saffraanvocht erdoor.

3 Knip het bieslook boven het kwarkmengsel fijn. Scheur de blaadjesbasilicum in stukjes en roer ze door de dipsaus. Breng het mengsel op smaak met zout en peper. Serveer er rauwkost bij.

Variatie
Vervang de saffraandraadjes door een scheutje citroen- of limoensap. In plaats van draadjes saffraan kunt u ook saffraan in poedervorm gebruiken.

Pestodipsaus

Deze saus is heerlijk bij geroosterde groenten, maar smaakt ook goed bij gebakken aardappels en chips.

Voor 4 personen
2,5 dl zure room
1 el kant-en-klare rode of groene pesto

1 Schep de zure room in een kommetje. Schep de pesto erop en draai hem dan voorzichtig door de room, zodat u een draaikolkeffect krijgt.
2 Dek de saus af en zet hem tot gebruik in de koelkast.

Citroenoliedip met geroosterde artisjokken

De frisse citroenoliedip gaat goed samen met de geroosterde artisjokken. De dip smaakt ook lekker bij baby-artisjokken van de barbecue.

Voor 4 personen
1 el citroensap of wittewijnazijn
2 kleine artisjokken, zonder steel
12 teentjes knoflook, ongepeld
6 el olijfolie
1 citroen
zeezout
takjes bladpeterselie ter garnering

1 Verwarm de oven voor op 200 °C. Roer het citroensap of de azijn door een kom met koud water. Snijd de artisjokken over de lengte in partjes. Trek het hooi uit het binnenste gedeelte van de partjes. Leg, om verkleuring te voorkomen, de artisjokken in het zure water.

2 Laat de partjes artisjok goed uitlekken en leg ze samen met het knoflook in een braadslee. Voeg de helft van de olijfolie toe en hussel het geheel goed. Strooi er zeezout over en rooster de artisjokken in 40 min. zacht en iets bruin. Schep het geheel een tot twee keer om.

3 Maak ondertussen de citroenolie. Snijd met een klein, scherp mesje twee dunne reepjes van de citroenschil af. Leg de reepjes op een plank en verwijder voorzichtig het wit. Leg ze in een pannetje met water. Breng het water aan de kook en laat de reepjes 5 min. sudderen. Giet ze af en spoel ze af onder koud stromend water. Hak de reepjes schil in grove stukken.

4 Laat de artisjokken op een serveerschaal 5 min. afkoelen.

5 Knijp de teentjes knoflook uit, zodat het vruchtvlees vrijkomt. Doe de knoflookpulp in een kom en stamp het knoflook fijn. Voeg de citroenschil toe. Pers de citroen uit en meng het sap met het knoflookmengsel. Klop tot slot de rest van de olie erdoor. Breng de dip op smaak met zeezout en serveer hem bij de warme artisjokken. Garneer met peterselie.

Aïoli met gebakken aardappelpartjes

Aïoli is een dikke knoflook-mayonaise uit Spanje. Tegenwoordig wordt hij meestal niet meer bereid met een stamper en vijzel, maar in een keukenmachine gemaakt.

Voor 4 personen
plantaardige olie om te frituren
4 aardappels, in 8 gelijke partjes
grof zeezout

Voor de aïoli
1 grote eierdooier
1 tl wittewijnazijn
5 el olijfolie
5 el zonnebloemolie
4 teentjes knoflook, geperst
takjes peterselie ter garnering

1 Maak eerst de aïoli. Doe de eierdooier en de azijn in een keukenmachine. Voeg, terwijl de machine draait, geleidelijk de olijfolie en de zonnebloemolie toe. Laat de machine draaien tot een dikke mayonaise ontstaat.

2 Schep het mengsel in een schaaltje en roer het geperste knoflook erdoor. Breng het geheel op smaak met zout en peper. Dek het schaaltje af en zet de aïoli tot gebruik in de koelkast.

3 Verhit de olie in een pan met dikke bodem of frituurpan tot een temperatuur van 180 °C. Bak hierin de aardappelpartjes in ca. 7 min. lichtbruin van kleur.

4 Haal de aardappelpartjes met een schuimspaan uit de pan en laat ze uitlekken op keukenpapier. Draai het vuur hoger, doe de aardappelpartjes terug in de pan en bak ze knapperig en goudbruin. Haal ze met een schuimspaan weer uit de pan en laat ze weer goed uitlekken. Bestrooi ze met zeezout. Garneer de aïoli met peterselie. Serveer de aardappelpartjes heet met de aïoli.

> **Tip van de kok**
> *De aïoli wordt milder van smaak als u twee delen zonnebloemolie en een deel olijfolie gebruikt.*

Milde knoflookdip

Twee bollen knoflook lijkt misschien wat veel, maar eenmaal geroosterd is knoflook mild en zoetig van smaak.

Voor 4 personen
2 hele bollen knoflook
1 el olijfolie
4 el mayonaise
5 el Griekse yoghurt
1 tl grove mosterd
zout en versgemalen zwarte peper
knapperig brood of soepstengels om te serveren (naar keuze)

1 Verwarm de oven voor op 200 °C. Scheid de teentjes van elkaar en leg ze in een kleine braadslee. Giet de olijfolie erover en schep het geheel met een lepel om, zodat alle teentjes zijn bedekt met de olie. Rooster de teentjes knoflook gaar en zacht in 20-30 min. en laat ze 5 min. afkoelen.

2 Snijd de onderkantjes van de teentjes af en pel de teentjes. Leg ze op een plank en bestrooi ze met zout. Prak het knoflook fijn met een vork. Schep de puree in een schaaltje en roer de mayonaise, yoghurt en mosterd erdoor.

3 Breng de dip op smaak met zout en peper. Dek het schaaltje goed af en zet het tot gebruik in de koelkast.

Makkelijke knoflook-kokosdip

Zalig bij rauwkost of knapperig bood.

Voor 4 personen
5 teentjes knoflook
150 g gedroogde geraspte kokos
2 el chilipoeder
1,5 dl yoghurt
zout
rauwkost om te serveren

1 Stamp in een vijzel knoflook en een snufje zout fijn. Voeg geleidelijk kokos en chilipoeder toe en wrijf het tot een pasta.

2 Roer de pasta door de yoghurt en serveer met rauwkost.

Pompoendip met parmezaanse kaas

Deze pompoendip is misschien wat ongewoon, maar wel erg lekker. Warm komt hij het best tot zijn recht.

Voor 4 personen
1 kleine pompoen
1 el boter
4 teentjes knoflook, ongepeld
2 el versgeraspte parmezaanse kaas
3-5 el crème fraîche
zout en versgemalen zwarte peper
melbatoast (zie Tip van de kok), kaasstengels of rauwkost om te serveren

1 Verwarm de oven voor op 200 °C. Snijd de pompoen doormidden en verwijder de zaadjes.

2 Kerf met een scherp mesje het vruchtvlees kruislings zo diep mogelijk in, maar snijd niet door de schil heen. Leg beide helften in een kleine braadslee en leg er een klontje boter op. Strooi er zout en peper over en rooster de pompoen 20 min. Leg de teentjes knoflook erbij en rooster het geheel nog 20 min., tot de pompoen gaar en zacht is.

3 Schep het vruchtvlees uit de schil, verwijder de velletjes van de teentjes knoflook. Pureer de pompoen en het knoflook in een keukenmachine.

4 Voeg, terwijl de machine draait, de helft van de geraspte parmezaanse kaas toe. Mix vervolgens de crème fraîche erdoor. Voeg zout en peper toe. Schep de dip in een schaaltje en strooi de rest van de kaas erover. Serveer warm met melbatoast, kaasstengels of rauwkost.

> **Tip van de kok**
> U kunt ook zelf toast maken. Rooster onder de grill sneetjes witbrood aan beide zijden goudbruin. Laat de sneetjes even afkoelen en snijd vervolgens de korstjes ervan af. Snijd met een lang, dun en scherp mes de sneetjes brood over de lengte doormidden, tot u twee heel dunne sneetjes hebt. Rooster de binnenkanten nog even onder de grill tot ze goudbruin zijn.

Tzatziki

Deze romige en verfrissende Griekse saus is zeer gemakkelijk te bereiden. Serveer er pitabrood, aardappelpartjes of verschillende soorten geroosterde groenten bij.

Voor 4 personen
1 minikomkommer, uiteinden er afgesneden
4 lente-uitjes
1 teentje knoflook
2 dl Griekse yoghurt
3 el fijngehakte verse munt
zout en versgemalen zwarte peper
verse takjes munt ter garnering
warm pitabrood om te serveren

1 Snijd de komkommer in blokjes van 0,5 cm. Snijd de uiteinden van de lente-uitjes af en snijd ze fijn. Pel en snipper het knoflook.

2 Klop de yoghurt even luchtig en roer er komkommer, ui, knoflook en munt door.

3 Schep het mengsel in een schaaltje en breng de saus op smaak met zout en flink wat peper. Dek de saus af en zet hem tot gebruik in de koelkast. Garneer de tzatziki met kleine takjes munt en geef er warm pitabrood bij.

Tip van de kok
Neem voor deze dipsaus Griekse yoghurt. Deze yoghurt is vetter dan gewone yoghurt, wat de tzatziki extra romig en vol maakt.

Variatie
Deze saus wordt gladder als u hem in een keukenmachine bereidt. Pureer in de keukenmachine 1 geschilde minikomkommer samen met 2 teentjes knoflook en 75 g gemengde verse kruiden. Roer de puree door 2 dl zure room en breng het geheel op smaak met zout en peper.

Blauwekaasdipsaus

Deze dipsaus tovert u in een handomdraai op tafel en is lekker met partjes rijpe peer. Als u wat extra yoghurt toevoegt, wordt de saus dunner en is hij zeer geschikt als saladedressing.

Voor 4 personen
150 g blauwe kaas, zoals Danish blue of stilton
150 g zachte roomkaas
ca. 5 el Griekse yoghurt
zout en versgemalen zwarte peper

1 Verkruimel de blauwe kaas boven een kom en roer hem tot een zacht geheel.

2 Voeg de zachte kaas toe en meng het geheel goed.

3 Roer er geleidelijk zo veel Griekse yoghurt door tot u de gewenste dikte krijgt.

4 Breng de saus op smaak met zwarte peper en een snufje zout. Dek hem af en zet hem tot gebruik in de koelkast.

Dip van zongedroogde tomaten

Probeer deze dip met reepjes bleekselderij of wortel. Hij is ook lekker bij gebakken aardappeltjes.

Voor 4 personen
2 el (zongedroogde)tomatenpuree
2,5 dl Griekse yoghurt
2 lente-uitjes, fijngehakt
2 zongedroogde tomaten op olie, uitgelekt en fijngehakt
scheutje tabasco (naar keuze)
zout en versgemalen zwarte peper

1 Meng de tomatenpuree met een beetje yoghurt tot een glad mengsel. Roer dan geleidelijk de rest van de yoghurt erdoor.

2 Meng de lente-uitjes en fijngehakte zongedroogde tomaten door het yoghurtmengsel. Breng het geheel op smaak met zout en peper. Voeg voor wat meer pit een scheutje tabasco toe.

Guacamole

Dit is een van de populairste salsa's uit Mexico. Het mengsel van romige avocado's met tomaat, knoflook, chilipeper, koriander en limoen is overal ter wereld verkrijgbaar.

Voor 6-8 personen
4 rijpe avocado's
sap van 1 limoen
½ kleine ui
2 teentjes knoflook
klein bosje verse koriander, fijngehakt
3 rode chilipepers
4 tomaten, ontveld, zonder zaadjes en in blokjes
zout
tortillachips om te serveren

1 Snijd de avocado's doormidden en verwijder de pitten. Schep het vruchtvlees uit de schillen. Pureer de avocado in een keukenmachine tot het vruchtvlees bijna glad is. Schep de avocado in een kom en roer het limoensap erdoor. Als u een grovere guacamole wilt, prakt u de avocado met een vork fijn.

2 Snipper de ui en pers het knoflook. Schep ui en knoflook door de avocado. Roer de koriander erdoor.

3 Verwijder de steeltjes van de chilipepers. Snijd de pepers open en schraap de zaadjes er met een scherp mesje uit. Hak de pepers fijn en schep ze samen met de tomaten door het avocadomengsel. Schep het geheel goed door.

4 Proef de guacamole en voeg naar smaak zout toe. Dek de kom goed af met huishoudfolie en zet de dipsaus minimaal 1 uur voor serveren in de koelkast. Serveer met tortillachips.

> **Tips van de kok**
> • Goed afgesloten kunt u guacamole 2-3 dagen bewaren in de koelkast. Naarmate hij langer staat, wordt de saus wel wat grijzer.
> • Als u de avocadopit in de guacamole stopt, gaat dit verkleuring iets tegen.
> • Traditioneel worden avocado's met een mes met een zilveren lemmet gesneden tegen verkleuring.

Aubergine-paprikaspread

Door zijn intense kleur en robuuste textuur contrasteert deze dip mooi met een romige kaasdip. Deze spread smaakt lekker met zwarte olijven.

Voor 6-8 personen
2 aubergines, totaalgewicht ca. 675 g, in de lengte gehalveerd
2 groene paprika's, zonder zaadjes en in vier partjes
3 el olijfolie
2 stevige rijpe tomaten, gehalveerd, ontveld en in kleine blokjes
3 el fijngehakte verse peterselie of koriander
2 teentjes knoflook, geperst
2 el rodewijnazijn
citroensap, naar smaak
zout en versgemalen zwarte peper
verse takjes peterselie of koriander ter garnering
roggebrood, partjes citroen en zwarte olijven om te serveren

1 Leg de aubergines en paprika's met hun bolle kant naar boven op een ovenrooster en gril ze tot de velletjes zwartgeblakerd zien. Draai de groenten om en gril ze nog 3 min. Leg ze in een kom, bedek ze met verkreukeld keukenpapier en laat ze ca. 10 min. afkoelen.

2 Ontvel de groenten en pureer het vruchtvlees in een keukenmachine.

3 Voeg ondertussen via de opening in het deksel de olijfolie toe. Laat de machine draaien tot het mengsel glad en goed gemengd is.

4 Doe het mengsel in een schaaltje en schep er tomaten, peterselie of koriander, knoflook, azijn en citroensap door. Voeg zout en peper toe. Garneer de spread met takjes peterselie of koriander en serveer met roggebrood, partjes citroen en zwarte olijven.

> **Tip van de kok**
> Deze spread is zalig bij brood, vooral olijvenbrood of ciabatta.

Baba ganoush met Libanees plat brood

Baba ganoush is een heerlijke auberginedip uit het Midden-Oosten.

Voor 6 personen
2 kleine aubergines, gehalveerd
1 teentje knoflook, fijngehakt
3 el tahin (sesampasta)
25 g gemalen amandelen
sap van ½ citroen
½ tl gemalen komijn
2 el verse blaadjes munt
olijfolie om te besprenkelen
zout en versgemalen zwarte peper

Voor het Libanese platte brood
6 pitabroodjes
3 el geroosterd sesamzaad
3 el fijngehakte verse tijm
3 el maanzaad
1,5 dl olijfolie

1 Bereid eerst het platte brood. Snijd de pitabroodjes voorzichtig open. Doe het sesamzaad, de tijm en het maanzaad in een vijzel en kneus ze zachtjes met een stamper.

2 Roer de olijfolie erdoor. Smeer het mengsel dun op de snijkanten van de pitabroodjes. Gril de broodjes tot ze goudbruin en knapperig zijn. Laat de broodjes afkoelen en zet ze even apart.

3 Leg de aubergines met de bolle kant naar boven op een rooster en schuif ze onder de grill. Gril ze tot ze zwartgeblakerd zien. Leg de aubergines in een kom, bedek ze met verkreukeld keukenpapier en laat ze 10 min. afkoelen. Verwijder de schil van de aubergines en snijd het vruchtvlees in grove stukken. Laat het vruchtvlees uitlekken in een vergiet.

4 Knijp zo veel mogelijk vocht uit de aubergines. Pureer in een keukenmachine de aubergines samen met het knoflook, de tahin, de gemalen amandelen, het citroensap en de komijn tot een glad mengsel. Hak de helft van de munt grof en roer dit door de dip. Voeg zout en peper toe.

5 Doe de dip in een schaaltje, strooi de rest van de munt erover en besprenkel hem met wat olijfolie. Serveer met het brood.

Dhal met citroen en kokos

Deze warme en kruidige dip smaakt perfect bij pappadums, maar kan ook goed als bijgerecht bij een Indiaas hoofdgerecht worden geserveerd.

Voor 8 personen
2 el zonnebloemolie
5 cm verse gemberwortel, fijngehakt
1 ui, gesnipperd
2 teentjes knoflook, geperst
2 kleine rode chilipepers, zonder zaadjes en fijngehakt
1 tl komijnzaad
150 g rode linzen
2,5 dl water
1 el hete currypasta
2 dl kokosmelk
sap van 1 citroen
handvol verse blaadjes koriander
25 g amandelschaafsel
zout en versgemalen zwarte peper
warme pappadums om te serveren
enkele dunne ringetjes rode chilipeper ter garnering

1 Verhit de zonnebloemolie in een grote, diepe pan. Voeg de gember, de ui, het knoflook, de rode peper en het komijnzaad toe en bak het geheel ca. 5 min. op matig vuur tot de ui zacht maar niet gekleurd is. Roer het mengsel zo nu en dan door.

2 Doe de linzen met het water en de currypasta in een pan en breng het geheel op matig vuur aan de kook. Draai het vuur lager, dek de pan af en laat het geheel 15-20 min. zachtjes koken tot de linzen net gaar, maar nog niet gebroken zijn. Roer het geheel zo nu en dan door.

3 Roer op 2 eetlepels na de kokosmelk door de linzen en laat het geheel onafgedekt nog 15-20 min. sudderen tot een dikke puree ontstaat. Neem de pan van het vuur en roer het citroensap en de koriander erdoor. Voeg zout en peper toe.

4 Verhit een grote koekenpan met zware bodem. Rooster het amandelschaafsel in de droge pan goudbruin op matig vuur. Schep het schaafsel regelmatig om. Roer twee derde van het amandelschaafsel door de dhal.

5 Schep de dhal in een schaaltje en roer de rest van de kokosmelk erdoor. Verdeel de rest van de geroosterde amandelen en de ringetjes chilipeper erover. Serveer warm met pappadums.

Boterbonendip

Besmeer crackers of geroosterd brood met deze zachte bonendip of spread. Serveer de dip met partjes tomaat en rucola.

Voor 4 personen
400 g boterbonen uit blik, afgespoeld en uitgelekt
rasp en schil van 1 citroen
2 el olijfolie
1 teentje knoflook, fijngehakt
2 el fijngehakte peterselie
tabasco naar smaak
cayennepeper
zout en versgemalen zwarte peper
fijngehakte peterselie ter garnering

1 Leg de bonen in een ondiepe schaal en stamp ze met een pureestamper tot een grove puree.

2 Roer de citroenrasp, het citroensap en de olijfolie erdoor. Voeg dan het knoflook en de peterselie toe. Breng het geheel op smaak met tabasco, zout en peper.

3 Schep het mengsel in een schaaltje en strooi er wat cayennepeper en peterselie over. Zet de dip tot gebruik in de koelkast.

Vegetarische tapenade

In het originele recept van deze beroemde zwarteolijvenpasta zit ansjovis. Deze vegetarische versie is minstens zo lekker.

Voor 4 personen
350 g zwarte olijven zonder pit
5 reepjes zongedroogde tomaat op olie, uitgelekt
2 el uitgelekte kappertjes
1-2 teentjes knoflook, grof gehakt
1 tl fijngehakte verse tijm
sap van ½ citroen
3 el olijfolie

1 Doe alle ingrediënten in een keukenmachine en pureer ze tot een glad mengsel. Schep de tapenade in een schaaltje. Dek de tapenade af en zet hem tot gebruik in de koelkast.

Kidneybonendip

Deze romige dip is warm op zijn best. Serveer er geroosterd pitabrood bij.

Voor 4 personen
2 el plantaardige olie
2 teentjes knoflook, geperst
1 ui, gesnipperd
2 groene chilipepers, zonder zaadjes en fijngehakt
1-2 tl pikant chilipoeder
400 g kidneybonen uit blik
75 g geraspte oude kaas
1 rode chilipeper
zout en versgemalen zwarte peper
geroosterd pitabrood om te serveren

1 Verhit de olie in een diepe pan met zware bodem en bak hierin op laag vuur het knoflook, de ui, de groene chilipeper en het chilipoeder ca. 5 min. tot de uien zacht en glazig maar niet bruin zijn. Schep het mengsel regelmatig om.

2 Laat de kidneybonen uitlekken (bewaar het vocht). Houd 2 eetlepels bonen apart en pureer de rest van de bonen in een keukenmachine tot een gladde puree.

3 Schep de puree samen met 2-3 eetlepels van het achtergehouden vocht door het uienmengsel in de pan. Kook het geheel zachtjes.

4 Schep de achtergehouden bonen en de geraspte kaas door de puree en bak het geheel al roerend op laag vuur 2-3 min. tot de kaas is gesmolten. Voeg zout en peper toe.

5 Snijd de rode chilipeper in dunne reepjes. Verdeel de dip over vier kleine schaaltjes en leg de reepjes chilipeper erop. Strooi er nog wat geraspte kaas over. Serveer de dip warm met pitabrood.

> **Tip van de kok**
> Als u een grovere puree wilt, stampt u de bonen fijn met een pureestamper in plaats van ze te pureren in de keukenmachine.

Hummus met rauwkost

Hummus is altijd lekker en kan met een staafmixer of keukenmachine snel worden bereid.

Voor 2-3 personen
400 g kikkererwten uit blik
2 el tahin
2 el citroensap
1 teentje knoflook, geperst
zout en versgemalen zwarte peper
olijfolie en paprikapoeder ter garnering

Om te serveren
miniworteltjes en radijsjes
reepjes groene en rode paprika, bleekselderij en komkommer
blaadjes witlof
brood, pitabrood of soepstengels

1 Laat de kikkererwten goed uitlekken. Pureer ze in een keukenmachine met de tahin, het citroensap en het knoflook tot een zachte pasta. Breng de hummus op smaak.

2 Schep de dip in een kom en maak met de achterkant van een lepel bovenop een draaipatroon. Sprenkel er een beetje olijfolie over en bestrooi hem met wat paprikapoeder.

3 Zet de schaal met hummus in het midden van een groot bord en rangschik de worteltjes, radijsjes, de reepjes groenten en blaadjes witlof eromheen.

4 Serveer er brood, pitabrood of soepstengels bij.

> **Variatie**
> *Hummus is ook heerlijk bij warme knolselderijbeignets. Schil een knolselderij en snijd hem in repen van 1 x 5 cm. Leg de repen in een kom water met wat citroensap. Klop in een diep bord 1 ei luchtig. Meng in een ander diep bord 115 g gemalen amandelen met 3 eetlepels geraspte parmezaanse kaas en 3 eetlepels fijngehakte peterselie. Verhit in een diepe pan plantaardige olie tot 180 °C (als een blokje bruin brood in 60 seconden bruin kleurt, is de temperatuur goed). Dep de reepjes knolselderij droog en doop ze eerst in het ei en vervolgens in het amandelmengsel. Frituur ze in porties en serveer direct.*

Dip met boterbonen en waterkers

Deze verfrissende dip is vooral lekker met rauwkost en soepstengels.

Voor 4-6 personen
225 g Hüttenkäse
400 g boterbonen uit blik, uitgelekt en afgespoeld
1 bosje lente-uitjes, fijngehakt
50 g waterkers, fijngehakt
4 el mayonaise
3 el fijngehakte verse gemengde kruiden
zout en versgemalen zwarte peper
takjes waterkers ter garnering
rauwkost en soepstengels om te serveren

1 Pureer in een keukenmachine Hüttenkäse, lente-uitjes, waterkers, mayonaise en kruiden tot een grove puree.

2 Schep de puree in een schaaltje en breng hem op smaak met zout en peper. Dek de dip af en zet hem een paar uur in de koelkast.

3 Schep de dip eventueel nog in kleine eenpersoonsschaaltjes. Garneer met takjes waterkers en serveer met rauwkost of soepstengels.

Indiase maïsdip

Serveer deze dip met rauwkost, knapperig brood of smeer hem op toast.

Voor 6-8 personen
2 el mayonaise
2-3 el currypasta
225 g Hüttenkäse
115 g geraspte belegen kaas
3 dl zure room
115 g maïs uit blik, uitgelekt
zout en versgemalen zwarte peper

1 Meng in een kom de mayonaise met de currypasta en de Hüttenkäse. Roer vervolgens de geraspte kaas erdoor.

2 Schep de zure room en de maïs erdoor en breng het geheel op smaak met zout en peper. Schep de dip in een schaaltje.

Champignonspread met noten

Smeer deze heerlijk zachte spread op sneetjes krokant stokbrood en serveer er knapperige blaadjes sla en zoete kerstomaatjes bij.

Voor 4-6 personen
1 el zonnebloemolie
1 ui, gesnipperd
1 teentje knoflook, geperst
2 el water
1 el droge sherry
225 g champignons, fijngehakt
75 g cashewnoten of walnoten, fijngehakt
150 g zachte roomkaas
1 el sojasaus
enkele druppels vegetarische worcestersaus
zout en versgemalen zwarte peper
fijngehakte verse peterselie en een snufje paprikapoeder ter garnering

1 Verhit in een pan de olie en bak hierin de ui en het knoflook al omscheppend 3 min. op matig vuur. Roer het water, de sherry en de champignons erdoor. Bak het geheel al omscheppend ca. 5 min. Voeg zout en peper toe. Neem de pan van het vuur en laat het mengsel wat afkoelen.

2 Doe het mengsel in een keukenmachine en voeg de cashewnoten of walnoten, de zachte kaas, de sojasaus en de worcestersaus toe. Pureer het geheel grof.

3 Proef de spread en voeg eventueel nog zout en peper toe. Schep de spread in een schaaltje en zet hem even in de koelkast. Garneer de spread met peterselie en paprikapoeder.

Tips van de kok
• Gewone worcestersaus bevat ansjovis en kan dus niet door vegetariërs worden gebruikt. Ga op zoek naar de vegetarische variant. Sommige natuurvoedingszaken verkopen deze versie.
• Voor extra smaak kunt u 15 g gedroogde funghi porcini toevoegen, die u eerst 30 min. in warm water weekt. Vervang het water door 2 eetlepels van het gezeefde porciniweekvocht.

Geitenkaasspread met knoflook

De smaak van zacht, geroosterd knoflook past goed bij deze klassieke spread van geitenkaas, walnoten en kruiden.

Voor 2-4 personen
4 grote bollen knoflook
4 takjes verse rozemarijn
8 takjes verse takjes tijm
4 el olijfolie extra vierge
zout en versgemalen zwarte peper

Voor de spread
175 g zachte geitenkaas
1 tl fijngehakte verse tijm
1 el fijngehakte peterselie
50 g walnoten, fijngehakt
1 el walnotenolie (naar keuze)

Om te serveren
4-8 sneetjes zuurdesembrood
halve walnoten
grof zeezout

1 Verwarm de oven voor op 180 °C. Verwijder de papierachtige velletjes van de bollen knoflook en leg ze in een ovenschaaltje waarin ze precies passen.

2 Stop de rozemarijn en de tijm ertussen en sprenkel de olijfolie erover. Strooi er naar smaak zout en peper over. Dek de bollen knoflook goed af met aluminiumfolie en bak ze 50-60 min.; bedruip ze halverwege een keer. Haal ze uit de oven en laat ze afkoelen.

3 Maak de spread. Roer tijm, peterselie en walnoten door de geitenkaas en klop er 1 eetlepel van het bakvocht van het knoflook door. Breng het geheel op smaak met zout en peper en schep het in een schaaltje.

4 Leg de sneetjes brood naast elkaar op een rooster en bestrijk ze met de rest van het bakvocht van het knoflook. Rooster het brood onder de grill.

5 Sprenkel naar smaak wat walnotenolie over de spread en maal er wat zwarte peper over. Leg 1 of 2 bollen knoflook op elk bord en wat van het geitenkaasspread. Geef er geroosterd brood bij. Garneer elk bord met wat halve walnoten en zeezout.

Pan Bagna met fontina

Deze knapperige baguette gevuld met sappige tomaten, zachte rode ui, groene paprika, dunne plakjes fontina en ringetjes zwarte olijf smaakt vooral lekker als snack op een warme, zomerse dag.

Voor 2-4 personen
1 kleine rode ui, in dunne ringen
1 verse stokbrood of baguette
olijfolie extra vierge
3 rijpe romatomaten, in dunne plakjes
1 kleine groene paprika, gehalveerd, zonder zaadjes en in dunne reepjes
200 g fontina, in dunne plakjes
ca. 12 zwarte olijven zonder pit, in ringetjes
handvol (blad)peterselie of blaadjes basilicum
zout en versgemalen zwarte peper
takjes vers basilicum ter garnering

1 Week in een kom met koud water de uiringen minimaal 1 uur. Laat ze uitlekken in een vergiet, leg ze op keukenpapier en dep ze droog.

2 Snijd het stokbrood of de baguette over de lengte doormidden en bestrijk de snijkanten met flink wat olijfolie. Leg de plakjes tomaat op een kant en strooi er zout en peper over.

3 Leg de reepjes groene paprika en de uiringen erop. Verdeel de kaas en de olijven erover. Strooi de peterselie of het basilicum erover en vervolgens nog wat zout en peper.

4 Leg de andere helft brood erop en druk het geheel goed aan. Wikkel het gevulde brood strak in huishoudfolie en leg het ten minste 1 uur in de koelkast. Verwijder het folie en snijd het brood diagonaal in dikke sneeën. Garneer met takjes basilicum.

Tips van de kok
- Dit gevulde brood is zeer geschikt voor picknicks. Neem het brood nog in folie gewikkeld mee en snijd het pas vlak voor het serveren aan. Vergeet geen broodmes mee te nemen.
- In plaats van fontina kunt u ook ander kazen nemen met een soortgelijke textuur, zoals taleggio of chaumes.

Pizza met vier soorten kaas

Deze pizza is zeer gemakkelijk te maken door een halve ciabatta als bodem te gebruiken. Het resultaat is heerlijk.

Voor 2 personen
1 grote ciabatta
1 teentje knoflook, gehalveerd
2-3 el olijfolie
6 el passata (gezeefde tomaten)
1 kleine rode ui, in dunne ringen
2 el fijngehakte ontpitte zwarte olijven
50 g geraspte parmezaanse kaas
50 g blauwe kaas (gorgonzola of stilton), verkruimeld
50 g milde kaas (fontina of emmentaler), in plakjes of geraspt
50 g zachte geitenkaas, in plakjes, geraspt of verkruimeld
pijnboompitten of komijnzaad
zout en versgemalen zwarte peper
takjes vers basilicum ter garnering

1 Verwarm de oven voor op 200 °C. Snijd de ciabatta over de lengte doormidden. Wrijf de snijkanten in met de snijkanten van het knoflook en bestrijk ze dan met de olijfolie.

2 Bestrijk de helften ciabatta gelijkmatig met de passata. Scheid de laagjes ui van elkaar en leg de ringen op de gezeefde tomaten. Verdeel de fijngehakte olijven erover en voeg zout en peper toe.

3 Verdeel de verschillende kazen over de helften ciabatta en strooi dan de pijnboompitten of het komijnzaad erover.

4 Bak de pizza's 10-12 min. tot de kaaslaag bubbelt en goudbruin is. Snijd de pizza's in repen en garneer ze met takjes basilicum. Serveer direct.

Tip van de kok
Passata is altijd handig om in huis te hebben. Deze gezeefde tomatenpulp heeft een intense smaak en wordt in veel winkels verkocht in potten, flessen en pakken.

Crostini met geitenkaas en gin

De ginmarinade accentueert de smaak van geitenkaas. De kaas smelt op deze lekkere toastjes over ringetjes lente-ui.

Voor 4 personen
8 plakjes chèvre
1 el gin
2 el walnotenolie
2 el olijfolie

4 sneetjes ciabatta of stokbrood
1 teentje knoflook, gehalveerd
2 lente-uitjes, in ringetjes
6 halve walnoten, grof gehakt
1 el fijngehakte peterselie
versgemalen zwarte peper
kerstomaatjes en gemengde sla ter garnering
sinaasappel-tomaatsalsa om te serveren (zie volgend recept)

1 Leg de plakjes chèvre naast elkaar in een ondiepe schaal en schenk er gin, walnotenolie en olijfolie over. Dek de schaal af en laat de kaas 1 uur marineren op een koele plek.

2 Leg de sneetjes brood op een rooster en rooster een kant onder een hete grill. Draai ze om en wrijf de ongeroosterde kant in met de snijkanten van het knoflook. Bestrijk ze met een beetje marinade van de geitenkaas. Verdeel de ringetjes bosui erover en beleg het brood met plakjes geitenkaas.

3 Giet de achtergebleven marinade over de broodjes. Bestrooi ze naar smaak met peper. Gril de crostini onder een hete grill tot de kaas is gesmolten. Verdeel de walnoten en de peterselie erover. Garneer de crostini met kerstomaatjes en sla en geef de salsa erbij.

> **Tip van de kok**
> Chèvre is Franse geitenkaas, die ook in kleine ronde vorm verkrijgbaar is. Deze vorm is perfect voor dit gerecht. Let erop dat de buitenkant stevig, maar het binnenste gedeelte zacht is.

Bruschetta's met boterbonen en rozemarijn

Deze bruschetta's zijn zeer geschikt als brunchgerecht, maar u kunt ze ook bij de borrel serveren.

Voor 4 personen
5 tomaten
3 el olijfolie, plus extra om te besprenkelen
2 zongedroogde tomaten op olie, uitgelekt en fijngehakt
1 teentje knoflook, geperst
2 el fijngehakte verse rozemarijn
150 g boterbonen uit blik, uitgelekt
zout en versgemalen zwarte peper
handvol verse blaadjes basilicum ter garnering

Om te serveren
8 sneetjes stokbrood of ciabatta
1 teen knoflook, gehalveerd

1 Leg de tomaten in een kom en schenk er kokend water bij. Laat ze 30 sec. staan. Haal ze met een schuimspaan uit water, ontvel ze, verwijder de zaadjes en snijd het vruchtvlees in blokjes.

2 Verhit de olie in een koekenpan en bak de verse en zongedroogde tomaten, het knoflook en de rozemarijn 2 min. op matig vuur tot de tomaten zacht worden. Schep het mengsel regelmatig om.

3 Doe de boterbonen in een kom en schep het tomatenmengsel erdoor. Voeg zout en peper toe en houd het geheel warm.

4 Wrijf beide kanten van de sneetjes brood in met de snijkanten van het knoflook in en rooster ze dan even onder de grill. Verdeel het bonenmengsel over de broodjes. Besprenkel de bruschetta's met wat extra olijfolie en garneer ze met basilicum.

Sinaasappel-tomaatsalsa

Deze salsa is fruitig, maar niet te zoet en smaakt uitstekend bij crostini met geitenkaas en gin. Maar de salsa is ook heerlijk bij andere kazen. Serveer hem bijvoorbeeld bij stokbrood met lancashire of cheddar als Engelse lunch.

Voor 4 personen
2 sinaasappels
5 tomaten, ontveld, zonder zaadjes en in blokjes
1 el in reepjes gesneden vers basilicum
2 el olijfolie
snufje lichtbruine basterdsuiker
vers takje basilicum ter garnering

1 Snijd de boven- en onderkanten van de sinaasappels af. Zet de sinaasappels op een snijplank en verwijder de schil en al het bittere wit. Verdeel de sinaasappel boven een kom in partjes, zodat alle sappen worden opgevangen.

2 Leg de partjes sinaasappel in de kom en schep de tomaten, het basilicum, de olijfolie en de suiker erdoor. Garneer de salsa met basilicum en serveer hem op kamertemperatuur.

Falafel

Dit kruidige gerecht uit Noord-Afrika is bereid met kikkererwten. Vul er pitabroodjes mee, schep er romige yoghurt op en serveer de falafel als snack.

Voor 4 personen
150 g gedroogde kikkererwten
1 grote ui, grof gehakt
2 teentjes knoflook, grof gehakt
4 el grof gehakte peterselie
1 tl gemalen komijnzaad
1 tl gemalen koriander
½ tl bakpoeder
plantaardige olie om te frituren
zout en versgemalen zwarte peper

Om te serveren
pitabrood
salade
yoghurt

1 Laat de kikkererwten een nacht weken in een kom met koud water.

2 Giet de kikkererwten af en doe ze in een grote pan. Schenk er water bij, tot 5 cm boven de kikkererwten. Breng het water aan de kook. Kook de kikkererwten eerst 10 min. op hoog vuur, draai het vuur dan lager en laat de erwten nog 1,5 uur sudderen tot ze zacht zijn.

3 Giet de kikkererwten af en pureer ze samen met de ui, het knoflook, de peterselie, de komijn, de koriander en het bakpoeder in een keukenmachine. Breng de puree op smaak met zout en peper.

4 Laat de kikkererwtenpuree afkoelen en vorm er dan balletjes ter grootte van een walnoot van. Druk de balletjes een beetje plat.

5 Verhit 5 cm olie in een frituurpan. Laat een beetje van het mengsel in de olie glijden: de olie is heet genoeg als de puree aan de oppervlakte spettert.

6 Frituur de falafel in porties goudbruin. Laat de balletjes uitlekken op keukenpapier en houd ze warm terwijl u de rest bakt. Serveer de falafel warm in pitabroodjes met een salade en yoghurt.

Pitabrood met courgettes, wortels en pecannoten

Deze gezonde snack is lekker voor na schooltijd of kan als voedzame lunch worden geserveerd. De broodjes zijn makkelijk te eten.

Voor 2 personen
2 wortels
25 g pecannoten
4 lente-uitjes, in ringetjes
4 el Griekse yoghurt
3 el olijfolie
1 tl citroensap
1 el fijngehakte verse munt
2 courgettes
25 g bloem
2 pitabroodjes
zout en versgemalen zwarte peper
sla, in reepjes, om te serveren

1 Schrap de wortels schoon en rasp ze grof boven een kom. Schep de pecannoten en lente-uitjes erdoor.

2 Klop in een andere kom de yoghurt met 1,5 theelepel van de olijfolie, het citroensap en de verse munt tot een dressing. Schep de dressing door het wortelmengsel. Dek de het geheel af en zet de kom tot gebruik in de koelkast.

3 Snijd de uiteinden van de courgettes af en snijd de courgettes diagonaal in dunne plakjes. Meng op een bord de bloem met wat zout en peper. Haal de plakjes courgette door de bloem en schud de overtollige bloem ervan af.

4 Verhit de rest van de olie in een grote koekenpan en bak de plakjes courgette in 3-4 min. bruin. Keer ze een keer. Laat de plakjes courgette uitlekken op keukenpapier.

5 Snijd de pitabroodjes open en vul ze met het wortelmengsel en de plakjes courgette. Serveer ze op een bedje van sla.

> **Tip van de kok**
> *Verwarm de pitabroodjes eventueel. Wacht tot op het laatste moment met het vullen anders worden ze zacht.*

Romige boterbonen met asperges

Een geweldig beleg voor op toast! De boterbonen in romige saus vormen een goed contrast met de zachte asperges.

Voor 2 personen
2 tl boter
1 kleine ui, gesnipperd
1 kleine wortel, geraspt
1 tl verse blaadjes tijm
400 g boterbonen uit blik, uitgelekt
1,5 dl slagroom
125 g groene asperges, schoongemaakt
2 sneetjes grof volkorenbrood
zout en versgemalen zwarte peper

1 Verhit de boter in een pan en bak ui en wortel in ca. 4 minuten zacht op matig vuur. Schep het geheel zo nu en dan om. Voeg de blaadjes tijm toe.

2 Doe de boterbonen in een zeef en spoel ze onder koud stromend water af. Laat ze goed uitlekken en schep ze dan door het wortelmengsel.

3 Doe de room in de pan en kook het geheel zachtjes, maar laat de room niet koken. Schep het mengsel zo nu en dan door. Haal de pan van het vuur en voeg zout en peper toe.

4 Leg de asperges in een pan en giet er zo veel kokend water bij dat ze net onderstaan. Blancheer de asperges in 3-4 min. beetgaar.

5 Rooster ondertussen onder een hete grill het brood aan beide kanten goudbruin. Leg de sneetjes brood op de borden. Giet de asperges af en leg ze op de sneetjes brood. Verdeel het bonenmengsel erover en serveer direct.

> **Variatie**
> Gebruik voor dit recept eens andere bonen uit blik, zoals flageolets, borlottibonen of haricots blancs.

Knoflookpaddestoelen met peterselie en citroen op toast

Gebruik niet te veel knoflook, dat tast de delicate smaak van paddestoelen aan. De sherry, de peterselie en het citroensap neutraliseren de knoflooksmaak enigszins.

Voor 4 personen
2 el boter, plus extra om te besmeren
1 ui, gesnipperd
1 teentje knoflook, geperst
350 g gemengde wilde paddestoelen, in plakjes
3 el droge sherry
5 el fijngehakte (blad)peterselie
1 el citroensap
zout en versgemalen zwarte peper
4 sneetjes bruin- of witbrood

1 Verhit de boter in een grote koekenpan met antiaanbaklaag en bak de ui in 5 min. glazig (niet bruin) op laag vuur.

2 Voeg het knoflook en de paddestoelen toe. Dek de pan af en bak het geheel 3-5 min. op matig vuur. Roer de sherry erdoor en bak het geheel onafgedekt tot al het vocht is verdampt.

3 Schep de peterselie en het citroensap erdoor en breng het geheel op smaak met zout en peper.

4 Rooster de sneetjes brood en besmeer ze met boter. Leg ze op bordjes en schep het paddestoelenmengsel erop. Serveer direct.

> **Tips van de kok**
> • Bladpeterselie heeft een intensere smaak dan krulpeterselie. De peterselie kan in de koelkast worden bewaard. U kunt het ook in een glas water zetten met een plastic zak erover.
> • U kunt alle soorten paddestoelen gebruiken, zoals weidechampignons, trompettes de morts en inktzwammen, of een mengsel van wilde en gekweekte.

Gefrituurde mozzarellasandwiches met verse tomatensalsa

Deze bijzondere gefrituurde sandwiches komen uit Italië. Nadat ze zijn belegd, worden ze in losgeklopt ei gedoopt en gefrituurd.

Voor 4 personen
200 g mozzarella, in dunne plakjes
8 dunne sneetjes brood, korsten verwijderd
snufje gedroogde oregano
2 el versgeraspte parmezaanse kaas
2 eieren, losgeklopt
olijfolie om te frituren
zout en versgemalen zwarte peper
verse kruiden ter garnering

Voor de salsa
4 rijpe romatomaten, ontveld, zonder zaadjes en in blokjes
1 el fijngehakte peterselie
1 tl balsamicoazijn
1 el olijfolie extra vierge

1 Verdeel de plakjes mozzarella over vier sneetjes brood. Strooi er zout, peper, een snufje gedroogde oregano en parmezaanse kaas over. Leg op elk belegd sneetje een onbelegd sneetje brood en druk de sandwiches stevig aan.

2 Schenk de geklopte eieren in een groot, diep bord en roer er zout en peper door. Leg er twee kaassandwiches in en druk ze plat met een spatel. Let erop dat ze rondom met ei zijn bedekt. Doe dit ook met de andere twee sandwiches. Laat de sandwiches 10 min. rusten.

3 Bereid ondertussen de salsa. Doe tomaten en peterselie in een schaal en voeg balsamicoazijn en olijfolie toe. Breng de salsa op smaak met zout en peper en zet hem even apart.

4 Verhit 0,5 cm olijfolie in een grote koekenpan. Bak de sandwiches een voor een 2 min. per kant tot ze goudbruin en knapperig zijn. Laat ze goed uitlekken op keukenpapier. Snijd ze doormidden, leg ze op bordjes en garneer ze met verse kruiden. Geef de salsa erbij.

Brioches gevuld met bieslookroerei

Til het dekseltje van deze brioches op en aanschouw een heerlijk mengsel van romig roerei en gebakken kastanjechampignons.

Voor 4 personen
115 g boter
75 g kastanjechampignons, in plakjes
4 kleine brioches
8 eieren
1 el fijngeknipt vers bieslook, plus extra ter garnering
zout en versgemalen zwarte peper

1 Verwarm de oven voor op 180 °C. Verhit in een koekenpan een vierde van de boter en bak de champignons in ca. 3 min. zacht. Zet ze apart en houd ze warm.

2 Snijd de bovenkanten van de brioches af en hol de brioches uit. Bewaar het zachte brood om broodkruim van te maken. Leg de brioches en de dekseltjes op een bakplaat en bak ze in 5 min. warm en knapperig in de oven.

3 Klop ondertussen de eieren los en voeg naar smaak zout en peper toe. Verhit in een pan met zware bodem op laag vuur de rest van de boter.

4 Breek de eieren boven de pan en roer ze voortdurend met een houten lepel door tot ongeveer driekwart gestold en romig is. Neem de pan van het vuur en schep het geknipte bieslook erdoor.

5 Verdeel direct de gebakken champignons over de bodems van de uitgeholde brioches en schep het roerei erover. Strooi er nog wat extra bieslook over en leg de dekseltjes op de brioches. Serveer direct.

> **Tip van de kok**
> De perfecte roereieren krijgt u door een goede timing en de juiste temperatuur. Als u de eieren te lang op te hoog vuur bakt, worden ze droog en kruimelig. Te kort gebakken eieren zijn slijmerig.

Eieren Benedictine met eenvoudige hollandaisesaus

Serveer dit klassieke brunchgerecht uit New York bij bijzondere gelegenheden, zoals op nieuwjaarsdag of een verjaardag.

Voor 4 personen
4 grote eieren, plus 2 eierdooiers
1 tl mosterd
1 el wittewijnazijn of citroensap
175 g boter, plus extra om te besmeren
4 bolletjes bruinbrood, opengesneden
2 el uitgelekte kappertjes
zout en versgemalen zwarte peper
fijngehakte peterselie ter garnering

1 Doe de eierdooiers in een keukenmachine. Voeg mosterd en een snufje zout en peper toe. Laat de machine enkele seconden draaien. Voeg de azijn of het citroensap toe en laat de machine verder draaien.

2 Verhit de boter tot hij bubbelt. Voeg geleidelijk de boter toe aan het eiermengsel. Zet de machine af zodra het mengsel dik en romig is. Zet de saus even apart.

3 Rooster de halve bolletjes onder een hete grill. Snijd vier helften doormidden en besmeer ze dun met boter. Leg de andere vier helften, zonder boter, op voorverwarmde borden.

4 Pocheer de eieren voorzichtig in zacht kokend water. Laat ze goed uitlekken en leg ze voorzichtig op de halve bolletjes. Schep de hollandaisesaus en de kappertjes erover. Garneer met peterselie. Serveer met het beboterde brood.

> **Variatie**
> Van deze eieren maakt u een hoofdgerecht door de gepocheerde eieren op een bedje van gestoomde of geblancheerde spinazie te serveren.

Piperade met gemengde paprika

Iedere kok moet eigenlijk een recept als dit voorhanden hebben. Het is zalig, voedzaam en in een handomdraai gemaakt. Ook de ingrediënten zijn makkelijk te krijgen.

Voor 4 personen
2 el olijfolie
1 ui, gesnipperd
1 rode paprika
1 groene paprika
4 tomaten, ontveld en in blokjes
1 teentje knoflook, geperst
4 grote eieren, losgeklopt met 1 el water
4 dikke sneetjes volkorenbrood
boter om te besmeren (naar keuze)
versgemalen zwarte peper
verse kruiden ter garnering

1 Verhit de olie in een grote koekenpan en bak de ui in 5 min. zacht (maar niet bruin) op laag vuur. Schep de ui zo nu en dan om.

2 Snijd de paprika's doormidden en verwijder de zaadjes. Snijd het vruchtvlees in dunne reepjes. Schep de reepjes paprika door de ui en bak het geheel 5 min. op laag vuur.

3 Meng de tomaten en het knoflook met het uienmengsel en bak alles nog eens 5 min. Voeg zout en peper toe.

4 Breek de eieren boven de groenten in de pan en bak het geheel, onder af en toe roeren, 2-3 min. tot de piperade de dikte van kort gebakken roereieren heeft.

5 Rooster, terwijl u de eieren bakt, het brood. Besmeer het brood eventueel met boter. Serveer het brood bij de piperade. Garneer het gerecht met verse kruiden.

> **Tip van de kok**
> Kijk altijd naar de houdbaarheidsdatum van eieren. Zorg ervoor dat u alleen verse eieren gebruikt. Roer de piperade niet voortdurend door, want daar worden de eieren rubberachtig van.

Kaaskrullen

Deze heerlijke kaaskrullen zijn gemaakt van filodeeg en hebben een feta-yoghurtvulling. Zeer geschikt als snack.

Voor 14-16 stuks

450 g feta, uitgelekt en verkruimeld
6 el Griekse yoghurt
2 eieren, losgeklopt
14-16 vellen filodeeg van 30 x 40 cm, ontdooid
225 g boter gesmolten
zeezout en fijngehakte lente-uitjes

1 Verwarm de oven voor op 200 °C. Meng in een grote kom de feta met de yoghurt en de eieren. Klop het geheel tot een zacht mengsel.

2 Schep de helft van het kaasmengsel in een spuitzak met een ronde spuitmond van 1 cm doorsnede.

3 Leg een vel filodeeg op het werkvlak; bedek de rest van de vellen. Vouw de vellen deeg doormidden, zodat u rechthoeken van 20 x 30 cm krijgt, en bestrijk ze met wat gesmolten boter. Spuit een dikke lijn van het kaasmengsel langs een van de lange kanten van het deeg, maar laat een randje van 0,5 cm vrij.

4 Rol het deeg op en vouw de zijkanten naar binnen, zodat de vulling er niet kan uitlopen. Bestrijk de rolletjes met wat gesmolten boter. Vorm de rolletjes in de letter S of maak er krullen van. Bereid de rest van de krullen op dezelfde manier.

5 Leg de krullen op een met boter ingevette bakplaat en strooi er een beetje zeezout en fijngehakte lente-ui over. Bak de kaaskrullen in ca. 20 min. knapperig en goudbruin.

> **Tip van de kok**
> *Als u dat makkelijker vindt, kunt u van de gevulde filodeegrolletjes ook halve maantjes vormen in plaats van krullen.*

Kaassoesjes

Deze kaassoesjes worden bereid met gruyère. De parmezaanse kaas wordt eroverheen gestrooid. Ze kunnen van tevoren worden gemaakt en gefrituurd.

Voor ca. 30 stuks

100 g bloem
½ tl paprikapoeder
½ tl zout
75 g koude boter, in blokjes
2 dl water
3 eieren, losgeklopt
75 g geraspte gruyère
plantaardige olie om te frituren
stukje parmezaanse kaas à 50 g
versgemalen zwarte peper
takjes (blad)peterselie ter garnering

1 Zeef de bloem, het paprikapoeder en het zout boven een stuk bakpapier. Voeg flink wat zwarte peper toe.

2 Verhit de boter in een pan met het water op laag vuur. Voeg, zodra de boter is gesmolten en het vocht begint te koken, in een keer het bloemmengsel toe. Klop het geheel vluchtig door met een houten lepel tot het deeg van de randen van de pan loskomt.

3 Neem de pan van het vuur en laat het deeg 5 min. afkoelen. Klop er geleidelijk de eieren door tot het deeg vloeibaar is en u er druppels van kunt vormen. Voeg de geraspte gruyère toe en meng het geheel goed.

4 Verhit de olie om te frituren tot 180 °C (de temperatuur is goed als een blokje bruinbrood in 60 sec. goudbruin kleurt). Schep met een theelepel wat van het beslag uit de pan en schuif dit met een andere lepel in de hete olie. Frituur de soesjes op deze manier in porties. Frituur ze 3-4 min. tot ze goudbruin zijn. Haal ze met een schuimspaan uit de pan en laat ze goed uitlekken op keukenpapier. Houd ze warm.

5 Leg de soesjes in een bergje op een voorverwarmde serveerschaal en bestrooi ze met de geraspte parmezaanse kaas. Garneer met peterselie.

Artisjok-risottokoekjes met gesmolten manchego

Koude gekookte risottorijst kunt u gemakkelijk vormen. Maak er balletjes van, vul ze met blokjes kaas en frituur ze. Het resultaat is een zalige snack.

Voor ca. 12 koekjes
1 artisjok
50 g boter
1 kleine ui, gesnipperd
1 teentje knoflook, fijngehakt
115 g risottorijst
4,5 dl warme groentebouillon
50 g versgeraspte parmezaanse kaas
150 g manchego (kaas), in heel kleine blokjes
3-4 el fijn maïsmeel (masa harina)
olijfolie om te frituren
zout en versgemalen zwarte peper
(blad)peterselie ter garnering

1 Verwijder steel, blaadjes en hooi van de artisjok, zodat alleen het hart overblijft. Hak het hart fijn. Verhit de boter in een pan en bak artisjokhart, ui en knoflook in 5 min. zacht. Schep de rijst erdoor en bak het geheel ca. 1 min.

2 Voeg de bouillon al roerend geleidelijk toe. Wacht telkens tot de bouillon is opgenomen voordat u nieuwe toevoegt.

3 Na ca. 20 min. heeft de rijst al het vocht geabsorbeerd. De korrels zijn dan zacht, maar binnenin nog stevig. Voeg zout en peper naar smaak toe en schep de parmezaanse kaas erdoor. Doe de risotto in een kom en laat hem afkoelen. Dek de risotto af en zet de kom ten minste 2 uur in de koelkast.

4 Schep ca. 1 eetlepel van het rijstmengsel in de palm van uw hand. Plat de rijst een beetje af en leg in het midden wat blokjes manchego. Vorm de rijst om de kaas heen tot een kleine balletje. Plat de balletjes enigszins af en rol ze dan door het maïsmeel. Schud het overtollige meel ervan af. Doe dit ook bij de overige koekjes. Maak ongeveer twaalf koekjes.

5 Frituur de koekjes 4-5 min. in hete olijfolie tot ze knapperig en goudbruin zijn. Laat ze uitlekken op keukenpapier. Garneer ze met peterselie en serveer ze warm.

Paddestoelenpannenkoekjes met bieslookboter

Deze lekkere Schotse pannenkoekjes met wilde paddestoelen zijn gemakkelijk te bereiden. In plaats van alleen wilde paddestoelen gebruiken, kunt u het recept ook met een mengsel van wilde en gekweekte champignons bereiden.

Voor ca. 12 pannenkoekjes
350 g wilde paddestoelen
50 g boter
175 g zelfrijzend bakmeel
2 eieren
2 dl melk
zout en witte peper

Voor de bieslookboter
15 g bieslook, fijngeknipt
115 g zachte boter
1 tl citroensap

1 Meng alle ingrediënten voor de bieslookboter. Schep het geheel in een langwerpige rol op een stuk bakpakpapier van 25 x 25 cm. Rol het papier op en draai de uiteinden van het papier dicht. Leg het rolletje boter ca. 1 uur in de koelkast tot hij stevig is.

2 Snijd een kwart van de paddestoelen in reepjes en hak de rest fijn. Verhit de helft van de boter in een koekenpan en bak de gehakte paddestoelen tot ze zacht zijn en al het vocht is verdampt. Leg ze op een bord en laat ze afkoelen. Bak de reepjes paddestoel in een klontje boter.

3 Zeef het zelfrijzend bakmeel boven een kom en schep er wat zout en peper door. Klop in een kom de eieren los met de melk. Voeg al roerend het meel toe en klop het tot een dik beslag. Voeg de fijngehakte paddestoelen toe.

4 Verhit de rest van de boter in een grote koekenpan. Leg kleine hoopjes paddestoelreepjes (5 reepjes per hoopje) in de pan en giet over elke hoopje een beetje van het beslag, zodat er pannenkoekjes met een doorsnede van 5 cm ontstaan.

5 Draai de pannenkoekjes om zodra er op de bovenkanten bubbeltjes verschijnen. Bak ze dan nog 10-15 sec. Serveer de pannenkoekjes warm met plakjes bieslookboter.

Eieren in gepofte aardappels

Deze met kaas bestrooide eieren zijn genesteld in romige gepofte aardappels – een stevige, voedzame en goedkope snack voor de hele familie.

Voor 4 personen
4 grote aardappels
3 el boter
2 el warme slagroom of melk
2 el vers fijngeknipt bieslook
50 g fijngeraspte oude kaas
zout en versgemalen zwarte peper
stengels bleekselderij en bieslook ter garnering

1 Verwarm de oven voor op 200 °C. Prik met een vork de aardappels in en bak ze in ca. 1-1¼ uur zacht.

2 Snijd een platte plak van de bovenkanten af (ongeveer een vierde of derde van de aardappels). Hol met een theelepel de aardappels uit, maar let erop dat u de schillen niet beschadigt. Schep de aardappelpulp in een schaal. Houd de schillen apart.

3 Meng de boter en room of melk met de aardappelpulp en voeg het bieslook toe. Breng het geheel op smaak met zout of peper en pureer het.

4 Verdeel de aardappelpuree over de uitgeholde schillen en maak met de achterkant van een lepel bovenop een kuiltje.

5 Breek boven elk kuiltje een ei en strooi er zout en peper over. Zet de aardappels ca. 10 min. in de oven tot de eieren net zijn gestold.

6 Strooi de kaas over de eieren en zet de aardappels nog even onder een hete grill, tot de kaas goudbruin is. Garneer de aardappels met bleekselderij en serveer direct.

> **Tip van de kok**
> Pof de aardappels eventueel in de magnetron. Voor knapperige schillen zet u ze, nadat u ze uit de magnetron hebt gehaald, nog 10 min. in een op 200 °C voorverwarmde oven.

Aardappelkoekjes

Knapperig vanbuiten en zacht vanbinnen: deze aardappelkoekjes zijn heerlijk met zure room en een frisse salade of salsa.

Voor 6-8 personen
6 grote stevige aardappels, geschild
2 eieren, losgeklopt
1-2 teentjes knoflook, geperst
115 g bloem
1 tl fijngehakte verse majoraan
50 g boter
4 el plantaardige olie
zout en versgemalen zwarte peper

Om te serveren
zure room
fijngehakte peterselie
tomatensalade

1 Rasp de aardappels grof boven een schone theedoek. Vouw de theedoek dicht en wring zo veel mogelijk vocht uit de aardappels.

2 Doe de geraspte aardappel in een kom en schep de eieren, het knoflook, de bloem en de majoraan erdoor. Breng het geheel op smaak met zout en peper.

3 Verhit de helft van de boter en olie in een grote koekenpan en schep er volle eetlepels van het aardappelmengsel in, zodat er kleine hoopjes ontstaan. Plat de koekjes met de achterkant van een vochtige lepel voorzichtig af tot platte koekjes.

4 Bak de koekjes aan een kant knapperig en goudbruin. Draai ze om en bak ook de andere kant. Laat ze uitlekken op keukenpapier en houd ze warm terwijl u de rest van de koekjes bakt. Voeg eventueel nog de rest van de boter en olie toe.

5 Schep de zure room over de koekjes en bestrooi ze met de peterselie. Serveer er een frisse, sappige tomatensla bij.

> **Tip van de kok**
> Neem voor dit gerecht een stevige aardappel, zoals Monalisa of Nicola.

Aardappelgratin

Dit gerecht bestaat uit laagjes aardappel met kaas en kruiden ertussen. De gratin is vol en lekker van smaak.

Voor 4 personen
3 grote aardappels
boter om in te vetten
1 kleine ui, in dunne ringen
200 g geraspte oude kaas of gruyère
verse takjes tijm
1,5 dl slagroom
zout en versgemalen zwarte peper
blaadjes sla om te serveren

1 Verwarm de oven voor op 200 °C. Schil de aardappels en kook ze 10 min. in een pan met lichtgezouten water tot ze net zacht beginnen te worden. Haal ze uit het water en dep ze droog.

2 Schaaf de aardappels met een mandoline of een schaaf in flinterdunne plakken. Vet een ronde taartvorm (doorsnede 18 cm) in met boter en bedek de bodem met enkele plakjes aardappel. Strooi er een snufje zout en peper over.

3 Verdeel wat van de uiringen over de aardappels en strooi er een beetje geraspte kaas en blaadjes tijm over. Maak van de rest van de ingrediënten op dezelfde manier lagen; eindig met een laagje geraspte kaas. Strooi er naar smaak zout en peper over. Duw de aardappellaagjes een beetje aan. (Het geheel kan enigszins boven de vorm uitsteken, maar tijdens het bakken zal het slinken.)

4 Schenk de room over het geheel en bak de gratin 35-40 min. in de oven. Haal de gratin uit de oven en laat hem afkoelen. Haal hem uit de vorm en snijd hem in punten. Serveer de gratin met enkele blaadjes sla.

> **Variatie**
> Het is ook lekker om boven op de gratin enkele reepjes geroosterde rode paprika te leggen.

Aardappelschillen met een cajundip

Zo heerlijk knapperig dat je ervan blijft eten! De aardappelschilletjes en de pikante dipsaus vormen een perfecte combinatie.

Voor 2 personen
2 grote aardappels
plantaardige olie om te frituren

Voor de dipsaus
1,2 dl yoghurt
1 teentje knoflook, geperst
1 tl tomatenpuree
½ kleine groene chilipeper, zonder zaadjes en fijngehakt
¼ tl selderijzout
snufje cayennepeper (naar keuze)
zout en versgemalen zwarte peper

1 Verwarm de oven voor op 180 °C. Prik met een vork gaatjes in de aardappels en bak ze in 1-1¼ uur zacht. Snijd ze doormidden en schep de pulp eruit, maar laat een klein laag op de schil zitten. Gebruik de aardappelpulp voor een ander gerecht.

2 Bereid ondertussen de dipsaus. Meng in een schaaltje de yoghurt met het knoflook, de tomatenpuree, de chilipeper en het selderijzout. Voeg eventueel cayennepeper toe. Breng de saus op smaak met zout en peper. Dek hem af met huishoudfolie en zet hem in de koelkast.

3 Schenk in een grote pan of frituurpan 1 cm olie. Verhit de olie tot 180 °C (de temperatuur is goed als een blokje bruinbrood in ca. 60 sec. goudbruin kleurt). Snijd elke aardappelschil doormidden en frituur ze knapperig en goudbruin in de olie.

4 Laat de aardappelschillen uitlekken op keukenpapier en bestrooi ze dan met zout en zwarte peper. Serveer de schillen met de dipsaus of schep er een beetje dipsaus in.

> **Tip van de kok**
> Om tijd te besparen kunt u de aardappels ook poffen in de magnetron. Bereid ze verder zoals hierboven beschreven

Thaise tempékoekjes met een zoete dipsaus

Tempé is net als tofu gemaakt van sojabonen, maar is iets nootachtiger van smaak. De tempé is hier op smaak gebracht met specerijen en er zijn kleine koekjes van gemaakt.

Voor 8 koekjes
1 stengel citroengras, buitenste bladen verwijderd en grof gehakt
2 teentjes knoflook, fijngehakt
2 lente-uitjes, fijngehakt
2 sjalotjes, grof gehakt
2 chilipepers, zonder zaadjes en grof gehakt
2,5 cm verse gemberwortel, fijngehakt
4 el fijngehakte verse koriander, plus extra ter garnering
250 g tempé, in plakken
1 el versgeperst limoensap
1 tl suiker
3 el bloem
1 groot ei, licht geklopt
plantaardige olie om te frituren
zout en versgemalen zwarte peper

Voor de dipsaus
3 el mirin
3 el wittewijnazijn
2 lente-uitjes, in dunne ringen
1 el suiker
2 rode chilipepers, fijngehakt
2 el fijngehakte verse koriander

1 Maak de dipsaus. Meng in een kommetje de mirin met de azijn, de lente-uitjes, de suiker, de pepers, de koriander en een flinke snuf zout. Zet de saus even apart.

2 Maal in een keukenmachine het citroengras, het knoflook, de lente-uitjes, de sjalotjes, de pepers, de gember en de koriander tot een grove pasta.

3 Voeg de tempé, het limoensap en de suiker toe en pureer het geheel. Voeg de bloem en het ei toe en breng alles op smaak met zout en peper. Pureer het geheel tot een grove, dikke pasta.

4 Vorm met vochtige handen volle eetlepels van het mengsel tot ronde, platte koekjes. Maak op deze manier nog acht tempékoekjes.

5 Verhit een flinke laag olie in een grote pan en bak de tempékoekjes in porties in 5-6 min. goudbruin. Draai de koekjes één keer om. Laat ze uitlekken op keukenpapier en houd ze warm terwijl u de andere koekjes bakt. Garneer ze met verse koriander. Serveer ze warm met de dipsaus.

Tip van de kok
Neem rode of groene chilipepers, afhankelijk van hoe pittig u het gerecht wilt hebben. Over het algemeen zijn donkergroene chilipepers pikanter dan lichtgroene, die weer heter zijn dan rode chilipepers. (Als de pepers rijp worden, kleuren ze rood en worden ze zoeter.) De kleine, puntvormige exemplaren zijn weer pittiger dan de langere, rondere. Er zijn echter altijd uitzonderingen; zelfs peulen van dezelfde plant kunnen in pittigheid variëren.

Courgettebeignets met chili-jam

De warme, zoete en kleverige chili-jam lijkt op dikke chutney. Chili-jam smaakt lekker pittig bij de luchtige courgettebeignets, maar past ook goed bij blokjes kaas.

Voor 12 beignets
450 g courgette
50 g versgeraspte parmezaanse kaas
2 eieren, losgeklopt
4 el bloem
plantaardige olie om te bakken
zout en versgemalen zwarte peper

Voor de chili-jam
5 el olijfolie
4 grote uien, gesnipperd
4 teentjes knoflook, fijngehakt
1-2 rode rawits (kleine chilipepertjes), zonder zaadjes en in ringetjes
2 el bruine basterdsuiker
enkele dunne ringetjes rode chilipeper, ter garnering

1 Bereid eerst de chili-jam. Verhit in een koekenpan de olie en bak ui en knoflook 20 min. op laag vuur tot de ui zacht is. Schep het mengsel regelmatig om.

2 Laat het uienmengsel afkoelen. Pureer het met de rawits en bruine suiker tot een glad geheel in de keukenmachine. Schep dit mengsel in een pan en bak het al roerend 10 min. op laag vuur of tot alle vocht is verdampt en het mengsel zo dik is als jam. Laat de jam een beetje afkoelen.

3 Maak de beignets. Rasp de courgettes boven een schone theedoek met een grove rasp. Vouw de theedoek dicht en knijp zo veel mogelijk vocht uit de courgette. Doe de courgette in een kom en schep de geraspte parmezaanse kaas, de eieren en de bloem erdoor. Breng het geheel op smaak met zout en peper.

4 Verhit een flinke bodem olie in een koekenpan. Schep per beignet 2 eetlepels van het courgettemengsel in de pan; bak 3 beignets per keer. Bak ze 2-3 min. per kant tot ze goudbruin zijn. Houd ze warm terwijl u de andere beignets bakt. Laat ze uitlekken op keukenpapier. Serveer de beignets warm met een beetje chili-jam gegarneerd met wat ringetjes chilipeper.

Mexicaanse tortillapakketjes

De groene chilipepers geven net dat beetje extra pit aan de kruidige vulling van de tortillapakketjes.

Voor 4 personen
4 el zonnebloemolie
1 grote ui, in dunne ringen
1 teentje knoflook, geperst
2 tl komijnzaad
2 groene chilipepers, zonder zaadjes en fijngehakt
675 g tomaten, ontveld en in blokjes
2 el tomatenpuree
1 blokje groentebouillon
200 g maïskorrels uit blik, uitgelekt
1 el fijngehakte verse koriander
125 g geraspte belegen kaas
12 bloemtortilla's
blaadjes verse koriander, reepjes sla en zure room om te serveren
1 rode chilipeper, in ringetjes ter garnering

1 Verhit de helft van de olie in een koekenpan en bak ui, knoflook en komijnzaad 5 min. tot de ui zacht is. Voeg de chilipepers en de tomaten toe en roer de tomatenpuree erdoor.

2 Verkruimel het bouillonblokjes erover. Roer het geheel goed door en bak het 5 min. tot de chilipeper zacht is en de tomaten nog net niet tot pulp zijn gekookt. Roer de maïskorrels en verse koriander erdoor en laat het geheel goed warm worden.

3 Strooi de geraspte kaas in het midden van elke tortilla en schep er wat van het tomatenmengsel op. Vouw één rand over de vulling, vouw dan de zijkanten erover en ten slotte de laatste kant, zodat de vulling geheel is bedekt.

4 Verhit de rest van de olie in een koekenpan en bak de gevulde tortilla's 1-2 min. per kant tot ze knapperig zijn. Garneer met chilipeper en serveer met koriander, sla en zure room.

> **Tip van de kok**
> Mexicaanse bloemtortilla's zijn in de meeste supermarkten verkrijgbaar en ze zijn lang houdbaar. Voor een snelle maaltijd kunt u ze vullen met verschillende groenten-kaasmengels.

Hartige flapjes met zoete aardappel

De subtiele zoete smaak van de aardappel past uitstekend bij de specerijen.

Voor 4 personen
1 el olijfolie
1 klein ei
1,5 dl yoghurt
115 g boter, gesmolten
¼ tl bakpoeder
2 tl paprikapoeder
losgeklopt ei om te bestrijken
zout en versgemalen zwarte peper
verse takjes munt ter garnering

Voor de vulling
1 zoete aardappel van ca. 225 g
2 el plantaardige olie
2 sjalotjes, fijngehakt
2 tl korianderzaad, gekneusd
1 tl gemalen komijn
1 tl garam masala
125 g diepvriesdoperwten, ontdooid
1 el fijngehakte verse munt

1 Kook de aardappel in 15-20 min. gaar in water met zout. Giet de aardappel af en laat hem afkoelen. Verwijder het schilletje van de aardappel en snijd hem in blokjes van 1 cm.

2 Verhit de olie in een koekenpan en fruit de sjalotjes zacht. Voeg de blokjes aardappel toe en bak ze tot ze aan de randjes bruin zijn. Schep de specerijen erdoor en bak het geheel een paar seconden onder voortdurend roeren. Neem de pan van het vuur en voeg de doperwten en de munt toe. Breng alles op smaak met zout en peper en laat het even afkoelen.

3 Verwarm de oven voor op 200 °C. Vet een bakblik in. Maak dan het deeg. Klop de olijfolie door het ei, roer de yoghurt erdoor en vervolgens de boter. Zeef boven een kom het bakpoeder, de bloem en het paprikapoeder en meng dit alles met het yoghurtmengsel tot een zacht deeg ontstaat.

4 Kneed het deeg goed door en rol het dan uit. Snijd of druk er rondjes van 10 cm doorsnede uit. Schep 2 theelepels van de vulling op een helft van de rondjes en vouw de andere helft erover. Druk de randen goed dicht. Maak van het overgebleven deeg weer rondjes en ga zo door tot alle vulling is gebruikt.

5 Leg de flapjes op de bakplaat en bestrijk ze met het losgeklopte ei. Bak ze in 20 min. knapperig. Serveer direct.

Samosa's

Deze samosa's zijn zo lekker dat u ze niet alleen als borrelhapje zou willen opdienen, maar ook als lunch of tussendoortje.

Voor ca. 20 stuks
1 pak filodeeg of loempiavellen, ontdooid
2 el bloem met weinig water tot pasta gemengd
plantaardige olie om te frituren
verse koriander ter garnering

Voor de vulling
2 el ghee (geklaarde boter)
1 kleine ui, fijngehakt
1 cm verse gemberwortel, geschild en fijngehakt
1 teentje knoflook, geperst
½ tl chilipoeder
1 grote aardappel van ca. 225 g, net gaar gekookt en in kleine blokjes
50 g bloemkool, beetgaar en fijngehakt
50 g diepvriesdoperwten, ontdooid
1-2 tl garam masala
1 el fijngehakte verse koriander (blaadjes en steeltjes)
enkele druppels citroensap
zout

1 Bereid eerst de vulling. Verhit de ghee in een grote wok of koekenpan en bak de ui, de gember en het knoflook 5 min. tot de ui zacht maar nog niet bruin is. Roer het chilipoeder erdoor en kook het geheel 1 min. Schep er aardappel, bloemkool, doperwten en garam masala door. Laat het geheel even afkoelen. Roer er dan koriander, citroensap en zout door.

2 Snijd de vellen deeg in drie repen. Bestrijk de randen met een beetje van de bloempasta. Schep een eetlepel van de vulling op het uiteinde van een reep, ca. 2 cm van de rand vandaan. Vouw er een hoek over, zodat een driehoek ontstaat. Vouw de reep deeg verder op tot de hele reep deeg is gebruikt en u een gevuld driehoekje hebt. Maak zo ca. 20 samosa's.

3 Verhit de olie tot 180 °C (de temperatuur is goed als een blokje bruinbrood in 60 sec. goudbruin kleurt). Frituur de samosa's in porties goudbruin en knapperig.

4 Laat ze goed uitlekken op keukenpapier. Garneer ze met blaadjes koriander en serveer ze warm.

Empanadilla's met spinazie

De vulling in deze kleine Spaanse deegflapjes is Moors: spinazie, pijnboompitten en rozijnen.

Voor 20 stuks
3 el rozijnen
1½ olijfolie
450 g bladspinazie, fijngehakt
2 teentjes knoflook, fijngehakt
25 g pijnboompitten, fijngehakt
350 g bladerdeeg, ontdooid
boter om in te vetten
1 losgeklopt ei om te bestrijken
zout en versgemalen zwarte peper

1 Doe de rozijnen in een kom, bedek ze met warm water en laat ze 10 min. weken. Laat ze goed uitlekken en hak ze grof.

2 Verhit de olijfolie in een grote pan of wok en roerbak de spinazie 2 min. op laag vuur.

3 Draai het vuur hoger, zodat het vocht kan verdampen. Voeg het knoflook toe en breng de spinazie op smaak met zout en peper. Roerbak het geheel nog 1 min. Neem de pan van het vuur en schep de rozijnen en de pijnboompitten erdoor. Laat het geheel afkoelen.

4 Verwarm de oven voor op 180 °C. Rol het deeg uit. Snijd of druk er twintig rondjes met een doorsnede van 7,5 cm uit.

5 Schep 2 theelepels van de vulling in het midden van de rondjes deeg. Bestrijk de randen met een beetje water. Vouw de rondjes dicht tot flapjes. Druk de randen goed aan met een vork.

6 Leg de empanadilla's op een licht ingevette bakplaat. Bestrijk ze met losgeklopt ei en bak ze in ca. 15 min. goudbruin. Serveer ze warm.

Kruidenomelet

Deze kruidenomelet hebt u binnen enkele minuten bereid. Voor een lichte en gezonde maaltijd serveert u er een salade en knapperig brood bij.

Voor 1 persoon
2 eieren
1 el fijngehakte verse kruiden, zoals peterselie of bieslook
1 el boter
zout en versgemalen zwarte peper
verse peterselie ter garnering

1 Klop de eieren een beetje los in een kom. Roer de verse kruiden en zout en peper naar smaak erdoor.

2 Verhit de boter in een koekenpan met zware bodem of een pan met antiaanbaklaag. Beweeg de pan heen en weer, zodat de bodem helemaal met boter is bedekt.

3 Draai het vuur hoog en schenk het eiermengsel in de pan. Bak het geheel 1-2 min. op hoog vuur. Draai het vuur vervolgens laag. Til met een spatel voorzichtig de randen van de omelet op, zodat het rauwe ei onder de omelet loopt en ook stolt. Bak de omelet zachtjes tot al het ei net is gestold.

4 Vouw de omelet snel dubbel en laat hem op een bord glijden. Garneer de omelet met peterselie en serveer hem direct.

Tips van de kok
- Omeletten moeten meteen na bereiding worden geserveerd. Als u dit recept dus voor meer mensen maakt, kan niet iedereen tegelijkertijd worden bediend. Bereid alles voor en serveer de omeletten zo snel mogelijk.
- Veel mensen denken ten onrechte dat het moeilijk is om een omelet te maken. Er zijn twee geheimen die succes garanderen. Gebruik een goede pan met zware bodem, zodat de bodem gelijkmatig wordt verhit. Let er daarnaast op dat de boter volledig is gesmolten en de hele bodem ermee is bedekt, voordat u het losgeklopte eiermengsel in de pan doet.

Klassieke kaasomelet

Waarschijnlijk een van de lekkerste gerechten die snel te bereiden zijn. Een paar eieren, geraspte pittige kaas, wat verse kruiden, een klontje boter en een goede pan: veel meer hebt u voor dit heerlijke gerecht niet nodig.

Voor 1 persoon
2 grote eieren
1 el fijngehakte verse kruiden, zoals bieslook, peterselie of dille
1 tl boter
50 g geraspte pittige kaas, zoals oude kaas of gruyère
zout en versgemalen zwarte peper
verse (blad)peterselie ter garnering
partjes tomaat om te serveren

1 Klop de eieren een beetje los in een kom en roer snel de kruiden erdoor. Breng het geheel op smaak met zout en peper.

2 Verhit de boter in een koekenpan met zware bodem of in een koekenpan met antiaanbaklaag van 20 cm doorsnede. Beweeg de pan heen en weer, zodat de bodem gelijkmatig met de boter wordt bedekt.

3 Draai het vuur hoog en giet het eiermengsel in de pan. Bak het geheel 1-2 min. op hoog vuur. Draai het vuur vervolgens laag. Til met een spatel voorzichtig de randen van de omelet op, zodat het rauwe ei onder de omelet loopt en ook stolt. Bak de omelet tot al het ei net is gestold.

4 Als de randen stevig zijn, maar het midden nog zacht is, strooit u de kaas erover. Bak de omelet nog eens 30 sec.

5 Klap de randen van de omelet naar binnen en garneer hem met peterselie en partjes tomaat. Serveer direct.

Variatie
U kunt eventueel ook nog andere ingrediënten toevoegen, zoals knapperige knoflookcroutons, gebakken plakjes champignon of kleine blokjes tomaat.

Luchtige omelet met champignons

Deze gevulde omelet is zo luchtig als een soufflé en vormt een uitstekende maaltijd voor één persoon. Gebruik eventueel oesterzwammen en kastanjechampignons.

Voor 1 persoon
2 eieren, gesplitst
1 el water
1 el boter
verse (blad)peterselie of koriander ter garnering

Voor de champignonsaus
1 el boter
75 g champignons, in dunne plakjes
1 el bloem
90-120 ml melk
1 tl fijngehakte peterselie (naar keuze)
zout en versgemalen zwarte peper

1 Bereid eerst de champignonsaus. Verhit in een pan de boter op laag vuur en bak de plakjes champignon in 4-5 min. zacht. Schep de champignons zo nu en dan om.

2 Roer de bloem erdoor en bak het geheel 1 min. Voeg dan al roerend geleidelijk de melk toe tot de saus kookt en dik wordt. Voeg eventueel de peterselie toe en breng de saus op smaak met zout en peper. Houd de saus warm terwijl u de omelet maakt.

3 Klop de eierdooiers los met het water en voeg wat zout en peper toe. Klop de eiwitten stijf en schep ze met een metalen lepel voorzichtig door de eierdooiers. Verwarm de grill voor.

4 Verhit de boter in een grote pan met zware bodem, die ook onder de grill kan worden gezet. (Wikkel aluminiumfolie om een houten steel.) Schenk het eiermengsel in de pan. Bak het geheel 2-4 min. op laag vuur. Zet de koekenpan dan 3-4 min. onder de hete grill tot de bovenkant van de omelet goudbruin is.

5 Laat de omelet op een voorverwarmd bord glijden en schenk de champignonsaus erop. Vouw de omelet dubbel. Garneer de omelet met blaadjes peterselie of koriander en serveer direct.

Omeletpakketjes met oosterse groenten

De geroerbakte groenten in zwartebonensaus vormen een heerlijke vulling voor een omelet. Een snel en gemakkelijk te bereiden gerecht.

Voor 4 personen
130 g broccoli, in kleine roosjes
2 el arachideolie
1 cm verse gemberwortel, fijngeraspt
1 grote teen knoflook, geperst
2 rode chilipepers, zonder zaadjes en in reepjes
4 lente-uitjes, in ringen
175 g paksoi, in reepjes
50 g verse blaadjes koriander, plus extra ter garnering
125 g taugé
3 el zwartebonensaus (toko)
4 eieren
zout en versgemalen zwarte peper

1 Blancheer de broccoliroosjes 2 min. met wat zout. Giet ze af, spoel ze af onder koud stromend water en giet ze weer af.

2 Verhit in een wok de helft van de olie en roerbak de gember, het knoflook en de helft van de chilipeper 1 min. Voeg lente-ui, broccoli en paksoi toe en roerbak het geheel nog 2 min.

3 Hak driekwart van de koriander fijn en voeg die met de taugé toe. Roerbak het geheel nog 1 min. Voeg de zwartebonensaus toe en roerbak het geheel nog 1 min. Neem de pan van het vuur en houd het groentemengsel warm.

4 Klop de eieren los en voeg naar smaak zout en peper toe. Verhit in een kleine koekenpan een beetje van de achtergehouden olie en voeg een kwart van de losgeklopte eieren toe. Beweeg de pan, zodat de hele bodem met ei is bedekt. Strooi er een kwart van de overige blaadjes koriander over. Bak de omelet tot het ei is gestold en laat hem dan op een bord glijden. Bak op dezelfde manier nog drie omeletten.

5 Verdeel het groentemengsel over de omeletten en rol ze op. Snijd elke omelet diagonaal doormidden en leg ze op borden. Garneer het gerecht met koriander en reepjes chilipeper.

Tortilla met aardappel en ui

Deze dikke omelet wordt in Spanje zowel warm als koud, gegeten.

Voor 4 personen
3 dl olijfolie
6 grote aardappels, in plakjes
2 witte uien, in ringen
6 grote eieren
zout en versgemalen zwarte peper
kerstomaatjes, om te serveren

1 Verhit de olie in een grote pan met antiaanbaklaag en voeg de plakjes aardappel, de uiringen en een snufje zout toe. Meng het geheel goed en dek de pan af. Laat het geheel 20 min. zachtjes bakken tot aardappel en ui zacht zijn.

2 Klop de eieren los. Haal aardappel en ui met een schuimspaan uit de pan en meng ze met de eieren. Voeg zout en peper naar smaak toe. Haal op 4 eetlepels olie na alle olie uit de pan.

3 Verhit de olie tot zeer heet en giet het eiermengsel in de pan. Bak het geheel 2-3 min. Leg een bord op de pan en keer, terwijl u het bord goed vasthoudt, de tortilla op het bord. Laat de tortilla weer in de pan glijden en bak de andere kant nog 5 min. Serveer het gerecht met de kerstomaatjes.

Frittata met pasta

Dit gerecht is ideaal voor restjes koude pasta.

Voor 4 personen
225 g pasta, met saus
50 g versgeraspte parmezaanse kaas
5 eieren, losgeklopt
5 el boter
zout en versgemalen zwarte peper

1 Meng de pasta, kaas en eieren en breng op smaak.

2 Bak dit 4-5 min. in de helft van de boter. Schud af en toe.

3 Leg een bord op de pan en keer, terwijl u het bord goed vasthoudt, de frittata op het bord. Smelt de rest van de boter in de pan en bak de andere kant nog 3-4 min.

Frittata met paprika en courgette

Eieren, kaas en groenten vormen de basis van dit geweldige gerecht. De frittata is koud en in punten gesneden ook geschikt als picknicksnack.

Voor 4 personen
3 el olijfolie
1 rode ui, in dunne ringen
1 grote rode paprika, zonder zaadjes en in dunne ringen
1 grote gele paprika, zonder zaadjes en in dunne ringen
2 teentjes knoflook, geperst
1 courgette, in dunne plakjes
6 eieren
150 g geraspte Italiaanse kaas, zoals fontina, provolone of taleggio
zout en versgemalen zwarte peper
groene salade om te serveren

1 Verhit 2 eetlepels olijfolie in een grote koekenpan met zware bodem, die ook onder de grill kan worden gezet. (Omwikkel een houten steel met aluminiumfolie.) Voeg de ui en de rode en gele paprika toe en bak het geheel 10 min. op laag vuur tot de groenten zacht zijn. Schep de groenten zo nu en dan om.

2 Voeg de rest van de olie toe aan het groentemengsel. Voeg het knoflook en de plakjes courgette toe en bak het geheel 5 min. al omscheppend op laag vuur.

3 Klop de eieren los en voeg zout en peper toe. Roer de geraspte kaas erdoor. Schenk het eiermengsel over de groenten in de pan en schep het geheel snel om. Bak de frittata op laag vuur tot het mengsel net is gestold.

4 Verwarm ondertussen de grill voor. Zet de pan onder de hete grill tot de bovenkant van de frittata lichtbruin is. Laat de frittata 5 min. in de pan liggen; snijd hem dan pas in punten. Serveer de frittata warm of koud met een groene salade.

> **Tips van de kok**
> • Als u het eiermengsel in de pan giet, let er dan op dat de bodem van de pan gelijkmatig met ei wordt bedekt.
> • Gebruik voor een optimale smaak alleen kakelverse eieren.

Ierse boerenkool

In Nederland maken wij van boerenkool bijna altijd stamppot. Maak boerenkool ook eens op de Ierse wijze. Het resultaat is een voedzaam en smakelijk gerecht.

Voor 4 personen
1 kg aardappels
225 g boerenkool (of groene kool), in reepjes
2 lente-uitjes, in ringetjes
boter naar smaak
geraspte nootmuskaat
4 grote eieren
75 g geraspte belegen kaas
zout en versgemalen zwarte peper

1 Kook in een pan met lichtgezouten water de aardappels in ca. 30 min. gaar. Giet ze af en pureer ze goed. Verwarm de oven voor op 190 °C.

2 Stoom de boerenkool boven kokend water beetgaar. Laat de boerenkool goed uitlekken en schep hem met de ui, de boter en de nootmuskaat door de aardappelpuree. Breng het geheel op smaak met zout en peper.

3 Schep het boerenkoolmengsel in een ovenschaal en maak er vier kuiltjes in. Breek boven elk kuiltje een ei en strooi er wat zout en peper over.

4 Bak het gerecht ca. 12 min. in de oven of tot de eieren net zijn gestold. Bestrooi het met kaas en serveer direct.

Luxe Ierse boerenkool

Voor 6 personen
675 g aardappels, in vieren
115 g boter, plus extra voor het pureren
125 g ui, gesnipperd
125 g bleekselderij, fijngehakt
225 g boerenkool (of groene kool), in dunne reepjes
6 jeneverbessen
4 el water
6 eieren
snufje cayennepeper
zout en versgemalen zwarte peper

1 Kook de aardappels in lichtgezouten water gaar. Giet ze af, voeg boter naar smaak toe en pureer de aardappels. Verwarm de oven voor op 190 °C.

2 Bak in 115 g boter de ui en bleekselderij ca. 5 min. tot ze zacht maar nog niet bruin zijn. Schep ze af en toe om.

3 Kook ondertussen in een pan boerenkool, jeneverbessen en water ca. 5 min. op laag vuur tot de boerenkool zacht is. Laat hem uitlekken en schep hem door de aardappelpuree.

4 Meng het aardappel- met het uienmengsel en breng het op smaak. Schep het boerenkoolmengsel in een ovenschaal en maak er zes kuiltjes in. Breek boven elk kuiltje een ei en strooi er cayennepeper, zout en zwarte peper over.

5 Bak het gerecht ca. 12 min. in de oven of tot de eieren net zijn gestold. Serveer direct.

Geroerbakte groenten met eieren

Dit gerecht is zeer eenvoudig te maken en is een perfecte maaltijd voor de hele familie. Serveer er lekker veel vers, knapperig brood bij.

Voor 4 personen
2 el olijfolie
1 ui, grof gehakt
2 teentjes knoflook, geperst
225 g courgettes, in lange, dunne reepjes
1 rode paprika, zonder zaadjes en in dunne reepjes
1 groene paprika, zonder zaadjes en in dunne reepjes
2 tl paprikapoeder
400 g blokjes tomaat uit blik
1 el (zongedroogde)tomatenpuree
4 eieren
125 g geraspte belegen kaas
zout en versgemalen zwarte peper
knapperig brood om te serveren

1 Verhit de olie in een diepe koekenpan met zware bodem, die ook onder de grill kan worden gezet. (Omwikkel een houten steel met aluminiumfolie.) Bak de ui en het knoflook in ca. 4 min. zacht op laag vuur. Schep het geheel zo nu en dan om.

2 Voeg de courgettes en de rode en gele paprika toe en roerbak de groenten al omscheppend zacht in 3-4 min.

3 Roer het paprikapoeder, de blokjes tomaat met sap en de tomatenpuree erdoor. Breng het geheel op smaak met zout en peper. Breng het aan de kook, draai het vuur lager en laat de groenten 15 min. sudderen tot ze beetgaar zijn.

4 Zet de pan op het kleinste pitje op laag vuur. Maak vier kuiltjes in het tomatenmengsel en breek boven elk kuiltje een ei. Strooi er naar smaak zout en peper over. Bak het geheel tot de eiwitten beginnen te stollen. Verwarm de grill voor.

5 Bestrooi het gerecht met de kaas en zet de pan onder de hete grill. Gril het geheel 5 min. tot de kaas gesmolten is, een goudbruine kleur heeft en de eieren net zijn gestold. Serveer direct en geef er knapperig brood bij.

Geroerbakte lentegroenten

Een kleurige, smakelijk mix van verse, jonge groenten.

Voor 4 personen
1 el arachideolie
1 teentje knoflook, in plakjes
2,5 cm verse gemberwortel, fijngehakt
125 g miniworteltjes
125 g pompoen, in blokjes
125 g babymaïs
125 g sperziebonen, afgehaald
125 g sugarsnaps, afgehaald
125 g jonge groene asperges, in stukjes van 7,5 cm
8 lente-uitjes, in stukjes van 5 cm
125 g kerstomaatjes

Voor de dressing
sap van 2 limoenen
1 el vloeibare honing
1 el sojasaus
1 tl sesamolie

1 Verhit de arachideolie in een wok en roerbak het knoflook en de gember 30 sec. op hoog vuur.

2 Draai het vuur iets lager, voeg worteltjes, blokjes pompoen, minimaïs en sperziebonen toe en roerbak het geheel nog 3-4 min.

3 Voeg sugarsnaps, asperges, lente-uitjes en kerstomaatjes toe en roerbak het geheel nog 1-2 min.

4 Meng in een kommetje de ingrediënten voor de dressing en schenk de saus over de geroerbakte groenten. Meng het geheel goed en bak het mengsel nog 2-3 min. tot de groenten beetgaar zijn. Serveer het gerecht direct.

> **Variatie**
> U kunt voor dit recept alle soorten groenten gebruiken, mits ze snel garen. Geschikt zijn bijvoorbeeld bloemkool- en broccoliroosjes, peultjes, reepjes paprika en plakjes courgette. Snijd de groenten in stukjes van gelijke grootte, zodat ze dezelfde baktijd hebben. Voeg eventueel nog dunne ringen rode ui en dunne plakjes bleekselderij toe en bak die met het knoflook mee.

Roerbakschotel met linzen

Dit roerbakgerecht bevat champignons, artisjokken, sugarsnaps en linzen – een ideaal recept voor door de week!

Voor 2-3 personen
125 g sugarsnaps
2 el boter
1 kleine ui, gesnipperd
125 g (kastanje)champignons, in plakjes
400 g artisjokharten uit blik, uitgelekt en gehalveerd
400 g groene linzen uit blik, uitgelekt
4 el slagroom
25 g amandelschaafsel
zout en versgemalen zwarte peper
stokbrood om te serveren

1 Kook de sugarsnaps in een pan met lichtgezouten water in ca. 4 min. beetgaar. Giet ze af, spoel ze af onder koud stromend water en giet ze weer af. Dep de sugarsnaps droog met keukenpapier en zet ze even apart.

2 Verhit de boter in een grote koekenpan met zware bodem en bak hierin al roerend de gesnipperde ui 2-3 min. op matig vuur.

3 Schep de plakjes champignon erdoor en roerbak het geheel nog 2-3 min. tot de champignons net zacht zijn. Voeg de artisjokharten, de sugarsnaps en de linzen toe en roerbak het geheel 2 min. op matig vuur.

4 Roer de slagroom en de amandelen erdoor en bak het geheel nog 1 min. Breng het gerecht op smaak met zout en peper en serveer het direct met stukken stokbrood.

> **Tip van de kok**
> Linzen uit blik zijn handig, maar zelf koken kost ook niet zoveel tijd. U hoeft linzen namelijk niet eerst te weken. U kunt de linzen meer smaak geven door ze te koken in groentebouillon of in water met wat gedroogde gist. Voeg echter geen zout toe, want hierdoor worden de linzen taai. De kooktijd van linzen is afhankelijk van soort en versheid en ligt tussen de 20-30 min.

Quorn met gember, chili en prei

Als u nog nooit Quorn hebt gegeten, probeer dit recept dan eens!

Voor 4 personen
3 el sojasaus
2 el droge sherry of vermout
225 g Quorn, in blokjes
2 tl vloeibare honing
1,5 dl groentebouillon
2 tl maïzena
3 el zonnebloemolie
3 stengels prei, in dunne ringen
1 rode chilipeper, zonder zaadjes en fijngehakt
2,5 cm verse gemberwortel, in dunne reepjes
zout en versgemalen zwarte peper

1 Meng in een kom de sojasaus met de sherry of vermout. Voeg de blokjes Quorn toe en meng het geheel goed, zodat alle blokjes met marinade zijn bedekt. Laat ze ca. 30 min. marineren.

2 Neem de blokjes Quorn met een schuimspaan uit de marinade en leg ze even op een bord. Roer de honing, de bouillon en de maïzena door de marinade en roer het geheel tot een pasta.

3 Verhit de olie in een wok en roerbak de blokjes Quorn tot ze vanbuiten knapperig zijn. Neem de blokjes uit de pan en leg ze even apart.

4 Verhit de olie weer en roerbak prei, chilipeper en gember ca. 2 min. tot ze net zacht zijn. Strooi er een snufje zout en peper over.

5 Voeg de blokjes Quorn aan de groenten in de wok toe en meng het geheel goed. Giet de marinade in de wok en meng het geheel tot de Quorn en groenten een dikke glanslaag hebben. Serveer direct.

> **Tip van de kok**
> *Quorn is gegiste schimmeleiwit en wordt veelal gebruikt als vleesvervanger. Het heeft een stevige structuur en neemt gemakkelijk verschillende smaken op.*

Geroerbakte tofu

Net als Quorn wordt tofu veel gebruikt door vegetariërs. Tofu neemt ook makkelijk smaken van andere ingrediënten op. In dit recept worden de blokjes tofu eerst even door een specerijenmengsel gewenteld, waarna ze met verschillende groenten worden geroerbakt.

Voor 4 personen
2 tl gemalen komijn
1 el paprikapoeder
1 tl gemberpoeder
snufje cayennepeper
1 el suiker
275 g tofu, in blokjes
2 el plantaardige olie
2 teentjes knoflook, geperst
1 bundeltje lente-uitjes, in ringetjes
1 rode paprika, zonder zaadjes en in reepjes
1 gele paprika, zonder zaadjes en in reepjes
225 g kastanjechampignons, gehalveerd of in vieren
1 grote courgette, in plakjes
125 g haricots verts, gehalveerd
50 g pijnboompitten
1 el versgeperst limoensap
1 el vloeibare honing
zout en versgemalen zwarte peper

1 Meng de komijn met het paprikapoeder, het gemberpoeder, de cayennepeper en de suiker in een kom. Voeg zout en peper toe. Wentel de blokjes tofu door het specerijenmengsel.

2 Verhit 1 eetlepel olie in een wok of grote koekenpan met dikke bodem en roerbak de blokjes tofu 3-4 min. op hoog vuur (let erop dat ze niet breken). Neem de blokjes tofu met een schuimspaan uit de pan. Haal de pan van het vuur en veeg de binnenkant schoon met een stuk keukenpapier. Zet de pan weer op het vuur.

3 Verhit de rest van de olie in de wok en roerbak het knoflook en de lente-ui 3 min. Voeg de rode en gele paprika, de champignons, de plakjes courgette en de haricots verts toe en roerbak het geheel 6 min. op matig vuur tot de groenten bijna zacht en goudkleurig zijn. Voeg zout en peper toe.

4 Voeg de blokjes tofu, de pijnboompitten, het limoensap en de honing toe aan het groentemengsel. Bak het geheel goed door en schep het zo nu en dan om. Serveer direct.

Geroerbakte kikkererwten

De meeste ingrediënten in dit voedzame gerecht komen uit de voorraadkast. Dit is dus een handig recept voor als er onverwacht mensen blijven eten.

Voor 2-4 personen
2 el zonnebloempitten
1 tl chilipoeder
1 tl paprikapoeder
400 g kikkererwten uit blik, uitgelekt en gespoeld
2 el plantaardige olie
1 teentje knoflook, geperst
200 g blokjes tomaat uit blik
225 g verse spinazie, harde stelen verwijderd
2 tl chiliolie
zout en versgemalen zwarte peper

1 Verhit de wok. Rooster de zonnebloempitten al roerend goudbruin in de droge wok. Doe de pitten in een kommetje.

2 Roer het chilipoeder en het paprikapoeder door de kikkererwten. Verhit de olie in de wok en roerbak het knoflook 30 sec. Voeg de kikkererwten toe en roerbak ze 1 min. mee.

3 Roer de tomaten erdoor en roerbak het geheel 4 min. Voeg de spinazie toe en roerbak alles nog 1 min. Breng het op smaak met zout en peper.

4 Schep het roerbakgerecht in een schaal en besprenkel het met de chiliolie. Bestrooi het gerecht met de zonnebloempitten en serveer het direct.

> **Tips van de kok**
> • Als u tijd hebt, kunt u ook gedroogde kikkererwten gebruiken. Laat ze wel eerst een nacht weken. Kikkererwten moeten lange tijd koken, dus bereid meteen een grote hoeveelheid. U kunt kikkererwten invriezen, maar er bijvoorbeeld ook humus van maken.
> • Blokjes tomaat uit blik zijn meestal iets minder waterig dan hele tomaten uit blik, maar ze zijn wel iets duurder.
> • Paprikapoeder is er in de milde en de pikante variant. De pikante versie is echter niet zo heet als chilipoeder.

Geroerbakte groenten met zwartebonensaus

Het geheim van een snel roerbakgerecht is alles klaar te hebben staan voor u met bakken begint. Dit kleurrijke groentemengsel wordt bereid met een klassieke Chinese saus.

Voor 4 personen
8 lente-uitjes
225 g champignons
1 rode paprika
1 groene paprika
2 grote wortels
4 el sesamolie
2 teentjes knoflook, geperst
4 el zwartebonensaus (toko)
6 el warm water
225 g taugé
zout en versgemalen zwarte peper

1 Snijd de lente-uitjes in dunne ringen en de champignons in dunne plakjes. Snijd de paprika's doormidden, verwijder de zaadjes en snijd ze in dunne reepjes.

2 Snijd de wortels over de lengte doormidden en snijd elke helft in dunne, lange repen. Leg de repen op elkaar en snijd ze nog eens in de lengte doormidden, zodat u heel dunne reepjes krijgt.

3 Verhit de olie in een grote wok. Voeg, als de olie zeer heet is, de lente-uitjes en het knoflook toe en roerbak het geheel 30 sec.

4 Voeg champignons, paprika en wortel toe en roerbak de groenten op hoog vuur beetgaar in 5-6 min.

5 Meng de zwartebonensaus met het water en voeg de saus toe aan de groenten in de wok. Roerbak het geheel nog 3-4 min. Schep de taugé erdoor en roerbak het mengsel nog 1 min. tot alle groenten met de saus zijn bedekt. Voeg zout en peper toe en serveer direct.

> **Tip van de kok**
> *Voor het beste resultaat moet de olie zeer heet zijn voordat u de groenten toevoegt.*

Spaghetti met knoflook en olie

Dit klassieke Italiaanse gerecht bestaat slechts uit een paar ingrediënten, die van de beste kwaliteit moeten zijn. Het chilipepertje geeft het gerecht extra pit.

Voor 4 personen
*400 g verse of gedroogde spaghetti
6 el olijfolie extra vierge
2-4 teentjes knoflook, fijngehakt
1 gedroogd chilipepertje
klein handje verse (blad)peterselie, grof gehakt
zout*

1 Kook in een grote pan water met een flinke snuf zout de spaghetti al dente (beetgaar). Kook de gedroogde spaghetti volgens de gebruiksaanwijzing en verse spaghetti 2-3 min.

2 Verhit ondertussen de olie in een kleine koekenpan op zeer laag vuur. Voeg het fijngehakte knoflook en het hele chilipepertje toe en roer het geheel tot het knoflook bruin begint te worden. Haal het chilipepertje uit de pan en bewaar het.

3 Giet de pasta af en doe hem in een voorverwarmde schaal. Schenk de knoflookolie over de pasta en voeg de peterselie toe. Hussel het geheel goed tot de pasta glimt van de olie. Garneer de pasta met de chilipeper. Serveer direct.

Tips van de kok
• *Voeg aan het olie-knoflookmengsel geen zout toe, aangezien dit niet voldoende oplost. Voeg daarom extra veel zout aan het kookwater van de pasta toe.*
• *Gebruik voor een authentieke Italiaanse smaak peperoncino: dit zijn hete, gedroogde, rode chilipepertjes uit Abruzzi. Ze zijn zo heet dat ze lokaal bekendstaan als diavoletto, kleine duiveltjes. U kunt ze vinden in Italiaanse delicatessenwinkels.*

Variatie *Serveer deze pasta eventueel met 60 g versgeraspte parmezaanse kaas of pecorino.*

Eliche met pesto

Pesto uit een potje is altijd handig om in huis te hebben, maar kan qua smaak niet op tegen zelfgemaakte pesto.

Voor 4 personen
*50 g vers basilicum, plus extra ter garnering
2-4 teentjes knoflook
4 el pijnboompitten
120 ml olijfolie extra vierge
125 g versgeraspte parmezaanse kaas, plus geschaafde parmezaanse kaas ter garnering
25 g versgeraspte pecorino
400 g gedroogde eliche of fusilli
zout en versgemalen zwarte peper*

1 Pureer het basilicum, het knoflook en de pijnboompitten in een keukenmachine. Voeg de helft van de olijfolie toe en pureer het geheel tot een gladde massa. Schraap de zijkanten van de mengkom schoon.

2 Laat de machine weer draaien en voeg in een dunne straal geleidelijk de rest van de olie toe. Waarschijnlijk moet u de machine een- tot tweemaal stopzetten om het mengsel van de zijkanten van de mengkom te schrapen. Let erop dat u een egaal mengsel krijgt.

3 Schep het mengsel in een grote kom en roer met een houten lepel de kazen erdoor. Proef de pesto en voeg eventueel nog zout en peper toe.

4 Breng een grote pan met lichtgezouten water aan de kook en kook de pasta volgens de gebruiksaanwijzing op de verpakking beetgaar. Giet de pasta goed af. Schep hem door de pesto en hussel het geheel goed. Garneer de pasta met blaadjes basilicum en geschaafde parmezaanse kaas. Serveer het gerecht direct.

Tip van de kok
De pesto kan 2 tot 3 dagen van tevoren worden gemaakt. Schep hem in een kommetje en giet er een dun laagje olijfolie op. Dek het kommetje goed af met huishoudfolie en bewaar de pesto in de koelkast.

Spaghetti met tomatensaus

Deze beroemde Napolitaanse saus is erg eenvoudig te maken. De volle, zoete smaak van rijpe tomaten komt hier volledig tot zijn recht.

Voor 4 personen
675 g rijpe romatomaten
4 el olijfolie
1 ui, gesnipperd
350 g gedroogde of verse spaghetti
klein handje verse blaadjes basilicum, in reepjes
zout en versgemalen zwarte peper
geschaafde parmezaanse kaas om te serveren

1 Kruis de tomaten bovenop in en leg ze in een ovenschaal. Bedek ze met kokend water en laat ze 30 sec. staan tot de velletjes verschrompelen en bovenop loslaten. Giet de tomaten af en ontvel ze. Snijd het vruchtvlees in grove stukken.

2 Verhit de olie in een grote pan en bak de ui op laag vuur 5 min. tot hij zacht en lichtbruin is. Voeg de tomaten toe en meng het geheel goed. Breng het mengsel op smaak met zout en peper. Dek de pan af en bak het geheel 30-40 min. Roer de saus zo nu en dan door.

3 Kook de spaghetti in een grote pan met lichtgezouten water al dente. Kijk voor de kooktijd van gedroogde spaghetti op de gebruiksaanwijzing op de verpakking. De kooktijd van verse pasta is 3-4 min.

4 Neem de pan met saus van het vuur en voeg naar smaak zout en peper toe. Giet de pasta af en schep hem in een voorverwarmde schaal. Giet de saus erover en meng het geheel goed. Strooi het verse basilicum erover en serveer de pasta direct op. Geef de parmezaanse kaas er apart bij.

> **Tip van de kok**
> Maak veel saus in de zomer, wanneer de zongerijpte tomaten in overvloed verkrijgbaar zijn. Laat de saus afkoelen en vries hem in. Ontdooi de saus voor het opwarmen.

Penne rigate met groentesaus

Eigenlijk is dit geen pasta met saus. De pasta is hier gemengd met verschillende soorten groenten, die in boter en olie zijn gebakken.

Voor 4 personen
2 el boter
3 el olijfolie extra vierge
1 dunne stengel prei, in ringetjes
2 wortels, in blokjes
½ tl suiker
1 courgette, in blokjes
75 g sperziebonen, in kleine stukjes
125 g diepvriesdoperwten
450 g gedroogde penne rigate of een pastavorm naar keuze
handje fijngehakte verse peterselie, plus extra (gefrituurde) peterselie ter garnering
2 rijpe romatomaten, ontveld en in blokjes
zout en versgemalen zwarte peper

1 Verhit de boter in olie in een pan en voeg als het mengsel borrelt prei en wortel toe. Strooi de suiker erover en bak het geheel ca. 5 min. Schep het mengsel regelmatig om.

2 Schep de courgette, de sperziebonen en de doperwten erdoor. Breng het geheel op smaak met zout en peper. Dek de pan af en bak de groenten in ca. 10 min. zacht op laag vuur. Schep het geheel zo nu en dan om.

3 Kook ondertussen de pasta in een grote pan met lichtgezouten water al dente.

4 Giet de pasta af en doe hem terug in de pan. Roer peterselie en tomaat door de groenten en voeg naar smaak zout en peper toe. Schep de saus over de pasta en hussel het geheel goed. Garneer de pasta met (gefrituurde) peterselie.

> **Variatie**
> U kunt er ook een ovengerecht van maken. Meng de tomaat dan niet met de groentesaus. Hussel de saus door de pasta en schep het geheel in een ovenschaal. Leg er plakjes tomaat op en strooi er een dikke laag geraspte kaas over. Gratineer het gerecht onder de grill.

Pasta met snijbiet, parmezaanse kaas en pijnboompitten

Dit is een vrij ongewone, maar heerlijk manier om pasta te serveren. Als u het kunt krijgen, maak dit gerecht dan met de Italiaanse koolsoort *cavolo nero*. Neem anders snijbiet.

Voor 4 personen
2 el boter
1 el olijfolie extra vierge
500 g witte uien, gehalveerd in dunne plakjes
1-2 tl balsamicoazijn
400 g snijbiet (of cavolo nero), in reepjes
450 g gedroogde pasta, zoals penne of fusilli
75 g versgeraspte parmezaanse kaas
50 g pijnboompitten, geroosterd
zout en versgemalen zwarte peper

1 Verhit boter en olijfolie in een grote pan en bak hierin de uien. Schep ze regelmatig om, zodat ze met het botermengsel worden bedekt. Dek de pan af en bak de uien in ca. 20 min. zacht op zeer laag vuur. Schep ze zo nu en dan om.

2 Neem het deksel van de pan en bak de uien goudgeel. Voeg de balsamicoazijn toe en breng het geheel op smaak met zout en peper. Bak de uien nog 1-2 min. en zet ze dan apart.

3 Breng een grote pan met lichtgezouten water aan de kook en blancheer de snijbiet ca. 3 min. Haal de snijbiet met een schuimspaan uit de pan en laat de groente goed uitlekken. Schep de snijbiet door de uien en bak het geheel enkele minuten op een zeer laag vuur.

4 Breng het water weer aan de kook en kook de pasta al dente volgens de gebruiksaanwijzing op de verpakking. Giet de pasta af en doe hem terug in de pan. Voeg het uienmengsel toe en meng alles goed. Warm de pasta op matig vuur nog even door.

5 Breng het gerecht op smaak met zout en peper en voeg de helft van de parmezaanse kaas toe. Schep de pasta op voorverwarmde borden en strooi de pijnboompitten en de rest van de parmezaanse kaas erover. Serveer direct.

Rustiek ovengerecht met volkorenpasta

Dit gerecht bestaat uit stevige volkorenpasta, groente en fontina en zal het bij het hele gezin geweldig doen.

Voor 6 personen
3 el olijfolie, plus extra om in te vetten
2 aardappels, geschild en in blokjes
225 g volkorenpasta (kleine vormpjes)
275 g savooienkool, in reepjes
1 ui, gesnipperd
2 stengels prei, in ringetjes
2 teentjes knoflook, fijngehakt
175 g kastanjechampignons, in plakjes
1 tl karwijzaad
1 tl komijnzaad
1,5 dl groentebouillon
150 g fontina, in blokjes
25 g walnoten, grof gehakt
zout en versgemalen zwarte peper

1 Verwarm de oven voor op 200 °C. Vet een ovenschaal in met olie. Kook in een pan met lichtgezouten water de blokjes aardappel in 8-10 min. gaar. Giet ze af en zet ze even apart.

2 Kook ondertussen in een grote pan met lichtgezouten water de pasta al dente. Voeg de savooienkool de laatste minuten van de kooktijd toe. Giet de pasta en de kool af en spoel het geheel onder koud stromend water.

3 Verhit de olijfolie in een grote pan met zware bodem en bak ui en prei in 5 min. zacht op matig vuur. Schep het mengsel zo nu en dan om.

4 Voeg het knoflook en de champignons toe en bak de champignons in 3 min. zacht. Schep het geheel zo nu en dan om. Schep het karwijzaad en het komijnzaad erdoor en bak het geheel al omscheppend 1 min.

5 Schep de gekookte aardappels, de pasta en de kool erdoor. Breng het geheel op smaak met zout en peper. Doe het mengsel in de ovenschaal en schenk de bouillon erover. Strooi er dan de kaas en de walnoten over. Bak het gerecht 15 min. of tot de kaas is gesmolten en borrelt.

Mie met Chinese specerijen

De variaties op dit roerbakgerecht zijn talrijk. Vervang alle of enkele van de groenten eens door champignons, bamboescheuten, taugé, peultjes of waterkastanjes.

Voor 2-3 personen

225 g eiermie
2 el sesamolie
2 wortels
1 stengel bleekselderij
1 kleine venkelknol
2 courgettes, over de lengte gehalveerd en in plakjes
1 rode chilipeper
2,5 cm verse gemberwortel, geraspt
1 teentje knoflook, geperst
1½ tl Chinees vijfkruidenpoeder
½ tl kaneel
4 lente-uitjes, in ringetjes
4 el warm water

1 Breng een grote pan met gezouten water aan de kook. Kook de mie 2-3 min. tot hij beetgaar is. Giet de mie af en doe hem weer in de pan. Roer er enkele druppels olie door.

2 Snijd de wortels en de bleekselderij in dunne reepjes. Snijd de venkelknol doormidden en snijd de harde kern er uit. Snijd de knol in plakjes. Snijd de plakjes weer in dunne reepjes.

3 Verhit de rest van de olie in een wok. Voeg als de olie zeer heet is de reepjes wortel en bleekselderij en de plakjes venkel en courgette toe en roerbak het geheel 7-8 min. op matig vuur.

4 Snijd de helft van de chilipeper in ringetjes. Verwijder de zaadjes en zet de ringetjes even apart. Hak de rest van de chilipeper fijn en voeg dit toe aan de groenten in de wok.

5 Voeg de gember en het knoflook toe en roerbak het geheel nog 2 min. Voeg dan het Chinees vijfkruidenpoeder en de kaneel toe. Roerbak het geheel nog 1 min. Roer dan de lente-uitjes erdoor en roerbak het mengsel nog eens 1 min.

6 Giet het warme water in de wok en kook het geheel nog 1 min. Schep de mie erdoor en roerbak het geheel tot alle ingrediënten goed warm zijn. Schep het gerecht in een voorverwarmde schaal en strooi er ringetjes chilipeper over. Serveer direct.

Mie met asperges en taugé

In dit recept contrasteert de zachte eiermie goed met de knapperige taugé en asperges.

Voor 2 personen

125 g eiermie
3 el plantaardige olie
1 uitje, gesnipperd
2,5 cm verse gemberwortel, geschild en geraspt
2 teentjes knoflook, fijngehakt
175 g groene asperges, schoongemaakt
125 g taugé
4 lente-uitjes, in ringetjes
3 el sojasaus
zout en versgemalen zwarte peper

1 Breng in een pan gezouten water aan de kook. Voeg de eiermie toe en kook hem in 2-3 min. al dente. Giet de mie af en roer er 1 eetlepel olie door.

2 Verhit de rest van de olie in een wok. Voeg de ui, de gember en het knoflook toe en roerbak het geheel 2-3 min. op hoog vuur. Voeg de asperges toe en roerbak ze 2-3 min. mee.

3 Voeg mie en taugé toe en roerbak het geheel nog 2 min. op hoog vuur.

4 Roer de lente-uitjes en de sojasaus erdoor. Breng het geheel op smaak met zout en peper. Roerbak het gerecht nog 1 min. Serveer direct.

Tip van de kok
Proef dit gerecht eerst voordat u zout toevoegt, want de sojasaus is ook al vrij zout van smaak.

Variatie
U kunt de asperges eventueel vervangen door dezelfde hoeveelheid peultjes.

Pizza Margherita

Deze klassieke pizza is eenvoudig te maken. De smaak van zoete, zonnerijpte tomaten gaat goed samen met het basilicum en de mozzarella.

Voor 2-3 personen
1 pizzabodem van ca. 25-30 cm doorsnede

2 el olijfolie
3,5 dl tomatensaus
150 g mozzarella
2 rijpe tomaten, in dunne plakjes
6-8 blaadjes vers basilicum
2 el versgeraspte parmezaanse kaas
versgemalen zwarte peper

1 Verwarm de oven voor op 220 °C. Leg de pizzabodem op een bakplaat en bestrijk de bodem met 1 eetlepel olie. Verdeel de tomatensaus gelijkmatig over de bodem, maar laat 1 cm langs de rand vrij.

2 Snijd de mozzarella in dunne plakjes en verdeel de kaas samen met de plakjes tomaat over de pizzabodem.

3 Scheur de blaadjes basilicum in grote stukken en verdeel ze over de pizza. Strooi de parmezaanse kaas erover. Sprenkel de rest van de olijfolie erover en bestrooi de pizza met zwarte peper. Bak de pizza in 15-20 min. knapperig en goudbruin. Serveer direct.

> **Tips van de kok**
> - Afhankelijk van de tijd die u hebt, kunt u een kant-en-klare pizzabodem, mix voor pizzadeeg of zelfbereid deeg gebruiken.
> - Maak de tomatensaus bij voorkeur zelf, neem anders een goede saus uit een pot.

Pizza met uien en olijven

De zoete smaak van de uien past goed bij de zoute, ietwat bittere olijven.

Voor 2-3 personen
4 el olijfolie
4 uien, in dunne ringen

1 pizzabodem van ca. 25-30 cm doorsnede
350 g mozzarella, in kleine blokjes
32 zwarte olijven zonder pit, gehalveerd
3 el fijngehakte peterselie
zout en versgemalen zwarte peper

1 Verwarm de oven voor op 220 °C. Verhit de helft van de olijfolie in een grote koekenpan en bak de uien in ca. 15 min. zacht, doorschijnend en enigszins bruin op laag vuur.

2 Leg de pizzabodem op een bakplaat en verdeel gelijkmatig de uien erover; laat de rand vrij. Schik er blokjes mozzarella op.

3 Beleg de pizza met de olijven, bestrooi hem met de peterselie en besprenkel hem met de rest van de olie. Voeg naar smaak zout en peper toe. Bak de pizza in 15-20 min. goudbruin en knapperig. Serveer direct.

Pizza met verse kruiden

Soms zijn de eenvoudigste recepten het lekkerst. Voor deze pizza zou u uw kruidentuintje willen leegplukken.

Voor 2 personen-3
125 gemengde verse kruiden, zoals peterselie, basilicum en oregano
3 teentjes knoflook, geperst
1,25 dl crème fraîche

1 pizzabodem van ca. 25-30 cm doorsnede
1 el knoflookolie (zie Tip van de kok)
125 g geraspte pecorino
zout en versgemalen zwarte peper

1 Verwarm de oven voor op 220 °C. Hak de kruiden fijn en doe ze in een kom. Roer het knoflook en de crème fraîche erdoor. Breng het mengsel op smaak met zout en peper.

2 Leg de pizzabodem op een bakplaat. Bestrijk de bodem met knoflookolie en verdeel dan gelijkmatig het kruidenmengsel erover, maar laat 1 cm langs de rand vrij.

3 Strooi de kaas erover en bak de pizza 15-20 min. tot de korst knapperig en goudbruin is, maar het beleg nog wel sappig is. Snijd de pizza in punten en serveer direct.

> **Tip van de kok**
> *Knoflookolie maken is heel simpel. De olie is veelzijdig in het gebruik. Roer de olie door de pasta of besprenkel er geroosterde tomaatjes mee voordat u ze in de oven zet. Ook is deze olie zeer geschikt om in saladedressings te verwerken. Pel 4 teentjes knoflook en doe ze in een kleine pot of fles. Schenk er dan ca. 1,2 dl olijfolie over. Dek de olie af. Hij is maximaal 1 maand in de koelkast houdbaar.*

> **Variatie**
> *U kunt de helft van de kruiden vervangen door verse spinazie.*

KLASSIEKE VEGETARISCHE RECEPTEN

Pizza Fiorentina

Het ei boven op deze pizza met spinazie staat erg decoratief. Als de eierdooier nog een beetje zacht is, is de pizza het lekkerst.

Voor 2-3 personen
3 el olijfolie
1 kleine rode ui, in dunne ringen
175 g verse spinazie, steeltjes verwijderd
1 pizzabodem van ca. 25-30 cm doorsnede
3,5 dl tomatensaus
versgeraspte nootmuskaat
150 g mozzarella
1 ei
25 g geraspte gruyère

1 Verhit 1 eetlepel van de olie in een pan en bak de ui in 5 min. zacht op laag vuur. Voeg de spinazie toe en bak het geheel tot de spinazie is geslonken. Laat het spinaziemengsel goed uitlekken.

2 Verwarm de oven voor op 220 °C. Leg de pizzabodem op een bakplaat en bestrijk de bodem met de helft van de overige olijfolie. Verdeel de tomatensaus met de achterkant van een lepel gelijkmatig over de bodem, maar laat 1 cm langs de rand vrij. Schep het spinaziemengsel op de pizza en strooi er versgeraspte nootmuskaat over.

3 Snijd de mozzarella in dunne plakjes en leg ze op de spinazie. Sprenkel de rest van de olie erover. Bak de pizza 10 min. Haal hem vervolgens uit de oven.

4 Maak een klein kuiltje in het midden van het pizzabeleg en breek er voorzichtig het ei boven. Bestrooi de pizza met de geraspte gruyère. Bak de pizza nog 5-10 min. in de oven tot de korst knapperig en goudbruin is. Serveer direct.

> **Variatie**
> *Als u zelf het deeg maakt, kunt u van dit recept ook een Pizza Calzone (gevulde pizza) maken. Roer het ei dan door het spinaziemengsel en verdeel dit mengsel over een helft van de bodem. Leg de kazen erop en vouw de pizza dubbel. Duw de randen goed aan en bak de pizza 20 min.*

Pompoenpizza met salie

De combinatie van zoete pompoen, salie en scherpe geitenkaas is op een pizzabodem verrassend lekker!

Voor 2-3 personen
1 el boter
2 el olijfolie
1 sjalotje, gesnipperd
1 kleine pompoen, schoongemaakt en in blokjes
8 blaadjes verse salie
1 pizzabodem van ca. 25-30 cm doorsnede
3,5 dl tomatensaus
75 g mozzarella, in plakjes
75 g stevige geitenkaas
zout en versgemalen zwarte peper

1 Verwarm de oven voor op 200 °C. Verhit de boter in een braadslee. Voeg het sjalotje, de pompoen en de helft van de salie toe. Meng de groenten goed met de olie. Rooster het geheel 15-20 min. tot de pompoen zacht is.

2 Verhoog de oventemperatuur naar 220 °C. Leg de pizzabodem op een bakplaat en verdeel de tomatensaus met de achterkant van een lepel gelijkmatig over de bodem, maar laat langs de randen 1 cm vrij.

3 Verdeel het pompoenmengsel gelijkmatig over de pizzabodem en leg de plakjes mozzarella erop. Verkruimel vervolgens de geitenkaas erover.

4 Leg de rest van de blaadjes salie op de pizza en strooi er een flinke snuf zout en peper over. Bak de pizza 15-20 min. tot de kaas is gesmolten en de bodem goudbruin is. Serveer direct.

> **Tip van de kok**
> *Het bereiden van gistdeeg kost tijd. U kunt het deeg eventueel ook zonder gist bereiden. Meng hiervoor 225 g zelfrijzend bakmeel met een snufje zout en wrijf er 50 g blokjes boter door. Schenk er dan ca. 1,5 dl melk bij en kneed het geheel tot een zacht deeg. Vorm er een pizzabodem van met een doorsnede van ca. 25 cm en bak de pizza ca. 20 min.*

Pizza Quattro Formaggi

Zoals de Italiaanse titel aangeeft, zijn deze minipizza's belegd met vier verschillende soorten kaas. De smaak van de pizza's is erg intens.

Voor 4 personen
1 portie pizzadeeg (zie Basisrecepten, blz. 12)
bloem om te bestuiven
1 el olijfolie
1 kleine rode ui, in heel dunne ringen
50 g blauwe kaas (bijv. gorgonzola)
50 g mozzarella
50 g gruyère
2 el versgeraspte parmezaanse kaas
1 el fijngehakte verse tijm
versgemalen zwarte peper

1 Verwarm de oven voor op 220 °C. Verdeel het deeg in vier gelijke stukken. Rol op een met bloem bestoven werkvlak elk stuk uit tot rondjes met een doorsnede van 13 cm.

2 Leg de deeglapjes een stuk uit elkaar op twee ingevette bakplaten. Maak bij elk een klein opstaand randje.

3 Verhit de olijfolie in een kleine koekenpan en bak de uiringen in 4-5 min. zacht op laag vuur. Schep de uiringen zo nu en dan om. Verdeel ze over de pizzabodems en besprenkel ze dan met de olie uit de pan.

4 Snijd de blauwe kaas en mozzarella in blokjes en verdeel ze over de pizzabodems. Rasp de gruyère boven een kom en roer hier de parmezaanse kaas en tijm door. Strooi dit kaasmengsel over de pizza's.

5 Maal flink wat zwarte peper over de pizza's en bak ze 15-20 min., tot de bodems knapperig en goudbruin zijn en de kaas is gesmolten. Serveer ze direct.

> **Variaties**
> *Elke kaas die goed smelt kan worden gebruikt. Voor het beste resultaat is het raadzaam een mengsel van harde en zachte kazen te nemen.*

Pizza met nieuwe aardappel, rozemarijn en knoflook

De combinatie van nieuwe aardappels, mozzarella, rozemarijn en knoflook geeft deze pizza een unieke smaak.

Voor 2 personen
350 g nieuwe aardappels
3 el olijfolie
2 teentjes knoflook, geperst
1 pizzabodem van ca. 25-30 cm doorsnede
1 rode ui, in heel dunne ringen
150 g mozzarella, in blokjes
2 tl fijngehakte verse rozemarijn
zout en versgemalen zwarte peper
2 el versgeraspte parmezaanse kaas ter garnering

1 Verwarm de oven voor op 220 °C. Kook de aardappels 5 min. in een grote pan met lichtgezouten water. Giet ze af en laat ze enigszins afkoelen. Schil de aardappels en snijd ze in dunne plakjes.

2 Verhit 2 eetlepels olie in een koekenpan en bak de plakjes aardappel en het knoflook in 5-8 min. zacht op matig vuur. Schep het geheel regelmatig om.

3 Bestrijk de pizzabodem met de rest van de olijfolie en verdeel de ui erover. Leg de plakjes aardappel erop.

4 Beleg de pizza met de mozzarella en de rozemarijn en maal er flink wat zwarte peper over. Bak de pizza 15-20 min. tot bodem knapperig en goudbruin is. Bestrooi de pizza met de geraspte parmezaanse kaas en serveer hem direct.

> **Tips van de kok**
> • *Restjes gekookte nieuwe aardappel kunt u voor deze pizza goed gebruiken. Bewaar uw gekookte nieuwe aardappels dus in vervolg!*
> • *In sommige Italiaanse delicatessenwinkels kunt u mozzarella affumicata, gerookte mozzarella, krijgen. Vervang de gewone mozzarella eens door de gerookte variant.*

Panpizza met polentabodem

Deze pizza met polentabodem wordt niet in de oven maar in de pan gebakken.

Voor 2 personen
2 el olijfolie
1 grote rode ui, in ringen
3 teentjes knoflook, geperst
125 g kastanjechampignons, in plakjes
1 tl gedroogde oregano
125 g mozzarella, in plakjes
partjes tomaat en vers basilicum ter garnering

Voor de pizzabodem
50 g bloem, gezeefd
½ tl zout
125 g polenta
1 tl bakpoeder
1 ei, losgeklopt
1,5 dl melk
25 g versgeraspte parmezaanse kaas
½ tl gedroogde chilipepervlokken
1 el olijfolie

1 Verhit de helft van de olie in een koekenpan met zware bodem en bak de ui 10 min. Haal de ui uit de pan. Verhit de rest van de olie in de pan en bak het knoflook 1 min. Voeg de champignons en de oregano toe en bak het geheel 5 min.

2 Meng in een kom de bloem, het zout, de polenta en het bakpoeder. Maak een kuiltje in het midden en voeg het ei toe. Schenk geleidelijk de melk erbij. Meng het geheel tot een dik, egaal beslag. Roer de kaas en de chilipepervlokken erdoor.

3 Verhit de olie in een koekenpan met zware boden van 25 cm doorsnede, die ook onder de grill kan worden gezet. (Omwikkel een houten steel met aluminiumfolie.) Schep het beslag in de pan en maak er een egale laag van. Bak het geheel 3 min. Neem de pan van het vuur en maak de randen los met een mes. Leg een bord op de pan en keer de pizzabodem om. Laat de bodem weer in de pan glijden en bak de andere kant goudbruin in 2 min.

4 Verwarm de grill voor op de hoogste stand. Schep de uien op de bodem en verdeel het champignonmengsel erover. Leg de mozzarella erop en gril de pizza 6 min. Snijd de pizza in punten en serveer hem met tomaten en basilicum.

Aardappelgnocchi

Deze lekkere Italiaanse knoedels zijn gemaakt van aardappelpuree en bloem.

Voor 4-6 personen
1 kg kruimige aardappels
250-300 g bloem
1 ei
snufje versgeraspte nootmuskaat
2 el boter
zout
blaadjes vers basilicum, geschaafde parmezaanse kaas en gemalen zwarte peper ter garnering

1 Breng de aardappels in een grote pan met lichtgezouten water aan de kook. Kook ze in 25-30 min. zeer gaar, maar laat ze niet uiteenvallen. Giet ze goed af en schil ze terwijl ze nog warm zijn.

2 Bestuif het werkvlak met een laagje bloem. Pureer de warme aardappels met een pureeknijper boven de bloem. Laat de puree in de bloem vallen. Strooi de helft van de overgebleven bloem erover en kneed het geheel luchtig. Voeg eventueel nog extra bloem toe als het deeg nog te vochtig is. Het deeg moet licht aanvoelen en mag niet vochtig zijn.

3 Verdeel het deeg in vier porties. Rol elk portie op een met bloem bestoven werkvlak uit tot een rol van ca. 2 cm doorsnede. Snijd de rollen in stukjes van ca. 2 cm lang.

4 Houd in een hand een vork met de tanden omhoog. Duw elk stukje deeg voorzichtig over de vork naar de punt toe, zodat er aan een kant ribbeltjes ontstaan en de ander kant een kuiltje van uw duim krijgt.

5 Breng een grote pan met lichtgezouten water aan de kook. Laat de helft van de gnocchi in het water vallen. Na 3-4 min. zullen ze aan de oppervlakte komen drijven. Haal ze meteen met een schuimspaan uit de pan. Laat ze goed uitlekken en leg ze in een voorverwarmde schaal. Laat er een klontje boter op smelten.

6 Meng alle gnocchi met de boter. Garneer met basilicum, parmezaanse kaas en zwarte peper.

Saffraanrisotto

Deze klassieke risotto is een heerlijk voorgerecht. U kunt deze risotto ook als lichte hoofdmaaltijd serveren.

Voor 4 personen
ca. 1,2 l groentebouillon
enkele draadjes saffraan
75 g boter
1 ui, gesnipperd
275 g risottorijst
75 g versgeraspte parmezaanse kaas
zout en versgemalen zwarte peper

1 Breng de bouillon in een grote pan aan de kook. Draai het vuur lager en laat de bouillon zachtjes sudderen. Schep wat bouillon in een kommetje en voeg de draadjes saffraan toe. Laat de saffraan even trekken.

2 Smelt 50 g van de boter in een grote pan met dikke bodem en fruit de ui 3 min. op laag vuur. Schep hem zo nu en dan om.

3 Roer de rijst erdoor en meng de korrels goed met de uien en de boter. Voeg een scheutje bouillon en het saffraanvocht toe. Voeg naar smaak zout en peper toe. Verhit het geheel al roerend op laag vuur tot de bouillon is geabsorbeerd.

4 Voeg steeds een scheutje bouillon toe zodra de eerder toegevoegde bouillon is geabsorbeerd. Na ca. 25-30 min. zal de rijst al dente en de risotto goudkleurig, dik en romig zijn.

5 Schep er voorzichtig twee derde van de geraspte parmezaanse kaas en de rest van de boter door. Dek de pan af en laat de risotto 2-3 min. rusten. Schep de risotto in een voorverwarmde schaal en strooi er de rest van de parmezaanse kaas en wat extra zwarte peper over. Serveer direct.

> **Tip van de kok**
> Risottorijst, zoals arboriorijst, heeft een rondere korrel dan gewone rijst en kan hierdoor veel vocht absorberen. Hierdoor krijgt risotto zijn karakteristieke romige textuur.

Risotto met zomergroenten

Dit is een prachtige risotto, vooral als u gele courgettes kunt bemachtigen.

Voor 4 personen
150 g verse doperwten, gedopt
125 g sperziebonen, in stukjes
2 el olijfolie
75 g boter
2 kleine gele courgettes, in dunne reepjes
1 ui, gesnipperd
275 g risottorijst
1,2 dl (Italiaanse) droge witte vermout
1 l warme groentebouillon
75 g versgeraspte parmezaanse kaas
handje vers basilicum, in reepjes, plus extra blaadjes basilicum ter garnering
zout en versgemalen zwarte peper

1 Blancheer de doperwtjes en sperziebonen in lichtgezouten water in 2-3 min. beetgaar. Giet ze af en spoel ze onder koud stromend water. Giet ze weer af en zet ze even apart.

2 Verhit de olie en 2 eetlepels boter in een pan met dikke bodem en bak de reepjes courgette 2-3 min. op laag vuur. Haal ze met een schuimspaan uit de pan en zet ze even apart.

3 Fruit de ui in dezelfde pan in ca. 3 min. zacht.

4 Schep de rijst goed door de uien en de boter. Schenk de vermout erbij. Verhit het geheel al roerend op laag vuur tot de vermout is geabsorbeerd. Schenk er vervolgens wat bouillon bij en voeg naar smaak zout en peper toe. Verhit het geheel al roerend op laag vuur tot de bouillon is geabsorbeerd.

5 Voeg steeds een scheutje bouillon toe zodra de eerder toegevoegde bouillon is geabsorbeerd. Na ca. 20 min. zal alle bouillon zijn toegevoegd en moet de risotto dik en romig zijn.

6 Schep voorzichtig de groenten, de rest van de boter en de helft van de parmezaanse kaas erdoor. Bak het geheel goed door en voeg de reepjes basilicum toe. Garneer de risotto met wat blaadjes basilicum en serveer direct. Geef de rest van de parmezaanse kaas er apart bij.

Risotto met citroen en prei

Prei en citroen vormen een goed duo in deze lichte risotto. De champignons geven het gerecht extra smaak.

Voor 4 personen
- 2 el olijfolie
- 3 teentjes knoflook, geperst
- 225 g schoongemaakte prei, in ringen
- 225 g kastanjechampignons, in plakjes
- 75 g boter
- 1 grote ui, grof gehakt
- 350 g risottorijst
- 1,2 l warme groentebouillon
- rasp van 1 citroen
- 3 el citroensap
- 50 g versgeraspte parmezaanse kaas
- 4 el fijngehakte peterselie en fijngeknipt bieslook
- zout en versgemalen zwarte peper

1 Verhit de olijfolie in een grote pan en bak het knoflook 1 min. Voeg prei, champignons en zout en peper naar smaak toe. Bak het geheel op laag vuur ca. 10 min. tot de prei zacht en lichtbruin is. Schep het mengsel in een kom en zet het even apart.

2 Smelt 25 g boter in de pan en fruit hierin de ui ca. 5 min. op matig vuur, tot hij zacht is. Schep de ui regelmatig om. Roer de rijst er goed door en bak hem 1 min. mee. Voeg een scheutje bouillon toe en verhit die al roerend op laag vuur tot het vocht is geabsorbeerd.

3 Voeg steeds een scheutje bouillon toe zodra de eerder toegevoegde bouillon is geabsorbeerd. Na ca. 25-30 min. heeft de rijst alle bouillon opgenomen en zal de risotto dik en romig zijn.

4 Schep de prei, de champignons, de rest van de boter, het citroenrasp, het citroensap, de geraspte parmezaanse kaas en de kruiden erdoor. Voeg eventueel nog wat zout en peper toe en schep de risotto in een schaal. Serveer direct.

> **Tip van de kok**
> Was prei altijd grondig, aangezien er tussen de bladeren vaak zand en gruis zit.

Notenrijst met paddestoelen

Dit heerlijke en voedzame gerecht kan geserveerd met een salade warm of koud worden gegeten.

Voor 4-6 personen
- 350 g langkorrelige rijst
- 3 el zonnebloemolie
- 1 kleine ui, grof gehakt
- 225 g wilde paddestoelen, in plakjes
- 50 g hazelnoten, grof gehakt
- 50 g pecannoten, grof gehakt
- 50 g amandelen, grof gehakt
- 4 el fijngehakte peterselie
- zout en versgemalen zwarte peper
- (blad)peterselie ter garnering

1 Kook de rijst in een grote pan met water in ca. 10 min. beetgaar. Giet hem af en spoel hem onder koud stromend water. Laat de rijst goed uitlekken en laat hem drogen.

2 Verhit de helft van de olie in een wok en roerbak de rijst 2-3 min. op matig vuur. Schep de rijst uit de wok en zet hem even apart.

3 Verhit de rest van de olie in de wok en roerbak de ui in 2 min. zacht. Voeg de plakjes paddestoel toe en roerbak het geheel nog 2 min.

4 Voeg alle noten toe en roerbak ze 1 min. mee. Schep de rijst weer in de pan en roerbak het geheel nog 3 min. op hoog vuur. Voeg zout en peper toe. Roer de fijngehakte peterselie erdoor en garneer het gerecht met wat takjes peterselie.

> **Tips van de kok**
> • Verwarm een wok altijd eerst voor. Voeg de olie pas toe als de wok heet is en beweeg de wok heen en weer, zodat ook de zijkanten met olie worden bedekt. De olie moet echt goed heet zijn voordat u erin gaat bakken.
> • Als u geen wok hebt, kunt u ook in een gewone pan roerbakken. De warmte zal echter wel minder gelijkmatig worden verdeeld en u moet erop letten dat tijdens het roerbakken de ingrediënten niet naast de pan vallen.

Basmatirijst met haricots verts en champignons

In dit lekkere rijstgerecht spelen knapperige haricots verts en kastanjechampignons de hoofdrol.

Voor 2 personen
125 g basmatirijst
3 eieren

175 g haricots verts, afgehaald
50 g boter
1 ui, gesnipperd
225 g kastanjechampignons
2 el slagroom
1 el fijngehakte peterselie
zout en versgemalen zwarte peper

1 Was de rijst grondig in koud water en laat hem goed uitlekken. Kook de rijst in een grote pan met lichtgezouten water in 10-12 min. gaar. Laat de rijst uitlekken en zet hem apart.

2 Kook in een andere pan met water de eieren 8 min. op matig vuur. Haal ze uit de pan en laat ze onder koud stromend water schrikken. Pel de eieren.

3 Kook de haricots verts 5 min. in een pan met water. Giet ze af en spoel ze onder koud stromend water. Laat ze goed uitlekken.

4 Verhit de boter in een grote koekenpan met zware bodem en bak de ui en de champignons 2-3 min. op matig vuur. Schep ze zo nu en dan om.

5 Schep de haricots verts en de rijst erdoor en bak het geheel 2 min. Snijd de hardgekookte eieren in partjes en doe ze in de pan.

6 Roer voorzichtig de room en de peterselie erdoor, maar zorg ervoor dat u de eieren niet breekt. Breng het geheel op smaak met zout en peper. Warm het gerecht goed door, maar laat het niet koken. Schep het in een voorverwarmde schaal en serveer direct.

Goudengroentenpaella

Deze paella is makkelijk en snel te bereiden en altijd handig voor als u hongerige gasten over de vloer hebt.

Voor 4 personen
enkele draadjes saffraan
7,5 dl warme groentebouillon
6 el olijfolie
2 grote uien, in ringen
3 teentjes knoflook, fijngehakt
275 g langkorrelige rijst

50 g wilde rijst
175 g pompoen, in blokjes
1 grote wortel, in dunne reepjes
1 gele paprika, zonder zaadjes en in reepjes
4 tomaten, ontveld en in blokjes
125 g oesterzwammen, in vieren
zout en versgemalen zwarte peper
reepjes rode, gele en groene paprika ter garnering

1 Laat de draadjes saffraan 5 min. weken in 4 eetlepels warme bouillon.

2 Verhit ondertussen de olie in een paellapan of grote koekenpan met zware bodem. Fruit hierin de ui en het knoflook 3 min. op laag vuur, tot ze zacht zijn. Schep ze zo nu en dan om.

3 Schep de langkorrelige rijst erdoor en bak het geheel al roerend 2-3 min., zodat de rijst goed met de olie is bedekt. Giet de bouillon in de pan en voeg de pompoen en het saffraanvocht toe. Laat het mengsel al roerend aan de kook komen. Draai het vuur vervolgens laag.

4 Dek de pan af en laat het geheel 15 min. sudderen, zonder dat u het deksel van de pan neemt. Voeg dan wortel, gele paprika en blokjes tomaat toe. Breng het geheel op smaak met zout en peper. Dek de pan weer af en laat het geheel nog 5 min. sudderen tot de rijst bijna gaar is.

5 Voeg de oesterzwammen toe en eventueel nog wat zout en peper. Bak de paella zonder deksel nog enkele minuten tot de paddestoelen zacht zijn. Let erop dat de rijst niet aan de pan blijft kleven. Garneer het gerecht met de reepjes paprika en serveer direct.

Rijst met linzen uit het Midden-Oosten

De aantrekkingskracht van dit pittige gerecht ligt voor een deel aan het feit dat hij heel makkelijk en snel te bereiden is.

Voor 4 personen
2 el zonnebloemolie
1 grote ui, in ringen
4-5 kardemompeultjes
½ tl korianderzaad, gekneusd
½ tl komijnzaad, gekneusd
stukje verse gemberwortel, fijngehakt
1 stokje kaneel
1 teentje knoflook, geperst
125 g zilvervliesrijst
9 dl groentebouillon
½ tl gemalen kurkuma
125 g rode linzen
25 g amandelschaafsel, geroosterd
50 g rozijnen
yoghurt om te serveren

1 Verhit de zonnebloemolie in een grote pan en fruit de ui in 5 min. zacht op matig vuur. Schep de ui af en toe om.

2 Haal de zaadjes uit de kardemompeultjes en voeg ze toe aan de ui in de pan. Voeg ook het korianderzaad, het komijnzaad, de gember, het kaneelstokje en het knoflook toe. Bak het geheel al omscheppend 2-3 min. op matig vuur.

3 Roer de rijst door het specerijenmengsel en schenk de bouillon erbij. Roer de geelwortel erdoor en breng het geheel aan de kook. Draai het vuur lager en leg een goed passende deksel op de pan. Laat het geheel 15 min. sudderen.

4 Voeg de linzen toe en dek de pan weer af. Laat het geheel nog 20 min. koken tot de rijst en de linzen zacht zijn en de bouillon is geabsorbeerd. Voeg als het mengsel te droog dreigt te worden nog een extra scheutje bouillon toe.

5 Schep het rijstmengsel in een voorverwarmde schaal. Verwijder het stokje kaneel en strooi de geroosterde amandelen en rozijnen erover. Serveer het gerecht met de yoghurt.

Snelle basmatipilav met noten

De lichte, geurige basmatirijst is zeer geschikt voor dit eenvoudige pilavgerecht.

Voor 4-6 personen
225 g basmatirijst
1-2 el zonnebloemolie
1 ui, gesnipperd
1 teentje knoflook, geperst
1 grote wortel, grof geraspt
1 tl komijnzaad
2 tl gemalen koriander
2 tl zwart mosterdzaad
4 kardemompeultjes
4,5 dl groentebouillon
1 laurierblaadje
75 g gemengde noten zonder zout
zout en versgemalen zwarte peper
fijngehakte peterselie of koriander ter garnering

1 Was de rijst grondig in koud water. Laat hem 30 min. weken in koud water als u genoeg tijd hebt.

2 Verhit de olie in een grote pan en bak de ui, het knoflook en de wortel 2-3 min. Schep de rijst en specerijen erdoor en bak het geheel 1-2 min. tot alle rijstkorrels met olie zijn bedekt.

3 Giet de bouillon erbij en voeg het laurierblaadje toe. Breng het mengsel op smaak met zout en peper en breng het aan de kook. Draai het vuur zo laag mogelijk en dek de pan af. Laat het geheel ca. 10 min. zachtjes sudderen.

4 Neem de pan van het vuur, maar laat het deksel erop zitten: op deze manier kan de rijst goed nagaren en wordt hij steviger. Laat het rijstmengsel ca. 5 min. staan. Controleer dan of de rijst gaar is. De rijst is gaar als er kleine gaatjes in het centrum zijn verschenen. Verwijder het laurierblaadje en de kardemompeultjes.

5 Schep de noten erdoor en voeg eventueel nog zout en peper toe. Doe het geheel in een schaal en strooi er fijngehakte peterselie of koriander over. Serveer het gerecht direct.

> **Tip van de kok**
> U kunt alle soorten noten in dit gerecht verwerken, zoals amandelen, cashewnoten, pistachenoten of ongezouten pinda's

Groentecouscous met saffraan en harissa

Dit populaire Noord-Afrikaanse gerecht leent zich uitstekend voor een doordeweekse maaltijd.

Voor 4 personen
3 el olijfolie
1 ui, gesnipperd
2 teentjes knoflook, geperst
1 tl djintan
1 tl paprikapoeder
400 g blokjes tomaat uit blik
3 dl groentebouillon
1 stokje kaneel
enkele draadjes saffraan
4 kleine aubergines, in vieren
8 kleine courgettes, in de lengte in vieren
8 kleine wortels
225 g couscous
400 g kikkererwten uit blik, uitgelekt en schoongespoeld
175 g gedroogde pruimen
3 el fijngehakte verse peterselie
3 el fijngehakte verse koriander
2-3 tl harissa
zout

1 Verhit de olijfolie in een grote pan en bak ui en knoflook op laag vuur zacht in 5 min. Voeg djintan en paprika toe en roerbak ze 1 min. mee. Roer er tomaten, bouillon, kaneel, saffraan, aubergines, courgettes en worteltjes door. Voeg zout naar smaak toe. Breng het geheel aan de kook en laat het afgedekt 20 min. koken op laag vuur.

2 Zet een vergiet op de pan met groente en bekleed het met een laag kaaslinnen. Week de couscous volgens de aanwijzingen op de verpakking.

3 Voeg kikkererwten en pruimen toe aan de groenten en kook ze 5 min. mee. Roer met een vork de couscous los en verdeel hem over het vergiet. Zet het vergiet op de groenten, dek het geheel af en kook het nog 5 min. tot de couscous heet is.

4 Doe de couscous over in een warme schaal. Schep met een schuimspaan de groenten erbij. Voeg een lepel kookvocht toe, doe er peterselie en koriander bij en meng alles zorgvuldig. Roer de harissa door de overige saus en serveer die er los bij.

Hartige couscous met haloumi

De reepjes courgette geven dit gerecht kleur en smaak.

Voor 4 personen
275 g couscous
5 dl kokend water
1 laurierblaadje
1 stokje kaneel
2 el olijfolie, plus nog wat extra om in te vetten
1 grote rode ui, gesnipperd
2 teentjes knoflook, fijngehakt
1 tl mild chilipoeder
1 tl djintan
1 tl ketoembar
5 kardemompeulen, geplet
50 g hele blanke amandelen, geroosterd
1 perzik, zonder pit en in stukjes
2 el boter
3 courgettes, in de lengte in repen gesneden
225 g haloumi, in plakken
zout en versgemalen zwarte peper
fijngehakte verse bladpeterselie ter garnering

1 Doe de couscous in een schaal en giet er kokend water over. Voeg het laurierblaadje en het stokje kaneel toe en breng alles op smaak met zout. Laat de couscous 10 min. wellen.

2 Verhit ondertussen de olie in een grote pan en roerbak ui en knoflook zacht. Roer er chilipoeder, djintan, ketoembar en kardemompeulen door en laat alles nog 3 min. koken.

3 Roer de couscous los met een vork en doe hem met de amandelen, de stukjes perzik en de boter bij het mengsel in de pan. Kook het geheel nog eens 2 min.

4 Vet een grillpan in met olijfolie en laat hem goed heet worden. Bak de courgettes op matig vuur in 5 min. zacht. Keer ze, voeg de haloumi toe en bak het geheel nog 5 min. Keer de haloumi halverwege.

5 Haal het stokje kaneel, het laurierblaadje en de kardemompeulen uit het couscousmengsel. Schep de couscous in een schaal en voeg zout en peper naar smaak toe. Leg de haloumi en courgettes erbovenop en bestrooi het gerecht met peterselie.

Kasha met geitenkaas

Kasha is een Russisch gerecht van graanproducten. Meestal wordt boekweit gebruikt, maar dat heeft een nogal sterke smaak. Hier geeft de couscous het gerecht een mildere smaak.

Voor 4 personen
175 g couscous
3 el boekweit
15 g gedroogde cèpes (eekhoorntjesbrood)
3 eieren, losgeklopt
4 el fijngehakte verse peterselie
2 tl fijngehakte verse tijm
4 el olijfolie
3 el walnotenolie
175 g brokkelige witte geitenkaas
50 g fijngehakte walnoten, geroosterd
zout en versgemalen zwarte peper
verse takjes peterselie ter garnering
roggebrood en een gemengde salade om te serveren

1 Doe de couscous, boekweit en cèpes in een schaal, bedek het geheel met kokend water en laat het 15 min. weken. Giet overtollig water af.

2 Doe het mengsel in een grote pan met antiaanbaklaag en roer de eieren erdoor. Breng het op smaak met flink wat zout en peper. Roerbak met een houten lepel op matig vuur, tot het mengsel eruitziet als roerei. Laat het niet te droog worden.

3 Roer de peterselie, tijm, olijfolie en walnotenolie erdoor. Verkruimel de geitenkaas erboven en roer de walnoten erdoor.

4 Doe het mengsel over in een grote schaal en garneer het met verse takjes peterselie.

> **Tip van de kok**
> Cèpes is de Franse naam voor de Boletus edulis-paddestoel. Hij wordt ook wel eekhoorntjesbrood genoemd. Deze gedroogde paddestoelen worden ook veel in de Italiaanse keuken gebruikt en daarom heten ze ook wel porcini (biggetjes). Gedroogde bruine boleten (Boletus badius) zijn ook verkrijgbaar, maar hebben minder smaak dan cèpes.

Auberginepilav

Dit stevige gerecht wordt gemaakt met bulgur en aubergine, op smaak gebracht met verse munt. Deze ultieme doordeweekse maaltijd staat binnen een kwartier op tafel.

Voor 2 personen
2 aubergines
4-6 el zonnebloemolie
1 kleine ui, gesnipperd
175 g bulgur
4,5 dl groentebouillon
2 el pijnboompitten, geroosterd
1 el fijngehakte verse munt
zout en versgemalen zwarte peper

Ter garnering
partjes limoen
partjes citroen
blaadjes munt

1 Snijd de uiteinden van de aubergines en snijd ze overdwars in plakken. Snijd elke plak eerst in reepjes en daarna in blokjes van 1 cm.

2 Verhit 4 eetlepels olie in een grote koekenpan met dikke bodem. Roerbak de ui 1 min. op matig vuur. Voeg de blokjes aubergine toe. Draai het vuur hoger en roerbak ze in ca. 4 min. zacht. Voeg zo nodig nog wat olie toe.

3 Roer de bulgur erdoor en verdeel het mengsel goed. Giet dan de bouillon erbij. Breng het geheel aan de kook, draai het vuur lager en laat het 10 min. zacht koken of tot al het vocht is verdampt. Voeg zout en peper toe.

4 Roer de pijnboompitten en de munt erdoor. Schep de pilav op borden. Garneer elke portie met partjes limoen en citroen. Bestrooi de pilav met gescheurde blaadjes munt.

> **Variatie**
> Gebruik ter afwisseling eens courgettes of pompoen in plaats van aubergines.

Gesmoorde gerst met groente

Gepelde gerst is een van de oudste gekweekte graanproducten. Hij heeft een notenkleur en een wat stevige structuur. Gecombineerd met knolgewassen is dit een smakelijke en voedzame maaltijd.

Voor 4 personen
2 el zonnebloemolie
1 grote ui, gesnipperd
2 stengels bleekselderij, in stukjes
2 wortels, in de lengte gehalveerd en in plakjes
225 g gerst
1 groot stuk koolraap van ca. 225 g, in blokjes
1 grote aardappel van ca. 225 g, in blokjes
4,75 dl groentebouillon
zout en versgemalen zwarte peper
blaadjes selderij ter garnering

1 Verhit de olie in een grote pan. Roerbak de ui op laag vuur in 5 min. zacht. Voeg stukjes selderij en plakjes wortel toe en bak ze 3-4 min. mee of tot de ui bruin begint te worden.

2 Voeg de gerst toe en roer dan de blokjes koolraap en aardappel erdoor. Giet de bouillon erbij en voeg naar smaak zout en peper toe. Breng het geheel aan de kook, draai het vuur lager en doe het deksel op de pan.

3 Laat het gerst-groentemengsel 40 min. koken op laag vuur of tot de meeste bouillon is opgenomen en de gerst gaar is.

4 Schep het gerecht op voorverwarmde borden en garneer het met de blaadjes selderij.

Variaties
• Feta is ook lekker bij dit gerecht, vooral blokjes feta in olie. Voeg ze toe vlak voordat u het gerecht serveert en druppel er eventueel wat olie uit het potje over.
• U kunt ook andere groente nemen, zoals knolselderij of pastinaak.
• Voor een zomerse variatie kunt u venkel, courgettes en tuinbonen gebruiken.

Bietenstoofschotel

Bieten zijn misschien niet de meest voor de hand liggende keuze voor een stoofschotel, maar dit zoetzure gerecht is overheerlijk.

Voor 4 personen
50 g boter
1 ui, gesnipperd
2 teentjes knoflook, geperst
675 g rauwe bieten, geschild en in schijfjes
2 grote wortels, in blokjes
115 g champignons
3 dl groentebouillon
geraspte schil en sap van ½ citroen
2 laurierblaadjes
1 el fijngehakte verse munt
zout en versgemalen zwarte peper

Voor de warme dressing
1,5 dl zure room
½ tl paprikapoeder, plus wat extra om te garneren

1 Verhit de boter in een pan (niet van aluminium). Voeg ui en knoflook toe en bak ze 5 min. op laag vuur. Voeg bieten, wortels en champignons toe en bak ze 5 min. mee. Giet de bouillon erbij en voeg dan de geraspte citroenschil en de laurierblaadjes toe. Breng het geheel op smaak met zout en peper. Breng alles aan de kook, draai het vuur lager en kook de groente afgedekt in 1 uur gaar.

2 Draai het vuur uit en voeg het citroensap en de munt toe. Laat het geheel afgedekt 5 min. staan.

3 Bereid de dressing. Verhit al roerend de zure room en het paprikapoeder in een kleine pan tot de dressing pruttelt.

4 Schep het bietenmengsel in een schaal, giet de dressing erover en bestrooi het met nog wat paprikapoeder.

Tips van de kok
• Draag rubberen of plastic handschoenen, zodat uw handen niet verkleuren door de bieten.
• Als u de bieten kookt in een aluminium pan kunnen de inhoud en de pan verkleuren.

Jachtschotel met groente en kaasdriehoekjes

Deze jachtschotel is een soort hartige taart met een bijzondere korst – onweerstaanbaar lekker.

Voor 6 personen
2 el olie
2 teentjes knoflook, geperst
1 ui, gesnipperd
1 tl mild chilipoeder
450 g aardappels, geschild en in stukjes
450 g knolselderij, geschild en in stukjes
350 g wortels, in stukjes
350 g prei, in ringen
225 g champignons, gehalveerd
4 tl bloem
6 dl groentebouillon
400 g blokjes tomaat uit blik
1 el tomatenpuree
2 el fijngehakte verse tijm
400 g kidneybonen uit blik, uitgelekt en schoongespoeld
zout en versgemalen zwarte peper

Ter garnering
225 g zelfrijzend bakmeel
115 g boter
115 g geraspte cheddar
2 el geknipt vers bieslook
ca. 5 el melk

1 Verwarm de oven voor op 180 °C. Verhit de olie in een grote vuurvaste ovenschotel. Voeg knoflook en ui toe en roerbak ze 5 min. op laag vuur. Roer het chilipoeder erdoor en bak alles nog 1 min.

2 Voeg aardappels, knolselderij, wortels, prei en champignons toe en bak het geheel 3-4 min. Roer de bloem erdoor en bak alles al roerend nog 1 min.

3 Roer de bouillon erdoor en dan de tomaten, tomatenpuree en tijm. Voeg zout en peper toe. Breng het geheel al roerend aan de kook en bak het afgedekt 30 min. in de oven.

4 Bereid ondertussen de garnering. Zeef de bloem boven een schaal en wrijf de boter erdoor. Voeg de helft van de geraspte kaas toe met het bieslook en zout en peper. Voeg voldoende melk toe om de droge ingrediënten te binden en kneed tot een zacht deeg ontstaat.

5 Rol het deeg uit tot een cirkel van ca. 2,5 cm dik. Snijd er twaalf driehoekjes uit en bestrijk ze met wat melk.

6 Haal de schotel uit de oven en roer de bonen erdoor. Leg de driehoekjes over elkaar heen boven op het mengsel en strooi de rest van de kaas erover. Bak de schotel onafgedekt 20-25 min. in de oven tot de korst goudbruin en gaar is.

> **Tip van de kok**
> Zolang het gewicht hetzelfde blijft kunt u ook andere groenten gebruiken. Stevige groente heeft misschien een iets langere kooktijd nodig.

Vegetarische stoofpot

Elke stad in het zuidwesten van Frankrijk heeft zijn eigen versie van dit populaire gerecht. Serveer deze groenteschotel met warm stokbrood.

Voor 4-6 personen
400 g gedroogde witte bonen, 1 nacht geweekt in water
1 laurierblaadje
1,75 l koud water
2 uien
3 kruidnagels
1 tl olijfolie
2 teentjes knoflook, geperst
2 stengels prei, in dikke ringen
12 worteltjes
115 g champignons
400 g blokjes tomaat uit blik
1 el tomatenpuree
1 tl paprikapoeder
1 el fijngehakte verse tijm
2 el fijngehakte verse peterselie
115 g vers witbroodkruim
zout en versgemalen zwarte peper

1 Giet de bonen af. Spoel ze af onder koud stromend water en doe ze in een grote pan. Voeg het laurierblaadje toe en giet het water erbij. Breng het geheel aan de kook en laat het 10 min. sudderen.

2 Pel een ui en steek de kruidnagels erin. Voeg de ui toe aan de bonen en draai het vuur lager. Kook de bonen afgedekt in 1 uur bijna gaar. Giet het water af. Bewaar de bouillon, maar gooi het laurierblaadje en de ui weg.

3 Verwarm de oven voor op 160 °C. Snipper de andere ui. Verhit de olie in een grote vuurvaste ovenschaal. Roerbak ui en knoflook in 5 min. zacht op laag vuur. Voeg prei, wortels, champignons, tomaten, tomatenpuree, tijm en paprika toe. Roer er 4 dl van de achtergehouden bouillon door.

4 Kook het geheel afgedekt 10 min. Roer de gekookte bonen en de peterselie erdoor. Breng het geheel op smaak met zout en peper, bestrooi het met broodkruim en bak het onafgedekt 35 min. in de oven tot het korstje goudbruin en krokant is.

Gebakken kaaspolenta met tomatensaus

Polenta, of maïsmeel, wordt veel gegeten in Italië. U kunt er pap van maken of de polenta zacht eten. In dit recept worden blokjes stijve polenta gebakken in een machtige tomatensaus.

Voor 4 personen
1 l water
1 tl zout
250 g snelkokende polenta
1 tl paprikapoeder
½ tl gemalen nootmuskaat
2 el olijfolie, plus extra om in te vetten
1 grote ui, gesnipperd
2 teentjes knoflook, geperst
2 x 400 g blokjes tomaat uit blik
1 el tomatenpuree
1 tl kristalsuiker
75 g gruyère, geraspt
zout en versgemalen zwarte peper

1 Verwarm de oven voor op 200 °C. Bekleed een bakblik (28 x 18cm) met huishoudfolie. Giet het water in een grote pan met dikke bodem en voeg zout toe.

2 Breng het water aan de kook. Voeg de polenta toe en kook het geheel 5 min. onder af en toe roeren. Roer de paprika en nootmuskaat erdoor en giet het mengsel dan in het bakblik. Strijk het oppervlak glad. Laat het afkoelen.

3 Verhit de olie in een pan. Voeg ui en knoflook toe en roerbak ze op laag vuur in 5 min. zacht. Roer de tomaten, de tomatenpuree en de suiker erdoor en breng alles op smaak met zout en peper. Laat de saus 20 min. zacht koken.

4 Stort de polenta op een snijplank en snijd hem in blokjes van 5 cm. Verdeel de helft van de blokjes over een ingevette vuurvaste schaal. Schep de helft van de tomatensaus en de helft van de geraspte kaas erover. Herhaal deze lagen.

5 Bak de polenta ca. 25 min. in de oven tot de korst goudkleurig is en bobbelt.

Polenta met paddestoelensaus

Door dit recept krijgt u er een goed idee van hoe lekker zachte polenta is. Met een robuuste saus van paddestoelen en tomaten smaakt hij voortreffelijk.

Voor 4 personen
1,2 l groentebouillon
350 g fijne polenta of maïsmeel
50 g geraspte parmezaanse kaas
zout en versgemalen zwarte peper

Voor de saus
15 g gedroogde cèpes
1,5 dl heet water
1 el olijfolie
50 g boter
1 ui, gesnipperd
1 wortel, in stukjes
1 stengel bleekselderij, in stukjes
2 teentjes knoflook, geperst
450 g kastanjechampignons en oesterzwammen, in stukjes
1,2 dl rode wijn
400 g blokjes tomaat uit blik
1 tl tomatenpuree
1 el fijngehakte verse tijm

1 Maak de saus. Week de cèpes 20 min. in het hete water. Giet het water af, bewaar het vocht en snijd de cèpes in stukjes.

2 Verhit de olie en boter in een steelpan en bak uien, wortel, selderij en knoflook in 5 min. zacht. Draai het vuur hoger en voeg beide soorten paddestoelen toe. Bak ze nog 10 min. mee. Giet de wijn erbij en kook alles 2-3 min. Voeg dan de tomaten toe en het vocht van de cèpes. Roer de tomatenpuree en tijm erdoor en breng het geheel op smaak met zout en peper. Draai het vuur lager en laat alles 20 min. zachtjes koken.

3 Verwarm ondertussen de bouillon in een grote pan. Voeg een mespuntje zout toe. Giet, zodra de bouillon begint te koken, de polenta erbij. Blijf roeren tot het mengsel glad is. Kook de polenta al roerend 30 min. tot hij loskomt. Roer de helft van de parmezaanse kaas erdoor en voeg wat peper toe.

4 Verdeel de polenta over vier voorverwarmde diepe borden en schep de saus erover. Strooi de rest van de parmezaanse kaas erover.

Gevulde uien met geitenkaas en zongedroogde tomaten

Deze geroosterde uien met romige geitenkaas zijn beslist een succes.

Voor 4 personen
4 grote uien
olie om in te vetten
150 g geitenkaas, verkruimeld
50 g vers broodkruim
1-2 teentjes knoflook, fijngehakt
8 zongedroogde tomaten in olijfolie, uitgelekt en fijngehakt
½ tl fijngehakte verse tijm
2 el fijngehakte verse peterselie, plus wat extra ter garnering
1 ei, losgeklopt
3 el pijnboompitten, geroosterd
2 el olijfolie (van de tomaten)
zout en versgemalen zwarte peper

1 Breng een grote pan met water en wat zout aan de kook. Voeg de ongepelde hele uien toe en kook ze 10 min. Giet het water af en laat de uien afkoelen. Snijd de uien horizontaal doormidden en pel ze.

2 Schep met een theelepel het vruchtvlees uit het midden van de uien, maar laat een dikke rand over. Bewaar het vruchtvlees en leg de uitgeholde uien in een ingevette ovenschaal. Verwarm de oven voor op 190 °C.

3 Snipper het vruchtvlees van de uien en doe het in een schaal. Voeg geitenkaas, broodkruim, zongedroogde tomaten, knoflook, tijm, peterselie en ei toe. Meng alles goed en breng het op smaak met zout en peper. Voeg de geroosterde pijnboompitten toe.

4 Verdeel de vulling over de uien en dek ze af met aluminiumfolie. Bak ze ca. 25 min. in de oven. Verwijder de folie, sprenkel er olie over en bak de uien in 30-40 min. gaar. Bedruip ze af en toe terwijl u ze bakt. Serveer ze gegarneerd met peterselie.

Variatie
Neem in plaats van geitenkaas 115 g fijngesneden champignons en 1 geraspte wortel.

Paprika's met ei en linzen

Meestal maken we een vulling van rijst of brood voor paprika. Linzen is een lekker alternatief en de eieren leveren extra eiwitten.

Voor 4 personen
75 g lentilles vertes du Puy
½ tl koenjit
½ tl ketoembar
½ tl paprikapoeder
4,5 dl groentebouillon
2 grote paprika's, gehalveerd
1 el plantaardige olie
1 el fijngehakte verse munt
4 eieren
zout en versgemalen zwarte peper
verse takjes koriander ter garnering

1 Doe de linzen in een pan met de kruiden en de bouillon. Breng ze onder af en toe roeren aan de kook. Draai het vuur lager en laat ze 30-40 min. zacht koken. Voeg zo nodig nog wat water toe tijdens het koken.

2 Verwarm de oven voor op 190 °C. Vet de paprika's in met wat olie en zet ze dicht bij elkaar, met de gesneden kant naar boven, op een bakplaat. Roer de munt door de linzen en vul de paprika's dan met het mengsel.

3 Klop een ei los in een maatbeker en giet hem over het linzenmengsel in een van de paprika's. Roer het ei met een theelepel voorzichtig door de linzen en breng de linzen op smaak met zout en peper. Doe hetzelfde met de overige 3 eieren en paprika's. Bak ze 10 min. in de oven en garneer ze met koriander.

Variaties
• *Geef het linzenmengsel extra smaak door een gesnipperde ui en tomaten gebakken in olijfolie toe te voegen voordat u de paprika's vult.*
• *Neem eens vleestomaten in plaats van paprika's. Snijd de bovenkant van de tomaten en lepel het vlees eruit met een theelepel. Vul ze met de linzen en eieren en bak ze in de oven.*
• *Voeg 1 of 2 fijngehakte verse groene Spaanse pepers toe aan de linzen als u van pittig houdt.*

Gebakken gevulde pompoen

Deze romige, zoete en nootachtige vulling is de ultieme garnering voor de zachte pompoen.

Voor 4 personen
2 pompoenen van ca. 500 g per stuk
1 el olijfolie
175 g maïs uit blik
115 g ongezoete kastanjepuree
5 el magere yoghurt
50 g verse geitenkaas
zout en versgemalen zwarte peper
geknipt bieslook ter garnering
gemengde slabladen om te serveren

1 Verwarm de oven voor op 180 °C. Snijd de pompoen in de lengte door, schep de zaden eruit en zet de helften met de doorgesneden zijde naar boven op een bakplaat.

2 Bestrijk het pompoenvlees met wat olijfolie en bak de helften dan ca. 30 min. in de oven.

3 Meng ondertussen maïs, kastanjepuree en yoghurt in een schaal. Breng het geheel op smaak met zout en peper.

4 Haal de pompoen uit de oven en schep het kastanjemengsel in de holten van de stukken pompoen.

5 Leg op elke helft een kwart van de geitenkaas en bak ze nog 10-15 min. in de oven. Garneer ze met bieslook. Geef er een salade bij.

Variaties
- U kunt ook mozzarella of een andere milde, zachte kaas gebruiken in plaats van geitenkaas.
- Voeg 1-2 eetlepels fijngehakte noten toe aan de vulling, zoals amandelen of pistachenoten.
- Deze vulling past ook goed bij courgettes. Snijd 4-6 grote courgettes in de lengte doormidden en bak ze ca. 20 min. in de oven.

Gevulde portabello's met pijnboompittensaus

Portabello's hebben een rijke smaak en een vlezige textuur. Ze passen goed bij deze geurige en smakelijke kruiden-citroenvulling.

Voor 4-6 personen
3 el olijfolie, plus wat extra om in te vetten
1 ui, gesnipperd
2 teentjes knoflook, geperst
2 el fijngehakte verse tijm of 1 tl gedroogde tijm
8 portabello's, zonder steel en fijngehakt
400 g adukibonen uit blik, uitgelekt en afgespoeld
50 g vers volkorenbroodkruim
sap van 1 citroen
185 g geitenkaas, verkruimeld
zout en versgemalen zwarte peper

Voor de pijnboompittensaus
50 g pijnboompitten, geroosterd
50 g dobbelsteentjes witbrood
2 teentjes knoflook, fijngehakt
2 dl melk
3 el olijfolie

1 Verwarm de oven voor op 200 °C. Verhit de olie in een grote pan. Voeg ui en knoflook toe en roerbak ze in 5 min. zacht op laag vuur. Voeg de tijm en de stelen van de portabello's toe en roerbak ze 3 min. mee tot ze zacht zijn.

2 Roer de bonen door het mengsel met het broodkruim en het citroensap. Breng het geheel op smaak met zout en peper en kook het 2 min.

3 Neem de pan van het vuur en prak het mengsel met een vork, tot ongeveer een derde van de bonen is gebroken. Laat de rest van de bonen heel.

4 Vet een ovenschaal en de hoedjes van de portabello's in met olie. Leg ze met de onderkant naar boven op de schaal en schep op elk hoedje een lepel van het bonenmengsel. Dek ze af met folie en bak ze 20 min. in de oven.

5 Verwijder de folie. Leg op elke portabello wat geitenkaas en bak ze nog 15 min. of tot de kaas is gesmolten en de paddestoelen zacht zijn.

6 Maak ondertussen de saus. Pureer pijnboompitten, brood en knoflook in een keukenmachine. Voeg melk en olijfolie toe en mix dit tot een romige saus. Geef de saus bij de portabello's.

Tip van de kok
U kunt ook gedroogde bonen gebruiken. Week 200 g bonen een nacht in koud water, giet het water af en spoel de bonen. Zet ze onder water in een pan en kook ze 10 min. Draai het vuur lager en kook de bonen in 30 min. gaar. Giet ze dan af. U kunt ook kokend water toevoegen aan de droge bonen. Laat ze dan circa 3 uur weken voordat u ze afgiet en kookt.

Aubergine-parmigiani

Dit is een klassiek Italiaans gerecht, waarin zachte plakjes aubergine worden afgewisseld met romige mozzarella, verse parmezaanse kaas en eigengemaakte tomatensaus.

Voor 4-6 personen
3 aubergines, in dunne plakken
olijfolie om in te vetten
300 g mozzarella, in plakken
115 g geraspte parmezaanse kaas
2-3 el droog broodkruim
zout en versgemalen zwarte peper
verse takjes basilicum ter garnering

Voor de saus
2 el olijfolie
1 ui, gesnipperd
2 teentjes knoflook, geperst
400 g blokjes tomaat uit blik
1 tl kristalsuiker
ca. 6 verse blaadjes basilicum

1 Rangschik de plakjes aubergine in een vergiet en strooi op elke laag wat zout. Laat ze ca. 20 min. uitlekken in de gootsteen, spoel ze goed af onder de koude kraan en dep ze droog met keukenpapier.

2 Verwarm de oven voor op 200 °C. Leg de plakjes aubergine op bakpapier, vet de bovenkanten met olijfolie en bak ze in 10-15 min. zacht in de oven.

3 Bereid ondertussen de saus. Verhit de olie in een pan. Voeg ui en knoflook toe en roerbak het geheel 5 min. op laag vuur. Voeg blokjes tomaat en suiker toe en zout en peper naar smaak. Breng de saus aan de kook, draai het vuur lager en laat de saus in ca. 10 min. indikken. Scheur de blaadjes basilicum in stukjes en roer ze door de saus.

4 Leg de aubergines in een ingevette, ondiepe ovenschaal met de plakken mozzarella, de tomatensaus en de geraspte parmezaanse kaas; eindig met een laag kaas gemengd met het broodkruim. Bak het gerecht goudbruin in 20-25 min. en laat het dan nog 5 min. rusten. Garneer het met basilicum.

Savooienkool gevuld met paddestoelen en gort

Voor 4 personen
50 g boter
2 uien, gesnipperd
1 stengel bleekselderij, in stukjes
225 g wilde en gekweekte paddestoelen
175 g parelgort
1 vers takje tijm
7,5 dl water
2 el cashewnotenboter
½ groentebouillonblokje
1 savooienkool
zout en versgemalen zwarte peper

1 Verhit de boter in een grote pan en roerbak uien en selderij op laag vuur zacht in 5 min. Voeg de paddestoelen toe en bak ze mee tot het vocht vrijkomt. Voeg gort, tijm, water en notenboter toe. Breng het geheel aan de kook, draai het vuur lager en laat het afgedekt nog 30 min. koken. Verkruimel het bouillonblokje boven de pan en laat het geheel afgedekt nog eens 20 min. zacht koken. Voeg zout en peper toe.

2 Open de bladeren van de kool en snijd de dikke steel weg. Blancheer de bladeren 3-4 min. in een pan met lichtgezouten kokend water. Laat de bladeren uitlekken, spoel ze af onder de koude kraan en laat ze weer goed uitlekken.

3 Leg een stuk kaaslinnen van 45 x 45 cm op een stoompan. Schik de koolbladeren op het kaaslinnen rond de binnenkant van de pan. Schep er een laag van het paddestoelen-gortmengsel op.

4 Bedek alles met een tweede laag bladeren en vulling. Ga zo door tot de hele stoompan is gevuld. Bind de vier hoeken van de doek samen.

5 Giet 2,5 cm kokend water in de stoompan. Doe het deksel op de pan en stoom de kool in 30 min. gaar.

6 Leg de kool op een voorverwarmde schaal, knoop de doek open en trek hem voorzichtig onder de kool vandaan.

Aardappelrösti met tofu

Hoewel voor dit gerecht verschillende ingrediënten worden gebruikt, is het niet moeilijk te bereiden. Geef er een gemengde salade bij.

Voor 4 personen
425 g tofu, in blokjes
4 grote aardappels in de schil, totaalgewicht ca. 900 g
zonnebloemolie om te frituren
2 el geroosterde sesamzaadjes
zout en versgemalen zwarte peper

Voor de marinade
2 el tamari of donkere sojasaus
1 el honing
2 teentjes knoflook, geperst
4 cm verse gemberwortel, geraspt
1 tl geroosterde sesamolie

Voor de saus
1 el olijfolie
8 tomaten, gehalveerd en fijngehakt

1 Meng de ingrediënten voor de marinade in een schaal. Voeg de blokjes tofu toe en laat de tofu 1 uur marineren.

2 Kook de aardappels in een grote pan met water in 10-15 min. bijna gaar. Laat ze afkoelen en rasp ze dan grof. Voeg flink wat zout en peper toe. Verwarm de oven voor op 200 °C.

3 Schep de tofu uit de marinade (marinade bewaren). Verdeel de blokjes over een bakplaat en bak ze in 20 min. tot ze goudkleurig en knapperig zijn. Keer ze af en toe.

4 Maak van het aardappelmengsel vier taartjes. Verhit een koekenpan met een bodempje olie. Leg de koekjes in de pan en plet ze tot rondjes van ca. 1 cm dik. Bak ze aan elke kant in 6 min. goudkleurig en knapperig.

5 Bereid ondertussen de saus. Verhit de olie in een pan, voeg de bewaarde marinade en de tomaten toe en laat ze onder af en toe roeren 10 min. zachtjes koken. Druk het geheel door een zeef en verhit het dan weer.

6 Leg op elk bord rösti. Schep de tofu erbovenop, giet er wat saus over en bestrooi met de sesamzaadjes.

Italiaans tomatenbrood

Een fantastisch gerecht voor het hele gezin en ideaal wanneer u geen tijd hebt om te koken: het kan namelijk van te voren worden bereid.

Voor 4 personen
50 g zachte boter
1 el rode pesto
1 focaccia met knoflook en kruiden
150 g mozzarella, in dunne plakken
2 grote rijpe tomaten, in plakken
3 dl melk
3 grote eieren
1 tl verse fijngehakte oregano, plus extra blaadjes ter garnering
50 g geraspte pecorino
zout en versgemalen zwarte peper

1 Verwarm de oven voor op 180 °C. Meng boter en pesto in een kom en snijd het brood in plakken. Beleg de sneetjes brood met de pesto.

2 Leg om en om een laag brood, mozzarella en tomaten in een ovale ovenschaal.

3 Klop melk, eieren en oregano los in een mengkom, breng het mengsel op smaak met zout en peper en giet het over het brood. Laat het geheel minstens 5 min. rusten.

4 Strooi de geraspte kaas over het brood en bak het in 40 min. goudbruin en stevig in de oven. Bestrooi het met de hele oreganoblaadjes.

> **Tip van de kok**
> *Hoe langer dit gerecht kan rusten voor het bakken, hoe beter het smaakt. Laat het een halfuur staan voordat u het in de oven zet.*

> **Variatie**
> *Andere soorten kaas die goed bij deze pudding passen, zijn fontina, beaufort, bel paese en taleggio.*

Groentekruimeltaart

Een heerlijk gerecht voor kinderen, en zelfs als u geen spruitjes lust, zult u met genoegen nog eens opscheppen.

Voor 8 personen
450 g aardappels, geschild en gehalveerd
2 el boter
225 g prei, in ringen
450 g wortels, fijngehakt
2 teentjes knoflook, geperst
225 g paddestoelen, in dunne plakjes
450 g spruitjes, in plakjes
zout en versgemalen zwarte peper

Voor de kruimelkorst
50 g bloem
50 g boter
50 g vers witbroodkruim
50 g geraspte cheddar
2 el verse fijngehakte peterselie
1 tl mosterdpoeder

1 Doe de aardappels in een pan met water en zout. Breng ze aan de kook en kook ze in ca. 15 min. beetgaar.

2 Smelt ondertussen de boter in een grote pan. Voeg prei en wortels toe en bak ze onder af en toe roeren 2-3 min. Voeg knoflook en paddestoelen toe en roerbak ze 3 min. mee.

3 Voeg de spruitjes toe en breng ze op smaak met zout en peper. Doe het groentemengsel over in een ovenschaal met een inhoud van 2,5 liter.

4 Verwarm de oven voor op 200 °C. Giet de aardappels af en snijd ze in schijfjes van 1 cm dik. Verdeel ze over de groente.

5 Zeef voor de korst de bloem boven een schaal en kneed de boter erdoor (of meng alle ingrediënten in de keukenmachine). Voeg het broodkruim toe en meng de geraspte cheddar, peterselie en het mosterdpoeder erdoor. Verdeel het kruimelmengsel over de groente en bak het gerecht 20-30 min. in de oven. Serveer het heet.

Gegratineerde bloemkool met walnoten en gorgonzola

De blauwekaassaus met stukjes noten smaakt heerlijk bij bloemkool.

Voor 4 personen
1 grote bloemkool, in roosjes
2 el boter
1 ui, gesnipperd
3 el bloem
4,5 dl melk
150 g gorgonzola, in stukjes
½ tl selderijzout
mespunt cayennepeper
75 g fijngehakte walnoten
zout
verse peterselie ter garnering

1 Breng een grote pan water met zout aan de kook en kook de bloemkoolroosjes 6 min. Giet ze af en leg ze in een vuurvaste ovenschaal.

2 Verhit de boter in een pan met dikke bodem. Voeg de ui toe en roerbak hem op laag vuur in 4-5 min. glazig.

3 Roer de bloem door de ui en roerbak het geheel 1 min. Voeg geleidelijk de melk toe en blijf roeren tot de saus kookt en indikt. Roer de kaas, het selderijzout en de cayennepeper erdoor.

4 Verwarm de grill voor. Schep de saus over de bloemkool, strooi de gehakte walnoten erover en laat de groente goudbruin worden onder de grill. Garneer de bloemkool met de peterselie en serveer hem.

Variaties
• Vervang voor de verandering de bloemkool door 1,1 kg verse broccoli of neem een combinatie van beide.
• Voor een mildere smaak kunt u dolcelatte of buxton blauwe kaas gebruiken in plaats van gorgonzola.
• Voor een nog machtigere saus, kunt u 2,5 dl melk vervangen door 2,5 dl room.

Gegratineerde knollen met Indiase kruiden

Dit rijke gegratineerde gerecht is subtiel gekruid met kerriepoeder, koenjit, ketoembar en chilipoeder en is voedzaam genoeg om als lunch- of hoofdgerecht te dienen.

Voor 4 personen
2 grote aardappels, samen ca. 450 g
2 zoete aardappels, samen ca. 275 g
175 g knolselderij
1 el boter
1 tl kerriepoeder
1 tl koenjit
½ tl ketoembar
1 tl mild chilipoeder
3 sjalotjes, gesnipperd
1,5 dl room
1,5 dl halfvolle melk
zout en versgemalen zwarte peper
fijngehakte verse bladpeterselie ter garnering

1 Snijd aardappels, zoete aardappels en knolselderij in dunne plakjes. Leg de groente direct in een schaal met koud water, zodat ze niet verkleuren.

2 Verwarm de oven voor op 180 °C. Verhit de helft van de boter in een pan met dikke bodem en voeg kerriepoeder, koenjit, ketoembar en de helft van het chilipoeder toe. Bak het geheel 2 min. en laat het dan even afkoelen.

3 Giet de groenten af en dep ze droog met keukenpapier. Leg ze in een schaal, voeg het kruidenmengsel en de sjalotjes toe en meng alles goed.

4 Schik de groenten in een ovenschotel en voeg zout en peper toe. Meng room en melk in een mengkom. Giet het mengsel over de groenten en bestrooi met de rest van het chilipoeder.

5 Dek het geheel af met vetvrij papier en bak het gerecht 45 min. in de oven. Verwijder het papier, verdeel de overige boter over de bovenkant en bak de schotel nog eens 50 min. tot de bovenkant goudbruin is. Serveer het gerecht gegarneerd met fijngehakte verse peterselie.

Pan haggerty

Dit heerlijke nostalgische gerecht heeft de tand des tijds goed doorstaan, doordat het gemakkelijk te bereiden en altijd lekker is.

Voor 2 personen
2 el olijfolie
2 el boter
450 g aardappels, in schijfjes
1 grote ui, gehalveerd en in ringen
2 teentjes knoflook, geperst
115 g geraspte oude cheddar
3 el geknipt vers bieslook, plus extra ter garnering
zout en versgemalen zwarte peper

1 Verhit olie en boter in een grote pan die ook onder een grill kan worden gezet. (Wikkel aluminiumfolie om een houten steel.) Neem de pan van het vuur en bedek de bodem met een laag aardappels, gevolgd door lagen ui, knoflook, kaas, bieslook en zout en peper.

2 Doe dit tot alle ingrediënten op zijn en eindig met een laag kaas. Dek het geheel af met aluminiumfolie en bak het ca. 30 min. op laag vuur. Verwijder de folie.

3 Zet de pan onder de voorverwarmde grill tot de korst goudbruin is. Garneer de pan haggerty met bieslook.

Aardappel-koolkoek

Nog zo'n klassiek Brits gerecht dat zeer gemakkelijk te bereiden is. Het is een prima manier om kliekjes te verwerken, maar u kunt natuurlijk ook verse groente gebruiken.

Voor 4 personen
500 g gepureerde aardappels
225 g gekookte kool
4 el zonnebloemolie
zout en versgemalen zwarte peper

1 Meng aardappels, kool, zout en peper.

2 Verhit de olie in een koekenpan. Voeg het aardappelmengsel toe en druk het aan. Bak de koek op laag vuur tot de onderkant goudbruin is. Keer hem en bak hem nog eens 10 min.

Quiche met kaas en ui

Deze quiche is tijdloos en ideaal voor picknicks, feestjes en familiediners.

Voor 6-8 personen

200 g bloem
½ tl zout
90 g boter
ca. 4 el koud water

Voor de vulling
2 el boter
1 grote ui, in dunne ringen
3 eieren
3 dl room
¼ tl nootmuskaat
90 g geraspte harde kaas, zoals rijpe cheddar, gruyère of manchego
zout en versgemalen zwarte peper

1 Zeef voor het deeg de bloem met het zout in een kom. Wrijf met de vingertoppen de boter erdoor en voeg dan het water toe. Kneed het deeg licht, wikkel het in keukenfolie en laat het 20 min. rusten in de koelkast.

2 Rol het deeg uit en bekleed er een springvorm (23 cm doorsnede) mee. Prik met een vork gaatjes in de bodem. Bekleed het deeg met aluminiumfolie en vul de taart met bonen. Zet de taart nog eens 15 min. in de koelkast.

3 Verwarm de oven voor op 200 °C. Zet het bakblik op een bakplaat in de oven en bak het deeg 15 min. Verwijder bonen en folie en zet het deeg nog 5 min. in de oven. Verlaag de oventemperatuur naar 180 °C.

4 Smelt voor de vulling de boter in een koekenpan met dikke bodem. Voeg de ui toe en roerbak hem in 5 min. zacht. Klop de eieren los met de room. Voeg de nootmuskaat toe en breng het geheel op smaak met zout en peper.

5 Schep het uienmengsel in de taartvorm en verdeel de geraspte kaas erover. Giet het ei en de room erbij. Bak de quiche 35-40 min. in de oven tot de vulling stevig begint te worden. Laat de quiche afkoelen en haal dan de springvorm erom weg. Serveer de quiche op een groot bord.

Paddestoelentaart

Deze eenvoudige taart is het lekkerst met een mix van verse, wilde paddestoelen, maar ook met gecultiveerde paddestoelen is hij niet te versmaden.

Voor 4 personen
350 g kruimeldeeg
50 g boter
3 uien, gehalveerd en in plakjes
350 g paddestoelen, zoals champignons, cèpes en oesterzwammen, in plakjes
blaadjes van 1 vers takje tijm, fijngehakt
snufje nootmuskaat
3 el melk
4 el room
1 ei plus 2 eierdooiers
zout en versgemalen zwarte peper

1 Rol het deeg uit op een met bloem bestoven werkvlak en bekleed er een springvorm van 23 cm doorsnede mee. Laat het deeg ca. 1 uur rusten in de koelkast.

2 Verwarm de oven voor op 190 °C. Prik met een vork gaatjes in de taartbodem deeg, bekleed de springvorm met aluminiumfolie en vul hem met bonen. Bak de bodem 25 min. in de oven. Til de aluminiumfolie met de bonen uit de springvorm en laat de bodem even rusten.

3 Verhit de boter in een koekenpan, voeg de uiringen toe en laat ze afgedekt ca. 20 min. op laag vuur bakken tot ze heel zacht zijn en beginnen te karameliseren. Voeg de plakjes paddestoel en blaadjes tijm toe en bak ze onder af en toe roeren 10 min. mee. Breng alles op smaak met zout, peper en nootmuskaat.

4 Meng melk en room in een kom en klop er ei en eierdooiers door. Schep het paddestoelenmengsel in de springvorm en egaliseer het oppervlak. Giet er melk en eieren over. Bak de taart 15-20 min. in de oven tot hij in het midden stevig is. Laat de taart wat afkoelen, haal de springvorm erom weg en serveer de taart op een bord.

Kaas-preiworstjes met een pittige tomatensaus

Deze worstjes lijken op glamorganworstjes, die meestal worden gemaakt met wit- of volkorenbroodkruim. Met een beetje aardappelpuree worden de worstjes een stuk minder zwaar en zijn ze ook gemakkelijker te maken.

Voor 4 personen
2 el boter
175 g prei, fijngehakt
6 el koude aardappelpuree
115 g vers witbroodkruim
150 g geraspte caerphilly
2 el fijngehakte verse peterselie
1 el fijngehakte verse salie
2 grote eieren, losgeklopt
cayennepeper
65 g droog witbroodkruim
olie om te bakken
zout en versgemalen zwarte peper

Voor de saus
2 el olijfolie
2 teentjes knoflook, in dunne plakjes
1 verse rode chilipeper, zonder zaadjes en fijngehakt
1 kleine ui, gesnipperd
500 g tomaten, ontveld en fijngehakt
2-3 verse takjes tijm
2 tl balsamicoazijn
snufje witte suiker
1-2 el fijngehakte verse majoraan

1 Verhit de boter in een koekenpan. Voeg de prei toe en roerbak hem 4-5 min. op laag vuur tot hij zacht is, maar nog niet bruin.

2 Meng de prei met de aardappelpuree, het broodkruim, de geraspte kaas, de peterselie en de salie. Voeg ca. twee derde van de losgeklopte eieren toe om het mengsel te binden. Voeg zout, peper en een snufje cayennepeper toe.

3 Maak 12 worstjes van het mengsel. Doe de rest van het ei in een ondiepe schaal en het broodkruim in een andere ondiepe schaal. Doop de worstjes eerst in het ei, dan in het droge broodkruim; schud het teveel aan kruimels eraf. Leg de gepaneerde worstjes op een bord en zet ze afgedekt in de koelkast.

4 Verhit voor de saus de olijfolie op laag vuur. Voeg knoflook, chilipeper en ui toe en roerbak ze 3-4 min. Voeg tomaten, tijm en azijn toe. Breng alles op smaak met zout, peper en suiker.

5 Kook de saus 40-50 min. tot hij is ingedikt. Haal de takjes tijm eruit en pureer de saus in de keukenmachine. Doe de saus over in een schone pan en voeg de majoraan toe. Verwarm de saus op laag vuur en voeg eventueel nog zout en peper toe en zonodig nog wat suiker.

6 Bak de worstjes in een beetje olie aan alle kanten goudbruin. Laat ze uitlekken op keukenpapier en serveer ze met de saus.

> **Variatie**
> Deze worstjes smaken ook heerlijk met aïoli (knoflooksaus), guacamole of chilijam.

Ovenschotel met artisjokken

Een ovenschotel met gemengde groente is heerlijk na een lange werkdag. Hij is gemakkelijk te bereiden en heel voedzaam.

Voor 4 personen
2 el olijfolie
675 g diepvriestuinbonen
4 schorseneren, geschild, in plakken
4 preien, in ringen
1 rode paprika, in reepjes
200 g verse spinazie
2 x 400 g artisjokharten uit blik, uitgelekt
4 el pompoenpitten
sojasaus
zout en versgemalen zwarte peper

1 Verwarm de oven voor op 180 °C. Giet de olijfolie in een braadslee.

2 Kook de tuinbonen ca. 10 min. in lichtgezouten water.

3 Giet de bonen af en meng de tuinbonen met de schorseneren, de prei, de paprika, de spinazie en de artisjokken in de braadslee.

4 Dek de braadslee af en bak de groenten afgedekt 30-40 min. in de oven tot de schorseneren zacht zijn.

5 Roer de pompoenpitten erdoor. Voeg sojasaus naar smaak toe. Breng het gerecht op smaak met zout en peper en serveer het warm.

> **Tip van de kok**
> Serveer dit gerecht met pasta, rijst, nieuwe aardappels of brood.

> **Variatie**
> Maak de korst voor de verandering eens van volkorenbroodkruim en geraspte cheddar. Zet de ovenschotel onder de grill tot de kaas is gesmolten en de garnering goudbruin is.

Groentestoofpot met geroosterde tomaten en knoflooksaus

Bij deze licht gekruide, smaakvolle stoofpot past couscous uitstekend.

Voor 6 personen
3 el olijfolie
250 g sjalotjes
1 grote ui, gesnipperd
2 teentjes knoflook, fijngehakt
1 tl komijnzaadjes
1 tl ketoembar
1 tl paprikapoeder
1 kaneelstokje
2 verse laurierblaadjes
ca. 4,5 dl groentebouillon
enkele draadjes saffraan
450 g wortels, in stukjes
2 groene paprika's, in reepjes
115 g gedroogde abrikozen, gehalveerd
1-1½ tl djintan
450 g pompoen, geschild en in stukken
zout en versgemalen zwarte peper
3 el verse blaadjes koriander ter garnering

Voor de saus
1 kg tomaten, gehalveerd
zout en versgemalen zwarte peper
1 tl kristalsuiker
3 el olijfolie
1-2 verse rode chilipepers, fijngehakt
2-3 teentjes knoflook, fijngehakt
1 tl verse blaadjes tijm

1 Verwarm de oven voor op 180 °C. Bereid eerst de saus. Leg de tomaten met de doorgesneden zijde naar boven in een ovenschaal. Strooi er zout, peper en suiker over en druppel vervolgens de olijfolie erover. Bak ze 30 min. in de oven.

2 Strooi de pepers, het knoflook en de tijm over de tomaten. Roer alles goed en bak het nog eens 30-45 min. tot de tomaten zijn ingezakt, maar nog steeds sappig zijn. Laat het geheel afkoelen en pureer het dan tot een dikke saus in de keukenmachine. Zeef de saus om de zaadjes te verwijderen.

3 Verhit 2 eetlepels olie in een grote pan. Voeg de sjalotjes toe en roerbak ze op laag vuur bruin. Haal de sjalotjes uit de pan en zet ze weg.

4 Doe de gesnipperde ui in de pan en roerbak hem in 5-7 min. zacht. Roer het knoflook en de koenjit erdoor en bak alles nog 3-4 min.

5 Voeg ketoembar, paprikapoeder, kaneelstokje en laurierblaadjes toe. Kook ze al roerend 2 min. en voeg dan bouillon, saffraan, wortels en parika's toe. Breng het geheel op smaak met zout en peper en laat het afgedekt 10 min. zachtjes koken.

6 Voeg de abrikozen, 1 theelepel djintan, de sjalotjes en pompoen toe. Roer de tomatensaus erdoor en laat het geheel afgedekt nog 5 min. koken.

7 Haal het deksel van de pan en kook het geheel onder af en toe roeren nog eens 10-15 min., tot de groente gaar is. Voeg eventueel nog wat djintan of suiker toe. Verwijder het stokje kaneel en de laurierblaadjes. Serveer de stoofpot met de verse blaadjes koriander erover gestrooid.

Geroosterde groenten met salsa verde

De Italiaanse *salsa verde* (groene saus) smaakt heerlijk bij de verse groente. Serveer het gerecht met rijst of een mix van rijst en vermicelli.

Voor 4 personen
3 courgettes, in de lengte in plakken gesneden
1 grote venkelknol, in stukken
450 g pompoen, in blokjes van 2 cm
12 sjalotjes
2 rode paprika's, in reepjes
4 romatomaten, gehalveerd
3 el olijfolie
2 teentjes knoflook, geperst
1 tl balsamicoazijn
zout en versgemalen zwarte peper

Voor de salsa verde
3 el fijngehakte verse munt
6 el fijngehakte verse bladpeterselie
1 el dijonmosterd
sap van ½ citroen
2 el olijfolie

1 Verwarm de oven voor op 220 °C. Bereid de salsa verde. Pureer alle ingrediënten, behalve de olijfolie, in een keukenmachine of met een staafmixer tot een dikke pasta. Voeg dan geleidelijk de olie toe tot een gladde saus ontstaat. Breng de saus op smaak met peper en zout.

2 Meng in een grote schaal courgettes, venkel, pompoen, sjalotjes, paprika en tomaten met olijfolie, knoflook en azijn. Laat alles 10 min. rusten.

3 Leg alle groenten, behalve de pompoen en tomaten, in een bakblik. Vet ze in met de helft van de olie en de azijn en bestrooi zet met zout en peper.

4 Rooster de groenten 25 min. Haal het bakblik uit de oven, keer de groenten en vet ze in met de rest van de olie en de azijn. Voeg pompoen en tomaten toe en rooster ze nog eens 20-25 min. tot de groenten gaar zijn en licht verkoold aan de randjes. Serveer de geroosterde groenten met de salsa verde.

Bonen met Mexicaanse saus

Bonen uit blik kunnen ontzettend lekker zijn. Bovendien zet u er in een handomdraai een voedzame maaltijd mee op tafel.

Voor 4 personen
400 g rode kidneybonen uit blik
400 g flageolets uit blik
400 g kievietsbonen uit blik
1 el olijfolie
1 kleine ui, gesnipperd
3 teentjes knoflook, fijngehakt
1 verse rode chilipeper, fijngehakt
1 rode paprika, in stukjes
2 laurierblaadjes
2 tl fijngehakte verse oregano
2 tl djintan
1 tl ketoembar
½ tl gemalen kruidnagels
1 el bruine basterdsuiker
3 dl groentebouillon
zout en versgemalen zwarte peper
verse takjes koriander ter garnering

Voor de saus
1 rijpe, stevige avocado
3 el versgeperst limoensap
1 kleine rode ui, gesnipperd
1 kleine verse groene chilipeper, fijngehakt
3 rijpe romatomaten, ontveld en in stukjes
3 el fijngehakte verse koriander

1 Laat de bonen uitlekken in een vergiet en spoel ze goed af. Verhit de olie in een grote pan. Voeg de ui toe en roerbak hem op laag vuur in 3 min. glazig en zacht. Voeg knoflook, djintan, ketoembar en kruidnagels toe.

2 Roer alles goed en laat het geheel nog 3 min. koken. Voeg dan de suiker, bonen en bouillon toe en kook alles nog 8 min. Voeg zout en peper toe en laat het bonenmengsel op laag vuur pruttelen terwijl u de saus maakt.

3 Snijd de avocado in tweeën, verwijder de pit, schil hem en snijd het vlees in blokjes. Roer het fruit door het limoensap en voeg dan alle overige ingrediënten voor de saus toe. Breng de saus op smaak met flink wat zwarte peper en roer hem goed door.

4 Schep de bonen op vier borden. Garneer het gerecht met takjes verse koriander en geef de saus erbij.

Toscaanse witte bonen in tomatensaus

Cannellinibonen zijn heel lekker met knoflook en salie. U kunt dit gerecht heet serveren, maar ook op kamertemperatuur.

Voor 6-8 personen
600 g droge cannellinibonen
4 el olijfolie
2 teentjes knoflook, geperst
3 verse blaadjes salie
1 prei, in dunne ringen
400 g blokjes tomaat uit blik
zout en versgemalen zwarte peper

1 Zoek de beste bonen uit, doe ze in een grote schaal en dek ze af met water. Laat ze minstens 6 uur weken.

2 Verwarm de oven voor op 180 °C. Verhit de olie in een kleine steelpan. Voeg knoflook en salieblaadjes toe en roerbak ze 3-4 min. op laag vuur. Neem de pan van het vuur.

3 Giet de bonen af en doe ze in een steelpan met koud water (bonen staan onder). Breng het water aan de kook en laat het 10 min. flink doorkoken. Giet de bonen weer af.

4 Doe de bonen over in een braadslee en voeg prei en tomaten toe. Roer het knoflook en de salie inclusief de olie erdoor. Zet de bonen weer onder water. Meng alles goed. Bak het gerecht afgedekt 1 uur en 45 min. in de oven.

5 Haal de braadslee uit de oven, roer het bonenmengsel goed en voeg zout en peper toe. Zet de braadslee onafgedekt in de oven en bak het gerecht nog eens 15 min. tot de bonen zacht zijn. Haal de braadslee uit de oven en laat het gerecht nog 7-8 min. rusten voordat u het serveert.

> **Tip van de kok**
> *Cannellinibonen heten ook wel Italiaanse witte bonen.*

Vegetarische shepherd's pie

Dit is de vegetarische variant van dit tijdloze gerecht. Omdat er geen zuivelproducten worden gebruikt, is deze schotel ook geschikt voor veganisten.

Voor 6-8 personen
1 kg aardappels
3 el olijfolie extra vierge
3 el zonnebloemolie
1 grote ui, gesnipperd
1 groene paprika, fijngehakt
2 wortels, grof geraspt
2 teentjes knoflook
115 g champignons, in stukjes
2 x 400 g adukibonen uit blik, uitgelekt
6 dl groentebouillon
1 tl gist
2 laurierblaadjes
1 tl gedroogde gemengde kruiden
droog broodkruim of gehakte noten, voor de korst
zout en versgemalen zwarte peper

1 Breng een pan met water aan de kook. Voeg de ongeschilde aardappels toe en kook ze in 30 min. gaar. Giet ze af en bewaar een klein beetje kookwater.

2 Schil de aardappels. Pureer ze met de olijfolie en eventueel wat kookwater in een kom. Voeg zout en peper toe.

3 Verhit de zonnebloemolie in een grote pan of braadslee. Voeg ui, chilipeper, wortels en knoflook toe en bak ze onder af en toe roeren in 5 min. zacht op laag vuur.

4 Voeg de champignons en de bonen toe. Kook alles nog 2 min. en voeg dan bouillon, gist, laurierblaadjes en kruiden toe. Laat het geheel 15 min. zacht koken.

5 Verwarm de grill. Verwijder de laurierblaadjes en doe het groentemengsel over in een ovenschotel. Schep de aardappelpuree er in toefjes bovenop en strooi er broodkruim en stukjes noot over. Gril het gerecht 5 min. tot de korst goudbruin is.

Stoofpot met kikkererwten

Deze lekkere groentestoofpot met kikkererwten staat garant voor een vullende maaltijd.

Voor 4 personen
2 el olijfolie
1 kleine ui, gesnipperd
225 g wortels, gehalveerd en in dunne plakjes
½ tl djintan
1 tl ketoembar
2 el bloem
225 g courgettes, in de lengte gehalveerd en in dunne plakken
200 g maïs uit blik, uitgelekt
400 g kikkererwten uit blik, uitgelekt en afgespoeld
2 el tomatenpuree
2 dl hete groentebouillon
zout en versgemalen zwarte peper
aardappelpuree met knoflook om te serveren

1 Verhit de olie in een koekenpan en voeg ui en wortels toe. Roer de groenten goed door de olie en bak ze onder af en toe roeren 4 min. op matig vuur.

2 Voeg djintan, koriander en bloem toe en roerbak alles nog eens 1 min.

3 Voeg de plakjes courgette, de maïs, de kikkererwten, de tomatenpuree en de groentebouillon toe. Roer alles goed. Laat het geheel al roerend 10 min. koken.

4 Voeg zo nodig zout en peper toe. Serveer het gerecht direct en geef er aardappelpuree met knoflook bij (zie Tip van de kok).

> **Tip van de kok**
> *Pureer voor aardappelpuree met knoflook 675 g aardappels met knoflookboter en roer er fijngesneden verse peterselie en een beetje crème fraîche door. Ook kunt u tijdens het koken 10-12 gepelde teentjes knoflook aan de aardappels toevoegen. Pureer het knoflook dan met de aardappels en voeg boter, kruiden en crème fraîche naar smaak toe. Het lijkt veel knoflook, maar de smaak is heel subtiel.*

Vegetarische burgers

Deze vegetarische burgers zijn heerlijk, wat je van kant-en-klare soms niet kan zeggen.

Voor 4 personen
115 g champignons, fijngehakt
1 kleine ui, gesnipperd
1 kleine courgette, fijngehakt
1 wortel, fijngehakt
25 g ongezouten pinda's of cashewnoten
115 g vers broodkruim
2 el fijngehakte verse peterselie
1 tl gist
een beetje havermout of bloem
een beetje plantaardige olie
zout en versgemalen zwarte peper
salade om te serveren

1 Roerbak de champignons 8-10 min. in een droge pan met antiaanbaklaag om het vocht te laten verdampen.

2 Mix de fijngehakte ui, courgette, wortel en de noten in een keukenmachine tot het groentemengsel zich bindt. Doe het in een schaal.

3 Voeg champignons, broodkruim, peterselie en gist toe. Breng het geheel op smaak met zout en peper. Kneed van het mengsel vier burgers op een met bloem of havermout bestoven werkvlak. Laat ze 30 min. afkoelen in de koelkast.

4 Verhit een beetje olie in een koekenpan en bak de burgers 8-10 min. Keer ze halverwege, tot ze gaar en goudbruin zijn. Serveer ze warm en geef er een knapperige salade bij.

> **Tip van de kok**
> Deze burgers kunnen ook worden gegrild op de barbecue, maar leg ze niet direct op de grill, omdat ze gemakkelijk breken. Gebruik een rooster of een foliebord en bestrijk ze aan beide kanten met een beetje plantaardige olie.

Gemarineerde tofukebabs

Deze kebabs zijn goed te combineren met de vegetarische burgers hierboven. Leg ze op de barbecue of gril ze.

Voor 4 personen
2 el sojasaus
1 tl arachideolie
1 tl sesamolie
1 teentje knoflook, geperst
1 el verse gemberwortel, geraspt
1 el honing
225 g tofu, in blokjes
2 kleine courgettes, in dikke plakken
8 kleine uien
8 champignons

1 Meng sojasaus, arachideolie, sesamolie, knoflook, gember en honing in een kom. Voeg de blokjes tempé toe en laat ze 1-2 uur marineren.

2 Giet de tofu af en bewaar de marinade. Prik de blokjes en de groenten aan 4 metalen spiesen. Bestrijk ze met de marinade en gril of barbecue ze tot ze goudbruin zijn. Keer ze af en toe.

Burgers van kidneybonen en champignons

Of ze nu gegrild of geroosterd zijn, deze burgers zijn niet te versmaden!

Voor 4 personen
1 el olijfolie, plus wat extra om in te vetten
1 kleine ui, gesnipperd
1 teentje knoflook, geperst
1 tl djintan
1 tl ketoembar
½ tl koenjit
115 g champignons, fijngehakt
400 g rode kidneybonen uit blik, uitgelekt en afgespoeld
2 el fijngehakte verse koriander
volkorenbloem, voor het maken van de burgers
zout en versgemalen zwarte peper

Als bijgerecht
warm pitabrood
Griekse yoghurt
sla en tomaten

1 Verhit de olijfolie in een grote pan. Voeg ui en knoflook toe en fruit ze op matig vuur in ca. 4 min. zacht. Voeg djintan, ketoembar en koenjit toe en roerbak het mengsel nog 1 min.

2 Voeg de champignons toe en bak ze al roerend tot ze zacht en droog zijn. Neem de pan van het vuur.

3 Doe de bonen in een schaal en prak ze met een vork. Roer ze door het champignonmengsel en voeg dan de verse koriander toe. Meng alles goed en strooi er zout en peper over.

4 Kneed van het mengsel vier platte burgers op een met bloem bestoven werkvlak. Als het mengsel te plakkerig is, kunt u wat bloem toevoegen. Zet de grill aan.

5 Bestrijk de burgers met olie en gril ze in 8-10 min. goudbruin. Keer ze halverwege. Als u ze op de barbecue bakt, kunt u een rooster gebruiken om ze te keren.

6 Serveer de burgers direct met warme pitabroodjes, Griekse yoghurt en knapperige blaadjes sla en tomaten.

Pasta met pittige auberginesaus

Geen betere manier om knorrende magen te stillen dan met een grote schaal pasta in een volle en robuuste saus.

Voor 4-6 personen

2 el olijfolie
1 kleine verse rode chilipeper
2 teentjes knoflook
2 handjesvol verse bladpeterselie, grof gesneden
450 g aubergines, in stukken
1 handjevol verse blaadjes basilicum
2 dl water
1 groentebouillonblokje
8 rijpe romatomaten, ontveld en in stukjes
4 el rode wijn
1 tl kristalsuiker
1 zakje saffraanpoeder
½ tl paprikapoeder
350 g pasta
zout en versgemalen zwarte peper
fijngehakte verse kruiden ter garnering

1 Verhit de olie in een grote pan en voeg chilipeper, teentjes knoflook en de helft van de peterselie toe. Pers met een houten lepel het sap uit het knoflook en kook het geheel afgedekt ca. 10 min. op laag vuur. Roer het af en toe door.

2 Verwijder de chilipeper. Voeg de aubergines met de rest van de peterselie en het basilicum toe. Giet de helft van het water erbij. Verkruimel het bouillonblokje erboven en blijf roeren totdat het helemaal is opgelost. Kook het geheel afgedekt 10 min. Roer regelmatig.

3 Voeg tomaten, wijn, saffraan, paprika, zout en peper toe en giet de rest van het water erbij. Roer goed en kook de saus afgedekt onder af en toe roeren nog 30-40 min.

4 Kook de pasta in 12 min. al dente in water met zout. Giet de pasta af, doe hem over in een schaal en meng hem met de auberginesaus. Garneer het gerecht met de verse kruiden.

> **Variatie**
> *Deze saus kunt u ook gebruiken voor vegetarische lasagne. Wissel de saus af met pastavellen en bechamel- of kaassaus.*

Pasta met sugocasa en chilipeper

Dit is een snelle versie van het populaire Italiaanse gerecht pasta all'arrabbiata. Letterlijk betekent dat 'vlammende pasta', wat slaat op de hete chilipeper.

Voor 4 personen

4,75 dl sugocasa uit een fles (zie Tip van de kok)
2 teentjes knoflook, geperst
1½ dl droge witte wijn
1 el zongedroogdetomatenpasta
1 verse rode chilipeper
300 g penne of andere pasta
4 el fijngehakte verse bladpeterselie
zout en versgemalen zwarte peper
versgeraspte pecorino om te serveren

1 Doe de sugocasa, het knoflook, de wijn, de zongedroogde tomatenpasta en de chilipeper in een steelpan en breng alles aan de kook. Draai het vuur lager en laat het geheel afgedekt 15 min. pruttelen en indikken.

2 Breng ondertussen een pan water met zout aan de kook. Kook de pasta hierin in 10-12 min. al dente.

3 Verwijder de chilipeper uit de saus. Proef de saus. Snijd eventueel de chilipeper fijn en voeg een paar (of alle) stukjes toe.

4 Giet de pasta af en doe hem over in een grote schaal. Roer de helft van de peterselie door de saus, giet dan de saus over de pasta en meng alles goed. Serveer het gerecht direct, bestrooid met geraspte kaas en de rest van de peterselie.

> **Tip van de kok**
> *Sugocasa kunt u kopen in flessen. De saus is fijner dan stukjes tomaat uit blik en grover dan passata. Deze kant-en-klare sugocasa is daarom uitermate geschikt voor pastasausen, soepen en stoofpotten.*

Peper-paddestoelencarbonara

De Italiaanse klassieker spaghetti carbonara knalt de pan uit met chilipeper en cèpes.

Voor 4 personen
15 g gedroogde cèpes (porcini)
3 dl heet water
225 g spaghetti
2 el boter
1 el olijfolie
1 teentje knoflook, geperst
225 g champignons of kastanjechampignons, in plakjes
1 tl gedroogde chilipepervlokken
2 eieren
3 dl room
zout en versgemalen zwarte peper
geschaafde parmezaanse kaas en fijngehakte peterselie ter garnering

1 Doe de cèpes in een schaal, bedek ze met het hete water en laat ze 20-30 min. weken. Giet ze af en bewaar het vocht.

2 Breng een pan met water en wat zout aan de kook en kook de spaghetti in 10-12 min. al dente. Giet de pasta af, spoel hem af onder koud water en laat hem uitlekken.

3 Verhit de boter en de olie in een pan. Doe het knoflook erbij en bak dit 30 sec. Voeg vervolgens alle paddestoelen toe. Roer de gedroogde pepervlokken erdoor en laat het mengsel ca. 2 min. koken. Giet het weekvocht van de cèpes erbij. Breng het geheel aan de kook en laat het op hoog vuur koken tot de saus wat indikt.

4 Klop de eieren los met de room en flink wat zout en peper. Voeg de gekookte spaghetti toe aan het paddestoelenmengsel en roer de eieren erdoor. Bestrooi het gerecht met parmezaanse kaas en peterselie.

> **Variatie**
> Als u gedroogde pepervlokken te heet vindt, kunt u ook als heerlijk alternatief stukjes tomaat met verse blaadjes basilicum nemen.

Pittige tomaten-spinaziepizza

De hete chilipepers op deze feestelijk belegde pizza worden een beetje geblust door de spinazie.

Voor 2-3 personen
6 zongedroogde tomaten in olie, uitgelekt, plus 3 el olie uit het potje
1 ui, gesnipperd
2 teentjes knoflook, fijngehakt
1-2 verse chilipepers, fijngehakt
400 g blokjes tomaat uit blik
1 el tomatenpuree
175 g verse spinazie
1 pizzabodem, doorsnede 25-30 cm
75 g rookkaas, geraspt
175 g belegen cheddar, geraspt
zout en versgemalen zwarte peper

1 Verwarm 2 eetlepels van de tomatenolie in een pan, voeg ui, knoflook en pepertjes toe en roerbak ze op laag vuur in ca. 5 min. zacht.

2 Snijd de zongedroogde tomaten in stukjes. Voeg ze met de tomaten uit blik, de tomatenpuree en wat zout en peper toe. Laat het mengsel onafgedekt ca. 15 min. zacht koken. Roer regelmatig.

3 Snijd de steeltjes van de spinazie en was het blad grondig onder de koude kraan. Dep de spinazie droog met keukenpapier en snijd hem fijn.

4 Roer de spinazie door de saus en kook de saus nog 5-10 min. tot de spinazie is geslonken. Neem de pan van het vuur en laat de saus iets afkoelen.

5 Verwarm de oven voor op 220 °C. Bestrijk de pizzabodem met de rest van de tomatenolie en verdeel de saus erover. Strooi de geraspte kaas over de pizza en bak hem in 15-20 min. goudbruin en knapperig. Serveer de pizza warm.

Indiase mie goreng

Dit is een ware internationale schotel, want hij bevat Indiase, Chinese en westerse ingrediënten. Heerlijk als lunchgerecht of avondmaal.

Voor 4-6 personen
450 g verse mie
4-6 el plantaardige olie
150 g tofu, in blokjes
2 eieren
2 el water
1 ui, in ringen
1 teentje knoflook, geperst
1 el lichte sojasaus
2-3 el tomatenketchup
1 el chilisaus
1 grote gekookte aardappel, in blokjes
4 lente-uitjes, gesnipperd
1-2 verse chilipepers, fijngehakt
zout en versgemalen zwarte peper

1 Breng een grote pan met water aan de kook, voeg de verse mie toe en kook hem 2 min. Giet de mie af en spoel hem direct af onder de koude kraan. Laat hem goed uitlekken en zet hem weg.

2 Verhit 2 eetlepels olie in een grote pan. Bak de blokjes tofu bruin, schep ze met een schuimspaan uit de pan en zet ze weg.

3 Klop de eieren los met het water en wat zout en peper. Giet het mengsel in de pan met olie en bak een omelet. Keer hem en bak de andere kant. Laat de omelet uit de pan glijden, rol hem op en snijd hem in dunne reepjes.

4 Verhit de rest van de olie in een wok en bak de ui en het knoflook 2-3 min. Voeg mie, sojasaus, ketchup en chilisaus toe. Roerbak het geheel 2 min. op matig vuur en voeg vervolgens de blokjes aardappel toe.

5 Bewaar een paar snippers lente-ui ter garnering en roer de rest door de mie. Voeg de pepertjes en tofu toe en laat alles flink heet worden.

6 Roer de omelet door de mie. Doe alles over op een schaal en garneer het gerecht met de lente-uitjes.

Noedels met gemengde groenten

Gefrituurde noedels zijn lekker knapperig en smaken heerlijk in deze kleurige roerbakschotel.

Voor 3-4 personen
115 g rijstnoedels of glasnoedels (laksa)
arachideolie, om te frituren
115 g sperziebonen, in kleine stukjes
2½ cm verse gemberwortel, in reepjes
1 verse rode chilipeper, in plakjes
115 g verse shii-take of champignons, in plakjes
2 grote wortels, in dunne reepjes
2 courgettes, in reepjes
een paar Chinese koolbladen, in stukken
75 g taugé
4 lente-uitjes, in reepjes
2 el lichte sojasaus
2 el Chinese rijstwijn
1 tl kristalsuiker
2 el fijngehakte verse koriander

1 Breek de noedels in stukken van 7,5 cm. Vul een wok voor de helft met olie en verhit die tot 180 °C. Frituur de rauwe noedels 1-2 min. in gedeelten tot ze dik en knapperig zijn. Laat ze uitlekken op keukenpapier. Giet voorzichtig de olie weg, maar houd 2 eetlepels achter.

2 Verhit de olie weer in de wok. Voeg de sperziebonen toe en roerbak ze 2-3 min. Voeg gember, chilipeper, paddestoel, wortel en courgette toe en roerbak ze 1-2 min.

3 Voeg Chinese kool, taugé en lente-uitjes toe. Roerbak het geheel 1 min. en voeg dan sojasaus, rijstwijn en suiker toe. Roerbak het geheel ca. 30 sec.

4 Voeg de noedels en de koriander toe en schep alles om. Probeer de noedels heel te houden. Serveer het gerecht direct.

Tip van de kok
Voor een iets milder gerecht haalt u de zaadjes uit de chilipeper.

Chiles rellenos

Bij het opensnijden van de gefrituurde pepertjes of paprika's wordt u beloond met een overheerlijke vulling van gesmolten kaas.

Voor 4 personen
8 grote verse groene chilipepers of kleine groene paprika's
1-2 el plantaardige olie, plus extra om te frituren
450 g geraspte cheddar
4 eieren, gesplitst
40 g bloem
verse takjes koriander ter garnering

Voor de saus
1 el plantaardige olie
1 kleine ui, gesnipperd
¼ tl zout
1-2 tl gedroogde chilipepervlokken
½ tl djintan
2,5 dl groentebouillon
2 x 400 g blokjes tomaat uit blik

1 Voor de saus: verhit de olie in een koekenpan met dikke bodem. Voeg de ui toe en roerbak hem 5 min. op laag vuur. Voeg zout, pepervlokken, djintan, bouillon en tomaten toe. Laat het geheel onder af en toe roeren met het deksel op de pan 5 min. zacht koken.

2 Neem de pan van het vuur en laat de inhoud wat afkoelen. Pureer het mengsel in de keukenmachine of met een staafmixer. Doe het over in een schone pan, breng het aan de kook en draai het vuur dan laag.

3 Verwarm de grill. Bestrijk de pepers of paprika's met plantaardige olie. Verdeel ze over een bakplaat. Gril ze zo dicht mogelijk bij de hittebron tot ze helemaal verkoold zijn. Leg ze in een schaal, dek ze af met keukenpapier en laat ze 5-10 min. rusten.

4 Verwijder de velletjes wanneer de pepers of paprika's zijn afgekoeld. Snijd ze voorzichtig open en lepel de zaadlijsten eruit.

5 Maak acht rolletjes van de kaas en leg ze in de pepers of paprika's. Sluit de openingen met houten cocktailprikkers en zet de rolletjes weg.

6 Klop de eiwitten stijf. Voeg een voor een de eierdooiers toe. Klop niet te hard, de eierdooiers hoeven alleen maar te worden opgenomen. Klop er 1 eetlepel bloem door.

7 Verhit een laag van 2,5 cm plantaardige olie in een braadpan. Bedek de pepers of paprika's met een dun laagje bloem. Doop ze in het eierbeslag en leg ze dan in de hete olie. Frituur ze ca. 2 min. tot ze aan één kant bruin zijn. Keer ze voorzichtig en frituur de andere zijde. Laat ze uitlekken, garneer ze met takjes koriander en geef de saus er apart bij.

> **Variatie**
> *Als u paprika's in plaats van verse chilipepers gebruikt, kunt u voor een authentieke tex-mex-smaak de geraspte kaas mengen met circa 2 theelepels heet chilipoeder.*

Jalapeño-uienquiche

Dit gerecht is niet al te pittig, maar heeft wel een kenmerkende tex-mex-smaak. U kunt het koud of warm serveren.

Voor 6 personen
1 el boter
2 uien, in ringen
4 lente-uitjes, gesnipperd
½ tl djintan
1-2 el fijngehakte jalapeñopepers uit blik
4 eieren
3 dl melk
½ tl zout
75 g geraspte cheddar
verse takjes peterselie ter garnering

Voor het deeg
175 g bloem
¼ tl zout
¼ tl cayennepeper
6 el koude boter
6 el koude margarine
2-4 el gekoeld water

1 Voor het deeg: zeef de bloem, het zout en de cayennepeper in een kom. Voeg boter en margarine toe en kneed alles tot een kruimelig deeg. Voeg het water toe om het mengsel te binden. Verpak het deeg in keukenfolie en laat het minstens 30 min. rusten in de koelkast.

2 Verwarm de oven voor op 190 °C. Rol het deeg uit en bekleed er een quichebakvorm van 23 cm doorsnede mee. Prik met een vork gaatjes in de bodem van het deeg, bekleed het met bakpapier en doe er een blinde vulling in.

3 Bak het deeg 15 min. in de oven, verwijder dan het papier en de bakbonen en bak het nog 5-8 min. Laat de oven aan.

4 Verhit de boter in een pan en fruit de uien. Voeg de lente-uitjes toe en bak ze 1 min. mee. Roer de djintan en de jalapeñopepers erdoor en laat het geheel even staan.

5 Klop in een kom de eieren los met de melk en het zout.

6 Schep het uienmengsel in de bakvorm. Strooi er kaas over en giet dan het eiermengsel erover. Bak de quiche 40 min. in de oven, tot de vulling goudbruin en dik is. Garneer met peterselie.

PITTIG EN GEKRUID

Kaastortilla met jalapeñopepers

Dit gerecht smaakt warm of koud prima en lijkt op een quiche, maar dan zonder deeg. Kaas en pepers vullen elkaar prima aan.

Voor 4 personen
3 el olijfolie
1 kleine ui, in dunne ringen
2-3 verse groene jalapeñopepers, in ringetjes
200 g koude gekookte aardappels, in schijfjes
130 g geraspte cheddar
6 eieren, losgeklopt
zout en versgemalen zwarte peper
verse kruiden ter garnering

Voor de saus
500 g tomaten, ontveld en in stukjes
1 verse groene milde peper, fijngehakt
2 teentjes knoflook, geperst
3 el fijngehakte verse koriander
sap van 1 limoen
¼ tl zout

1 Voor de saus: doe de tomaten in een schaal en voeg peper, knoflook, koriander, limoensap en zout toe. Roer de saus goed door en zet hem weg.

2 Verhit de helft van de olie in een grote pan en roerbak ui en jalapeñopepers in 5 min. zacht. Voeg de schijfjes aardappel toe en bak ze lichtbruin in 5 min. Zorg er wel voor dat de schijfjes heel blijven.

3 Schep met een schuimspaan de groente op een warm bord. Veeg de pan schoon met keukenpapier en giet dan de rest van de olie erin. Verhit de olie, doe de groente weer in de pan en breng alles op smaak met peper en zout. Strooi de kaas erover.

4 Giet de eieren bij het groentemengsel. Bak alles op laag vuur tot het ei stolt. Serveer de tortilla in punten en garneer ze met verse kruiden. Geef de saus er apart bij.

> **Tip van de kok**
> U kunt de bovenkant van de tortilla ook bruin laten worden onder de grill.

Rijst en bonen met avocadosaus

Rijst en bonen gekookt op Mexicaanse wijze leveren een smakelijke maaltijd op.

Voor 4 personen
4 tomaten, gehalveerd
2 teentjes knoflook, fijngehakt
1 ui, in ringen
3 el olijfolie
225 g langkorrelige zilvervliesrijst, gewassen
6 dl groentebouillon
75 g kidneybonen uit blik, afgespoeld en uitgelekt
2 wortels, in stukjes
75 g sperziebonen
zout en versgemalen zwarte peper
4 tortilla's en zure room om te serveren
1 el fijngehakte verse koriander ter garnering

Voor de saus
1 avocado
sap van 1 limoen
1 kleine rode ui, gesnipperd
1 verse kleine rode chilipeper, fijngehakt

1 Verwarm de grill. Verdeel de tomaten, het knoflook en de ui over een grillpan. Giet er 1 eetlepel olijfolie over en schep alles om. Gril de groenten 10 min., keer ze eenmaal. Laat ze afkoelen.

2 Verhit de rest van de olie in een grote pan, voeg de rijst toe en roerbak hem 2 min. tot de korrels licht goudkleurig zijn.

3 Pureer het tomatenmengsel in een keukenmachine of met een staafmixer. Doe de puree bij de rijst en kook het geheel al roerend 2 min. Giet de bouillon erbij en laat het geheel onder af en toe roeren afgedekt 20 min. pruttelen.

4 Bewaar 2 eetlepels kidneybonen voor de saus. Voeg de rest met de wortels en de sperziebonen toe aan het rijstmengsel. Kook het geheel 10 min. tot de groenten gaar zijn. Voeg zout en peper toe. Neem de pan van het vuur en laat hem afgedekt 15 min. staan.

5 Voor de saus: halveer de avocado en verwijder de pit. Schil de vrucht, snijd hem in stukjes en voeg die toe aan het limoensap. Voeg ui, rode peper, achtergehouden kidneybonen en wat zout toe. Schep de hete rijst en bonen op warme tortilla's en bestrooi ze met koriander. Geef de saus en zure room er apart bij.

Groentefajita

Een kleurige tortillavulling van paprika's en paddestoelen in een pittige saus. Lekker met romige guacamole.

Voor 2 personen
1 ui, in ringen
1 rode paprika, in reepjes
1 groene paprika, in reepjes
1 gele paprika, in reepjes
1 teentje knoflook, fijngehakt
225 g champignons, in plakjes
6 el plantaardige olie
2 el mild chilipoeder
zout en versgemalen zwarte peper
verse takjes koriander en partjes limoen ter garnering

Voor de guacamole
1 rijpe avocado
1 sjalotje, gesnipperd
1 groene chilipeper, zonder zaadjes, fijngehakt
sap van 1 limoen

1 Meng ui en paprika in een kom. Voeg het teentje knoflook en de champignons toe en schep ze door de groente. Meng de olie en het chilipoeder in een kom, giet dit mengsel over de groenten en schep het geheel goed om. Zet de groenten weg.

3 Bereid de guacamole. Snijd de avocado doormidden, verwijder de pit, schep het vruchtvlees eruit en meng dat met een keukenmachine of staafmixer met het sjalotje, het pepertje en het limoensap. Pureer het mengsel in 1 min. tot een gladde massa. Schep het in een schaaltje en zet het afgedekt tot gebruik in de koelkast.

3 Verhit een grote pan of wok en roerbak daarin de gemarineerde groenten 5-6 min. op hoog vuur, tot de paddestoelen en paprika's gaar zijn. Breng alles op smaak met zout en peper.

4 Schep de vulling op warme tortilla's en rol de tortilla's op. Leg drie fajita's op twee borden en garneer ze met verse koriander en partjes limoen. Serveer de guacamole er apart bij.

Burrito's met zwarte kidneybonen

De verrukkelijkste vegetarische gerechten komen uit Mexico. Burrito's zijn lekker als avondmaal.

Voor 4 personen
225 g gedroogde zwarte kidneybonen, 1 nacht geweekt
1 laurierblaadje
2 el grof zout
olie om in te vetten
1 kleine rode ui, gesnipperd
225 g geraspte cheddar
1-3 el fijngehakte jalapeñopepers in het zuur
1 el fijngehakte verse koriander
9 dl kant-en-klare tomatensaus
8 tortilla's
blokjes avocado en een salade om te serveren

1 Laat de bonen uitlekken en doe ze in een grote pan. Voeg water toe tot ze onderstaan en doe het laurierblaadje erbij. Breng de bonen aan de kook, draai het vuur lager en laat ze afgedekt 30 min. pruttelen. Voeg het zout toe en laat de bonen in 30 min. gaar koken. Giet de bonen af en doe ze over in een schaal. Verwijder het laurierblaadje en laat de bonen afkoelen.

2 Verwarm de oven voor op 180 °C. Vet een rechthoekige ovenschaal in. Doe de ui, de helft van de kaas, de jalapeñopepers en de koriander bij de bonen samen met 2,5 dl van de saus. Roer goed en voeg naar smaak zout en peper toe.

3 Leg een tortilla op een bord. Schep een lepel vulling op het midden en rol de tortilla op. Leg de burrito in de ovenschotel met de open kant naar onderen. Doe hetzelfde met de overige tortilla's.

4 Strooi de rest van de kaas over het midden van de burrito's. Bak ze ca. 15 min. in de oven tot de kaas is gesmolten. Geef de blokjes avocado, de salade en de rest van de saus erbij.

> **Variatie**
> *Gebruik passata als u geen kant-en-klare tomatensaus hebt. Voeg een gesnipperd uitje en wat stukjes paprika toe aan het deel dat u bij de burrito's serveert.*

Pittige kokoschampignons

Deze heerlijke champignons passen bij bijna elk vegetarisch gerecht. Ook heerlijk als broodbeleg.

Voor 3-4 personen
2 el arachideolie
2 teentjes knoflook, fijngehakt
2 verse rode chilipepers, in ringetjes
3 sjalotjes, gesnipperd
225 g champignons, in plakjes
1,5 dl kokosmelk
2 el fijngehakte verse koriander
zout en versgemalen zwarte peper

1 Verhit de olie in een wok, voeg knoflook en pepers toe en roerbak ze even. Voeg de sjalotsnippers toe en roerbak ze in 2-3 min. zacht. Voeg de champignons toe en bak ze 3 min. mee.

2 Giet de kokosmelk erbij en breng alles aan de kook. Kook het geheel tot het vocht voor de helft is ingedikt en de champignons een kokosjasje hebben gekregen. Voeg zout en peper toe. Strooi er koriander over en meng alles voorzichtig. Serveer het gerecht direct.

Champignons in zuur

Voeg een beetje olijfolie toe wanneer u deze pittige champignonnetjes serveert.

Voor 1 pot
2,5 dl wittewijnazijn
1,5 dl water
1 tl zout
1 verse rode chilipeper
2 tl korianderzaadjes
2 tl zwartepeperkorrels
225 g champignons

1 Giet de azijn en het water in een roestvrijstalen pan. Breng het vocht aan de kook, voeg de overige ingrediënten toe en kook ze 10 min.

2 Giet het vocht in een hete gesteriliseerde pot. Sluit de pot, plak er een label op en laat de inhoud afkoelen. Bewaar de champignons ten minste tien dagen in de koelkast voordat u de pot opent.

Kiemen en paksoi

Reformzaken hebben soms gekiemde boontjes te koop, maar u kunt ze ook zelf kweken (zie Tip van de kok).

Voor 4 personen
3 el arachideolie
3 lente-uitjes, in ringen
2 teentjes knoflook, fijngehakt
2,5 cm verse gemberwortel, fijngehakt
1 wortel, in reepjes
150 g kiemen
200 g paksoi, in stukken
50 g ongezouten cashewnoten of amandelschaafsel

Voor de saus
3 el lichte sojasaus
2 el droge sherry
1 el sesamolie
1 tl chilisaus
1,5 dl koud water
1 tl maïsmeel
1 tl honing
versgemalen zwarte peper

1 Verhit de olie in een grote wok en roerbak uien, knoflook, gember en wortels 2 min. Voeg de kiemen toe en roerbak ze 2 min. mee.

2 Voeg de paksoi en de cashewnoten of amandelen toe. Roerbak alles nog 2-3 min. tot de koolbladeren beginnen te slinken.

3 Meng alle ingrediënten voor de saus in een kom en giet ze bij de groenten in de wok. Blijf roeren tot de saus heet is. Breng het geheel op smaak met zout en peper en serveer het gerecht direct.

> **Tip van de kok**
> Laat gedroogde mungboontjes, sojabonen, linzen, adukiboontjes of kikkererwten een nacht weken in koud water. Giet ze af en vul een zesde van een grote glazen pot met de bonen. Giet er koud water bij en dek de pot af met een stukje kaasdoek dat u vastzet met een elastiekje. Giet het water weg en zet de pot op een koele, donkere plaats. Spoel de bonen dagelijks af onder de koude kraan. Binnen 5-6 dagen hebt u eetbare kiemen.

Pittige groenten met kokos

Dit pittige en voedzame gerecht is als voorgerecht geschikt voor vier personen en als vegetarisch hoofdgerecht voor twee.

Voor 2-4 personen
2 el grapefruitolie
2,5 cm verse gemberwortel, geraspt
1 teentje knoflook, geperst
1 verse rode chilipeper, fijngehakt
2 grote wortels, diagonaal in repen
6 stengels bleekselderij, diagonaal in plakjes
1 venkelknol, in stukken
2 lente-uitjes, in ringetjes
4 dl kokosmelk uit pak of blik
1 el fijngehakte verse koriander
zout en versgemalen zwarte peper
verse takjes koriander ter garnering

1 Verhit de grapefruitolie in een hete wok. Draai het vuur lager en voeg de geraspte gember en het knoflook toe. Roerbak ze op matig vuur 1-2 min. tot het knoflook licht goudbruin is.

2 Voeg peper, wortels, selderij, venkel en lente-uitjes toe. Roerbak alles 2 min.

3 Roer de kokosmelk met een grote lepel door de groenten en breng de melk aan de kook. Kook de melk al roerend tot hij in hoeveelheid afneemt en de groenten beetgaar zijn.

4 Voeg de fijngehakte koriander toe, breng het geheel op smaak met zout en peper en serveer het gerecht gegarneerd met de takjes verse koriander.

> **Tips van de kok**
> • Geef bij dit gerecht rijst of brood om in de saus te dopen.
> • Als u de groenten diagonaal snijdt, krijgt u een groot oppervlak zodat ze snel gaar zijn. Als u de groente bovendien allemaal in stukken van gelijke grootte snijdt, weet u zeker dat alles ook nog tegelijkertijd gaar is.

Pittige aardappels en bloemkool

Serveer onderstaande raita bij dit eenvoudige gerecht.

Voor 2 personen
ca. 225 g aardappels in de schil
5 el arachideolie
1 tl djintan
1 tl ketoembar
¼ tl koenjit
¼ tl cayennepeper
1 verse groene chilipeper, fijngehakt
1 bloemkool, in roosjes
4 el water
1 tl komijnzaadjes
2 teentjes knoflook, fijngehakt
1-2 el fijngehakte verse koriander
zout

1 Kook de aardappels in ca. 20 min. gaar in lichtgezouten water. Giet ze af en laat ze afkoelen. Schil ze en snijd ze in blokjes van 2,5 cm.

2 Verhit 3 eetlepels olie in een wok. Voeg de specerijen en de chilipeper toe en laat ze een beetje bruin worden. Voeg de bloemkool en het water toe. Roerbak de kool 6-8 min. Voeg de blokjes aardappel toe en roerbak ze 2-3 min. Breng het geheel op smaak met zout. Neem de pan van het vuur.

3 Verhit de rest van de olie in een koekenpan. Voeg komijnzaad en knoflook toe en bak ze al roerend goudbruin. Schep het mengsel over de groente. Strooi er fijngehakte koriander over.

Raita van komkommer en yoghurt

Voor 2-4 personen
1 komkommer, in blokjes
2,5 dl yoghurt
4 el fijngehakte verse munt
zout en versgemalen zwarte peper

1 Doe de komkommer in een vergiet en strooi er zout over. Laat de blokjes komkommer 2 uur staan. Spoel ze af, laat ze uitlekken en dep ze droog.

2 Meng de yoghurt met de munt, roer de komkommer erdoor en voeg zout en peper toe.

Oosterse groentestoofpot

Dit kruidige groentegerecht is als bijgerecht geschikt voor zes personen en als hoofdgerecht voor vier. Voeg voor kinderen wat minder chilipoeder toe.

Voor 4-6 personen
3 el groentebouillon
1 groene paprika, in ringen
2 courgettes, in plakjes
2 wortels, in stukjes
2 stengels bleekselderij, in stukjes
2 aardappels, in blokjes
400 g blokjes tomaat uit blik
1 tl heet chilipoeder
2 el fijngehakte verse munt
1 el djintan
400 g kikkererwten uit blik, uitgelekt en afgespoeld
zout en versgemalen zwarte peper
verse takjes munt ter garnering

1 Breng de groentebouillon aan de kook in een grote vuurvaste braadslee. Voeg paprika, courgettes, wortels en bleekselderij toe. Roerbak het geheel 2-3 min. op hoog vuur tot de groenten beetgaar zijn.

2 Voeg aardappels, tomaten, chilipoeder, munt en djintan toe. Voeg de kikkererwten toe en breng het geheel weer aan de kook.

3 Draai het vuur lager en laat het geheel afgedekt 30 min. zacht koken tot de groenten gaar zijn. Voeg zout en peper toe en serveer het gerecht direct, gegarneerd met de takjes munt.

Tip van de kok
In plaats van bakken in olie kunt u groenten ook prima smoren in bouillon. Op die manier is een gerecht ook geschikt voor mensen met een caloriearm dieet.

Variatie
In plaats van kikkererwten kunt u ook kidneybonen of witte bonen gebruiken.

Gefrituurde courgettes met chilisaus

Deze courgettes met een krokant laagje zijn heerlijk bij een pittige tomatensaus.

Voor 2 personen
1 el olijfolie
1 ui, gesnipperd
1 verse rode chilipeper, fijngehakt
2 tl heet chilipoeder
400 g blokjes tomaat uit blik
1 groentebouillonblokje
4 el heet water
1,5 dl melk
50 g bloem
450 g courgettes, in plakken
olie om te frituren
zout en versgemalen zwarte peper
verse takjes tijm ter garnering

Voor het bijgerecht
blaadjes sla
waterkers
sneetjes brood

1 Verhit de olie in een pan. Voeg de ui toe en roerbak hem 2-3 min. op laag vuur. Voeg de chilipeper en het chilipoeder toe. Roerbak alles 30 sec.

2 Voeg de tomaten toe. Verkruimel het bouillonblokje erboven en roer het water erdoor. Kook het geheel afgedekt 10 min., houd de saus dan op laag vuur warm tot u hem nodig hebt. Voeg eventueel nog zout en peper toe.

3 Giet de melk in een ondiepe kom en doe de bloem in een andere schaal. Doop de plakjes courgette eerst in de melk en dan in de bloem.

4 Verhit de frituurolie tot 180 °C of tot een blokje brood er in 45-60 sec. bruin in wordt. Doe de courgettes in gedeelten in de pan en frituur ze 3-4 min. tot ze een knapperig korstje hebben. Laat ze uitlekken op keukenpapier.

5 Leg twee of drie blaadjes sla op elk bord. Voeg wat waterkers toe en leg de sneetjes brood in een waaiervorm aan de zijkant van het bord. Schep de gefrituurde courgettes even door de saus en schep ze dan op de borden. Garneer het gerecht met tijm.

Turkse stoofschotel

Een eenpansmaaltijd die eenvoudig te bereiden is en ook nog eens heerlijk smaakt – wat wilt u nog meer?

Voor 4 personen
4 el olijfolie
1 grote ui, gesnipperd
2 kleine aubergines, in blokjes
4 courgettes, in stukjes
1 groene paprika, in stukjes
1 rode of gele paprika, in stukjes
115 g verse erwtjes (of uit diepvries)
115 g sperziebonen
450 g nieuwe aardappels, in blokjes
½ tl kaneel
½ tl djintan
1 tl paprikapoeder
4-5 tomaten, gehalveerd en in stukjes
400 g blokjes tomaat uit blik
2 el fijngehakte verse peterselie
3-4 teentjes knoflook, geperst
3,5 dl groentebouillon
zout en versgemalen zwarte peper
zwarte olijven en verse peterselie ter garnering

1 Verwarm de oven voor op 190 °C. Verhit 3 eetlepels olie in een pan met dikke bodem. Voeg de ui toe en roerbak hem in 5-7 min. goudbruin.

2 Voeg de aubergines toe en bak ze ca. 3 min. mee. Voeg dan courgettes, paprika's, erwten, bonen en aardappels toe. Roer er kaneel, djintan en paprikapoeder door en breng het geheel op smaak met zout en peper. Roerbak alles nog 3 min. Doe het gerecht over in een ondiepe ovenschaal.

3 Meng de verse tomaten met die uit blik in een kom. Roer de peterselie, het knoflook en de rest van de olijfolie erdoor.

4 Giet de bouillon over het auberginemengsel. Schep het tomatenmengsel boven op de groenten.

5 Dek de ovenschotel af met folie en bak het gerecht 30-45 min. in de oven tot de groenten gaar zijn. Garneer de stoofschotel met zwarte olijven en peterselie.

Pikante aardappelstrudel

Neem een lekker groenteprutje in een pittige, romige saus, verpak het in knapperig filodeeg en klaar is uw chique en voedzame maaltijd.

Voor 4 personen
5 el boter
1 ui, gesnipperd
2 wortels, grof geraspt
1 courgette, in stukjes
350 g stevige aardappels, fijngehakt
2 tl milde kerriesaus
½ tl gedroogde tijm
1,5 dl water
1 ei, geklopt
2 el room
50 g geraspte cheddar
8 vellen filodeeg, ontdooid
sesamzaadjes voor het bestrooien
zout en versgemalen zwarte peper
veldsla ter garnering

1 Smelt 2 eetlepels boter in een grote pan en roerbak ui, wortels, courgette en aardappels 5 min. Voeg de kerriesaus toe en roerbak de groenten nog 1-2 min.

2 Voeg tijm en water toe en breng het geheel op smaak met zout en peper. Breng alles aan de kook, draai het vuur laag en laat de groenten in 10 min. gaar koken. Roer af en toe.

3 Doe het mengsel over in een grote schaal. Als de groenten zijn afgekoeld, roer dan het ei, de room en de kaas erdoor. Zet het gerecht in de koelkast tot u het filodeeg kunt gaan vullen.

4 Verwarm de oven voor op 190 °C. Smelt de rest van de boter. Leg vier vellen filodeeg op een werkvlak, laat ze daarbij overlappen, zodat een grote rechthoek ontstaat. Bestrijk het deeg met een beetje gesmolten boter en leg de andere vellen erbovenop. Bestrijk ook die met boter.

5 Schep de vulling aan een lange zijde op het deeg. Rol het deeg op. Maak er een cirkel van en leg die op een bakplaat. Bestrijk het deeg met de laatste boter en bestrooi het met sesamzaadjes. Bak de strudel ca. 25 min. in de oven tot het deeg goudbruin en knapperig is. Laat hem 5 min. rusten. Garneer de strudel met veldsla.

Stoofpot met aubergines en zoete aardappels

Dit gerecht is geïnspireerd door de Thaise keuken. Er hoort een lekkere kokossaus met citroengras en gember bij.

Voor 6 personen
4 el arachideolie
450 g aubergines, gehalveerd
225 g sjalotjes
1 tl venkelzaadjes, geplet
4-5 teentjes knoflook, fijngehakt
5 tl fijngehakte verse gemberwortel
4,75 dl groentebouillon
2 takjes citroengras, fijngehakt
15 g verse koriander, takjes en blaadjes apart fijngehakt
3 limoenblaadjes, geplet
2-3 kleine rode chilipepers
3-4 el Thaise groenecurrypasta
675 g zoete aardappels, geschild en in stukken
4 dl kokosmelk
½ - 1 tl lichte ruwe suiker
250 g champignons, in plakjes
sap van 1 limoen
zout en versgemalen zwarte peper
vers blaadjes basilicum ter garnering

1 Verhit de helft van de olie in een grote pan en roerbak de aubergines tot ze aan alle kanten lichtbruin zijn. Schep ze met een schuimspaan uit de pan en zet ze weg. Snijd vier sjalotjes in ringen en zet ze weg. Bak de rest van de hele sjalotjes in de olie die nog in de pan zit tot ze lichtbruin zijn. Zet ze weg.

2 Doe de rest van de olie in de pan en bak sjalotringetjes, venkelzaadjes, knoflook en gember zacht. Voeg bouillon, citroengras, takjes koriander, limoenblaadjes en hele pepers toe. Laat het geheel afgedekt 5 min. pruttelen op laag vuur.

3 Voeg 2 eetlepels currypasta en de zoete aardappels toe. Laat het geheel 10 min. zacht koken, voeg dan de aubergines en de sjalotjes weer toe en kook ze 5 min. mee. Roer de kokosmelk en de suiker erdoor. Voeg de champignons toe en laat het geheel nog 5 min. pruttelen of tot alle groenten gaar zijn.

4 Breng het geheel op smaak met zout en peper en voeg eventueel nog currypasta en limoensap toe. Roer de blaadjes koriander erdoor en garneer het gerecht met blaadjes basilicum.

Thaise groentecurry

Deze curry krijgt zijn authentieke smaak door de eigengemaakte kruidenpasta.

Voor 4 personen
2 tl plantaardige olie
4 dl kokosmelk
3 dl groentebouillon
225 g aardappels, eventueel gehalveerd
130 g babymaïskolven
1 tl lichtbruine basterdsuiker
175 g broccoliroosjes
1 rode paprika, in reepjes
115 g spinazie, gescheurd
zout en versgemalen zwarte peper
gekookte witte rijst om te serveren
2 el fijngehakte verse koriander ter garnering

Voor de kruidenpasta
1 verse rode chilipeper, zonder zaadjes en fijngehakt
3 verse groene chilipepers, zonder zaadjes en fijngehakt
1 takje citroengras, buitenste bladeren verwijderd en fijngehakt
2 sjalotjes, gesnipperd
geraspte schil van 1 limoen
2 teentjes knoflook, fijngehakt
1 tl ketoembar
½ tl djintan
1 cm gemberwortel, fijngehakt
2 el fijngehakte verse koriander

1 Voor de kruidenpasta: pureer alle ingrediënten met een keukenmachine of staafmixer tot een grove pasta.

2 Verhit de olie in een grote pan en roerbak de kruidenpasta 1-2 min. Voeg de kokosmelk en de bouillon toe en breng het geheel aan de kook.

3 Draai het vuur lager, voeg de aardappels toe en laat ze 15 min. zachtjes meekoken. Voeg de babymaïskolven toe, breng het geheel op smaak met zout en peper en laat het nog 2 min. koken. Doe er suiker, broccoli en rode paprika bij en laat ze nog 2 min. meekoken, tot de groenten zacht zijn.

4 Voeg de spinazie en de helft van de verse koriander toe. Kook alles nog 2 min. Schep de groenten op de witte rijst en garneer het gerecht met de rest van de fijngehakte koriander.

Gevulde paprika's met pittige groenten

De gevulde paprika's zijn op smaak gebracht met Indiase kruiden.

Voor 6 personen

- 1 aubergine
- 2 el arachideolie, plus wat extra om in te vetten
- 6 grote rode of gele paprika's van gelijke grootte
- 500 g aardappels
- 1 kleine ui, gesnipperd
- 4-5 teentjes knoflook, fijngehakt
- 5 cm verse gemberwortel, fijngehakt
- 1-2 verse groene chilipepers, zonder zaadjes en fijngehakt
- 7 el water
- 2 tl komijnzaad
- 1 tl uienzaad (nigella)
- ½ tl koenjit
- 1 tl ketoembar
- 1 tl djintan
- snufje cayennepeper
- ca. 2 el citroensap
- zout en versgemalen zwarte peper
- fijngehakte verse koriander ter garnering

1 Verwarm de oven voor op 230 °C. Snijd de aubergine in de lengte doormidden en maak kerven in de schil. Vet een bakblik licht in met olie. Leg de aubergine met de snijkant naar beneden in het blik en bak ze 20 min. in de oven. Laat ze afkoelen.

2 Snijd de bovenkant van de paprika's, schep de zaadlijsten eruit en gooi ze weg. Snijd zonodig een dun plakje van de onderkant van de paprika's, zodat ze rechtop blijven staan. Breng een grote pan met water en een beetje zout aan de kook. Kook de paprika's 5-6 min. Schep ze met een schuimspaan uit het water en laat ze ondersteboven uitlekken in een vergiet.

3 Breng het water weer aan de kook en kook de aardappels beetgaar. Giet ze af, laat ze afkoelen en schil ze. Snijd ze in blokjes van 1 cm. Schil de aubergine en snijd die ook in blokjes.

4 Pureer ui, knoflook, gember, groene pepers en 4 eetlepels water met een keukenmachine of staafmixer tot een pasta.

5 Verhit de helft van de olie in een grote pan en roerbak de blokjes aubergine tot ze bruin zijn. Haal ze uit de pan en zet ze weg. Doe de rest van de olie in de pan en bak de blokjes aardappel lichtbruin. Haal ze uit de pan en zet ze weg.

6 Bak het komijn- en uienzaad in een droge pan met antiaanbaklaag. Voeg zodra de zaadjes donker kleuren de koenjit, ketoembar en djintan toe en bak ze 15 sec. Voeg de ui en de knoflookpuree toe en roerbak ze met een spatel bruin.

7 Voeg de aardappels en de blokjes aubergine toe en breng de groenten op smaak met zout, peper en cayennepeper. Voeg de rest van het water en de helft van het citroensap toe en kook het mengsel al roerend tot het vocht is verdampt. Verwarm de oven voor op 190 °C.

8 Zet de paprika's op een bakplaat en vul ze met het aardappelmengsel. Bestrijk ze licht met olie en bak ze in 30-35 min. gaar in de oven. Laat ze een beetje afkoelen, besprenkel ze met nog wat citroensap en garneer ze met de koriander.

Groentecurry

Deze veelzijdige groentecurry past bij de meeste Indiase gerechten.

Voor 4 personen

- 2 el olie
- ½ tl zwart mosterdzaad
- ½ tl komijnzaad
- 1 ui, in dunne ringen
- 2 kerrieblaadjes
- 1 verse groene chilipeper, zonder zaadjes en fijngehakt
- 2,5 cm verse gemberwortel, geraspt
- 2 el kerriepasta
- 1 kleine bloemkool, in roosjes
- 1 grote wortel, in stukken
- 115 g sperziebonen, in stukjes
- ¼ tl koenjit
- ¼ tl heet chilipoeder
- ½ tl zout
- 2 tomaten, in stukjes
- 50 g diepvrieserwten, ontdooid
- 1,5 dl groentebouillon
- verse kerrieblaadjes ter garnering

1 Verhit de olie in een grote pan en bak de mosterd- en komijnzaadjes 2 min. tot ze beginnen te springen. Voeg ui en kerrieblaadjes toe en roerbak ze 5 min. mee.

2 Roer de pepers en de gember door het uienmengsel en bak ze 2 min. mee. Voeg de kerriepasta toen en roerbak alles nog 3-4 min.

3 Voeg de bloemkool, de wortel en de sperziebonen toe en bak het geheel 4-5 min. Voeg koenjit, chilipoeder, zout en tomaten toe en roerbak het geheel 2-3 min.

4 Voeg de ontdooide erwten toe en bak ze 2-3 min. mee. Giet de bouillon erbij. Laat de groenten afgedekt 10-13 min. op laag vuur pruttelen tot alle groenten beetgaar zijn. Garneer het gerecht met de kerrieblaadjes.

> **Tip van de kok**
> *Bewaar gemberwortel in de diepvries, dan kunt u hem gemakkelijk raspen. U hoeft de gember niet eerst te schillen. De wortel ontdooit meteen in een warm gerecht.*

Groentekashmiri

Deze heerlijke groentecurry bestaat uit gemengde groenten gekookt in een kruidige, aromatische yoghurtsaus.

Voor 4 personen
2 tl komijnzaad
8 zwartepeperkorrels
de zaadjes van 2 kardemompeulen
1 stokje kaneel
½ tl nootmuskaat
3 el olie
1 groene chilipeper, fijngehakt
2,5 cm verse gemberwortel, geraspt
1 tl chilipoeder
½ tl zout
2 grote aardappels, in blokjes
225 g bloemkool, in roosjes
225 g okra, in stukjes
1,5 dl yoghurt
1,5 dl groentebouillon
geroosterd amandelschaafsel en takjes verse koriander ter garnering

1 Maal komijnzaad, peperkorrels, kardemomzaad, kaneel en nootmuskaat met een staafmixer of in een vijzel fijn.

2 Verhit de olie in een grote pan en roerbak het pepertje en de gember 2 min. Voeg chilipoeder, zout en gemalen specerijen toe en bak ze al roerend 2-3 min. Zorg ervoor dat het mengsel niet aanbrandt.

3 Roer de blokjes aardappel erdoor en laat ze met het deksel op de pan 10 min. koken op laag vuur. Schep het geheel geregeld om. Voeg de bloemkoolroosjes en de stukjes okra toe en kook ze 5 min.

4 Voeg yoghurt en bouillon toe, breng het mengsel aan de kook en draai het vuur laag. Laat het geheel ca. 20 min. zacht koken tot alle groenten gaar zijn. Schep de groenten op een schaal en garneer ze met amandelschaafsel en takjes koriander.

Tip van de kok
Een elektrische koffiemolen maakt het malen van kruiden en specerijen een stuk gemakkelijker. Gebruik het apparaat dan niet meer voor iets anders.

Masala okra

Okra, of vrouwenvingers, zijn populair in India, waar ze *bhindi* worden genoemd. In dit recept worden ze geroerbakt met diverse specerijen.

Voor 4 personen
450 g okra
½ tl koenjit
1 tl mild chilipoeder
1 el djintan
1 el ketoembar
¼ tl zout
¼ kristalsuiker
1 el citroensap
1 el gedroogde kokos
2 el fijngehakte verse koriander
3 el plantaardige olie
½ tl komijnzaad
½ tl zwart mosterdzaad
verse tomaten, in stukjes ter garnering
pappadums om te serveren

1 Was de okra's, droog ze en punt ze. Meng kurkuma, chilipoeder, komijn, ketoembar, zout, suiker, citroensap, kokos en verse koriander.

2 Verhit de olie in een grote pan. Doe het komijn- en mosterdzaad in de pan en roerbak ze ca. 2 min. tot ze beginnen te springen en geuren.

3 Voeg de kruiden en het kokos toe en bak ze 2 min. mee. Voeg de okra's toe en kook ze afgedekt op laag vuur in ca. 10 min. gaar.

4 Schep ze in een schaal, garneer ze met de verse tomaten en serveer ze met de pappadums.

Tips van de kok
• *Koop stevige, glanzende okra's van hooguit 10 cm lang. Ze moeten gemakkelijk breken. Neem geen peulen die krom zijn of bruin aan de randen of punten.*
• *Was de okra's voorzichtig, droog ze en snijd de steel eraf zonder de peul te breken.*

Currychampignons

Een geweldige manier om champignons te bereiden.

Voor 4 personen
2 el plantaardige olie
½ tl komijnzaad
¼ tl zwartepeperkorrels
4 groene kardemompeulen
¼ tl koenjit
1 ui, gesnipperd
1 tl djintan
1 tl ketoembar
½ tl garam masala
1 verse groene chilipeper, fijngehakt
2 teentjes knoflook, geperst
2,5 cm verse gemberwortel, geraspt
400 g blokjes tomaat uit blik
¼ tl zout
450 g champignons, gehalveerd
fijngehakte verse koriander ter garnering

1 Verhit de olie in een grote pan. Voeg komijnzaad, peperkorrels, kardemompeulen en kurkuma toe en roerbak alles 2-3 min.

2 Voeg de ui toe en roerbak hem ca. 5 min. mee tot hij goudbruin is. Voeg djintan, ketoembar en garam masala toe en bak alles nog 2 min.

3 Voeg gember, chilipeper en knoflook toe en roerbak het mengsel nog 2-3 min. Zorg ervoor dat de specerijen niet aanbranden. Voeg de tomaten en het zout toe. Breng alles aan de kook en laat het geheel dan 5 min. pruttelen.

4 Voeg de champignons toe en laat het geheel afgedekt 10 min. pruttelen op laag vuur. Schep de champignoncurry op een schaal en verwijder de kardemompeulen. Garneer het gerecht met fijngehakte verse koriander.

> **Variatie**
> U kunt voor dit recept allerlei soorten kleine en stevige champignons gebruiken.

Curry van tuinbonen en bloemkool

Een lekkere curry die fantastisch smaakt bij basmatirijst, pappadums en een komkommer-yoghurtraita.

Voor 4 personen
2 teentjes knoflook, fijngehakt
2,5 cm verse gemberwortel
1 verse groene chilipeper, zonder zaadjes en fijngehakt
1 el plantaardige olie
2 el ghee of boter
1 ui, in ringen
1 grote aardappel, in stukjes
1 el mild of heet kerriepoeder
1 bloemkool, in roosjes
6 dl groentebouillon
2 el kokosroom
275 g tuinbonen uit blik
sap van ½ citroen (naar smaak)
zout en versgemalen zwarte peper
fijngehakte verse koriander of peterselie ter garnering
gekookte witte basmatirijst om te serveren

1 Pureer knoflook, gember, peper en olie met een keukenmachine tot een gladde pasta.

2 Verhit de ghee of boter in een grote pan met dikke bodem. Voeg de uiringen en stukjes aardappel toe en roerbak ze 5 min. op laag vuur tot de ui zacht en licht goudbruin is. Roer de kruidenpasta en het kerriepoeder erdoor. Roerbak alles nog 1 min.

3 Voeg de bloemkool toe en giet de bouillon erbij. Breng het mengsel op matig vuur aan de kook. Voeg de kokosroom toe en blijf roeren tot hij is gesmolten.

4 Breng alles op smaak met zout en peper. Draai het vuur lager en laat de groenten met het deksel op de pan nog 10 min. pruttelen.

5 Voeg de tuinbonen met vocht toe, roer ze door de andere groenten en laat het geheel dan onafgedekt nog 10 min. koken.

6 Voeg eventueel nog zout, peper of kruiden en citroensap toe. Schep de groenten in een schaal, garneer ze met koriander of peterselie en geef er basmatirijst bij.

Indiase bloemkool en aardappels

Bloemkool en aardappels gebakken in klassieke Indiase specerijen.

Voor 4 personen
450 g aardappels, in stukken
2 el plantaardige olie
1 tl komijnzaad
1 verse groene chilipeper, fijngehakt
450 g bloemkool, in roosjes
1 tl ketoembar
1 tl djintan
¼ tl chilipoeder
½ tl koenjit
½ tl zout
fijngehakte verse koriander ter garnering
salade van tomaten en ui en ingemaakte limoen om te serveren

1 Breng een grote pan met water en zout aan de kook en kook de aardappels 10 min. Giet ze af en zet ze weg.

2 Verhit de olie in een grote pan. Voeg het komijnzaad toe en roerbak het 2 min. op laag vuur tot het begint te springen. Voeg de chilipeper toe en bak hem nog 1 min. mee.

3 Voeg de bloemkool toe. Roer de roosjes goed door de specerijen. Roerbak ze 5 min. op een laag tot matig vuur.

4 Doe aardappels, ketoembar, djintan, chilipoeder, koenjit en zout in de pan. Kook alles nog 7-10 min. tot de groenten gaar zijn.

5 Schep de groenten op een warme schaal, garneer ze met fijngehakte verse koriander en geef er een salade van tomaten, ui en limoen in het zuur bij.

> **Variatie**
> Probeer ook eens zoete aardappels in plaats van gewone. De curry wordt dan iets zoeter van smaak.

Auberginecurry

Door de simpele bereidingswijze behouden de aubergines hun heerlijke smaak.

Voor 4 personen
2 grote aubergines, ca. 450 g per stuk
3 el plantaardige olie
½ tl zwart mosterdzaad
1 bosje lente-uitjes, gesnipperd
115 g champignons, gehalveerd
2 teentjes knoflook, geperst
1 rode chilipeper, fijngehakt
½ tl mild chilipoeder
1 tl djintan
1 tl ketoembar
¼ tl koenjit
1 tl zout
400 g blokjes tomaat uit blik
1 el verse koriander, fijngehakt
takjes verse koriander ter garnering

1 Verwarm de oven voor op 200 °C. Bestrijk beide aubergines met 1 eetlepel olie en prik met een vork gaatjes in de schil. Leg de aubergines in een bakblik en bak ze in 30-35 min. zacht in de oven.

2 Verhit ondertussen de rest van de olie in een pan en roerbak de mosterdzaadjes 2 min. tot ze springen. Voeg lente-ui, paddestoelen, knoflook en chilipeper toe en roerbak ze 5 min. Voeg chilipoeder, djintan, ketoembar, koenjit en zout toe en roerbak het mengsel 3-4 min. Voeg de tomaten toe en laat het geheel 5 min. pruttelen.

3 Snijd de aubergines in de lengte doormidden. Schep het zachte vruchtvlees eruit en prak het fijn.

4 Voeg de auberginepuree en verse koriander toe aan de curry. Breng het geheel aan de kook en laat het 5 min. koken of tot het mengsel wat indikt. Garneer de curry met takjes verse koriander.

> **Tip van de kok**
> Als u de aubergines in aluminiumfolie wikkelt, hoeft u geen olie te gebruiken. Bak ze 1 uur in de oven.

Aloo Saag

Aardappels, spinazie en specerijen zijn de hoofdingrediënten in deze authentieke groente-curryschotel.

Voor 4 personen

450 g verse, jonge spinazie
2 el plantaardige olie
1 tl zwart mosterdzaad
1 ui, in dunne ringen
2 teentjes knoflook, geperst
2,5 cm verse gemberwortel, fijngehakt
675 g aardappels, in stukken van 2,5 cm
1 tl mild chilipoeder
1 tl zout
1,2 dl water

1 Breng een grote pan water met zout aan de kook en blancheer de spinazie 3-4 min. Laat hem goed uitlekken en zet hem weg. Knijp, wanneer de spinazie is afgekoeld, de rest van het water eruit.

2 Verhit de olie in een grote pan. Voeg het mosterdzaad toe en roerbak het 2 min. of tot het gaat springen.

3 Voeg ui, knoflook en gember toe. Roerbak het mengsel 5 min. en voeg dan aardappels, chilipoeder, zout en water toe. Kook het geheel al roerend 8 min.

4 Voeg de spinazie toe en laat de groenten afgedekt 10-15 min. zacht koken of tot de aardappels gaar zijn. Schep de groenten op een warme schaal en serveer ze direct.

Tips van de kok
- Gebruik voor dit gerecht afkokende aardappels zoals bintjes, zodat ze niet kapot koken.
- Leg de spinazie in een schone theedoek, draai de doek strak en knijp zo het vocht eruit. Zo bent u ervan verzekerd dat de spinazie helemaal droog is.

Gekruide pompoen en spinazie

Dit gerecht bestaat uit zachtgekookte stukken pompoen met spinazie in een romige saus met komijn.

Voor 2 personen

½ pompoen, ca. 450 g
2 el plantaardige olie
2 tl komijnzaad
1 kleine verse rode chilipeper, zonder zaadjes en fijngehakt
2 el water
50 g verse jonge spinazie, in stukjes
6 el room
zout en versgemalen zwarte peper
gekookte rijst of naanbrood om te serveren

1 Schil de pompoen en snijd hem doormidden. Haal de zaden eruit en snijd het vruchtvlees in blokjes.

2 Verhit de olie in een grote pan. Voeg komijnzaad en chilipeper toe en roerbak ze 1 min.

3 Voeg de blokjes pompoen en het water toe en laat het mengsel afgedekt 8 min. zacht koken. Roer het af en toe. Kook de pompoen zonder deksel nog 2 min. of tot het meeste water is verdampt.

4 Voeg de spinazie met aanhangend water toe. Doe het deksel weer op de pan en laat de groenten nog 1 min. koken.

5 Voeg de room toe en kook het mengsel 2 min. op hoog vuur. Breng het op smaak met zout en peper en geef er rijst of naanbrood bij.

Tip van de kok
Wees voorzichtig met chilipepers, want het sap kan de gevoelige huid irriteren. Draag rubberen handschoenen om uw handen te beschermen of was ze grondig nadat u de pepers hebt aangeraakt.

Courgettecurry

Trakteer uzelf eens op deze kleurrijke curry als u een grote hoeveelheid courgettes in de tuin hebt.

Voor 4 personen
3 el plantaardige olie
½ tl komijnzaad
½ tl mosterdzaad
1 ui, in dunne ringen
2 teentjes knoflook, geperst
¼ tl koenjit
¼ tl mild chilipoeder
1 tl ketoembar
1 tl djintan
¼ tl zout
675 g courgettes, in plakken van 1 cm
1 el tomatenpuree
400 g blokjes tomaat uit blik
1,5 dl water
1 el fijngehakte verse koriander
1 tl garam masala

1 Verhit de olie in een grote pan. Voeg komijn- en mosterdzaad toe en roerbak ze 2 min. op laag vuur tot ze gaan springen.

2 Voeg ui en knoflook toe en roerbak ze in 5 min. zacht.

3 Voeg koenjit, chilipoeder, ketoembar, djintan en zout toe en roerbak de specerijen 2-3 min.

4 Voeg de courgettes toe en bak ze 5 min. mee. Meng ondertussen de tomatenpuree en de tomaten met het water in een schaal.

5 Doe het tomatenmengsel in de pan, roer het goed en laat het geheel 10 min. zacht koken tot de saus indikt. Roer de verse koriander en garam masala door het gerecht en kook het nog 5 min. tot de courgettes gaar zijn. Serveer het gerecht direct.

> **Variatie**
> Deze curry smaakt ook heerlijk met andere zomergroenten, zoals zomerpompoen.

Curry met maïs en erwtjes

Deze bijzondere curry smaakt voortreffelijk en ziet er met de stukken maïskolf ook nog eens leuk uit.

Voor 4 personen
6 diepvriesmaïskolven
3 el plantaardige olie
½ tl komijnzaad
1 ui, gesnipperd
2 teentjes knoflook, geperst
1 verse groene chilipeper, fijngehakt
1 el currypasta
1 tl ketoembar
1 tl djintan
¼ tl koenjit
½ tl zout
½ tl kristalsuiker
400 g blokjes tomaat uit blik
1 el tomatenpuree
1,5 dl water
115 g diepvrieserwten, ontdooid
2 el fijngehakte verse koriander

1 Snijd de maïskolven in de lengte doormidden. Breng een pan met water en zout aan de kook en kook de stukken maïskolf 10-12 min. Laat ze goed uitlekken.

2 Verhit de olie in een grote pan. Doe het komijnzaad in de pan en roerbak het ca. 2 min. op laag vuur tot de zaadjes gaan springen. Voeg ui, knoflook en chilipeper toe en roerbak ze 5-6 min. tot de ui goudbruin is.

3 Voeg de currypasta toe en roerbak 2 min. Voeg de rest van de kruiden, het zout en de suiker toe en bak alles nog 2-3 min.

4 Voeg de tomaten, de tomatenpuree en het water toe en laat alles 5 min. pruttelen of tot de saus indikt. Voeg de erwten toe en kook alles nog eens 5 min.

5 Voeg de maïs en de verse koriander toe. Kook het geheel 6-8 min. of tot de maïs en erwten gaar zijn.

> **Tip van de kok**
> Gebruik eventueel verse maïskolven. Doe geen zout in het water, want anders wordt de maïs taai.

Groentekorma

Het is een ware kunst om allerlei specerijen te combineren. Dit is een subtiele, lekkere curry.

Voor 4 personen
50 g boter
2 uien, in ringen
2 teentjes knoflook, geperst
2,5 cm verse gemberwortel, geraspt
1 tl djintan
1 el ketoembar
6 kardemompeulen
1 stokje kaneel
1 tl koenjit
1 verse rode chilipeper, zonder zaadjes en fijngehakt
1 aardappel, in blokjes
1 kleine aubergine, in blokjes
115 g champignons, in plakjes
1,75 dl water
115 g sperziebonen, in stukjes van 2,5 cm
4 el yoghurt
1,5 dl slagroom
1 tl garam masala
zout en versgemalen zwarte peper
takjes verse koriander ter garnering
pappadums om te serveren

1 Verhit de boter in een grote pan en fruit de uien hierin in 5 min. zacht. Voeg knoflook en gember toe en bak ze 2 min. Voeg djintan, ketoembar, kardemom, kaneel, koenjit en chilipeper toe en roerbak het geheel 30 sec.

2 Voeg blokjes aardappel en aubergine, de plakjes paddestoel en 2 dl water toe. Breng het geheel aan de kook en laat het afgedekt 15 min. pruttelen op laag vuur. Voeg de sperziebonen toe en kook het gerecht onafgedekt nog 5 min.

3 Schep met een schuimspaan de groenten in een schaal en houd ze warm. Laat het vocht nog wat inkoken. Breng hem op smaak met zout en peper en roer er yoghurt, slagroom en garam masala door. Giet de saus over de groente en garneer het geheel met koriander. Geef er pappadums bij.

> **Variatie**
> *Voor deze karma kunt u allerlei groenten gebruiken, zoals wortel, bloemkool, broccoli, doperwten en kikkererwten.*

Curry met tofu en sperziebonen

Deze Thaise curry is eenvoudig en snel te maken.

Voor 4-6 personen
6 dl kokosmelk
1 el rode currypasta
3 el vegetarische oestersaus (van paddestoelen)
2 tl suiker
225 g champignons
115 g sperziebonen, gepunt
175 g stevige tofu, in blokjes van 2 cm
4 limoenblaadjes, in stukjes
2 verse rode chilipepers, in plakjes
verse blaadjes koriander ter garnering

1 Giet ongeveer een derde van de kokosmelk in een pan. Kook de melk tot hij gaat schiften en er een olieachtig laagje ontstaat.

2 Voeg de currypasta, de 'oestersaus' en de suiker toe. Voeg dan de champignons toe. Kook het geheel al roerend 1 min. Voeg de rest van de kokosmelk toe en breng alles aan de kook. Voeg de sperziebonen en blokjes tofu toe en laat alles nog 4-5 min. zacht koken. Voeg de limoenblaadjes en de chilipeper toe. Serveer de curry direct, gegarneerd met de koriander.

Tofu met chilipepers

Dit gerecht is snel, eenvoudig en heerlijk pittig.

Voor 4 personen
450 g tofu, in blokjes
1 el donkere sojasaus
4 verse rode Thaise pepers
3 teentjes knoflook
2 el plantaardige olie
2 el lichte sojasaus
2 el vegetarische oestersaus
1 el kristalsuiker
verse blaadjes Thais basilicum ter garnering

1 Meng de tofu en donkere sojasaus in een kom en laat de blokjes 10 min. marineren.

2 Stamp in een vijzel de pepers en het knoflook tot een pasta. Verhit de olie in een wok en roerbak de pasta en tofu 1 min. Voeg de rest toe en roerbak nog 2 min. Garneer met basilicum.

Pittige mie met pinda's

U kunt allerlei groente gebruiken voor deze snelle maaltijd; de hoeveelheid peper bepaalt u zelf.

Voor 4 personen
200 g eiernoedels
2 el olijfolie
2 teentjes knoflook, geperst
1 grote ui, gesnipperd
1 rode paprika, in stukjes
1 gele paprika, in stukjes
350 g courgette, in stukjes
150 g ongezouten geroosterde pinda's, in stukjes
geknipt vers bieslook ter garnering

Voor de dressing
4 el olijfolie
geraspte schil en sap van 1 citroen
1 verse rode chilipeper, zonder zaadjes en fijngehakt
3 el vers bieslook, fijngehakt
1-2 el balsamicoazijn
zout en versgemalen zwarte peper

1 Breng een grote pan water aan de kook, voeg de mie toe, en neem de pan van het vuur. Laat de pan afgedekt 4 min. staan tot de mie beetgaar is. Giet de mie af, spoel hem af onder de koude kraan en laat hem weer uitlekken.

2 Verhit de olie in een wok en fruit ui en knoflook in ca. 3 min. zacht. Voeg de stukjes paprika en courgette toe en roerbak ze in 3-4 min. beetgaar. Voeg de pinda's toe en roerbak ze nog 1 min. mee.

3 Meng voor de dressing olijfolie met azijn, citroenschil, 3 eetlepels citroensap, pepertje en bieslook. Voeg balsamicoazijn naar smaak toe. Breng de dressing op smaak met zout en peper.

4 Schep de mie door de groente en verhit het gerecht al roerend. Voeg de dressing toe en roer alles goed. Doe het gerecht over in een voorverwarmde schaal en serveer de mie met vers bieslook.

Geroerbakte tofu en kiemen

Tofu is een ware zegen voor de drukke, vegetarische kok, want dit simpele roerbakgerecht zit vol met eiwitten.

Voor 4 personen
225 g tofu
arachideolie, om te frituren
175 g mienestjes
1 el sesamolie
1 tl maïzena
2 tl donkere sojasaus
1 el Chinese rijstwijn
1 tl kristalsuiker
6-8 lente-uitjes, diagonaal in stukjes van 2,5 cm
3 teentjes knoflook, fijngehakt
1 verse groene chilipeper, zonder zaadjes en in ringetjes
115 g paksoibladeren, in stukken
50 g kiemen
50 g cashewnoten, geroosterd

1 Laat de tofu uitlekken en dep hem droog met keukenpapier. Snijd hem in blokjes van 2,5 cm. Vul een wok voor de helft met arachideolie en verhit deze tot 180 °C. Frituur de blokjes tofu in gedeelten 1-2 min. tot ze goudbruin en knapperig zijn. Schep de blokjes uit de olie met een schuimspaan en laat ze uitlekken op keukenpapier. Giet voorzichtig alle olie uit de wok op 2 eetlepels na.

2 Breng een grote pan water aan de kook, voeg de mie toe en neem de pan van het vuur. Laat de pan afgedekt 4 min. staan tot de mie beetgaar is. Giet de mie af, spoel hem onder de koude kraan en giet hem weer af. Roer er 2 theelepels sesamolie door en zet de mie weg.

3 Meng maïzena, sojasaus, rijstwijn, suiker en de rest van de sesamolie in een kom.

4 Verhit achtergehouden arachideolie in de wok. Voeg lente-uitjes, knoflook, peper, paksoi en kiemen toe en roerbak ze 1-2 min.

5 Voeg de tofu toe met de mie en de saus en roerbak het geheel 1 min. Doe het gerecht over in een warme schaal en strooi de cashewnoten erover.

Biryani met aubergine en pastinaak

Pastinaak lijkt een alledaagse groente, maar zijn smaak is voortreffelijk. Ook maakt hij een pittig gerecht als dit wat zachter.

Voor 4-6 personen
1 kleine aubergine, in plakjes
275 g basmatirijst
3 uien
2 teentjes knoflook, fijngehakt
2,5 cm verse gemberwortel, geschild
3 el water
4 el plantaardige olie
175 ongezouten cashewnoten
40 g rozijnen
1 rode paprika, in reepjes
3 pastinaken, in stukjes
1 tl djintan
1 tl ketoembar
½ tl chilipoeder
1,2 dl yoghurt
3 dl groentebouillon
2 el boter
zout
2 hardgekookte eieren, in partjes, en takjes verse koriander ter garnering

1 Bestrooi de plakjes aubergine in een vergiet met zout en laat hem 30 min. staan. Spoel hem af, dep hem droog met keukenpapier en snijd hem in stukjes.

2 Laat de rijst 40 min. weken in koud water. Pureer 1 ui, het knoflook, de gember en het water met de keukenmachine tot een glad mengsel.

3 Snipper de 2 uien. Verhit 3 eetlepels olie in een braadpan en fruit de uien in ca. 10 min. zacht en diepbruin. Haal ze uit de pan en laat ze uitlekken. Roerbak een kwart van de cashewnoten ca. 2 min. Voeg de rozijnen toe en bak ze tot ze opzwellen. Haal ze uit de pan en laat ze uitlekken.

4 Voeg aubergine en paprika toe, roerbak ze 4-5 min. en laat ze uitlekken op keukenpapier. Roerbak de stukjes pastinaak 4-5 min. Voeg de rest van de cashewnoten toe en roerbak ze 1 min. Schep de noten en de stukjes pastinaak uit de pan en voeg ze toe aan de aubergine en de paprika.

5 Verhit de laatste eetlepel olie. Roerbak de uienpasta ca. 4-5 min. op matig vuur. Voeg de djintan, de ketoembar en het chilipoeder toe, roerbak ze 1 min. en draai het vuur dan lager. Voeg de yoghurt toe.

6 Voeg bouillon, pastinaak, aubergine en paprika toe. Breng het geheel aan de kook en laat het afgedekt 30-40 min. zacht koken tot de pastinaken gaar zijn.

7 Verwarm de oven voor op 150 °C. Giet de rijst af, breng 3 dl lichtgezouten water aan de kook en kook de rijst hierin bijna gaar in 5-6 min. Giet de rijst af en schep hem op het groentemengsel. Maak met een houten lepel een kuil in de berg groente met rijst.

8 Verdeel de gefruite uien, cashewnoten en rozijnen over de rijst en leg er klontjes boter op. Dek de schaal af met aluminiumfolie. Bak de biryani 35-40 min. in de oven. Schep het gerecht op warme borden en garneer het met partjes ei en takjes verse koriander.

Kitchiri

Dit is een origineel Indiaas gerecht. Het wordt bereid met basmatirijst en linzen en is geschikt als hoofdgerecht of brunch.

Voor 4 personen
115 g rode linzen
50 g ghee of boter
2 el zonnebloemolie
1 ui, gesnipperd
1 teentje knoflook, geperst
225 g snelkokende basmatirijst
2 tl ketoembar
2 tl komijnzaad
2 kruidnagels
3 kardemompeulen
2 laurierblaadjes
1 stokje kaneel
1 l groentebouillon
2 el tomatenpuree
3 el fijngehakte verse koriander of peterselie
zout en versgemalen zwarte peper

1 Doe de linzen in een schaal, giet er kokend water op en laat ze 30 min. weken. Breng ondertussen een pan met water aan de kook. Giet de geweekte linzen af en doe ze in de pan. Kook ze 10 min. Giet ze weer af en zet ze weg.

2 Verhit de ghee of boter en olie in een grote pan en fruit ui en knoflook ca. 5 min.

3 Voeg de rijst toe aan de ui, roer alles goed en voeg dan de kruiden toe. Bak het geheel 1-2 min., voeg dan linzen, bouillon, tomatenpuree en zout en peper toe.

4 Breng het mengsel aan de kook, draai het vuur lager en laat de linzen afgedekt 20 min. zacht koken tot de bouillon is opgenomen. Voeg koriander of peterselie toe en eventueel nog wat zout en peper. Verwijder het stokje kaneel en het laurierblaadje en serveer direct.

> **Tip van de kok**
> In de zomer kunt u koriander in een bloempot kweken. De smaak is onnavolgbaar en het kruid geeft menig buitenlands gerecht authenticiteit.

Oosterse gebakken rijst

Dit is een handig recept voor kliekjes gekookte rijst. Het ziet er kleurig uit en smaakt bovendien heerlijk.

Voor 4-6 personen

4 el olie
115 g sjalotjes, gehalveerd en in dunne ringen
3 teentjes knoflook, geperst
1 verse rode chilipeper, zonder zaadjes en fijngehakt
6 lente-uitjes, gesnipperd
1 rode paprika, fijngehakt
225 g witte kool, in dunne reepjes
175 g komkommer, fijngehakt
50 diepvriesdoperwten, ontdooid
3 eieren
1 tl tomatenpuree
2 el vers limoensap
¼ tl tabasco
675 g koude gekookte witte rijst
115 g cashewnoten, in stukjes
ca. 2 el fijngehakte verse koriander, plus extra ter garnering
zout en versgemalen zwarte peper

1 Verhit de olie in een wok. Voeg de sjalotjes toe en roerbak ze goudbruin en knapperig. Schep ze met een schuimspaan uit de pan en laat ze uitlekken op keukenpapier.

2 Voeg knoflook en peper toe en bak ze 1 min. Voeg lente-uitjes en paprika's toe en bak ze in 3-4 min. zacht. Voeg kool, komkommer en erwten toe en bak ze 2 min. mee.

3 Maak een kuil in de groenten en doe hierin de geklopte eieren. Roerbak de eieren.

4 Voeg tomatenpuree, limoensap en tabasco toe en daarna rijst, noten, koriander, zout en peper. Roerbak alles 3-4 min. op hoog vuur tot het gerecht door en door heet is. Garneer het gerecht met de knapperige sjalotjes en koriander.

Egyptische rijst met linzen

In dit eenvoudige maar lekkere gerecht uit het Midden-Oosten komen twee soorten volksvoedsel samen. De warme smaak is te danken aan de djintan en de kaneel.

Voor 6 personen

350 g grote bruine linzen, 1 nacht geweekt in water
2 grote uien
3 el olijfolie
1 el djintan
½ tl kaneel
225 g langkorrelige rijst
zout en versgemalen zwarte peper
bladpeterselie ter garnering

1 Giet de linzen af en doe ze in een grote pan. Voeg zo veel water toe dat de linzen 5 cm onderstaan. Breng het water aan de kook, draai het vuur lager en kook de linzen met het deksel op de pan in 40-90 min. gaar. Giet ze af.

2 Snipper een ui en snijd de andere in ringen. Verhit 1 eetlepel olie in een pan. Fruit de gesnipperde ui op laag vuur in 5 min. zacht. Voeg linzen, djintan en kaneel toe. Roer goed en breng het geheel op smaak met zout en peper.

3 Meet de hoeveelheid rijst af en voeg hem met dezelfde hoeveelheid water toe aan de linzen. Laat het geheel afgedekt 20 min. koken tot rijst en linzen gaar zijn.

4 Verhit de rest van de olie in een koekenpan en fruit de uiringen in ca. 15 min. donkerbruin. Doe het rijstmengsel in een schaal, verdeel de uiringen erover en serveer het gerecht gegarneerd met peterselie warm of koud.

> **Tip van de kok**
> U kunt ook twee blikken gekookte linzen gebruiken (400 g). Voeg ze dan toe aan de gefruite uitjes in stap 2.

Linzen-dhal met geroosterd knoflook

Deze pittige linzen-dhal smaakt lekker bij gekookte rijst of Indiaas brood en een groentegerecht.

Voor 4-6 personen
1 bolletje knoflook
2 el extra vierge olijfolie, plus extra om in te vetten
3 el ghee of boter
1 ui, gesnipperd
2 verse groene chilipepers, zonder zaadjes en fijngehakt
1 el gemberwortel, fijngehakt
225 g gele of rode linzen
9 dl water
1 tl djintan
1 tl ketoembar
2 tomaten, ontveld en in blokjes
een beetje citroensap
zout en versgemalen zwarte peper
2-3 el verse takjes koriander ter garnering

Voor de kruidensaus
2 el arachideolie
4-5 sjalotjes, in ringetjes
2 teentjes knoflook, in dunne plakjes
1 el ghee of boter
1 tl komijnzaad
1 tl mosterdzaad
3-4 kleine gedroogde rode chilipepers
8-10 verse kerrieblaadjes

1 Verwarm de oven voor op 180 °C. Leg de knoflookbol in een ingevet bakblik en rooster hem 30 min.

2 Smelt ondertussen de ghee of boter in een grote pan. Fruit de ui met de verse pepers en de gember op laag vuur goudbruin in 10 min.

3 Voeg de linzen en het water toe. Breng het geheel aan de kook, draai het vuur lager en doe het deksel half op de pan. Laat de linzen 35 min. zacht koken en roer ze af en toe door. Het mengsel ziet eruit als een dikke soep.

4 Haal het knoflook uit de oven als het zacht en gaar is en laat het wat afkoelen. Snijd een derde van de bovenkant af en hol de tenen uit boven een schaal. Prak het knoflook met de olie tot een pasta.

5 Voeg de geroosterde knoflookpuree, de djintan en de ketoembar toe aan het linzenmengsel en breng het op smaak met zout en peper. Kook de linzen onafgedekt al roerend nog 10 min. Voeg de stukjes tomaat toe en naar smaak citroensap.

6 Voor de kruidensaus: verhit de olie in een kleine pan met dikke bodem en fruit de sjalotjes bruin en knapperig. Voeg het knoflook toe en bak het mee tot het licht bruint. Haal het mengsel uit de pan en zet het weg.

7 Smelt de ghee of boter in dezelfde pan en bak het komijn- en mosterdzaad tot het mosterdzaad begint te springen. Roer de gedroogde pepertjes, kerrieblaadjes en het sjalottenmengsel erdoor en giet het hete mengsel bij de gekookte dhal. Garneer het gerecht met koriander.

> **Tip van de kok**
> Schrik niet van de hoeveelheid knoflook; geroosterd smaakt het een stuk milder en zachter.

Dhal van tomaten, linzen en geroosterde amandelen

Deze linzenschotel is rijk gevuld met specerijen, kokosmelk en tomaten. Als onderdeel van een feestmaal misstaat hij beslist niet.

Voor 4 personen
2 el plantaardige olie
1 grote ui, gesnipperd
3 teentjes knoflook, fijngehakt
1 wortel, in stukjes
2 tl komijnzaad
2 tl geel mosterdzaad
2,5 cm verse gemberwortel, geraspt
2 tl koenjit
1 tl mild chilipoeder
1 tl garam masala
225 g rode linzen
4 dl water
4 dl kokosmelk
5 tomaten, ontveld en in stukjes
sap van 2 limoenen
4 el fijngehakte verse koriander
zout en versgemalen zwarte peper
25 g geroosterd amandelschaafsel, om te serveren

1 Verhit de olie in een grote pan. Fruit de ui op laag vuur in 5 min. zacht. Voeg knoflook, wortel, komijn- en mosterdzaad en gember toe. Roerbak alles 5 min. tot de zaadjes beginnen te springen en de wortel wat zachter wordt.

2 Voeg koenjit, chilipoeder en garam masala toe en bak het 1 min. mee, zodat alle smaakjes goed opgenomen worden. Roer goed en zorg ervoor dat de specerijen niet aanbranden.

3 Voeg linzen, water, kokosmelk en tomaten toe en breng alles goed op smaak met zout en peper. Breng het mengsel aan de kook, draai het vuur lager en kook de linzen afgedekt 15 min. op laag vuur. Roer ze af en toe, zodat ze niet aan de bodem van de pan gaan vastplakken.

4 Voeg het limoensap en 3 eetlepels verse koriander toe en eventueel nog zout en peper. Kook de linzen in 10-15 min. gaar. Schep ze op warme borden en strooi de rest van de koriander en het geroosterde amandelschaafsel erover.

Linzen met gebakken kruiden

Iedereen die een steelpan en een koekenpan heeft, kan dit klassieke Indiase gerecht maken. Ideaal voor de student met trek.

Voor 4-6 personen
115 g rode linzen
50 g gele spliterwten
3,5 dl water
4 verse groene chilipepers
1 tl koenjit
1 grote ui, in ringen
400 g blokjes tomaat uit blik
4 el plantaardige olie
¼ tl mosterdzaad
¼ tl komijnzaad
1 teentje knoflook, geperst
6 kerrieblaadjes
2 gedroogde rode pepers
¼ tl asafoetida (duivelsdrek)
zout
gefrituurde uitjes ter garnering

1 Doe de linzen en de spliterwten in een pan en voeg water, pepers, koenjit en uiringen toe. Breng de erwten aan de kook. Draai het vuur lager en laat de linzen afgedekt ca. 30 min. koken of tot ze zacht zijn en het water is verdampt.

2 Pureer de linzen met de bolle kant van een lepel. Voeg de tomaten toe en breng het geheel op smaak met zout. Meng alles goed en voeg zo nodig nog wat heet water toe.

3 Verhit de olie in een koekenpan en voeg het mosterd- en komijnzaad toe met knoflook en kerrieblaadjes. Verkruimel de gedroogde pepertjes erboven en roer de asafoetida erdoor. Roerbak het mengsel op laag vuur tot het knoflook bruin wordt.

4 Giet de olie en de kruiden over de linzen en dek de pan af. Schep het geheel na 5 min. goed door en garneer het met gefrituurde uitjes.

> **Tip van de kok**
> Verwijder kleine steentjes uit onverpakte linzen en was de linzen grondig onder de koude kraan. Op zich is het niet nodig de linzen eerst te weken, maar de bruine soort heeft dan wel minder kooktijd nodig.

Eier- en linzencurry

Hardgekookte eieren gaan prima samen met peulvruchten.

Voor 4 personen
75 g groene linzen
7,5 dl groentebouillon
6 eieren
2 el plantaardige olie
3 kruidnagels
¼ tl zwartepeperkorrels
1 ui, gesnipperd
2 verse chilipepers, fijngehakt
2 teentjes knoflook, geperst
2,5 cm verse gemberwortel, fijngehakt
2 el currypasta
400 g blokjes tomaat uit blik
½ tl kristalsuiker
1,75 dl water
½ tl garam masala
peterselie, fijngehakt ter garnering

1 Doe de linzen in een grote pan en voeg de bouillon toe. Breng de bouillon aan de kook, draai het vuur lager en laat de linzen afgedekt ca. 30 min. pruttelen of tot ze zacht zijn. Giet ze af en zet ze weg.

2 Kook de eieren 10 min. in kokend water. Laat ze wat afkoelen, pel ze en snijd ze in de lengte doormidden.

3 Verhit de olie in een grote pan en bak de kruidnagels en de peperkorrels 2 min. Voeg ui, pepers, knoflook en gember toe en roerbak ze 5-6 min.

4 Voeg de currypasta toe en bak deze al roerend nog 2 min. Voeg tomaten, suiker en water toe en laat de saus onder af en toe roeren 5 min. zacht koken tot hij indikt.

5 Voeg gekookte eieren, linzen en garam masala toe. Laat het geheel afgedekt 10 min. zacht koken. Garneer met peterselie en serveer direct.

> **Tip van de kok**
> Laat hardgekookte eieren schrikken in koud water. Zo ontstaat er rond de eierdooier geen donkere ring.

Spinazie-dhal

In dit heerlijke, mild gekruide gerecht worden gele spliterwten tot een dikke, romig mengsel gekookt. Lekker met spinazie.

Voor 4 personen
175 g chana dhal of gele spliterwten
1,75 dl water
1 el plantaardige olie
¼ tl zwart mosterdzaad
1 ui, in dunne ringen
2 teentjes knoflook, geperst
2,5 cm verse gemberwortel, geraspt
1 verse rode chilipeper, fijngehakt
275 g diepvriesspinazie, ontdooid en uitgelekt
¼ tl mild chilipoeder
½ tl ketoembar
½ tl garam masala
zout

1 Was de erwten een paar keer in koud water. Doe ze in een schaal en giet er zo veel water bij dat ze onderstaan. Laat ze 30 min. weken.

2 Giet de erwten af en doe ze in een grote pan met 1,75 dl water. Breng ze aan de kook, draai het vuur lager en kook ze met het deksel op de pan in 20-25 min. zacht.

3 Verhit ondertussen de olie in een grote pan en bak het mosterdzaad 2 min. op laag vuur tot ze beginnen te springen.

4 Voeg ui, knoflook, gember en pepers toe en fruit ze 5-6 min. tot de ui zacht is maar nog niet verkleurd.

5 Voeg de spinazie toe en kook hem ca. 10 min. mee (of tot de spinazie droog is en het vocht is verdampt). Voeg chilipoeder, ketoembar en garam masala toe en breng het mengsel op smaak met zout. Bak het geheel nog 2-3 min.

6 Giet de erwten af, voeg ze toe aan het spinaziemengsel en kook het geheel ca. 5 min. Doe de spinazie-dhal over in een warme schaal en serveer hem direct.

Madras Sambal

Dit gewone Indiase gerecht kent veel variaties. U kunt het als hoofdmaaltijd serveren, maar meestal wordt het gepresenteerd als onderdeel van een maaltijd.

Voor 4 personen
225 g toovar dhal of gespleten rode linzen
6 dl water
½ tl koenjit
2 grote aardappels, in stukken van 2,5 cm
2 el plantaardige olie
½ tl zwart mosterdzaad
¼ tl fenegriekzaad
4 kerrieblaadjes
1 ui, in dunne ringen
115 g sperziebonen, in stukjes
½ tl mild chilipoeder
1 el limoensap
4 el gedroogd kokos
zout
geroosterd kokos ter garnering
chutney om te serveren

1 Was de toovar dhal of linzen een aantal keren in water. Doe ze in een pan met 6 dl water en de koenjit. Breng de linzen aan de kook, draai het vuur lager en laat ze afgedekt 20-30 min. zacht koken.

2 Breng een pan met water en wat zout aan de kook. Doe de aardappels in de pan en kook ze 10 min. Giet ze goed af.

3 Verhit de olie in een grote pan en bak het zaad en de kerrieblaadjes 2-3 min. tot de zaadjes beginnen te springen. Voeg ui en sperziebonen toe en bak ze 7-8 min. Voeg de aardappels toe en bak het mengsel nog 2 min.

4 Giet de linzen af en voeg ze met het chilipoeder, citroensap en zout toe aan de groenten. Kook het geheel 2 min. op laag vuur. Voeg het kokos toe en kook het mengsel nog eens 5 min. Garneer met geroosterd kokos en geef er een chutney bij.

> **Tip van de kok**
> *Toovar dhal zijn gele gespleten erwten. Ze zijn te koop bij de toko.*

Hete en zure kikkererwten

In India kunt u kommetjes met dit gerecht langs de weg kopen.

Voor 4 personen
3 el plantaardige olie
2 uien, gesnipperd
2 tomaten, ontveld en in stukjes
1 el ketoembar
1 el djintan
1 tl gemalen fenegriekzaad
1 tl kaneel
2 x 400 g kikkererwten uit blik, uitgelekt
3,5 dl groentebouillon
1-2 verse hete groene pepers, zonder zaadjes en in dunne ringetjes
2,5 cm verse gemberwortel, geraspt
4 el citroensap
zout
1 el fijngehakte verse koriander ter garnering

1 Verhit de olie in een grote vuurvaste braadslee. Bewaar ca. 2 eetlepels van de uien en fruit de rest in 4-5 min. bruin.

2 Voeg de tomaten toe en bak ze op matig vuur in 5-6 min. zacht. Roer het geheel regelmatig en prak de tomaten daarbij tot pulp.

3 Voeg de specerijen toe, kook ze 30 sec. mee en voeg vervolgens kikkererwten en groentebouillon toe. Breng het geheel op smaak met zout en laat het afgedekt 15-20 min. zacht koken. Roer het af en toe door en voeg water toe als het mengsel te droog wordt.

4 Meng ondertussen de bewaarde ui met de pepers, de gember en het citroensap. Roer dit mengsel vlak voor serveren door de kikkererwten. Voeg zo nodig nog wat zout toe en garneer het gerecht met verse koriander.

> **Tip van de kok**
> In India gebruikt men gedroogde kikkererwten. Als u dat ook wilt, kunt u 350 g kikkererwten een nacht laten weken in water. Giet ze af en kook ze in vers water in 1-1,25 uur gaar.

Masala chana

Door de tamarinde krijgt dit gerecht zijn verrukkelijke, pittige smaak.

Voor 4 personen
50 g tamarindepulp
1,2 dl kokend water
2 el plantaardige olie
½ tl komijnzaad
1 ui, gesnipperd
2 teentjes knoflook, geperst
2,5 cm verse gemberwortel, geraspt
1 verse groene chilipeper, fijngehakt
1 tl djintan
1 tl ketoembar
¼ tl koenjit
½ tl zout
2 tomaten, ontveld en in stukjes
2 x 400 g kikkererwten uit blik, uitgelekt
½ tl garam masala
fijngehakte verse chilipepers en ui ter garnering

1 Breek de tamarinde in stukken en week hem ca. 15 min. in kokend water. Zeef het mengsel in een kom. Gooi weg wat in de zeef achterblijft.

2 Verhit de olie in een grote pan en bak het komijnzaad 2 min. tot het begint te springen. Voeg ui, knoflook, gember en pepers toe en bak het geheel onder af en toe roeren in 5 min. zacht op laag vuur.

3 Voeg djintan, ketoembar, koenjit en zout toe en bak alles nog 3-4 min. Voeg de tomaten en het tamarindevocht toe. Breng het mengsel aan de kook, draai het vuur lager en laat alles 5 min. zacht koken.

4 Voeg de kikkererwten en de garam masala toe. Laat het geheel afgedekt ca. 15 min. zacht koken. Schep het gerecht in een schaal en garneer het met de fijngehakte pepers en ui.

> **Tip van de kok**
> De tamarindepeulen worden samengeperst tot blokjes en zijn te koop in de toko. Gebruik zo veel u nodig hebt en week het zoals wordt beschreven in het recept.

Pittige kikkererwten met gember

Weer zo'n overheerlijk recept met kikkererwten. Deze keer komen er ook gember, lente-ui en verse munt aan te pas.

Voor 4-6 personen
2 el plantaardige olie
1 kleine ui, gesnipperd
4 cm verse gemberwortel, fijngehakt
2 teentjes knoflook, fijngehakt
¼ tl koenjit
450 g tomaten, ontveld en in stukjes
2 x 400 g kikkererwten uit blik, uitgelekt
2 el fijngehakte verse koriander
2 tl garam masala
zout en versgemalen zwarte peper
verse takjes koriander ter garnering

Voor de raita
1,5 dl yoghurt
2 lente-uitjes, gesnipperd
1 tl geroosterd komijnzaad
2 el fijngehakte verse munt
snufje cayennepeper

1 Verhit de olie in een grote pan en fruit de ui hierin 2-3 min. op laag vuur. Voeg gember, knoflook en koenjit toe. Bak alles nog een paar seconden.

2 Voeg de tomaten en de kikkererwten toe en breng het geheel op smaak met zout en peper. Breng het aan de kook en laat het 10-15 min. pruttelen tot het mengsel een dikke saus is geworden.

3 Voor de raita: meng yoghurt, lente-uitjes, geroosterd komijnzaad, munt en cayennepeper in een kleine kom en zet het weg.

4 Voeg vlak voor het eind van de kooktijd de fijngehakte koriander en garam masala toe aan het kikkererwtenmengsel. Garneer het gerecht met takjes koriander en geef de raita erbij.

> **Variatie**
> *Probeer dit gerecht ook eens met bonen uit blik. Limabonen zijn een goed alternatief voor kikkererwten.*

Curry van spinazie en kikkererwten

Serveer deze curry voor een complete, voedzame en smakelijke maaltijd met yoghurt en naanbrood.

Voor 6 personen
2 el plantaardige olie
2 teentjes knoflook, geperst
2 el milde currypasta
1 el zwart mosterdzaad
450 g aardappels, in blokjes
4,75 dl water
450 g diepvriesspinazie, ontdooid
400 g kikkererwten uit blik, uitgelekt
225 g haloumi, in blokjes
1 el vers limoensap
zout en versgemalen zwarte peper
verse takjes koriander ter garnering

1 Verhit de olie in een grote pan. Voeg knoflook en ui toe en fruit ze ca. 5 min. op matig vuur. Voeg de currypasta en het mosterdzaad toe en bak het mengsel nog 1 min.

2 Voeg de blokjes aardappel toe en giet het water erbij. Breng het geheel aan de kook en kook het onder af en toe roeren 20-25 min. op laag vuur tot de aardappels bijna gaar zijn en het meeste vocht is verdampt.

3 Leg ondertussen de ontdooide spinazie in een zeef en pers er zo veel mogelijk vocht uit. Snijd het fijn en voeg het dan met de kikkererwten toe aan het aardappelmengsel. Kook het geheel 5 min. of tot de aardappel gaar is. Roer geregeld.

4 Voeg de blokjes kaas en het limoensap toe, breng het gerecht op smaak met zout en peper en serveer het direct, gegarneerd met takjes verse koriander.

> **Tip van de kok**
> *In India gebruikt men niet zozeer haloumi, maar zelfgemaakte kaas. Gekookte melk wordt gestremd met azijn of citroensap. Het stremsel wordt vervolgens afgegoten en korte tijd aangedrukt met een gewicht.*

Pastinaak en kikkererwten in kruidenpasta

De zoete smaak van pastinaak past heel goed bij de specerijen in deze bijzondere stoofpot.

Voor 4 personen

200 g kikkererwten, 1 nacht geweekt in water
7 teentjes knoflook, fijngehakt
1 kleine ui, gesnipperd
5 cm verse gemberwortel, fijngehakt
2 verse groene chilipepers, zonder zaadjes en fijngehakt
5,5 dl water
2 el arachideolie
1 tl komijnzaad
2 tl ketoembar
1 tl koenjit
½-1 tl mild chilipoeder
50 g gemalen geroosterde cashewnoten
2 tomaten, ontveld en in stukjes
900 g pastinaak, in stukjes
1 tl geroosterde djintan
sap van 1 limoen
zout en versgemalen zwarte peper
verse blaadjes koriander en geroosterde cashewnoten om te serveren

1 Giet de kikkererwten af en doe ze in een pan. Voeg zo veel water toe dat ze onderstaan en breng ze aan de kook. Laat het water 10 min. flink koken, draai dan het vuur wat lager en kook de erwten in 1-1,5 uur gaar.

2 Zet 2 theelepels knoflook opzij. Pureer de rest van het knoflook met ui, gember, de helft van de verse pepers en 5 eetlepels water in een keukenmachine of met een staafmixer tot een gladde pasta.

3 Verhit de olie in een grote pan en bak het komijnzaad 30 sec. Voeg korianderzaad, koenjit, chilipoeder en de gemalen cashewnoten toe.

4 Voeg gember en chilipasta toe en roerbak het mengsel tot het water begint te verdampen. Doe de tomaten erbij en roerbak het mengsel roodbruin van kleur.

5 Giet de kikkererwten af en voeg ze samen met de pastinaak toe aan het tomatenmengsel. Giet de rest van het water erbij. Voeg 1 theelepel zout en flink wat zwarte peper toe. Breng het geheel aan de kook en roer goed. Laat de groente afgedekt 15-20 min. zacht koken tot de pastinaak gaar is.

6 Laat het mengsel zo nodig flink doorkoken zodat de saus indikt. Voeg djintan en limoensap naar smaak toe. Voeg het achtergehouden knoflook en de pepers toe en kook alles nog eens 1-2 min. Strooi de koriander en de geroosterde cashewnoten over het gerecht en serveer het direct.

> **Tip van de kok**
> In dit recept worden gedroogde kikkererwten gebruikt, maar die moeten wel eerst worden geweekt. Voor een snelle maaltijd kunt u twee blikken kikkererwten gebruiken. Voeg ze toe als de pastinaak 5 min. heeft gekookt.

Aubergine-en-kikkererwtenragout

Het ideale gerecht voor een winterse maaltijd. Het combineert twee lekkere ingrediënten met een heerlijke mix van specerijen.

Voor 4 personen

3 grote aubergines, in blokjes
200 g kikkererwten, 1 nacht geweekt in water
3 el olijfolie
3 teentjes knoflook, fijngehakt
2 grote uien, gesnipperd
½ tl djintan
½ tl kaneel
½ tl ketoembar
3 x 400 g blokjes tomaat uit blik
zout en versversgemalen zwarte peper
gekookte rijst om te serveren

Voor de garnering
2 el olijfolie
1 ui, in ringen
1 teentje knoflook, in plakjes
takjes verse koriander

1 Leg de blokjes aubergine in een vergiet en bestrooi ze met zout. Zet het vergiet in een kom en laat het 30 min. staan. Spoel de aubergines af onder de koude kraan en dep ze droog met keukenpapier.

2 Giet de kikkererwten af en zet ze in een pan onder water. Breng ze aan de kook en laat ze in 1-1,5 uur gaar worden. Giet ze af.

3 Verhit de olie in een grote pan en roerbak ui en knoflook in 5 min. zacht.

4 Voeg djintan, kaneel en ketoembar toe en roerbak alles nog een paar seconden. Voeg de blokjes aubergine toe en bak ze 5 min.

5 Voeg tomaten, kikkererwten, zout en peper toe. Laat het geheel afgedekt 20 min. zacht koken.

6 Voor de garnering: verhit de olie in een koekenpan, voeg ui en knoflook toe en bak ze goudbruin en knapperig. Serveer de ragout met rijst, schep het uienmengsel erop en leg daarop wat takjes koriander.

Kidneybonencurry

Dit is een heel populair gerecht in de stijl van de Punjab. Het smaakt ook prima met limabonen.

Voor 4 personen
2 el plantaardige olie
½ tl komijnzaad
1 ui, in dunne ringen
1 verse groene chilipeper, fijngehakt
2 teentjes knoflook, geperst
2,5 cm verse gemberwortel, geraspt
2 el currypasta
1 tl djintan
1 tl ketoembar
½ tl mild chilipoeder
400 g blokjes tomaat uit blik
2 x 400 g rode kidneybonen uit blik, uitgelekt en afgespoeld
2 el fijngehakte verse koriander
zout en versgemalen zwarte peper

1 Verhit de olie in een grote koekenpan. Voeg het komijnzaad toe en bak het 2 min. tot het begint te springen.

2 Voeg ui, peper, knoflook, en gember toe en roerbak het geheel 5 min. op laag vuur tot de ui zacht is.

3 Voeg currypasta, djintan, ketoembar, chilipoeder en zout toe en bak alles 5 min.

4 Voeg de tomaten toe en kook het mengsel 5 min. op laag vuur. Voeg de bonen en de verse koriander toe. Houd een klein beetje koriander achter ter garnering. Kook het geheel 15 min. met het deksel op de pan. Voeg zo nodig nog wat water toe.

5 Voeg eventueel nog wat zout en peper toe. Garneer de curry met de rest van de koriander.

> **Tip van de kok**
> Als u liever gedroogde rode kidneybonen gebruikt, kunt u 225 g 1 nacht in koud water laten weken. Giet de bonen af en doe ze in een pan met ruim koud water. Breng alles aan de kook en laat de bonen 10 min. flink doorkoken. Draai het vuur iets lager en kook de bonen in 1¼ uur gaar.

Gemengdebonencurry

Als uw voorraad gedroogde bonen bijna op is, gebruik dan de restjes voor deze heerlijke curry. Houd er wel rekening mee dat de bonen een nacht moeten weken.

Voor 4 personen
50 g gedroogde rode kidneybonen
50 g gedroogde zwartogenboontjes
50 g gedroogde witte bonen
50 g gedroogde flageolets
2 el plantaardige olie
1 tl komijnzaad
1 tl zwart mosterdzaad
1 ui, gesnipperd
2 teentjes knoflook, geperst
2,5 cm verse gemberwortel, geraspt
2 verse groene chilipepers, fijngehakt
2 el currypasta
½ tl zout
400 g blokjes tomaat uit blik
2 el tomatenpuree
2,5 dl water
2 el fijngehakte verse koriander, plus extra ter garnering

1 Meng de bonen in een grote schaal. Voeg zo veel water toe dat ze onderstaan en laat ze 1 nacht weken.

2 Giet de bonen af en doe ze in een grote pan met dubbel zo veel koud water. Breng de bonen aan de kook en laat ze 10 min. flink doorkoken. Draai het vuur lager en kook de bonen afgedekt in 1-1,5 uur gaar.

3 Verhit de olie in een grote pan en bak komijn- en mosterdzaad 2 min. tot ze beginnen te springen. Voeg ui, knoflook, gember en pepers toe en roerbak alles 5 min. op laag vuur tot de ui zacht is.

4 Voeg de currypasta toe. Bak het geheel al roerend nog 2-3 min. en voeg dan het zout toe. Voeg tomaten, tomatenpuree en 2,5 dl water toe, meng alles goed en laat het 5 min. zachtjes koken.

5 Voeg de uitgelekte bonen en de verse koriander toe aan het tomatenmengsel. Laat de curry afgedekt 30 min. pruttelen tot de saus indikt. Garneer de curry met koriander.

Mung-dhal met courgettes

Meestal zijn dhal-gerechten nogal waterig, maar deze met courgettes is wat dikker.

Voor 4-6 personen
175 g mung-dhal
½ tl koenjit
3 dl water
2 el plantaardige olie
1 grote ui, in dunne ringen
2 teentjes knoflook, geperst
2 verse groene chilipepers, fijngehakt
½ tl mosterdzaad
½ tl komijnzaad
¼ tl asafoetida
een paar verse blaadjes koriander en munt, fijngehakt
6-8 kerrieblaadjes
½ tl kristalsuiker
200 g blokjes tomaat uit blik, uitgelekt
225 g courgettes, in blokjes
zout
4 el limoensap

1 Week de mung-dhal ongeveer 4 uur in ruim water. Laat hem goed uitlekken en doe hem in een pan.

2 Voeg de koenjit en het water toe. Breng dit aan de kook en laat het afgedekt 15 min. zacht koken, tot de dhal gaar is maar nog geen moes is. Giet de dhal af en bewaar het kookvocht.

3 Verhit de olie in een koekenpan en voeg alle ingrediënten behalve het limoensap toe. Laat het geheel afgedekt koken tot de courgettes bijna gaar zijn. Roer af en toe.

4 Schep de mungboontjes en het citroensap erdoor. Als het gerecht te droog is, voegt u nog wat van het achtergehouden kookvocht toe. Verwarm het gerecht weer en serveer het.

Tips van de kok
- Mung-dhal kunt u vinden in de toko. Het zijn eigenlijk gespleten mungboontjes die zijn gepeld.
- Asafoetida wordt gemaakt van hars van een nogal onwelriekende venkelplant. Gedroogd en in poedervorm doet de geur denken aan ui. Wordt ook gebruikt om winderigheid tegen te gaan.

Mungboontjes met aardappels

Mungboontjes zijn snel gaar en daarom eenvoudig in het gebruik.

Voor 4 personen
175 g mungboontjes
7,5 dl water
2 aardappels, in stukken van 2 cm
2 el plantaardige olie
½ tl komijnzaad
1 verse groene chilipeper, fijngehakt
1 teentje knoflook, geperst
2,5 cm verse gemberwortel, fijngehakt
¼ tl koenjit
½ tl mild chilipoeder
1 tl zout
1 tl kristalsuiker
4 kerrieblaadjes, plus wat extra ter garnering
5 tomaten, ontveld en in stukjes
1 el tomatenpuree

1 Doe de bonen in een pan en voeg het water toe. Breng het aan de kook, draai het vuur lager en laat de bonen 30 min. zachtjes koken. Giet ze af en zet ze weg.

2 Kook ondertussen de aardappels 10 min. in een andere pan. Giet ze af en zet ze weg.

3 Verhit de olie in een grote pan en bak het komijnzaad tot het springt. Voeg chilipeper, knoflook en gember toe en roerbak alles 3-4 min. op laag vuur.

4 Voeg koenjit, chilipoeder, zout en suiker toe. Bak dit 2 min. en blijf roeren, zodat het mengsel niet aan de pan koekt.

5 Voeg kerrieblaadjes, tomaten en tomatenpuree toe en laat het geheel 5 min. zacht koken tot de saus indikt. Voeg mungboontjes en aardappels toe en verwarm alles. Schep het gerecht in een schaal en garneer het met de extra kerrieblaadjes.

Tip van de kok
Mungboontjes hoeven, in tegenstelling tot andere peulvruchten, niet eerst te worden geweekt.

Rodebonenchili

Witte wijn en sojasaus zijn niet bepaald standaardingrediënten voor een chiligerecht; aan de smaak van deze pittige bonenschotel kunnen de traditionele chili's dan ook niet tippen.

Voor 4 personen
2 el plantaardige olie
1 ui, gesnipperd
400 g blokjes tomaat uit blik
2 teentjes knoflook, geperst
3 dl witte wijn
ca. 3 dl groentebouillon
115 g rode gespleten linzen
2 verse takjes tijm of 1 tl gedroogde tijm
2 tl djintan
3 el donkere sojasaus
½ verse hete chilipeper, zonder zaadjes en fijngehakt
1 tl gemengde kruiden
225 g rode kidneybonen uit blik, uitgelekt en afgespoeld
2 tl kristalsuiker
zout
gekookte rijst en maïs om te serveren

1 Verhit de olie in een grote pan. Fruit de ui op laag vuur in ca. 5 min. zacht.

2 Voeg tomaten en knoflook toe en bak ze 10 min. Voeg de wijn en de bouillon toe. Breng het geheel aan de kook.

3 Voeg linzen, tijm, djintan, sojasaus, peper en gemengde kruiden toe. Laat het geheel afgedekt 40 min. zacht koken of tot de linzen gaar zijn. Roer het af en toe en voeg zo nodig nog wat water toe.

4 Voeg kidneybonen en suiker toe en laat het mengsel nog 10 min. koken. Voeg nog wat bouillon of water toe als het mengsel te droog wordt. Breng de chili op smaak met zout en serveer hem heet met gekookte rijst en maïs.

> **Tip van de kok**
> Als u van heet houdt, hoeft u de chilipeper niet te ontdoen van de zaadlijsten.

Kidneybonen met basmatirijst

Rode kidneybonen, tomaten en chilipoeder passen heel goed bij elkaar. U kunt dit gerecht ook serveren met pasta of pitabroodjes.

Voor 4 personen
350 g basmatirijst
2 el olijfolie
1 grote ui, gesnipperd
1 teentje knoflook, geperst
1 el heet chilipoeder
1 el bloem
1 el tomatenpuree
400 g blokjes tomaat uit blik
400 g rode kidneybonen uit blik, uitgelekt en afgespoeld
1,5 dl groentebouillon
zout en versgemalen zwarte peper
fijngehakte verse peterselie ter garnering

1 Was de rijst een aantal keren in koud water. Laat hem eventueel 30 min. in water weken.

2 Breng een grote pan met water aan de kook. Giet de rijst af en kook hem dan in 10-12 min. gaar in het water

3 Verhit ondertussen de olie in een koekenpan. Voeg ui en knoflook toe en fruit ze 2 min. op laag vuur. Voeg chilipoeder en bloem toe. Roerbak het mengsel 2 min.

4 Voeg tomatenpuree, tomaten, bonen en hete bouillon toe. Kook het geheel met het deksel op de pan 12 min. (roer af en toe).

5 Voeg eventueel nog zout en peper toe. Giet de rijst af en serveer het gerecht direct met de chilibonen en bestrooid met wat verse peterselie.

> **Tip van de kok**
> Basmatirijst wordt algemeen beschouwd als de langkorrelige rijst met de lekkerste smaak en fijnste textuur. Maar u kunt natuurlijk ook andere rijst gebruiken, zoals zilvervliesrijst.

Gesmoorde aubergine en courgette

De verse rode pepers geven nog wat extra's aan dit eenvoudige, pittige en opzienbarende gerecht. Als u niet zo van heet houdt, neem dan milde pepers of zelfs paprika.

Voor 4 personen
1 aubergine, ca. 350 g
2 kleine courgettes
1 el plantaardige olie
2 teentjes knoflook, fijngehakt
2 verse rode chilipepers, zonder zaadjes en fijngehakt
1 kleine ui, gesnipperd
1 el zwartebonensaus
1 el donkere sojasaus
3 el water
zout

1 Snijd het topje van de aubergine en snijd hem in de lengte doormidden. Snijd er dan 1 cm dikke plakken van. Leg de plakken in een vergiet en strooi er zout over. Laat het vergiet ca. 20 min. staan, zodat het vocht uit de aubergine weg kan lopen.

2 Snijd ondertussen de courgette in dunne reepjes.

3 Spoel de aubergine af onder de koude kraan, laat de plakken uitlekken en dep ze droog met keukenpapier.

4 Verhit de olie in een hete wok. Voeg knoflook, pepers en ui toe en roerbak het geheel 2-3 minuten op matig vuur. Voeg de zwartebonensaus toe.

5 Draai het vuur lager en voeg de plakken aubergine toe. Roerbak ze 2 min. Voeg zo nodig wat water toe, zodat ze niet aanbranden.

6 Voeg de courgettes, de sojasaus en 3 eetlepels water toe. Kook het geheel onder af en toe roeren nog 5 min. Serveer het gerecht heet.

Roerbakgroenteschotel

Serveer deze roerbakschotel met rijst of noedels.

Voor 4 personen
1 el plantaardige olie
1 tl geroosterde sesamolie
1 teentje knoflook, fijngehakt
2,5 cm verse gemberwortel
225 g worteltjes
350 g broccoli, in roosjes
175 g aspergepunten
2 lente-uitjes, diagonaal gesneden
175 g raapstelen, in stukjes
2 el lichte sojasaus
1 el appelsap
1 el sesamzaad, geroosterd

1 Verhit de twee soorten olie in een wok en bak het knoflook 2 min. op laag vuur. Draai het vuur hoger, voeg gember, worteltjes, broccoli en asperges toe en roerbak de groenten 4 min. Voeg de lente-uitjes en de raapstelen toe en roerbak alles nog eens 2 min.

2 Druppel sojasaus en appelsap over het gerecht en roerbak alles 1-2 min. tot de groenten beetgaar zijn. Bestrooi het gerecht met sesamzaad en serveer direct.

Roerbakschotel met kool

Gebruik drie of vier verschillende soorten kool, waaronder paksoi.

Voor 4 personen
1 el plantaardige olie
1 teentje knoflook, fijngehakt
2,5 cm verse gemberwortel, fijngehakt
450 g diverse soorten kool, fijngehakt
2 tl lichte sojasaus
1 tl honing
1 el sesamzaad, geroosterd

1 Verhit de olie in een wok en bak het knoflook 2 min. op laag vuur. Draai het vuur hoger en voeg gember en kool toe. Roerbak het geheel 4 min.

2 Voeg sojasaus en honing toe en roerbak alles nog eens 1-2 min. Strooi het sesamzaad over de groenten en serveer direct.

Gesmoorde tofu met paddestoelen

In dit heerlijke vetarme vegetarische hoofdgerecht geven de paddestoelen de tofu smaak.

Voor 4 personen
350 g tofu
½ tl sesamolie
2 tl lichte sojasaus
1 el plantaardige olie
2 teentjes knoflook, fijngehakt
½ tl geraspte verse gemberwortel
115 g shii-take, zonder steeltjes
175 g oesterzwammen
115 g enokitake uit blik, uitgelekt
115 g champignons, gehalveerd
1 el Chinese rijstwijn of medium-

1 Doe de tofu in een kom en voeg sesamolie, lichte sojasaus en flink wat peper toe. Laat de tofu 10 min. marineren. Giet hem af en snijd hem in stukken van 2,5 x 1 cm.

2 Verhit de plantaardige olie in een wok. Voeg knoflook en gember toe en roerbak ze een paar seconden op laag vuur. Draai het vuur hoger, voeg alle paddestoelen toe en roerbak het geheel 2 min.

3 Voeg Chinese rijstwijn of sherry, sojasaus en bouillon toe en breng het geheel op smaak met zout en peper. Roerbak het 4 min.

4 Meng maïzena met water tot een papje. Roer dit mengsel door het paddestoelenmengsel in de wok en roerbak ze tot de maïzena begint te binden.

5 Voeg de tofu toe. Schep het geheel voorzichtig om en laat het nog 2 min. zacht koken.

6 Doe het roerbakgerecht over in een grote, warme schaal en garneer het met de stukjes lente-ui.

Roodgekookte tofu met Chinese paddestoelen

'Roodgekookt' is een term die wordt gebruikt voor Chinese gerechten met donkere sojasaus.

Voor 2-4 personen
6 gedroogde Chinese paddestoelen
225 g stevige tofu
3 el donkere sojasaus
2 el Chinese rijstwijn of medium-dry sherry
2 tl donkerbruine basterdsuiker
1 teentje knoflook, geperst
1 el geraspte verse gemberwortel
½ tl Chinees vijfkruidenpoeder
snufje gemalen szechuanpeper
1 tl maïzena
2 el arachideolie
5-6 lente-uitjes, in stukjes
verse blaadjes basilicum ter garnering
gekookte rijstnoedels om te serveren

1 Week de gedroogde Chinese paddestoelen 20-30 min.

2 Snijd de tofu in blokjes van 2,5 cm en doe ze in een schaal. Meng sojasaus, rijstwijn of sherry, suiker, knoflook, gember, vijfkruidenpoeder en szechuanpeper in een kom. Roer het mengsel door de blokjes tofu en laat ze 10 min. marineren. Giet de tofu af, bewaar de marinade en voeg de maïzena toe.

3 Giet de paddestoelen af en bewaar 6 eetlepels weekvocht. Giet dit bij het maïzenamengsel, roer alles goed en zet het weg. Knijp de paddestoelen uit, verwijder de stelen en snijd de hoedjes in plakjes.

4 Verhit de olie in een wok en bak de tofu in 2-3 min. goudbruin. Schep de blokjes met een schuimspaan uit de wok.

5 Doe de paddestoelen en witte delen van de lente-uitjes in de wok en roerbak ze 2 min. Voeg het maïzenamengsel toe en roer het geheel 1 min. tot het indikt. Doe de blokjes tofu weer in de wok met de groene delen van de lente-uitjes. Laat het geheel 1-2 min. zacht koken. Serveer het gerecht gegarneerd met basilicum en geef er rijstnoedels bij.

Stoofpotje met gemengde groenten en linzen

In de herfst willen we stevige en gezonde kost, zoals dit voedzame maar vetarme gerecht.

Voor 6 personen
1 el zonnebloemolie
2 stengels prei, in stukken
1 teentje knoflook, fijngehakt
4 stengels bleekselderij, in stukjes
2 wortels, in stukjes
2 pastinaken, in blokjes
1 zoete aardappel, in blokjes
225 g koolraap, in blokjes
175 g groene of bruine linzen
450 g tomaten, ontveld en in stukjes
1 el verse tijm, fijngehakt
1 el verse marjoraan, fijngehakt
9 dl groentebouillon
1 el maïzena
3 el water
zout en versgemalen zwarte peper
takjes verse tijm ter garnering

1 Verwarm de oven voor op 180 °C. Verhit de olie in een ovenvaste braadpan. Voeg prei, knoflook en bleekselderij toe en bak ze 3 min. op laag vuur.

2 Voeg wortel, pastinaak, zoete aardappel, koolraap, linzen, tomaten, kruiden, bouillon, zout en peper toe. Breng het mengsel al roerend aan de kook.

3 Zet de braadpan afgedekt in de oven en bak het mengsel ca. 50 min. tot de groenten en linzen gaar zijn. Haal de stoofpot een of twee keer uit de oven om door te roeren, zodat de groenten gelijkmatig gaar worden.

4 Haal de stoofpot uit de oven. Meng de maïzena in een kommetje met het water. Roer het papje door de stoofpot en breng het al roerend aan de kook tot het indikt. Laat de stoofpot al roerend nog 2 min. zacht koken.

5 Verdeel het gerecht over zes borden en garneer het met takjes verse tijm.

Paddestoelenschotel met venkel

Dit opvallende hoofd- of bijgerecht is werkelijk verrukkelijk. De gedroogde en verse paddestoelen komen uitstekend tot hun recht.

Voor 4 personen
25 g gedroogde shii-take
2 el olijfolie
12 hele sjalotjes, gepeld
1 kleine venkelknol, in stukjes
225 g champignons, gehalveerd
3 dl droge cider
2 grote stukken zongedroogde tomaten in olie, uitgelekt en in plakken
2 el zongedroogdetomatenpasta
1 laurierblaadje
fijngehakte verse peterselie ter garnering

1 Laat de gedroogde shii-take 20 min. wellen in een kom met kokend water. Giet ze af en bewaar het vocht. Verwijder de steeltjes en snijd de hoedjes in stukken.

2 Verhit de olie in een vuurvaste braadslee. Voeg sjalotjes en venkel toe en bak het geheel 10 min. op laag vuur onder af en toe roeren of tot het mengsel zacht is en de sjalotjes licht gebruind.

3 Voeg de champignons toe en bak ze 2-3 min. mee. Roer de shii-take door het mengsel en bak ze nog 1 min. mee.

4 Giet de cider erbij en voeg de zongedroogde tomaten en -tomatenpasta toe. Voeg het laurierblaadje toe. Breng het geheel aan de kook, draai het vuur lager en laat het geheel afgedekt ca. 30 min. zacht koken.

5 Lijkt het mengsel wat droog, roer dan het bewaarde vocht van de geweekte shii-take erdoor en warm het weer op. Verwijder het laurierblaadje en garneer de jachtschotel met peterselie. Serveer direct.

> **Tip van de kok**
> Omdat gedroogde paddestoelen behoorlijk zwellen tijdens het wellen, is een kleine hoeveelheid vaak al voldoende.

Roerbakgroenten met cashewnoten

Dit veelzijdige roerbakrecept kan met allerlei groenten worden bereid.

Voor 4 personen
2 wortels
1 rode paprika
1 groene paprika
2 courgettes
115 g sperziebonen
1 bosje lente-uitjes
1 el olijfolie vierge
4-6 kerrieblaadjes
½ tl wit komijnzaad
4 gedroogde rode chilipepers
10-12 cashewnoten
1 tl zout
2 el limoensap
verse muntblaadjes ter garnering

1 Snijd wortels, paprika's en courgettes in dunne reepjes. Halveer de bonen en snipper de lente-uitjes. Zet ze weg.

2 Verhit de olie in een wok en roerbak kerrieblaadjes, komijnzaad en rode pepers 1 min.

3 Voeg de groenten en de noten toe en roerbak ze 3-4 min. Voeg zout en citroensap toe. Roer de groenten beetgaar in ongeveer 2 min.

4 Doe de groenten over in een warme schaal. Verwijder eventueel de pepers. Garneer het gerecht met blaadjes munt en serveer het direct.

Tips van de kok
- *Voor roerbakgerechten kunt u het best een wok met antiaanbaklaag gebruiken, zodat u weinig olie nodig hebt. Zo'n wok kan echter niet zo heet worden als een gewone wok.*
- *U kunt het vetgehalte nog meer verminderen door in plaats van olijfolie een lichte oliespray te gebruiken.*

Roerbakschotel met bloemkool

Dit smakelijke gerecht is lekker knapperig en bovendien snel klaar. Het zit boordevol vezels en bevat heel weinig vet.

Voor 4 personen
1 el olijfolie
1 laurierblaadje
2 kruidnagels
1 stokje kaneel
2 kardemompeulen
3 zwartepeperkorrels
1 tl zout
2 grote wortels, in reepjes
1 kleine bloemkool, in roosjes
50 g diepvrieserwten
2 tl limoensap
1 el fijngehakte verse koriander
verse blaadjes koriander ter garnering

1 Roerbak laurierblaadje, kruidnagels, stokje kaneel, kardemompeulen en peperkorrels 30-35 sec. in de olie. Voeg het zout toe.

2 Voeg wortels en bloemkool toe en roerbak ze 3-5 min. Voeg erwten, limoensap en fijngehakt koriander toe en bak het geheel nog 2-3 min. Garneer het gerecht met koriander.

Roerbakschotel met broccoli

Door de gember en sinaasappel is dit snelle roerbakgerecht heel lekker en pittig.

Voor 4 personen
675 g broccoli, in roosjes
2 plakjes verse gemberwortel
sap van 1 sinaasappel
2 tl maïzena
½ tl suiker
1 el olijfolie
1 teentje knoflook, fijngehakt
reepjes sinaasappelschil, geweekt in koud water

1 Snijd de broccolistelen in schijfjes en de gember in reepjes. Meng sinaasappelsap, maïzena, suiker en 4 eetlepels water.

2 Verhit de olie in een wok en roerbak de broccolisteeltjes 2 min. Voeg dan gember, knoflook en broccoliroosjes toe en roerbak alles 3 min. Roer het sinaasappelmengsel erdoor tot het indikt. Voeg de sinaasappelschil toe en serveer het gerecht.

Paddestoelen in romige knoflooksaus

Nagenoeg vetvrije roomkaas is een uitkomst voor iedereen die het vetgehalte in zijn of haar voedsel wil verminderen. Ondertussen is dit roerbakgerecht bedrieglijk romig.

Voor 4 personen
1 el olijfolie
3 teentjes knoflook, fijngehakt
2 verse groene chilipepers, zonder zaadjes en fijngehakt
350 g champignons, gehalveerd
2-3 el groentebouillon
225 g vetarme roomkaas
1 el fijngehakte verse munt
1 el fijngehakte verse koriander
1 tl zout
verse blaadjes munt en koriander ter garnering

1 Verhit de olie in een wok. Voeg laurierblaadje, knoflook en pepers toe en roerbak het geheel ca. 1 min.

2 Voeg de paddestoelen en de bouillon toe. Kook ze al roerend 3-5 min. op hoog vuur tot de bouillon is opgenomen.

3 Haal de wok van het vuur en voeg roomkaas, munt, koriander en zout toe. Zet de wok weer op het vuur en roerbak het mengsel 2 min. Doe het paddestoelenmengsel over in een warme schaal en garneer het met blaadjes munt en koriander.

Tip van de kok
Zoals u waarschijnlijk wel weet kunnen paddestoelen een verbazingwekkende hoeveelheid vet opnemen. Bak ze eens in een lekkere, zelfgemaakte groentebouillon; de paddestoelen blijven dan heerlijk mals en sappig.

Balti met maïs en bloemkool

Dit snelle en smakelijke groentegerecht is heel gemakkelijk te maken met diepvriesmaïs.

Voor 4 personen
1 el maïsolie
4 kerrieblaadjes
¼ tl uienzaad
2 uien, gesnipperd
1 verse rode chilipeper, zonder zaadjes en fijngehakt
175 g diepvriesmaïs
½ kleine bloemkool, in roosjes
6 verse blaadjes munt

1 Verhit de olie in een wok. Voeg kerrieblaadjes en uienzaadjes toe en roerbak ze ca. 30 sec.

2 Voeg de uien toe en roerbak ze in 5-8 min. goudbruin. Voeg pepers, maïs en bloemkool toe en roerbak het mengsel 5-8 min.

3 Voeg tot slot de blaadjes munt toe en serveer het gerecht direct.

Peultjes en paprika

Bij de beetgare groenten in dit eenvoudige roerbakgerecht hoort een verrukkelijke saus.

1 tl maïzena
2 tl droge sherry
1 el sojasaus
6 el groentebouillon
1 el zoete chilisaus
1 el zonnebloemolie
2 rode paprika's, in reepjes
115 g peultjes

1 Meng maïzena en sherry tot een papje. Voeg de sojasaus, de bouillon en de chilisaus toe.

2 Verhit de olie in een wok en roerbak de reepjes paprika en de peultjes in 2-3 min. beetgaar.

3 Roer de saus door het mengsel en roerbak het geheel nog 1-2 min. tot de groenten glanzen en de saus heet is.

Balti-aardappels met aubergines

Dit gerecht wordt extra aantrekkelijk en lekker door de kleine groenten.

Voor 4 personen
10-12 krieltjes, ongeschild
1 el maïsolie
2 uien, in ringen
4-6 kerrieblaadjes
½ tl uienzaad
1 tl ketoembar
1 tl komijnzaad
1 rode paprika, in reepjes
1 tl geraspte gemberwortel
1 tl knoflook, geperst
1 tl gedroogde rode chilipepers, geplet
1 el fijngehakte verse fenegriek
6 kleine aubergines, in vieren
1 tl fijngehakte verse koriander
1 el magere yoghurt
verse blaadjes koriander ter garnering

1 Breng een pan met water aan de kook, voeg de aardappels toe en kook ze in ca. 20 min. bijna gaar. Giet ze af en zet ze weg.

2 Verhit de olie in een wok en fruit ui, kerrieblaadjes, uienzaad, ketoembar en komijnzaad tot de ui licht goudbruin is.

3 Voeg reepjes paprika, gember, knoflook, pepers en fenegriek toe, en daarna de aubergines en aardappels. Roer alles goed en doe dan een deksel op de pan. Draai het vuur lager en laat het geheel 5-7 min. koken.

4 Haal het deksel van de pan en voeg de verse koriander toe. Roer de yoghurt door het gerecht, serveer het met blaadjes koriander en serveer direct.

> **Tip van de kok**
> Om schiften te voorkomen is het altijd het beter yoghurt eerst goed te kloppen voor u hem aan een warm gerecht toevoegt. U kunt de yoghurt ook stabiliseren met 1 theelepel maïzena voordat u hem toevoegt aan een warm gerecht.

Sperziebonenbalti met maïs

Diepvriessperziebonen zijn heel geschikt voor dit kleurige bijgerecht, omdat ze snel gaar zijn.

Voor 4 personen
1 el zonnebloemolie
¼ tl mosterdzaad
1 rode ui, gesnipperd
50 g maïs
50 g rode kidneybonen uit blik, uitgelekt en afgespoeld
175 g diepvriessperziebonen
1 verse rode chilipeper, zonder zaadjes en fijngehakt
1 teentje knoflook, fijngehakt
2,5 cm verse gemberwortel, fijngehakt
1 el fijngehakte verse koriander
1 tl zout
1 tomaat, in stukjes ter garnering

1 Verhit de olie in een wok. Voeg mosterdzaad en ui toe en roerbak ze ca. 2 min. op laag vuur tot het zaad begint te springen en te geuren en de ui zacht wordt.

2 Voeg maïs, kidneybonen en sperziebonen toe. Roerbak ze ca. 3-5 min. tot de bonen beetgaar zijn.

3 Voeg peper, knoflook, gember, koriander en zout toe en roerbak alles 2-3 min.

4 Neem de wok van het vuur. Doe het mengsel over in een warme schaal en garneer het gerecht met de stukjes tomaat.

> **Tip van de kok**
> Eigenlijk worden balti-gerechten gekookt in een karahi of baltipan, die lijkt op een wok en in allerlei grootten en materialen te koop is. U kunt ook roerbakken in een hapjespan of braadpan, als hij maar diep genoeg is. De warmte is echter niet gelijkmatig verdeeld. In Pakistan wordt het gerecht direct vanuit de karahi geserveerd, die op een speciale onderzetter op tafel staat.

Curry met okra en champignons

Deze simpele, maar heerlijke curry wordt geserveerd met een verse mangochutney.

Voor 4 personen
4 teentjes knoflook, fijngehakt
2,5 cm verse gemberwortel, geraspt
1-2 verse rode chilipepers, zonder zaadjes, fijngehakt
1,75 dl water
1 el zonnebloemolie
1 tl korianderzaad
1 tl komijnzaad
1 tl djintan
2 kardemompeulen, gemalen
½ tl koenjit
400 g blokjes tomaat uit blik
450 g champignons, in vieren
225 g okra's, gepunt en in stukjes van 1 cm
2 el verse koriander, fijngehakt
gekookte basmatirijst om te serveren

Voor de mangochutney
1 grote, rijpe mango, ca. 500 g
1 teentje knoflook, geperst
1 ui, gesnipperd
2 tl verse gemberwortel, geraspt
1 verse rode chilipeper, zonder zaadjes, fijngehakt
snufje suiker
snufje zout

1 Voor de chutney: schil de mango, verwijder de pit en snijd hem in blokjes. Pureer de mango met een vork of een staafmixer. Voeg de overige chutneyingrediënten toe en zet het mengsel weg.

2 Pureer knoflook, gember, pepertjes en 3 eetlepels water met een staafmixer of keukenmachine tot een glad mengsel.

3 Verhit de olie in een braadpan. Laat het koriander- en komijnzaad een paar seconden springen in de olie, voeg djintan, kardemom en koenjit toe en roerbak alles nog 1 min. Voeg de knoflookpuree, tomaten en de rest van het water toe en roer goed. Voeg de okra's en paddestoelen toe en breng het mengsel al roerend aan de kook. Laat de curry 5 min. afgedekt pruttelen.

4 Haal het deksel van de pan, draai het vuur iets hoger en kook de curry nog 10 min. tot de okra zacht is. Voeg de verse koriander toe. Geef er mangochutney en rijst bij.

Bengaalse groente

Veel curry's moeten langzaam worden gekookt, zodat de smaak helemaal tot zijn recht komt. Deze curry is eenvoudig en snel te maken, dankzij de specerijen die hun smaak snel vrijgeven.

Voor 4 personen
½ bloemkool, in roosjes
1 grote aardappel, geschild, in stukjes van 2,5 cm
115 g sperziebonen, gepunt
2 courgettes, in de lengte gehalveerd, in plakjes
2 verse groene chilipepers, zonder zaadjes, fijngehakt
2,5 cm verse gemberwortel, fijngehakt
1,2 dl yoghurt
2 tl ketoembar
½ tl koenjit
2 el ghee of geklaarde boter
½ tl garam masala
1 tl komijn
2 tl kristalsuiker
snufje djahé
snufje kaneel
snufje kardemom
zout en versgemalen zwarte peper

1 Breng een grote pan met water en zout aan de kook. Voeg bloemkool en aardappel toe en kook ze 5 min. Voeg bonen en courgettes toe en kook het geheel nog 2-3 min.

2 Giet de groenten af en doe ze over in een schaal. Voeg peper, gember, yoghurt, ketoembar en koenjit toe. Breng het geheel op smaak met flink wat zout en peper en roer het goed.

3 Verhit de ghee in een grote braadpan. Voeg het groentemengsel toe en kook alles al roerend 2 min. op hoog vuur.

4 Voeg de garam masala en komijn toe, bak het geheel 2 min. en voeg dan suiker en overige kruiden toe. Kook het gerecht nog ca. 1 min., of tot al het vocht is verdampt, en serveer direct.

> **Tip van de kok**
> *Smelt om boter te klaren 50 g boter in een steelpannetje. Neem het pannetje van het vuur en laat de boter 5 min. rusten. Giet de boter af en laat het bezinksel in de pan.*

Spinazie met champignons en rode paprika

Dit is een geweldige manier om drie smakelijke en voedzame groenten te koken. Serveer het roerbakgerecht dampend heet, met versbereide chapati's.

Voor 4 personen
- 450 g verse of diepvriesspinazie
- 2 el maïsolie
- 2 uien, gesnipperd
- 6-8 kerrieblaadjes
- ¼ tl uienzaad
- 1 tl knoflook, geperst
- 1 tl verse gemberwortel, geraspt
- 1 tl mild chilipoeder
- 1 tl zout
- 1½ tl ketoembar
- 1 grote rode paprika, in reepjes
- 115 g champignons, in plakjes
- 225 g vetarme roomkaas
- 2 el verse blaadjes koriander

1 Blancheer verse spinazie even in kokend water en laat hem goed uitlekken. Ontdooi bevroren spinazie en laat hem uitlekken. Zet de spinazie weg.

2 Verhit de olie in een wok. Voeg ui, kerrieblaadjes en uienzaad toe en fruit ze, onder af en toe roeren, 1-2 min. Voeg knoflook, gember, chilipoeder, zout en ketoembar toe. Roerbak het geheel nog 2-3 min.

3 Voeg de helft van de reepjes paprika toe en alle champignons en roerbak het geheel nog 2-3 min.

4 Voeg de spinazie toe en roerbak alle groenten nog 4-6 min. Roer tot slot de roomkaas en de helft van de verse koriander erdoor, en daarna de rest van de reepjes paprika. Roerbak alles nog eens 2-3 min. op matig vuur. Garneer het gerecht met de rest van de koriander.

Variatie
Voeg voor een pittiger gerecht bij stap 3 samen met de reepjes paprika een fijngehakt rood chilipepertje toe.

Mihoen met pittige groentesaus

De verse pepertjes en koriander maken dit gerecht lekker pittig.

Voor 4 personen
- 1 el zonnebloemolie
- 1 ui, gesnipperd
- 2 teentjes knoflook, geperst
- 1 verse rode chilipeper, zonder zaadjes, fijngehakt
- 1 rode paprika, in stukjes
- 2 wortels, in stukjes
- 175 g kleine maïskolfjes, gehalveerd
- 225 g bamboescheuten uit blik, uitgelekt en afgespoeld
- 400 g kidneybonen uit blik, uitgelekt en afgespoeld
- 3 dl passata (tomatensaus)
- 1 el sojasaus
- 1 tl ketoembar
- 250 g mihoen of rijstmie
- 2 el verse koriander, fijngehakt
- zout en versgemalen zwarte peper
- verse blaadjes peterselie ter garnering

1 Verhit de olie in een pan en fruit ui, knoflook, chilipeper en paprika 5 min. Voeg wortel, maïs, bamboescheuten, kidneybonen, passata, sojasaus en ketoembar toe. Breng het geheel aan de kook, draai het vuur lager en laat het afgedekt 30 min. zacht koken tot de groenten gaar zijn. Voeg zout en peper toe.

2 Breng ondertussen een pan met water aan de kook, doe de rijstmie in de pan en neem de pan van het vuur. Laat de pan afgedekt ca. 4 min. staan tot de mie net gaar is. Laat de mie goed uitlekken, spoel hem af met kokend water en laat hem nogmaals uitlekken.

3 Roer de verse koriander door de saus. Schep de noedels op warme borden, schep er wat saus over en garneer het gerecht met peterselie.

Tip van de kok
Hoewel in dit recept rijstmie wordt gebruikt, kunt u allerlei soorten mie gebruiken, of zelfs spaghetti.

Penne met artisjokken

De heerlijke pastasaus zit boordevol knoflook. Dit gerecht is een perfecte eerste gang voor een dineetje tijdens het artisjokkenseizoen.

Voor 6 personen
sap van ½ citroen
2 artisjokken
1 el olijfolie
1 kleine venkelknol, in dunne plakken (bewaar de blaadjes)
1 ui, gesnipperd
4 teentjes knoflook, fijngehakt
handjevol verse bladpeterselie, gesneden
400 g stukjes Italiaanse romatomaten uit blik
1,5 dl droge witte wijn
350 g penne
2 tl kappertjes, fijngehakt
zout en versgemalen zwarte peper
geraspte parmezaanse kaas om te serveren

1 Vul een kom met koud water en voeg het citroensap toe. Snijd de steel van de artisjokken en verwijder de buitenste bladeren. Snijd de bovenkant van de lichte, binnenste bladeren, zodat de bodem overblijft. Snijd deze in de lengte doormidden, breek dan de harige kern open en gooi hem weg. Snijd de artisjokken in de lengte in plakken van 5 mm dik. Doe ze in de kom met het zure water.

2 Breng een grote pan water met zout aan de kook, voeg de artisjokken toe en kook ze 5 min. Giet ze af en zet ze weg.

3 Verhit de olie in een grote pan en kook venkel, ui, knoflook en peterselie ca. 10 min. op laag vuur tot de venkel zacht en licht gekleurd is. Voeg tomaten en wijn toe, en naar smaak zout en peper. Breng het geheel al roerend aan de kook en laat het dan 10-15 min. zacht koken. Roer de artisjokken erdoor en laat alles afgedekt nog 10 min. zacht koken.

4 Kook de penne in ca. 12 min. al dente.

5 Giet de pasta af en doe hem over in de schone pan. Roer de kappertjes door de saus. Giet de saus over de pasta en schep alles goed om. Garneer het gerecht met de venkelblaadjes. Geef de geraspte parmezaanse kaas er apart bij.

Conchiglie met geroosterde groenten

Eenvoudiger of lekkerder kan niet: gekookte pasta gemengd met geroosterde groenten.

Voor 4 personen
1 kleine aubergine
2 el olijfolie extra vierge, plus extra om in te vetten
1 rode paprika, in stukjes
1 gele of oranje paprika, in stukjes
2 courgettes, in blokjes
1 el verse bladpeterselie, fijngehakt
1 tl gedroogde oregano
250 g kleine romatomaten, in de lengte gehalveerd
2 teentjes knoflook, fijngehakt
350 g conchiglie
zout en versgemalen zwarte peper
4-6 verse kruidenbloemen ter garnering

1 Verwarm de oven voor op 230 °C. Snijd de aubergine doormidden en kerf diepe nerven in de snijdvlakken. Bestrijk een bakblik met wat olie en leg de aubergines erop met de bolle kant naar boven. Rooster ze 15 min. Haal de aubergine uit de oven en verlaag de temperatuur naar 190 °C.

2 Snijd de auberginehelften in stukken en leg ze weer in het bakblik. Voeg paprika en courgettes toe.

3 Giet de olijfolie over de groenten en bestrooi ze met de kruiden. Voeg naar smaak zout en peper toe. Roer alles goed. Rooster de groenten ca. 30 min. en schep alles tweemaal om. Schep tomaten en knoflook door de groenten en rooster het geheel nog eens 20 min. Schep de groenten een of twee keer om.

4 Kook ondertussen in een grote pan met water en zout de pasta al dente in ca. 12 min.

5 Giet de pasta af en doe hem over in een warme schaal. Voeg de geroosterde groenten toe en schep alles om. Garneer de pasta met kruidenbloemen.

> **Tip van de kok**
> Bij het roosteren van aubergine komt eerst wat vocht vrij, waardoor de groente minder vet opneemt.

Volkorenpasta met groenten en karwij

Knapperige kool en spruitjes gaan goed samen met de volkorenpasta. Een origineel en gezond gerecht!

Voor 6 personen
2 el olijfolie
3 uien, gesnipperd
4 dl groentebouillon
350 g witte kool, fijngehakt
350 g spruitjes, schoongemaakt en gehalveerd
2 tl karwijzaad (kummel)
1 el verse dille, fijngehakt
200 g volkorenpasta, fusilli of penne
zout en versgemalen zwarte peper
takjes verse dille ter garnering

1 Verhit de olie in een grote pan en fruit de uien ca. 10 min. op laag vuur. Maak ze zo nodig vochtig met wat bouillon.

2 Voeg kool en spruitjes toe en bak ze 2-3 min. mee. Voeg vervolgens het karwijzaad en de dille toe. Schenk de bouillon erbij en breng het geheel op smaak met zout en peper. Laat het afgedekt 5-10 min. zacht koken tot de kool en spruitjes beetgaar zijn.

3 Kook ondertussen in een pan met water en zout pasta al dente in 12 min.

4 Laat de pasta uitlekken, schep hem in een schaal en voeg het koolmengsel toe. Schep alles goed om en voeg eventueel nog wat zout en peper toe. Garneer met dille en serveer de pasta warm.

> **Tips van de kok**
> • Als u kleine spruitjes gebruikt, hoeft u ze niet doormidden te snijden.
> • Karwijzaad past goed bij kool en maakt hem ook beter verteerbaar.

Rigatoni met winterse tomatensaus

In de winter, wanneer de verse tomaten niet op hun best zijn, gebruiken de Italianen tomaten uit blik voor deze geweldige saus. De saus is vooral lekker bij grote pasta.

Voor 6-8 personen
2 el olijfolie
1 teentje knoflook, in dunne plakjes
1 ui, gesnipperd
1 wortel, in stukjes
1 stengel bleekselderij, in stukjes
een paar blaadjes vers basilicum
en verse tijm en oregano (of majoraan)
2 x 400 g blokjes Italiaanse romatomaten uit blik
1 el zongedroogdetomatenpasta
1 tl kristalsuiker
ca. 6 el droge rode of witte wijn (naar keuze)
350 g rigatoni
zout en versgemalen zwarte peper
fijngehakte verse kruiden, zoals tijm en basilicum, ter garnering (naar keuze)
parmezaanse kaas, grof geraspt om te serveren

1 Verhit de olijfolie in een grote pan, voeg de plakjes knoflook toe en bak ze 1-2 min. op laag vuur.

2 Voeg ui, wortel, bleekselderij, basilicum, tijm en oregano of majoraan toe. Roerbak alles 5-7 min. op laag vuur tot alle groenten zacht zijn en licht gekleurd.

3 Voeg tomaten, tomatenpasta en suiker toe en roer de wijn erdoor. Voeg zout en peper toe en breng het geheel al roerend aan de kook. Draai het vuur lager en laat alles afgedekt 45 min. zacht koken.

4 Breng ondertussen een grote pan met water en zout aan de kook en kook de pasta in 12 min. al dente. Giet de pasta af en doe hem over in een warme schaal.

5 Giet de saus over de rigatoni en schep alles goed om. Garneer de pasta eventueel met de kruiden. Geef de parmezaanse kaas er apart bij.

Tagliatelle met erwtensaus, asperges en tuinbonen

De romige erwtensaus contrasteert goed met de knapperige jonge groente.

Voor 4 personen
1 el olijfolie
1 teentje knoflook, geperst
6 lente-uitjes, in ringetjes
225 g diepvrieserwten, ontdooid
2 el fijngehakte verse salie, plus extra ter garnering
schil van 2 citroenen, geraspt
4,5 dl groentebouillon
350 g verse jonge asperges, schoongemaakt en in stukken van 5 cm
225 g diepvriestuinbonen, ontdooid
450 g tagliatelle
4 el magere yoghurt, geklopt

1 Verhit de olie in een pan. Voeg knoflook en uien toe en fruit ze op laag vuur onder af en toe roeren in 2-3 min. zacht.

2 Voeg erwten, salie, citroenraspel en bouillon toe. Roer een derde van de asperges erdoor. Breng het geheel aan de kook, draai het vuur lager en laat het 10 min. zacht koken tot de groenten zacht zijn. Pureer de groenten met de staafmixer tot een gladde saus en giet de saus in een steelpan.

3 Dop de tuinbonen en zet ze weg. Breng een grote pan met water aan de kook. Voeg de rest van de asperges toe en blancheer ze 2 min. Doe de asperges met een schuimspaan over in een vergiet en zet ze weg.

4 Breng het water weer aan de kook en kook de tagliatelle in ca. 10 min. al dente.

5 Voeg ondertussen asperges en bonen toe aan de saus en warm de saus weer op. Neem de pan van het vuur en roer de yoghurt door de saus. Giet de pasta af en verdeel hem over vier borden. Schep de saus over de pasta en garneer elk bord met een paar blaadjes salie.

Paddestoelen alla Bolognese

Een snel te bereiden vegetarische versie van het bekende Italiaanse gerecht. Bovendien heel lekker!

Voor 4 personen
1 el olijfolie
1 ui, gesnipperd
1 teentje knoflook, geperst
450 g champignons, in vieren
1 el tomatenpuree
400 g blokjes tomaat uit blik
1 el fijngehakte verse oregano
450 g verse pasta
zout en versgemalen zwarte peper
fijngehakte verse oregano ter garnering
parmezaanse kaas

1 Verhit de olie in een grote pan en fruit ui en knoflook in 2-3 minuten zacht.

2 Voeg de champignons toe en roerbak ze 3-4 min. op hoog vuur.

3 Voeg tomatenpuree, fijngehakte tomaten en 1 eetlepel oregano toe. Draai het vuur laag en laat de saus afgedekt 5 min. zacht koken.

4 Breng ondertussen een grote pan met water en zout aan de kook en kook de pasta in 2-3 min. al dente.

5 Breng de saus op smaak met zout en peper. Laat de pasta uitlekken, schep hem in een schaal en voeg de saus toe. Schep alles om. Schep de pasta op borden en serveer hem met geschaafde parmezaanse kaas en de rest van de verse oregano.

> **Tips van de kok**
> • Als u gedroogde pasta gebruikt in plaats van verse, moet u de pasta koken vóór u de saus bereidt, omdat de kooktijd dan 8-10 min. is.
> • Dit gerecht smaakt nog beter met wilde paddestoelen, zoals cèpes, oesterzwammen of cantharellen.

Macaronischotel met groenten

Dit is een keer wat anders en bovendien lekker voor het hele gezin.

Voor 6 personen
225 g volkorenmacaroni
4,5 dl groentebouillon
225 g prei, in ringen
225 g broccoli, in roosjes
4 el halfvolle boter
50 g volkorenbloem
6 dl magere melk
115 g oude, vetarme cheddar, geraspt
1 tl mosterd
350 g maïs uit blik, uitgelekt
25 g vers volkorenbroodkruim
2 el fijngehakte verse peterselie
2 tomaten, in acht stukjes
zout en versgemalen peper

1 Verwarm de oven voor op 200 °C. Breng een grote pan met water en zout aan de kook en kook de macaroni in 8-10 minuten al dente.

2 Breng ondertussen in een andere pan de bouillon aan de kook en kook de prei 8 minuten. Voeg de broccoliroosjes toe en kook alles nog 2 minuten. Giet ze af en bewaar 3 dl groentebouillon.

3 Doe boter, bloem en melk in een steelpan. Voeg de achtergehouden bouillon toe. Breng alles aan de kook en blijf roeren. Laat de saus 3 min. koken tot hij indikt. Blijf roeren.

4 Neem de pan van het vuur en roer twee derde van de kaas door de saus. Voeg macaroni, prei, broccoli, mosterd en maïs toe. Meng alles goed en voeg zout en peper toe. Doe het mengsel over in een ovenschaal.

5 Meng de rest van de kaas met broodkruim en peterselie en verdeel het mengsel over de groente. Leg de tomaten erbovenop en bak gerecht in 30-40 min. goudbruin in de oven.

Lasagne met spinazie en hazelnoten

Door vetarme roomkaas te gebruiken in plaats van bechamelsaus is dit een heel gezonde lasagne. De spinazie en hazelnoten maken het gerecht extra bijzonder.

Voor 4 personen
900 g verse spinazie
3 dl groentebouillon
1 ui, gesnipperd
1 teentje knoflook, geperst
75 g hazelnoten
2 el fijngehakt vers basilicum
6 lasagnebladeren
400 g blokjes tomaat uit blik
200 g vetarme roomkaas
zout en versgemalen zwarte peper
hazelnootschilfers en fijngehakte verse peterselie ter garnering

1 Verwarm de oven voor op 200 °C. Was de spinazie en doe hem met aanhangend water in een pan. Laat de spinazie afgedekt op een hoog vuur 2 min. koken tot hij begint te slinken. Giet de groenten af en zet hem weg.

2 Verhit 2 eetlepels bouillon in een grote pan. Voeg ui en knoflook toe en smoor ze tot ze zacht zijn. Voeg spinazie, hazelnoten en basilicum toe.

3 Leg in een ovenschaal afwisselend een laag spinazie, lasagne en tomaten. Strooi op elke laag zout en peper. Giet de rest van de bouillon erover. Verdeel de roomkaas over de bovenkant.

4 Bak de lasagne ca. 45 min. in de oven. Serveer hem heet, gegarneerd met rijtjes hazelnootschilfers en fijngehakte peterselie.

> **Tip van de kok**
> *Hazelnoten worden nog lekkerder als u ze even roostert. Leg ze op een bakblik en bak ze goudbruin in de oven of grill.*

Volkorenpizza met courgette, maïs en tomaten

Deze volkorenpizza heeft een kleurig beleg. Hij is zowel koud als warm erg lekker.

Voor 6 personen
225 g volkorenbloem
snufje zout
2 tl bakpoeder
4 el margarine
1,5 dl magere melk
2 el tomatenpuree
2 tl gedroogde Provençaalse kruiden
2 tl olijfolie
1 ui, in ringen
1 teentje knoflook, geperst
2 kleine courgettes, in plakken
115 g champignons, in plakjes
115 g diepvriesmaïs
2 romatomaten, in plakjes
50 g vetarme red leicester, geraspt
50 g mozzarella, geraspt
zout en versgemalen zwarte peper
verse takjes basilicum ter garnering

1 Verwarm de oven voor op 220 °C. Beleg een bakplaat met bakpapier. Doe bloem, zout en bakpoeder in een kom en wrijf de margarine erdoor tot een kruimelig mengsel ontstaat. Voeg de melk toe en kneed alles tot een zacht deeg. Rol het deeg uit op een met bloem bestoven werkvlak tot een cirkel met een doorsnede van ca. 25 cm.

2 Bekleed de bakplaat met het deeg en maak de rand hoger. Verdeel de tomatenpuree over het deeg en strooi de kruiden erover.

3 Verhit de olie in een koekenpan en fruit ui, knoflook, courgettes en champignons 10 min. Verdeel het groentemengsel over de pizza, strooi de maïs erover en breng alles op smaak met zout en peper. Leg de plakjes tomaat erbovenop.

4 Strooi de twee soorten kaas over de pizza. Bak de pizza in 25-30 min. goudbruin in de oven. Serveer hem heet of koud in punten, gegarneerd met takjes basilicum.

Vetarme calzone

Bij een *calzone* denkt u misschien aan een enorme hoeveelheid vet, zoals bij de pizza. Van deze calzone kunt u echter met een gerust hart genieten.

Voor 4 personen
340 g bloem
snufje zout
1 zakje gist
ca. 3,5 dl warm water

Voor het beleg
1 tl olijfolie, plus extra om te garneren
1 rode ui, in dunne ringen
3 courgettes, ca. 350 g totaal, in plakjes
2 grote tomaten, in stukjes
150 g vetarme mozzarella, in blokjes
1 el fijngehakte verse oregano, plus extra takjes ter garnering
magere melk, om te glazuren
zout en versgemalen zwarte peper

1 Zeef bloem en zout in een kom en roer de gist erdoor. Voeg zo veel water toe dat er een zacht deeg ontstaat. Kneed het deeg in ca. 5 min. glad.

2 Doe het deeg weer in de schone kom, dek het af met keukenfolie en laat het op een warme plek ca. 1 uur rijzen.

3 Verhit voor de vulling de olie. Voeg ui en courgettes toe en bak ze onder af en toe roeren in 3-4 min. zacht. Neem de pan van het vuur en voeg tomaten, kaas en oregano toe. Breng het geheel op smaak met zout en peper.

4 Verwarm de oven voor op 220 °C. Kneed het deeg en verdeel het in vier gelijke porties. Rol elk stuk uit op een met bloem bestoven werkvlak tot een cirkel met een doorsnede van 20 cm. Leg op elke cirkel een kwart van de vulling.

5 Bestrijk de randen van elke cirkel met melk en vouw het deeg dubbel. Druk de randen goed dicht. Bestrijk elke calzone met melk.

6 Bak de calzones op een licht ingevette bakplaat 15-20 min. in de oven.

Polenta met gebakken tomaten en olijven

Polenta is volksvoedsel nummer één in het noorden van Italië. In dit recept wordt de polenta gecombineerd met heerlijke verse tomaten en olijven.

Voor 4-6 personen
2 l water
500 g snelkokende polenta
2 tl olijfolie, plus extra om in te vetten
12 grote rijpe romatomaten, in plakjes
4 teentjes knoflook, in dunne plakjes
2 el fijngehakte verse oregano of majoraan
115 g zwarte olijven zonder pit
zout en versgemalen zwarte peper

1 Breng het water aan de kook in een grote pan. Voeg al roerend de polenta toe. Blijf roeren terwijl u de polenta 5 min. zachtjes laat koken.

2 Neem de pan van het vuur en giet de polenta in een bakblik van 33 x 23 cm. Strijk het oppervlak glad en laat afkoelen.

3 Verwarm de oven voor op 180 °C. Steek twaalf cirkels uit met een doorsnede van 7,5 cm uit de stevig geworden polenta. Leg ze op een ingevette bakplaat en laat ze overlappen.

4 Leg tomaten, knoflook, verse kruiden en olijven op de polenta. Breng het geheel op smaak met zout en peper. Druppel er olijfolie over en bak de polenta onafgedekt 30-35 min. Serveer meteen.

Tip van de kok
Olijfolie bevat veel enkelvoudige verzadigde vetzuren, de 'goede' vetten, en vitamine A. Deze olie is dus een gezonde keuze, want hij verlaagt het cholesterolgehalte in het bloed en is daarmee een nuttig onderdeel van een vetarm dieet.

Aardappelgnocchi met hazelnotensaus

Bij deze aardappelballetjes serveert u een lichte, romige hazelnotensaus.

Voor 4 personen
675 g grote aardappels
115 g bloem, plus wat extra

Voor de hazelnotensaus
115 g hazelnoten, geroosterd
1 teentje knoflook, fijngehakt
½ tl citroenschil, geraspt
½ tl citroensap
2 el zonnebloemolie
150 g vetarme roomkaas
zout en versgemalen zwarte peper

1 Voor de saus: mix de helft van de hazelnoten met knoflook, citroenraspsel en citroensap tot een grove massa met de staafmixer. Voeg geleidelijk de olie toe tot de massa glad is. Schep de saus in een vuurvaste kom en roer de roomkaas erdoor. Breng de saus op smaak met zout en peper.

2 Kook de aardappels 20-25 min. Giet ze af. Schil ze als ze zijn afgekoeld en pureer ze.

3 Voeg beetje bij beetje de bloem toe, het mengsel glad en plakkerig is. Voeg naar smaak zout toe. Rol het mengsel uit op een met bloem bestoven werkvlak tot een lange lap van 1 cm doorsnede. Snijd de lap in stukken van 2 cm. Rol ze stuk voor stuk langs een met bloem bestoven vork om de karakteristieke ribbels te vormen. Leg ze op een met bloem bestoven bord of dienblad.

4 Breng een grote pan met water aan de kook en doe per keer 20 gnocchi in de pan. (Ze komen aan de oppervlakte drijven.) Kook ze 10-15 sec. en schep ze dan met een schuimspaan uit het water. Leg ze in een schaal en houd ze warm. Doe hetzelfde met de overige gnocchi.

5 Verhit de saus door de schaal boven een pan kokend water te zetten. De saus mag niet schiften. Giet de saus over de gnocchi. Hak de rest van de hazelnoten grof en strooi ze over de gnocchi.

VETARME VEGETARISCHE GERECHTEN

Omelet met voorjaarsgroenten

Deze omelet wordt niet gekeerd, maar afgebakken onder de grill. Hij is gevuld met malse groenten en is daarom ideaal voor een lichte lunch.

Voor 4 personen
50 g verse aspergepunten
50 g raapstelen, in stukken
1 el zonnebloemolie
1 ui, in ringen
175 g gekookte nieuwe aardappels, gehalveerd of in stukken
2 tomaten, in stukjes
6 eieren
1-2 el fijngehakte verse gemengde kruiden
zout en versgemalen zwarte peper
salade om te serveren

1 Stoom de aspergepunten en raapstelen in een stoompan in 5-10 min. zacht. Giet de groenten af en houd ze warm.

2 Verhit de olie in een grote pan die ook onder de grill kan worden gebruikt (Wikkel aluminiumfolie om een houten steel.) Voeg de ui toe en bak hem op laag vuur onder af en toe roeren in 5-10 min. zacht.

3 Voeg de aardappels toe en kook ze al roerend 3 min. Voeg tomaten, asperges en raapstelen toe. Klop de eieren los met de kruiden en breng ze op smaak met zout en peper.

4 Verwarm de grill voor. Giet het eiermengsel over de groenten. Bak de omelet dan op laag vuur tot de onderkant bruin is. Zet de pan onder de grill en gril de omelet nog 2-3 min. tot ook de bovenkant goudbruin is. Serveer de omelet in vieren en geef er een salade bij.

> **Tip van de kok**
> Gebruik een magere dressing voor de salade, zoals wijnazijn en magere crème fraîche.

Quiche met zonnebloempitten

Champignons, maïs en spinazie leveren een heerlijke vulling voor een quiche.

Voor 6 personen
175 g volkorenbloem
6 el vetarme boter
1 el olijfolie
175 g babymaïs, in 2-3 stukken
2 el zonnebloempitten
225 g champignons
75 g spinazie, fijngehakt
sap van 1 citroen
zout en versgemalen zwarte peper
tomatensalade om te serveren

1 Verwarm de oven voor op 180 °C. Zeef de bloem in een kom en gooi de zemelen ook bij de bloem. Wrijf de boter door de bloem tot een kruimelig deeg. Voeg water toe en kneed de ingrediënten tot een stevig deeg.

2 Rol het deeg uit op een met bloem bestoven werkvlak en bekleed er een quichevorm van 23 cm doorsnede mee. Prik met een vork gaatjes in de bodem, leg folie op het deeg en doe er een blinde vulling in (bijv. keramische bonen). Bak de bodem 15 min. en verwijder het papier en de bonen. Bak de bodem nog 10 min. in de oven tot het deeg krokant en goudbruin is.

3 Verhit ondertussen de olie in een grote pan. Voeg maïs en zonnebloempitten toe en bak ze onder af en toe roeren lichtbruin in 5-8 min.

4 Voeg de champignons toe, draai het vuur iets lager en kook het mengsel 2-3 min. Voeg de spinazie toe en laat het geheel afgedekt nog 2-3 min. koken.

5 Voeg wat citroensap toe aan de vulling en breng de vulling op smaak met zout en peper. Schep de vulling in de quiche. Serveer hem warm of koud en geef er een tomatensalade bij.

> **Tip van de kok**
> Snijd de champignons eventueel in tweeën of vieren.

Wortelmousse met champignonsaus

Deze gemakkelijk te bereiden, maar imponerende mousse maakt gezond eten tot een feest.

Voor 4 personen
ca. 350 g wortels, in stukjes
1 kleine rode paprika, in stukjes
3 el groentebouillon
2 eieren, plus 1 eiwit
115 g kwark
1 el fijngehakte verse dragon
zout en versgemalen zwarte peper
verse takjes dragon ter garnering
gekookte rijst en prei om te serveren

Voor de champignonsaus
2 el vetarme boter
175 g champignons, in plakjes
2 el bloem
2,5 dl magere melk

1 Verwarm de oven voor op 190 °C. Bekleed vier timbaaltjes met bakpapier. Doe wortels, paprika en bouillon in een pan en breng het geheel aan de kook. Laat het afgedekt 5 min. koken tot de groenten gaar zijn. Giet ze af.

2 Klop eieren en eiwit los en roer de kwark erdoor. Breng alles op smaak met zout en peper. Pureer de gekookte groenten in de keukenmachine of met de staafmixer. Voeg het kwarkmengsel toe en mix alles tot een gladde saus. Roer de fijngehakte dragon erdoor.

3 Verdeel het mengsel over de vormpjes, dek die af met folie en zet ze in een bakblik. Giet er tot de helft van de vormpjes kokend water bij. Bak ze 35 min. in de oven.

4 Voor de saus: smelt 1 eetlepel boter in een koekenpan. Bak de champignons in 5 min. zacht. Doe de rest van de boter in een kleine pan en voeg bloem en melk toe. Kook de saus al roerend op matig vuur tot hij indikt. Roer de paddestoelen erdoor en breng de saus op smaak met zout en peper.

5 Stort de moussevormpjes op een bord. Schep er wat saus over en garneer ze met een takje dragon. Geef er rijst en prei bij.

Spinazie-aardappeltaart

Een heerlijke maaltijd van romige lagen aardappel, spinazie en kruiden.

Voor 6 personen
900 g grote aardappels, geschild
450 g verse spinazie
2 eieren
400 g vetarme roomkaas
1 el mosterd
50 g gesneden verse kruiden (bieslook, peterselie, kervel of zuring)
zout en versgemalen zwarte peper
salade om te serveren

1 Verwarm de oven voor op 180 °C. Bekleed een springvorm van 23 cm doorsnede met bakpapier.

2 Kook de aardappels 10 min. Giet ze af, laat ze wat afkoelen en snijd ze in plakjes.

3 Was de spinazie en doe ze met aanhangend water in een grote pan. Kook de spinazie afgedekt op laag vuur tot hij begint te slinken en roer hem één keer door. Laat de groente uitlekken in een vergiet en knijp met de handen het laatste vocht eruit. Snijd de spinazie fijn.

4 Klop de eieren los met de roomkaas en de mosterd. Roer de spinazie en verse kruiden door het kaasmengsel.

5 Leg een laag aardappelschijfjes in de springvorm en schep er vervolgens een laag van het roomkaasmengsel over.

6 Wissel de lagen af en bestrooi elke laag met zout en peper. Dek de springvorm af met aluminiumfolie en zet hem in een braadschotel.

7 Vul de braadschotel tot de helft van de springvormrand met kokend water. Bak de taart 45-50 min. in de oven. Leg hem op een bord en serveer hem warm of koud met een frisse salade.

Broccoli-kastanjeterrine

Deze terrine is zowel warm als koud niet te versmaden en is geschikt voor een chic diner, maar ook voor een picknick.

Voor 4-6 personen
450 g broccoli, in roosjes
225 g gekookte kastanjes, fijngehakt
50 g vers volkorenbroodkruim
4 el magere of halfvolle yoghurt
2 el geraspte parmezaanse kaas
2 eieren, losgeklopt
snufje nootmuskaat
zout en versgemalen zwarte peper
krieltjes en gemengde sla om te serveren

1 Verwarm de oven voor op 180 °C. Bekleed een bakblik met een inhoud van ca. 1 liter met bakpapier.

2 Blancheer of stoom de broccoli in 3-4 min. zacht. Giet hem af, bewaar een kwart en snijd de rest van de broccoli fijn.

4 Meng kastanjes, broodkruim, yoghurt en parmezaanse kaas in een kom. Breng het geheel op smaak met zout, peper en nootmuskaat. Voeg de fijngehakte broccoli en de losgeklopte eieren toe. Roer dan de broccoliroosjes erdoor.

4 Schep het groentemengsel in het bakblik. Zet het bakblik in een braadslee en vul die tot halverwege het bakblik met gekookt water. Bak de terrine 20-25 min. in de oven.

5 Haal het bakblik uit de oven en stort de terrine op een groot bord. Snijd haar in plakken en verdeel die over de borden. Lekker met krieltjes en een gemengde salade.

> **Tip van de kok**
> *Maak een inkeping in de schil van de kastanjes, rooster ze circa 5 min. in de oven, pel ze en stoom of kook ze dan gaar.*

Ratatouillepannenkoeken

Deze pannenkoeken zien er zo mooi uit dat u ze ook voor een chic diner op tafel kunt zetten. Ze zijn gevuld met sappige groenten en smaken overheerlijk.

Voor 4 personen
75 g bloem
25 g havermout
1 ei, losgeklopt
3 dl magere melk
olie om in te vetten

Voor de vulling
1 grote aubergine, in blokjes van 2,5 cm
1 teentje knoflook, geperst
2 courgettes, in plakken
1 groene paprika, in reepjes
1 rode paprika, in reepjes
5 el groentebouillon
200 g tomaten, in stukjes
1 tl maïzena, gemengd met 2 tl water
zout en versgemalen zwarte peper

1 Zeef de bloem met een snufje zout in een kom en roer de havermout erdoor. Maak een kuiltje in het midden, doe daar het ei en de helft van de melk in en meng het geheel tot een glad beslag. Voeg geleidelijk de rest van de melk toe. Dek de kom af en laat het beslag 30 min. rusten.

2 Bak elke pannenkoek 2-3 min. tot de onderkant goudbruin is. Keer hem en bak hem nog 1-2 min. Leg de pannenkoek op een met bakpapier belegd bord. Bereid de overige pannenkoeken op dezelfde manier. Leg steeds een stuk bakpapier tussen twee pannenkoeken op het bord. Houd ze warm.

3 Voor de vulling: doe de blokjes aubergine in een vergiet, bestrooi ze met zout en laat ze 30 min. uitlekken in de gootsteen. Spoel ze af en laat ze weer uitlekken.

4 Kook knoflook, courgettes, paprika's, bouillon en tomaten onder af en toe roeren 10 min. in een grote pan. Voeg de blokjes aubergine toe en kook het geheel nog 15 min. Roer het maïzenapapje erdoor en laat alles nog 2 min. zachtjes koken. Breng de vulling op smaak met zout en peper.

5 Schep het mengsel op het midden van elke pannenkoek. Vouw hem dubbel en vervolgens nogmaals dubbel.

Filodeegtasjes met paprika en waterkers

Deze krokante deegtasjes zijn gevuld met een overheerlijk ricotta-groentemengsel. Omdat ze van tevoren kunnen worden bereid, zijn ze ideaal voor speciale gelegenheden.

Voor 8 personen
3 rode paprika's, gehalveerd
175 g waterkers
225 g vetarme ricotta
blanke amandelen, geroosterd en in stukjes
8 plakjes filodeeg, ontdooid
2 el olijfolie
zout en versgemalen zwarte peper
salade om te serveren

1 Verwarm de oven voor op 190 °C. Leg de paprikahelften met de bolle kant naar boven op een rooster en gril ze tot ze zwartgeblakerd zijn. Doe ze over in een kom en dek ze af met verkreukeld keukenpapier. Laat ze wat afkoelen en wrijf dan de velletjes eraf. Snijd het vruchtvlees in stukjes.

2 Snijd paprika en waterkers fijn in de keukenmachine. Schep de groenten in een kom en roer de ricotta en de amandelen erdoor. Voeg naar smaak zout en peper toe.

3 Snijd uit een vel filodeeg twee vierkantjes van 18 cm en twee van 5 cm. Bestrijk een groot vierkant met wat olijfolie en leg het tweede grote vierkant er in een hoek van 45 graden op, zodat een ster ontstaat.

4 Leg een klein vierkant midden op de ster, strijk er wat olie op en leg het tweede kleine vierkant erbovenop. Bewaar de ster bedekt met keukenfolie en bereid de andere sterren op dezelfde manier.

5 Verdeel het paprikamengsel over het deeg. Vouw het deeg dicht en draai de bovenkant van het tasje dicht. Zet de tasjes op een licht ingevette bakplaat en bak ze in 25-30 min. goudbruin in de oven. Serveer er een salade bij.

Quiche met kaas, ui en champignons

Een smakelijke, hartige taart doet het altijd goed bij een picknick, maar is ook als avondmaaltijd niet te versmaden.

Voor 6 personen
175 g volkorenbloem
6 el vetarme, meervoudig onverzadigde margarine
1 ui, in ringen
1 prei, in ringen
175 g champignons, in stukjes
2 el groentebouillon
2 eieren
1,5 dl magere melk
115 g diepvriesmaïs
2 el geknipt vers bieslook
1 el fijngehakte verse peterselie
75 g vetarme cheddar, geraspt
zout en versgemalen zwarte peper
bieslook ter garnering

1 Zeef de bloem met een snufje zout in een kom. Wrijf met de vingertoppen de margarine door de bloem tot een kruimelige massa ontstaat. Voeg water toe en kneed het mengsel tot een zacht deeg. Wikkel het deeg in keukenfolie en leg het 30 min. in de koelkast.

2 Meng ui, prei, champignons en bouillon in een pan. Breng het geheel aan de kook en laat het op laag vuur 10 min. afgedekt zacht koken tot de groenten gaar zijn. Giet het af en zet het weg.

3 Verwarm de oven voor op 200 °C. Rol het deeg uit op een met bloem bestoven werkvlak en bekleed er een quichevorm van 20 cm doorsnede mee. Zet de vorm op een bakplaat. Verdeel het groentemengsel met een schuimspaan over de quiche.

4 Klop de eieren met de melk los in een maatbeker. Voeg maïs, geknipt bieslook, peterselie en kaas toe en meng alles goed. Voeg naar smaak zout en peper toe.

5 Giet het mengsel over de groenten. Bak de quiche 20 min. in de oven. Verlaag de temperatuur tot 180 °C en bak de taart nog eens 30 min. tot de vulling stevig en lichtbruin is. Garneer de taart met bieslook en serveer hem warm of koud in punten.

Rijströsti met wortel-sinaasappel-puree

Rösti is een Zwitsers gerecht. Dit recept wordt gemaakt van wilde rijst en heeft daarom een nootachtige smaak.

Voor 6 personen
50 g wilde rijst
900 g grote aardappels
2 el walnotenolie
1 tl geel mosterdzaad
1 ui, gesnipperd
2 el verse blaadjes tijm
zout en versgemalen zwarte peper
broccoli en sperziebonen om te serveren

Voor de puree
1 grote sinaasappel
350 g wortels, in stukjes

1 Schil voor de puree twee grote repen van de ongeschilde sinaasappel en doe ze met de wortels in een pan. Zet alles onder koud water en breng het aan de kook. Laat het 10 min. koken tot de wortels gaar zijn. Giet het water af en gooi de schillen weg. Pers de sinaasappel uit en pureer 4 eetlepels sap en de wortels met een staafmixer of in de keukenmachine.

2 Laat de rijst 30-40 min. koken en giet hem af.

3 Doe de ongeschilde aardappels in een grote pan en zet ze onder koud water. Breng ze aan de kook en laat ze 15 min. koken. Giet de aardappels af. Schil ze wanneer ze iets zijn afgekoeld en rasp ze grof in een kom. Voeg de gekookte rijst toe.

4 Verhit 1 eetlepel olie in een koekenpan met antiaanbaklaag en voeg het mosterdzaad toe. Voeg wanneer het mosterdzaad begint te springen de ui toe en bak hem in 5 min. zacht. Voeg de ui toe aan het aardappelmengsel en roer dan de blaadjes tijm erdoor. Voeg naar smaak zout en peper toe.

5 Verhit de rest van de olie in een koekenpan en voeg het aardappelmengsel toe. Druk de koek goed aan en bak hem 10 min. Dek de pan af met een omgekeerd bord. Keer de pan en bak de andere kant van de rösti. Bak hem nog eens 10 min.

Risotto met paddestoelen en parmezaanse kaas

Deze risotto van zilvervliesrijst met paddestoelen, kruiden en verse parmezaanse kaas is heerlijk vochtig.

Voor 4 personen
2 el gedroogde cèpes
1,3 dl heet water
1 el olijfolie
4 sjalotjes, gesnipperd
2 teentjes knoflook, geperst
450 g gemengde gekweekte en wilde paddestoelen, in plakjes
250 g langkorrelige zilvervliesrijst
9 dl hete groentebouillon
3 el fijngehakte verse bladpeterselie
4 el geraspte parmezaanse kaas
zout en versgemalen zwarte peper

1 Week de cèpes 20 min. in het hete water. Verhit de olie in een grote pan. Voeg sjalotjes en knoflook toe en fruit ze onder af en toe roeren in ca. 5 min. zacht op laag vuur. Giet de cèpes af en bewaar het vocht. Snijd ze in stukjes.

2 Doe alle paddestoelen in de pan met het weekvocht van de cèpes. Voeg de rijst toe en een derde van de hete bouillon. (Houd de bouillon bij het kookpunt.)

3 Breng het mengsel aan de kook, draai het vuur lager en laat het zachtjes koken tot alle vocht is opgenomen. Roer geregeld. Voeg met een soeplepel nog wat hete bouillon toe en roer tot ook die is opgenomen.

4 Blijf bouillon toevoegen tot de rijst gaar is en roer geregeld. Dit duurt ca. 35 min. Misschien is niet alle bouillon nodig.

5 Voeg naar smaak zout en peper toe en roer de peterselie en geraspte parmezaanse kaas door de rijst. Doe de risotto over in een schaal en serveer hem direct.

Risotto met rode paprika

Hoe een risotto uitvalt, ligt sterk aan de soort rijst die u gebruikt. Arboriorijst geeft romige, kleverige risotto; zilvervliesrijst levert een droge risotto met een nootachtige smaak op. Gebruik hierbij iets minder water.

Voor 6 personen
3 grote rode paprika's
2 el olijfolie
3 grote tenen knoflook, in plakjes
1½ x 400 g blokjes tomaat uit blik
2 laurierblaadjes
1,5 l groentebouillon
450 g arborio- of zilvervliesrijst
6 blaadjes vers basilicum, fijngehakt
zout en versgemalen zwarte peper

1 Leg de paprika's in een grillpan en rooster ze tot de schil bruin wordt en blaasjes vertoont. Doe ze in een kom, bedek de paprika's met enkele lagen vochtig keukenpapier en laat ze 10 min. rusten. Verwijder de schil en snijd het vruchtvlees in stukjes.

2 Verhit de olie in een grote pan. Voeg knoflook en tomaten toe en laat ze 5 min. op laag vuur zacht koken. Voeg paprika en laurierblaadjes toe, roer goed en laat het geheel nog 15 min. op laag vuur zacht koken.

3 Verwarm de groentebouillon in een grote pan tot het kookpunt. Roer de rijst door het tomatenmengsel en laat het 2 min. zacht koken. Voeg 2-3 eetlepels bouillon toe. Roer goed; de bouillon moet worden opgenomen door de rijst.

4 Voeg steeds weer een paar lepels bouillon toe zodra de rijst de eerder toegevoegde bouillon heeft opgenomen. Breng de rijst op smaak met zout en peper zodra hij gaar is. Haal de pan van het vuur en laat hem afgedekt 10 min. staan. Roer voor het serveren wat vers basilicum door de risotto.

> **Variatie**
> *Gele en rode paprika's zijn beide geschikt voor dit recept, maar groene hebben een iets te scherpe smaak.*

Linzenrisotto met groenten

De ware risottokenners zullen misschien gruwelen bij de combinatie van linzen met risotto, maar toch die heel lekker. De linzen kunnen een weekperiode wel gebruiken, maar als u haast hebt, kunt u rode gespleten linzen gebruiken, die niet geweekt hoeven worden.

Voor 4 personen
225 g basmatirijst
4 el zonnebloemolie
1 grote ui, in dunne ringen
2 teentjes knoflook, geperst
1 grote wortel, in dunne reepjes
115 g groene of bruine linzen, geweekt en uitgelekt
1 tl djintan
1 tl kaneel
20 zwarte kardemompeulen
6 kruidnagels
6 dl groentebouillon
2 laurierblaadjes
2 stengels bleekselderij
1 grote avocado
3 romatomaten
zout en versgemalen zwarte peper
groene salade om te serveren

1 Was de rijst een aantal malen onder de koude kraan. Laat hem als u voldoende tijd hebt 30 min. weken in koud water. Laat de rijst goed uitlekken.

2 Verhit de olie in een grote pan. Voeg ui, knoflook en wortel toe en bak ze onder af en toe roeren 5-6 min. op laag vuur tot de ui zacht is.

3 Voeg de uitgelekte rijst en linzen met de kruiden toe en kook het geheel nog 5 min. op laag vuur. Blijf roeren zodat rijst en linzen niet aankoeken.

4 Giet de bouillon erbij. Voeg de laurierblaadjes toe en breng het geheel aan de kook. Draai het vuur lager en laat alles afgedekt 15 min. zacht koken of tot het vocht is opgenomen en de rijst en linzen zacht zijn.

5 Snijd ondertussen de stengel bleekselderij, de avocado en de tomaten in stukjes. Voeg de verse ingrediënten toe aan de rijst en linzen en meng alles goed. Voeg naar smaak zout en peper toe. Schep de risotto in een grote schaal. Geef er een groene salade bij.

Risotto met champignons, prei en cashewnoten

Deze risotto wordt gemaakt met zilvervliesrijst in plaats van Italiaanse arboriorijst en heeft daarom een heerlijke nootachtige smaak.

Voor 4 personen
225 g langkorrelige zilvervliesrijst
9 dl groentebouillon
1 el walnoten- of hazelnotenolie
2 stengels prei, in ringen
225 g gemengde wilde of gecultiveerde paddestoelen, in plakjes
50 g cashewnoten
geraspte schil van 1 citroen
2 el fijngehakte verse tijm
25 g pompoenzaad
zout en versgemalen zwarte peper

Voor het garneersel
verse blaadjes tijm
partjes citroen

1 Breng de rijst in een grote pan met de bouillon aan de kook. Draai het vuur laag en kook de rijst in 30 min. gaar.

2 Verhit 5 min. voordat de rijst gaar is de olie in een grote pan. Voeg de prei en de paddestoelen toe en bak ze onder af en toe roeren 3 min. op laag vuur tot de prei zacht is.

3 Voeg cashewnoten, citroenraspsel en fijngehakte tijm toe en kook het geheel al roerend 1-2 min. op laag vuur. Voeg naar smaak zout en peper toe.

4 Giet eventueel nog wat bouillon af en roer de rijst door het groentemengsel. Doe de risotto over in een warme schaal. Strooi de pompoenzaadjes erover en garneer de rijst met de verse tijm en partjes citroen.

Risotto primavera

De lente is echt begonnen met dit snelle en eenvoudige rijstgerecht. Gebruik zo mogelijk biologische groente, zodat u ten volle van de smaak kunt genieten.

Voor 4 personen
250 g gemengde voorjaarsgroenten
2 tl olijfolie
1 ui, in ringen
250 g risottorijst
½ tl koenjit
ca. 6 dl groentebouillon
3 el fijngehakte verse peterselie
zout en versgemalen zwarte peper

1 Was de groenten en snijd ze in gelijke stukken; laat kleine groenten heel.

2 Verhit de olie in een grote pan. Fruit de ui in 10 min. zacht en goudbruin.

3 Voeg de rijst toe en roerbak hem 1-2 min. tot alle graankorrels zijn bedekt met een laagje olie. Voeg de koenjit toe en roerbak het geheel nog 1 min. Voeg de bouillon toe en breng het geheel op smaak met zout en peper. Breng het aan de kook en voeg dan de groenten toe.

4 Breng het geheel weer aan de kook en kook de risotto afgedekt 20 min. op laag vuur, of tot de rijst gaar is en de meeste bouillon is opgenomen. Roer af en toe. Voeg eventueel nog wat bouillon toe.

5 Roer de peterselie erdoor. Doe de risotto over in een warme schaal en serveer hem heet.

> **Variatie**
> Dit recept kunt u ook gebruiken voor gevulde rode paprika's; snijd de groenten dan wel in kleine stukjes.

Risottotaart met citroen en kruiden

Dit bijzondere rijstgerecht kunt u als hoofdgerecht of bijgerecht serveren. Ook koud smaakt het lekker en bovendien is het een prima onderdeel van een picknick.

Voor 4 personen
oliespray
1 dunne prei, in dunne ringen
6 dl groentebouillon
225 g risottorijst
geraspte schil van 1 citroen
2 el geknipt vers bieslook
2 el fijngehakte verse peterselie
75 g geraspte vetarme mozzarella
zout en versgemalen zwarte peper

Voor het garneren
verse takjes bladpeterselie
partjes citroen

1 Verwarm de oven voor op 200 °C. Vet een springvorm van 21 cm doorsnede in met oliespray en zet hem weg.

2 Kook de prei onder af en toe roeren in 5 min. zacht in 3 eetlepels olie. Voeg de rijst en de rest van de bouillon toe.

3 Breng het geheel aan de kook. Laat het afgedekt 20 min. koken op laag vuur tot de bouillon is opgenomen.

4 Voeg citroenraspel, bieslook, fijngehakte peterselie en geraspte mozzarella toe en breng het geheel op smaak met zout en peper. Doe de risotto over in de springvorm, dek hem af met folie en bak de taart in 30-35 min. lichtbruin in de oven. Haal de springvorm erom weg en snijd de taart in punten. Garneer de risottotaart met peterselie en partjes citroen.

> **Tip van de kok**
> In plaats van risottorijst kunt u ook rijst met een ronde korrel nemen, de soort die meestal voor puddingen wordt gebruikt.

Groentepaella

Dit is eens wat anders dan de gebruikelijke paella met zeevruchten of kip. Deze vegetarische paella is heerlijk en zit boordevol gezonde vezels.

Voor 6 personen
1 1 ui, gesnipperd
2 teentjes knoflook, geperst
225 g prei, in ringen
3 stengels bleekselderij, in stukjes
1 rode paprika, in reepjes
2 courgettes, in plakjes
175 g champignons, in plakjes
175 g diepvriesdoperwten
450 g langkorrelige zilvervliesrijst
400 g cannellinibootjes uit blik, uitgelekt en afgespoeld
9 dl groentebouillon
4 el droge witte wijn
een paar draadjes saffraan
225 g kerstomaatjes, gehalveerd
3-4 el fijngehakte verse gemengde kruiden
zout en versgemalen zwarte peper
partjes citroen, hele kerstomaatjes en blaadjes selderij ter garnering

1 Meng ui, knoflook, prei, bleekselderij, paprika, courgettes en champignons in een grote pan of braadslee. Voeg erwten, rijst, cannellinibonen, bouillon, wijn en saffraan toe. Breng het geheel op matig vuur al roerend aan de kook. Draai het vuur lager en laat de paella nog 35 min. zacht koken tot de bouillon bijna is opgenomen en de rijst gaar is. Roer af en toe.

2 Voeg de kerstomaatjes en de fijngehakte kruiden toe, vervolgens zout en peper en laat alles nog 1-2 min. koken. Serveer de paella gegarneerd met partjes citroen, kerstomaatjes en blaadjes bleekselderij.

> **Tips van de kok**
> • Paella, die zijn oorsprong vindt in Valencia, is niet de naam van het gerecht zelf, maar van de gietijzeren pan waarin hij wordt gekookt.
> • Langkorrelige rijst is het best voor dit recept, maar gebruik Spaanse rijst zoals calasparra, of risottorijst voor een authentiekere textuur.

Pilau met tomaten, pistachenoten en sesamzaad

Met noten en zaden kunt u van een eenvoudig groente- en rijstgerecht iets bijzonders maken. De kruiden zijn subtiel maar onontbeerlijk in deze lekkere pilau.

Voor 4 personen
225 g basmatirijst
6 dl groentebouillon
enkele draadjes saffraan geweekt in 1 el kokend water
3 tomaten, ontveld en in stukjes
1 rode paprika, in stukjes
zaad van 4-5 kardemompeulen
25 g pistachenoten, in stukjes
2 el sesamzaad, geroosterd
zout

1 Was de rijst een aantal keren in koud water. Laat hem eventueel 30 min. weken in het water. Laat de rijst goed uitlekken.

2 Giet de rijst af en doe hem in een grote pan. Voeg de bouillon, het vocht van het saffraandraad en het zout toe. Breng het geheel aan de kook, draai het vuur lager en laat het afgedekt 25 min. koken.

3 Voeg stukjes tomaat en paprika en het kardemomzaad toe. Kook het geheel nog 5-10 min. tot de rijst zacht is en al het vocht is opgenomen.

4 Doe de rijst over op een warme schaal en strooi er stukjes pistachenoot en sesamzaad erover.

Groentebiryani

Zelfs huis-, tuin- en keukengroenten kunnen met een beetje fantasie en lef worden bereid tot een exotisch gerecht.

Voor 4-6 personen
175 g langkorrelige rijst
2 kruidnagels
zaad van 2 kardemompeulen
4,5 dl groentebouillon
2 teentjes knoflook
1 kleine ui, gesnipperd
1 tl komijnzaad
1 tl ketoembar
½ tl koenjit
½ tl mild chilipoeder
1 grote aardappel, geschild en in blokjes van 2,5 cm
2 wortels, in stukjes
½ bloemkool, in roosjes
50 g sperziebonen, in stukjes
6 el water
2 el fijngehakte verse koriander
2 el limoensap
zout en versgemalen zwarte peper
verse takjes koriander ter garnering

1 Breng rijst, kruidnagels, kardemom en bouillon aan de kook en laat het geheel 20 min. zacht koken tot alle bouillon is opgenomen.

2 Doe ondertussen knoflook, ui en overige kruiden in een kruidenmolen. Maal alle ingrediënten tot een poeder, doe het in een kom en voeg zo veel water toe dat een pasta ontstaat.

3 Verwarm de oven voor op 180 °C. Schep de kruidenpasta in een braadslee en roerbak hem 2 min. op laag vuur.

4 Voeg de groenten en het water toe. Kook het geheel onder af en toe roeren afgedekt 12 min. op laag vuur. Voeg de fijngehakte koriander toe.

5 Schep de rijst over de groenten. Druppel het citroensap erover en voeg naar smaak zout en peper toe. Zet de braadslee afgedekt 25 min. in de oven tot de groentengaar is. Roer de rijst los met een vork. Garneer het gerecht met takjes koriander.

Variaties
- In plaats van pistachenoten kunt u ook andere noten nemen, zoals ongezouten pinda's, amandelen en cashewnoten.
- Voor een voedzamer gerecht kunt u bij stap 3 nog extra verse of diepvriesgroenten toevoegen, zoals wortels, erwten of maïs.

Gebakken rijst met champignons

Door de sesamolie krijgt dit stevige rijstgerecht een nootachtige smaak.

Voor 4 personen
225 g langkorrelige rijst
1 el plantaardige olie
1 ei, losgeklopt
2 teentjes knoflook, geperst
175 g champignons, in plakjes
1 el lichte sojasaus
¼ tl zout
½ tl sesamolie
reepjes komkommer ter garnering

1 Was de rijst onder de koude kraan en laat hem goed uitlekken. Doe hem in een pan en voeg een dubbele hoeveelheid water toe.

2 Breng het water aan de kook. Roer de rijst, kook hem nog een paar minuten en dek de pan dan af. Draai het vuur lager en laat de rijst nog 5-8 min. koken tot al het water is opgenomen. Neem de pan van het vuur en laat hem met het deksel op de pan nog 10 min.

3 Verhit ondertussen 1 eetlepel plantaardige olie in een braadpan of wok. Voeg het losgeklopte ei toe en roerbak het met eetstokjes of een houten lepel. Neem de pan of wok van het vuur.

4 Verhit de rest van de olie in een pan of wok. Voeg het knoflook toe en roerbak het een paar seconden. Voeg dan de champignons toe en roerbak ze 2 min. Voeg zo nodig nog wat water toe.

5 Roer de rijst los met een vork en voeg hem toe aan de ingrediënten in de pan of wok. Schep de rijst door de paddestoelen en bak het geheel onder af en toe roeren nog 4 min.

6 Voeg het roerei, de sojasaus en de sesamolie toe. Bak het geheel nog 1 min. Garneer de rijst met de reepjes komkommer.

Kruidige pilav

Het verschil tussen een pilau en een pilav zit hem vooral in de plaats van herkomst. Het zijn beide rijstgerechten met kruiden en gemengde groenten. Dit heerlijke gerecht is een eenvoudig kruidenmengsel.

Voor 4 personen
225 g gemengde wilde en basmatirijst
1 el olijfolie
1 ui, gesnipperd
1 teentje knoflook, geperst
1 tl djintan
1 tl koenjit
50 g rozijnen
7,5 dl groentebouillon
2-3 el verse gemengde kruiden, fijngehakt
zout en versgemalen zwarte peper
takjes verse kruiden en 25 g noten, in stukjes ter garnering

1 Was de rijst onder de koude kraan en laat hem eventueel 30 min. weken. Laat de rijst goed uitlekken.

2 Verhit de olie en fruit ui en knoflook al roerend ca. 5 min. tot de ui zacht is.

3 Voeg specerijen en rijst toe en bak ze al roerend 1 min.

4 Voeg rozijnen en bouillon toe, breng de bouillon aan de kook en laat hem 20-25 min. afgedekt zacht koken. Roer geregeld, zodat de rijst niet aankoekt.

5 Roer de fijngehakte kruiden erdoor. Breng het geheel op smaak met zout en peper. Schep de pilav in een warme schaal en garneer hem met verse kruiden en stukjes noot.

Tajine met kikkererwten

Een Marokkaanse stoofschotel op smaak gebracht met Indiase kruiden en een vleugje chilisaus.

Voor 4 personen
- 1 kleine aubergine, in blokjes van 1 cm
- 2 courgettes, in dunne plakjes
- 2 el olijfolie
- 1 grote ui, in ringen
- 2 teentjes knoflook, fijngehakt
- 150 g champignons, gehalveerd
- 1 el ketoembar
- 2 tl komijnzaad
- 1 el kaneel
- 2 tl koenjit
- 225 g nieuwe aardappels, in vieren
- 6 dl passata
- 1 el tomatenpuree
- 1,5 dl water
- 1 el chilisaus
- 8 gedroogde abrikozen
- 400 g kikkererwten uit blik, uitgelekt en afgespoeld
- zout en versgemalen zwarte peper
- 1 el fijngehakte verse koriander ter garnering
- rijst om te serveren

1 Leg blokjes aubergine en plakjes courgette in een vergiet en strooi er zout over. Spoel ze na 30 min. af, laat ze uitlekken en dep ze droog met keukenpapier.

2 Verwarm de grill voor. Leg de courgettes en aubergine op een bakplaat en giet de helft van de olijfolie erover. Gril de groenten 20 min., keer ze af en toe, tot ze gaar zijn.

3 Verhit ondertussen de rest van de olie in een grote pan en fruit ui en knoflook. Voeg de champignons toe en bak ze in 3 min. tot ze zacht zijn. Voeg de kruiden toe en roerbak het geheel nog 1 min.

4 Voeg de aardappels toe en bak ze al roerend 3 min. Giet de passata, de tomatenpuree en het water erbij en kook alles 10 min. of tot de saus indikt.

5 Voeg aubergine, courgettes, chilisaus, abrikozen en kikkererwten toe. Voeg naar smaak zout en peper toe en kook het gerecht 10-15 min. tot de aardappels zacht zijn. Strooi er verse koriander over en geef er rijst bij.

Linzenpuree met gepocheerd ei

Een ongewoon gerecht met een verrassende smaak. U kunt de puree en de eieren ook in één grote ovenschaal bereiden.

Voor 4 personen
- 450 g bruine linzen, afgespoeld
- 3 stengels prei, in dunne ringen
- 2 tl korianderzaad, geplet
- 1 el verse koriander, fijngehakt
- 2 el verse munt, fijngehakt
- 1 el rode wijnazijn
- 1 l groentebouillon
- olie om in te vetten
- 4 eieren
- zout en versgemalen zwarte peper
- handvol fijngehakte verse peterselie ter garnering

1 Breng de linzen, prei, verse koriander, munt, azijn, bouillon en het korianderzaad in een grote pan aan de kook en laat het geheel 30-40 min. op laag vuur koken tot de linzen gaar zijn en alle vloeistof hebben opgenomen.

2 Verwarm de oven voor op 180 °C. Breng het linzenmengsel op smaak met zout en peper en verdeel het over vier ingevette ovenschaaltjes.

3 Maak met een lepel in elk schaaltje een kuiltje in de linzen. Breek boven elk kuiltje een ei. Dek de schaaltjes af met aluminiumfolie en bak ze 15-20 min. in de oven of tot het eiwit gestold is en de dooiers nog zacht zijn. Bestrooi de schaaltjes linzen met verse peterselie en serveer het gerecht warm.

> **Variatie**
> Doe 400 g ongezoete kastanjepuree uit blik in een schaal en klop de puree zacht. Roer de puree door het linzenmengsel bij stap 2, zo nodig met wat extra groentebouillon. Ga verder zoals beschreven.

Bulgur-linzenpilav

De meeste ingrediënten van dit smakelijke gerecht hebt u wel in voorraad.

Voor 4 personen
1 tl olijfolie
1 grote ui, in dunne ringen
2 teentjes knoflook, geperst
1 tl ketoembar
1 tl djintan
1 tl koenjit
½ piment
225 g bulgur
ca. 7,5 dl groentebouillon
115 g champignons, in plakjes
115 g groene linzen
zout en versgemalen zwarte peper
cayennepeper
verse takjes peterselie ter garnering

1 Verhit de olie in een koekenpan. Voeg ui, knoflook, ketoembar, djintan, koenjit en piment toe en roerbak alles 1 min. op laag vuur.

2 Voeg de bulgur toe en bak hem al roerend 2 min. tot hij iets gebruind is. Voeg bouillon, paddestoelen en linzen toe.

3 Breng het geheel aan de kook en laat het dan afgedekt 25-30 min. zacht koken tot bulgur en linzen gaar zijn en de bouillon is opgenomen. Voeg zo nodig nog wat water of bouillon toe.

4 Voeg zout, peper en cayennepeper toe. Doe de pilav over in een warme schaal en garneer hem met verse peterselie.

Tips van de kok
• Bulgur is zeer eenvoudig te koken en kan net als rijst heet of koud worden gebruikt.
• Fijne bulgur hoeft nauwelijks te koken, lees dus de aanwijzingen op de verpakking.
• Groene linzen blijven heel tijdens het koken. Probeer aan lentilles vertes du Puy te komen, want die zijn heerlijk van smaak.

Balti-toor dhal met kerstomaatjes

Gekookt heeft *toor dhal* (gespleten gele linzen) een prachtige textuur, die het best tot zijn recht komt in combinatie met eenvoudige, witte gekookte rijst. Verse blaadjes fenegriek, te koop in de toko, geven dit gerecht een verbluffend aroma.

Voor 4 personen
115 g toor dhal (gespleten gele linzen)
3 el maïsolie
¼ tl uienzaad
1 bosje lente-uitjes, gesnipperd
1 tl knoflook, geperst
¼ tl koenjit
1½ tl verse gemberwortel, geraspt
1 tl mild chilipoeder
2 el verse blaadjes fenegriek of spinazie
1 tl zout
6-8 kerstomaatjes
2 el verse blaadjes koriander
½ groene paprika, in reepjes
1 el citroensap
stukjes blad van de lente-uitjes en verse blaadjes koriander ter garnering

1 Kook de dhal in een pan met kokend water tot hij zacht en papperig is. Roer geregeld. Zet de dhal weg.

2 Verhit de olie met de uienzaadjes in een wok. Voeg de dhal toe en roerbak het geheel ca. 3 min. Voeg lente-uitjes, knoflook, koenjit, gember, chilipoeder, blaadjes fenegriek of spinazie en zout toe en roerbak alles 5-7 min.

3 Maak het mengsel los met voldoende water. Voeg al roerend de kerstomaatjes, verse koriander, paprika en het citroensap toe. Garneer het gerecht met het blad van de lente-uitjes en blaadjes koriander.

Tip van de kok
Toor dhal zijn gepelde en gespleten gele linzen. Ze zijn verkrijgbaar in de toko. Eventueel kunt u ook groene of bruine linzen gebruiken.

Urad dhal met chilipepers

De romige witte urad dhal moet een nacht weken want dan is hij beter te koken. Geef er naanbrood bij.

Voor 4 personen

115 g witte urad
2 tl olijfoliesmeersel
2 tl maïsolie
1 laurierblaadje
2 uien, in ringen
1 stokje kaneel
1 el verse gemberwortel, geraspt
2 teentjes knoflook, gepeld
2 verse groene chilipepers, zonder zaadjes en in de lengte in reepjes
2 verse rode chilipepers, zonder zaadjes en in de lengte in reepjes
1 el fijngehakte verse munt

1 Doe de dhal in een kom en zet hem onder koud water. Laat hem een nacht weken. Laat de dhal uitlekken en doe hem over in een pan. Voeg zo veel water toe dat de dhal ca. 2,5 cm onderstaat. Breng de dhal aan de kook en laat hem koken totdat de peulen splijten. Zet hem weg.

2 Verhit het olijfoliesmeersel met de olie in een wok of grote pan op matig vuur. Voeg het laurierblaadje, de uien en het stokje kaneel toe.

3 Voeg de gemberwortel, de teentjes knoflook en de helft van de groene en rode chilipepers toe.

4 Laat de dhal uitlekken en voeg hem toe aan de ingrediënten in de wok. Voeg de overige chilipepers en de verse munt toe. Verwarm het geheel nog even en doe het dan over in een warme schaal.

> **Tip van de kok**
> Witte urad zijn zwarte uradboontjes zonder schil. Urad wordt veel gebruikt in Indiase gerechten, maar is nog niet zo bekend in het Westen. Koop ze eers in de toko, want deze boontjes zijn het beslist waard ontdekt te worden.

Kikkererwten-spinaziecurry

Deze smaakvolle curry zit boordevol vezels; u pept er helemaal van op. Geef er zilvervliesrijst of naanbrood en een mangochutney bij.

Voor 3-4 personen

1 el zonnebloemolie
1 grote ui, gesnipperd
2 teentjes knoflook, geperst
2,5 cm gemberwortel, geraspt
1 verse groene chilipeper, zonder zaadjes en fijngehakt
2 el milde currypasta
2 tl djintan
1 tl koenjit
225 g blokjes tomaat uit blik
1 groene of rode paprika, in stukjes
3 dl groentebouillon
1 el tomatenpuree
450 g verse spinazie
425 g kikkererwten uit blik, uitgelekt
3 el fijngehakte verse koriander
1 tl garam masala (naar keuze)
zout

1 Verhit de olie in een grote pan en bak ui, knoflook, gember en peper 5 min. op laag vuur of tot de ui zacht is. Voeg de currypasta toe en bak alles nog 1 min. Voeg de djintan en de koenjit toe. Roerbak het geheel nog 1 min.

2 Voeg de blokjes tomaat en de stukjes paprika toe en schep ze door het kruidenmengsel. Giet de bouillon erbij en voeg de tomatenpuree toe. Breng het geheel aan de kook en laat het afgedekt 15 min. zachtjes koken.

3 Verwijder dikke stelen van de spinazie, was de blaadjes en scheur ze in stukken. Voeg de spinazie in gedeelten toe aan de inhoud van de pan.

4 Voeg de kikkererwten toe en laat het geheel afgedekt nog 5 min. koken. Voeg de verse koriander toe en naar smaak zout en peper. Schep de curry in een warme schaal en strooi er eventueel wat garam masala over.

Pittige bonenschotel met citroen en gember

Met bonen uit blik hebt u dit gerecht in een handomdraai op tafel. Bovendien zijn bonen uit blik, waaraan meestal zout is toegevoegd, heel lekker.

Voor 4 personen
5 cm verse gemberwortel, geraspt
3 teentjes knoflook, fijngehakt
2,5 dl koud water
1 el zonnebloemolie
1 grote ui, in dunne ringen
1 verse rode chilipeper, zonder zaadjes en fijngehakt
¼ tl cayennepeper
2 tl djintan
1 tl ketoembar
½ tl koenjit
2 el citroensap
3 el fijngehakte verse koriander
400 g zwartoogbonen uit blik, uitgelekt en afgespoeld
400 g adukibonen uit blik, uitgelekt en afgespoeld
400 g witte bonen uit blik, uitgelekt en afgespoeld
versgemalen zwarte peper
stokbrood om te serveren

1 Pureer gember, knoflook en 4 eetlepels koud water met een staafmixer tot een gladde pasta.

2 Verhit de olie in een pan. Fruit ui en chilipeper 5 min. op laag vuur. Voeg cayennepeper, djintan, ketoembar en koenjit toe en roerbak het geheel 1 min.

3 Voeg de gember en de knoflookpasta toe en roerbak het geheel nog 1 min. Giet de rest van het water erbij met het citroensap en de verse koriander. Roer alles goed en breng het aan de kook. Kook het afgedekt 5 min.

4 Voeg alle bonen toe en kook alles 10 min. Bestrooi het gerecht met peper en serveer met stokbrood.

> **Variatie**
> U kunt praktisch elke combinatie van bonen uit blik gebruiken zoals rode kidneybonen, pintobonen, tuinbonen en limabonen.

Chili sin carne

Serveer dit alternatief voor chili con carne met zilvervliesrijst of wilde rijst.

Voor 4 personen
2 uien, gesnipperd
1 teentje knoflook, geperst
3 stengels bleekselderij, in stukjes
1 groene paprika, in stukjes
225 g champignons, in plakjes
2 courgettes, in stukjes
400 g kidneybonen uit blik
400 g blokjes tomaat uit blik
1,5 dl passata (tomatensaus)
2 el tomatenpuree
1 el tomatenketchup
1 tl heet chilipoeder
1 tl djintan
1 tl ketoembar
zout en versgemalen zwarte peper
verse koriander ter garnering
yoghurt om te serveren
cayennepeper om te serveren

1 Meng ui, bleekselderij, paprika, champignons, courgettes en knoflook in een grote pan.

2 Voeg kidneybonen (afgespoeld en uitgelekt), tomaten, passata, tomatenpuree, ketchup en specerijen toe. Bestrooi het geheel naar smaak met zout en peper en roer het goed.

3 Breng het gerecht aan de kook en laat het 20-30 min. afgedekt zacht koken tot de groenten gaar zijn. Roer regelmatig. Garneer de chili met verse takjes koriander. Geef er yoghurt bij, bestrooid met een beetje cayennepeper.

Rode bonen

Wat te doen als u zin hebt in iets lekkers, maar de voorraadkast is praktisch leeg?

Voor 2 personen
1 el zonnebloem- of arachideolie
1 ui of prei, gesnipperd
1 rode paprika of verse rode chilipeper, zonder zaadjes en in stukjes
1 teentje knoflook, geperst
2,5 cm verse gemberwortel, geraspt
400 g rode kidneybonen uit blik, uitgelekt en afgespoeld
2 el tomatenpuree, verdund met 4 el water
worcestersaus of tabasco
zout en versgemalen zwarte peper
partjes limoen om te serveren

1 Verhit de olie in een pan. Voeg ui of prei en paprika of chilipeper toe en fruit ze 3 min. op laag vuur.

2 Voeg knoflook en gember toe en roerbak ze nog 2 min.

3 Voeg de bonen en de tomatenpuree toe en schep het geheel goed om. Maak het mengsel pittig met een scheutje worcestersaus of tabasco. Verwarm het gerecht ca. 10 min. Breng de bonen op smaak met zout en peper en geef er de limoenpartjes bij.

> **Tip van de kok**
> Als u tijd hebt, kunt u de bonen ook zelf koken. Diepvriesbonen mag ook; u hoeft ze vooraf dan niet te laten ontdooien.

Jamaïcaanse bonenstoofschotel

De stroop maakt dit pittige gerecht met zwarte bonen, rode en gele paprika en pompoen lekker zoet.

Voor 4 personen
*225 g gedroogde zwarte kidney-
  bonen, 1 nacht geweekt in
  water
1 laurierblaadje
1 tl groentebouillonpoeder
1 el zonnebloemolie
1 grote ui, gesnipperd
1 teentje knoflook, fijngehakt
1 tl mosterdpoeder
1 el zwarte stroop
2 el donkerbruine basterdsuiker
1 tl gedroogde tijm
½ tl gedroogde chilivlokken
1 rode paprika, in stukjes
1 gele paprika, in stukjes
675 g pompoen, in blokjes van 1
  cm
zout en versgemalen zwarte
  peper
verse takjes tijm ter garnering
gekookte rijst om te serveren*

1 Laat de bonen uitlekken, was ze en laat ze opnieuw uitlekken. Doe ze in een pan en voeg water en laurierblad toe. Breng het water aan de kook en laat het 10 min. koken. Draai het vuur lager en laat de bonen afgedekt nog 30 min. gaar koken op laag vuur.

2 Giet de bonen af en bewaar het kookwater in een maatbeker. Voeg schoon water toe tot 4 dl. Voeg het bouillonpoeder toe. Verwarm de oven voor op 180 °C.

3 Fruit ui en knoflook ca. 5 min. in de olie. Voeg mosterdpoeder, stroop, suiker, gedroogde tijm en chilivlokken toe. Roerbak het mengsel 1 min.

4 Voeg de zwarte kidneybonen en de bouillon toe. Schep het geheel in een vuurvaste braadslee. Bak het gerecht afgedekt 25 min. in de oven en voeg dan de stukjes paprika en de blokjes pompoen toe. Voeg zout en peper toe en meng alles goed. Bak de schotel afgedekt nog 45 min. in de oven tot de groenten gaar zijn. Garneer de stoofschotel met takjes tijm en geef er rijst bij.

Zoetzure bonenjachtschotel

Een appetijtelijke jachtschotel met bonen en groenten in zoetzure saus met een aardappelkorstje.

Voor 6 personen
*450 g aardappels
1 el olijfolie
3 el halvarine
6 el volkorenbloem
3 dl passata (tomatensaus)
1,5 dl ongezoet appelsap
4 el lichtbruine basterdsuiker
4 el tomatenketchup
4 el droge sherry
4 el ciderazijn
4 el lichte sojasaus
400 g limabonen uit blik
400 g rode kidneybonen uit blik
400 g flageolets uit blik
400 g kikkererwten uit blik
175 g sperziebonen, in stukjes en
  geblancheerd
225 g sjalotjes, in ringetjes en
  geblancheerd
225 g champignons, in plakjes
1 el fijngehakte verse tijm
1 el fijngehakte verse majoraan
zout en versgemalen zwarte
  peper
verse kruiden ter garnering*

1 Verwarm de oven voor op 200 °C. Kook de aardappels 4 min. Giet ze af en voeg de olie toe. Roer goed.

2 Meng halvarine, bloem, passata, appelsap, suiker, tomatenketchup, sherry, azijn en sojasaus in een steelpan. Breng het geheel op laag vuur al roerend aan de kook. Laat de saus in 3 min. indikken en blijf roeren.

3 Was de bonen uit blik en laat ze uitlekken. Voeg ze met de rest van de ingrediënten, behalve de kruidengarnering, toe aan de saus. Meng de ingrediënten goed en doe ze dan over in een ovenschotel.

4 Leg de schijfjes aardappel elkaar overlappend boven op de bonen.

5 Dek de schotel af met aluminiumfolie en bak de jachtschotel 40 min. in de oven. Verwijder de folie en bak de schotel nog 20 min. tot de aardappels goudbruin zijn. Garneer het gerecht met de verse kruiden.

Bonenfeestmaal

Deze smakelijke combinatie van champignons, bonen en tomaten is zeer geschikt voor een informeel etentje. De hoeveelheden kunt u eenvoudig verdubbelen of verdriedubbelen.

Voor 4 personen
1 el zonnebloemolie
2 uien, in ringen
1 teentje knoflook, geperst
1 el rodewijnazijn
400 g blokjes tomaat uit blik
1 el tomatenpuree
1 el worcestersaus
1 el mosterd
1 el donkerbruine basterdsuiker
2,5 dl groentebouillon
400 g rode kidneybonen uit blik, uitgelekt
400 g cannellinibonen uit blik, uitgelekt
1 laurierblaadje
75 g rozijnen
225 g champignons, fijngehakt
zout en versgemalen zwarte peper
fijngehakte verse peterselie ter garnering
volkorenbrood om te serveren

1 Verhit de olie in een grote pan of vuurvaste braadslee. Fruit uien en knoflook 10 min. op laag vuur.

2 Voeg rodewijnazijn, tomaten, tomatenpuree, worcestersaus, suiker en mosterd toe. Giet de bouillon erbij en roer het geheel goed.

3 Was de bonen en laat ze uitlekken. Voeg ze met het laurierblad en de rozijnen toe aan de ingrediënten in de pan. Breng het geheel aan de kook, draai het vuur laag en laat het onder regelmatig roeren 10 min. zacht koken.

4 Voeg de champignons toe en laat ze nog 5 min. meekoken. Breng de bonenschotel op smaak met zout en peper en doe de bonen over in een warme schaal. Strooi er peterselie over en geef er brood bij.

> **Tip van de kok**
> Veeg de champignons schoon met vochtig keukenpapier.

Pittig linzen-bonenbrood

Een gezond, smakelijk brood, ideaal voor een lunch of picknick. Omdat er bonen uit blik in zijn verwerkt, tovert u dit brood vliegensvlug op tafel.

Voor 12 plakken
2 tl olijfolie
1 ui, gesnipperd
1 teentje knoflook, geperst
2 stengels bleekselderij, in stukjes
400 g kidneybonen uit blik
400 g linzen uit blik
1 ei
1 wortel, geraspt
50 g hazelnoten, in stukjes
50 g geraspte belegen cheddar
50 g volkorenbroodkruim
1 el tomatenpuree
1 el tomatenketchup
1 tl van elk djintan
1 tl ketoembar
1 tl pikant chilipoeder
zout en versgemalen zwarte peper
salade en groenten om te serveren

1 Verwarm de oven voor op 180 °C en beboter een cakeblik met een inhoud van 1 liter. Verhit de olie in een pan, voeg ui, knoflook en bleekselderij toe en roerbak ze 5 min. Neem de pan van het vuur en laat het geheel iets afkoelen.

2 Spoel de bonen en de linzen af en laat ze uitlekken. Pureer ze met het uienmengsel en het ei in de keukenmachine of met de staafmixer tot een gladde massa.

3 Schep het mengsel in een kom en voeg de overige ingrediënten toe. Meng alles goed en breng het op smaak met zout en peper.

4 Schep het mengsel in het cakeblik en strijk de bovenkant glad. Bak het brood ca. 1 uur, haal het uit de vorm en snijd het in plakken. Serveer het warm of koud en geef er groenten en een salade bij.

> **Tip van de kok**
> Het brood komt gemakkelijker los uit het cakeblik als u het eerst met keukenpapier belegt.

Gegratineerde wilde paddestoelen met beaufort, krieltjes en walnoten

Dit is een heel eenvoudige en lekkere manier van wilde paddestoelen koken. Geef er, net als de Zwitsers, augurken bij.

Voor 4 personen
900 g krieltjes
50 g boter of 4 el olijfolie
350 g gemengde wilde en gecultiveerde paddestoelen, in plakjes
175 g beaufort of fontina, in dunne plakken
50 g stukjes walnoot, geroosterd
zout en versgemalen zwarte peper
verse bladpeterselie, fijngehakt ter garnering
6 augurken, in stukjes om te serveren

1 Breng een pan met water en zout aan de kook en kook de aardappels in 20 min. gaar. Giet ze af en doe ze weer in de pan. Voeg een klontje boter of scheutje olie toe en doe het deksel op de pan om de aardappels warm te houden.

2 Verhit de rest van de boter of olijfolie in een braadpan die ook onder de grill kan worden gezet. (Wikkel aluminiumfolie om een houten steel.) Voeg de paddestoelen toe en roerbak ze op laag vuur totdat ze hun vocht verliezen. Draai het vuur hoger en roerbak ze tot het meeste vocht weer is opgenomen. Voeg naar smaak zout en peper toe.

3 Verwarm ondertussen de grill. Leg de plakken kaas boven op de paddestoelen. Zet de pan onder de grill en laat de kaas smelten en goudbruin worden.

4 Strooi de geroosterde walnoten over het gerecht en garneer het met peterselie. Geef er krieltjes en augurken bij.

Courgettebeignets met pistou

De saus is Franse pesto – lekker bij de beignets!

Voor 4 personen
450 g courgettes
75 g bloem
1 ei, gesplitst
1 el olijfolie
5 el water
plantaardige olie om te frituren
zout en versgemalen zwarte peper

Voor de pistou
15 g vers blaadjes basilicum
4 teentjes knoflook, fijngehakt
75 g geraspte parmezaanse kaas
schil van 1 citroen, geraspt
1,5 dl olijfolie

1 Voor de pistou: doe de blaadjes basilicum en het knoflook in een vijzel en maal ze met de stamper tot een pasta. Voeg de parmezaanse kaas en het citroenraspsel toe. Voeg geleidelijk aan de olijfolie toe. Doe de pistou dan over in een kom.

2 Rasp de courgettes boven een zeef en bestrooi ze met zout. Zet de zeef op een schaal en laat hem 1 uur staan. Was het courgetteraspsel, laat het uitlekken en droog het op keukenpapier.

3 Doe de bloem in een kom en maak een kuiltje in het midden. Doe eierdooier, olijfolie en water in de kuil. Klop de ingrediënten tot een glad beslag en voeg naar smaak zout en peper toe. Laat het deeg 30 min. rusten.

4 Voeg het courgetteraspsel toe aan het beslag. Klop het eiwit stijf en schep het door het beslag.

5 Verhit de plantaardige olie in een braadpan. Schep een aantal lepels beslag in de olie en frituur de beignets in ca. 2 min. goudbruin. Schep ze uit de pan en laat ze uitlekken op keukenpapier. Houd ze warm tot u de overige beignets hebt gemaakt. Geef de saus er apart bij.

Groenterösti met whisky

Een scheutje whisky maakt van een bekend gerecht iets heel bijzonders.

Voor 4 personen

3 wortels, geraspt
1 knolselderij, ca. 275 g, geraspt
1 grote aardappel, geraspt
2 pastinaken, geraspt
3 el fijngehakte verse peterselie
115 g champignons, in stukjes
50 g geraspte cheddar
2 el whisky
50 g boter
2 el olijfolie
zout en versgemalen zwarte peper
bladpeterselie en kerstomaatjes ter garnering

1 Meng de geraspte groenten met de fijngehakte peterselie in een grote schaal. Breng alles op smaak met zout en peper. Doe in een andere schaal champignons, geraspte kaas en whisky.

2 Verhit de boter en de meeste olie in een grote pan, die ook onder de grill kan worden gezet. (Wikkel aluminiumfolie om een houten steel.) Voeg de helft van de groenten toe en druk ze plat. Bedek de laag met het kaasmengsel en verdeel daarover weer een laag geraspte groenten. Druk de koek goed aan.

3 Bak de rösti 5 min. op hoog vuur, draai het vuur lager en bak de koek afgedekt nog ca. 10 min. tot de groenten zacht zijn.

4 Verwarm ondertussen de grill. Bestrijk de bovenkant van de rösti met de rest van de olie, zet de pan onder de hete grill en laat de bovenkant van de rösti goudbruin worden. Serveer de rösti in punten en garneer hem met peterselie en kerstomaatjes.

> **Variatie**
> *U kunt de rösti ook in een ovenschaal bereiden. Bak hem 40 min. in de hete oven.*

Aardappelkoekjes met geitenkaas

Door de gegrilde geitenkaas krijgen deze aardappelkoekjes een lekker pittig korstje.

Voor 2-4 personen

450 g bloemige aardappels
2 tl fijngehakte verse tijm
1 teentje knoflook, geperst
2 lente-uitjes, gesnipperd
2 el olijfolie
50 g boter
2 x 65 g stevige geitenkaas
zout en versgemalen zwarte peper
verse takjes tijm ter garnering
slablaadjes met walnotendressing om te serveren

1 Schil de aardappels en rasp ze grof in een vergiet. Knijp er met de handen zo veel mogelijk vocht uit. Doe de aardappels over in een schaal en meng ze met de fijngehakte tijm, het knoflook en de lente-uitjes. Breng ze op smaak met zout en peper. Verwarm de oven voor op 150 °C.

2 Verhit de helft van de olie en de boter in een koekenpan en schep ongeveer de helft van het aardappelmengsel in de pan. Druk de laag plat met een spatel. Bak de koeken in 3-4 min. aan beide zijden goudbruin.

3 Haal de aardappelkoekjes uit de pan en laat ze uitlekken op keukenpapier. Houd ze warm in de oven. Verhit de rest van de olie en de boter en maak nog twee aardappelkoeken.

4 Verwarm de grill. Snijd de twee geitenkaasjes horizontaal doormidden en leg de stukken met de doorgesneden kant naar boven op de aardappelkoekjes. Gril ze in 2-3 minuten goudbruin. Garneer ze met de takjes tijm en geef er een salade bij.

> **Tip van de kok**
> *Deze aardappelkoekjes doen het uitstekend op een feestje. Maak ze dan de helft kleiner en serveer ze in een grote schaal.*

Groenteterrine

Deze spinazieterrine met paprika en aardappels ziet er in haar groene jasje fantastisch uit.

Voor 6 personen

3 rode paprika's, gehalveerd en zonder zaadjes
450 g aardappels, geschild en gehalveerd
1 courgette, in de lengte in reepjes
115 g spinazie
2 el boter
snufje nootmuskaat
115 g geraspte cheddar
zout en versgemalen zwarte peper

1 Leg de paprikahelften met de bolle kant naar boven onder de grill tot de velletjes zwartgeblakerd zijn en loslaten. Doe ze over in een schaal, dek ze af met keukenpapier en laat ze afkoelen.

2 Kook de aardappels in 15 min. gaar in water met zout. Blancheer in een andere pan de reepjes courgette 1 min. Schep ze met een schuimspaan uit de pan. Doe de spinazie bij het kokende water en blancheer de blaadjes een paar seconden. Giet de spinazie af en dep de blaadjes droog met keukenpapier.

3 Verwarm de oven voor op 180 °C. Bekleed een bakblik met een inhoud van 1 liter met de spinazie. Laat de blaadjes elkaar daarbij overlappen. Snijd de aardappels in schijfjes. Leg een derde op de bodem van het bakblik, voeg wat boter toe en breng alles op smaak met zout, peper en nootmuskaat. Bestrooi het geheel met wat kaas.

4 Ontvel de paprika's en laat daarbij de helften heel. Leg de helft op de aardappels. Strooi er wat kaas over en voeg een laag courgettes toe. Leg daarop weer een derde van de aardappels, de overige paprika's en meer kaas. Voeg ook steeds zout, peper en nootmuskaat toe. Eindig met een laag aardappels en strooi de rest van de kaas erover. Vouw de bovenkant dicht met de blaadjes spinazie. Dek de terrine af met aluminiumfolie.

5 Zet het bakblik in een braadslee en giet er tot de helft van het bakblik kokend water bij. Bak de terrine ca. 1 uur in de oven, stort haar en serveer haar in pakken.

Gevuld brood met courgette, champignons en pesto

Deze heerlijke picknickbol is gevuld met groenten, kaas en pesto. U kunt hem gemakkelijk vervoeren en in mooie plakken snijden. Zijn smaak is ongeëvenaard – succes verzekerd!

Voor 6 personen

1 rond boerenbrood
2 el olijfolie
3 courgettes, in de lengte in repen
250 g champignons, in plakken
1 teentje knoflook, fijngehakt
1 tl gedroogde oregano
3 el pesto
250 g taleggio, in plakken
50 g groene sla
zout en versgemalen zwarte peper

1 Snijd een kapje van het brood. Verwijder de binnenkant van het brood en de kap. Laat een omhulsel over van ca. 1 cm.

2 Vet een grillpan in met olie en gril de courgettes tot ze zacht en bruin zijn.

3 Verhit ondertussen de rest van de olie in een koekenpan en bak champignons, knoflook en oregano 3 min. Breng ze op smaak met zout en peper.

4 Leg de helft van de courgettes in het brood en verdeel de helft van de pesto erover. Leg daarop de helft van de kaas en blaadjes sla, en alle champignons. Voeg nog een laag kaas, sla en courgettes toe. Verdeel de rest van de pesto over de binnenkant van het kapje en leg het kapje boven op het brood.

5 Duw het kapje wat aan, wikkel het brood in keukenfolie en laat het afkoelen. Bewaar het brood een nacht in de koelkast en serveer het in punten.

> **Tip van de kok**
> *De courgettes kunnen ook op de gewone manier worden gegrild.*

Ricottaquiche met kruiden

Aan deze quiche komt geen deeg te pas. Wel zitten er heerlijke kruiden in en is hij een ideaal licht lunchgerecht.

Voor 4 personen
olijfolie om in te vetten
800 g ricotta
75 g geraspte parmezaanse kaas
3 eieren, gesplitst
4 el fijngehakte blaadjes basilicum
4 el geknipt bieslook
3 el blaadjes oregano
½ tl zout
½ tl paprikapoeder
versgemalen zwarte peper
verse kruiden ter garnering

Voor de zwarteolijvenpuree
400 g zwarte olijven zonder pit, gewassen en gehalveerd
5 teentjes knoflook, geperst
5 el olijfolie

1 Verwarm de oven voor op 180 °C. Vet een springvorm van 23 cm doorsnede in met olie. Meng ricotta, parmezaanse kaas en eierdooiers met de staafmixer. Voeg de verse kruiden, zout en peper toe. Pureer het geheel tot een gladde en romige saus. Giet de saus in een kom.

2 Klop de eiwitten in een grote schaal stijf en schep ze door het kaasmengsel. Schep het mengsel in de springvorm en strijk de bovenkant glad met een paletmes.

3 Bak de quiche 1 uur en 20 min. in de oven tot hij is gerezen en een goudbruine kleur heeft gekregen. Haal hem uit de oven en bestrijk de bovenkant met een beetje olijfolie. Bestrooi de quiche met het paprikapoeder. Laat hem afkoelen voordat u hem uit de springvorm haalt.

4 Voor de olijvenpuree: houd een paar olijven achter ter garnering. Hak de olijven en het knoflook fijn in de keukenmachine. Voeg al mixend de olijfolie toe, het mengsel eruitziet als een grove pasta. Doe de puree over in een kom. Garneer de quiche met de verse kruiden. Geef de olijvenpuree er apart bij.

Paddestoelenbrood met sinaasappelsaus

Dit prachtige paddestoelenbrood misstaat niet bij een chic diner.

Voor 4 personen
1 tl gedroogd gist
3 el melk, op kamertemperatuur
400 g bloem
1 tl zout
1 el basterdsuiker
3 eieren
schil van ½ citroen, geraspt
200 g boter, in blokjes

Voor de vulling
50 g boter
2 sjalotjes, gesnipperd
350 g diverse wilde en gecultiveerde paddestoelen, in stukjes
½ teentje knoflook, geperst
5 el fijngehakte verse peterselie
zout en versgemalen zwarte peper

Voor de saus
2 el geconcentreerd sinaasappelsap uit de diepvries
175 g boter, in blokjes
cayennepeper

1 Los de gist op in de melk, voeg 115 g bloem toe en meng alles tot een deeg. Vul een grote schaal met handwarm water en zet die met het deeg in het water. Laat het deeg 30 min. rusten.

2 Kneed de overige bloem in de keukenmachine met zout, basterdsuiker, eieren, citroenraspel en het gerezen deeg. Voeg de boter beetje bij beetje toe en kneed alles tot een glad en los deeg. Wikkel het in keukenfolie en leg het 2 uur in de koelkast, tot het stevig is.

3 Verhit voor de vulling de boter in een grote pan. Voeg de sjalotjes toe en fruit ze op laag vuur zacht maar nog niet bruin.

4 Voeg paddestoelen en knoflook toe en roerbak ze tot het vocht vrijkomt. Draai het vuur hoger om het vocht te laten verdampen. Doe het geheel, eenmaal droog, over in een schaal, voeg peterselie toe en breng het op smaak met zout en peper.

5 Vet een bakblik met een inhoud van 1 liter in. Rol het deeg uit tot een lap van 15 × 30 cm. Schep het paddestoelenmengsel op het deeg en rol de lap op. Leg de rol in het bakblik, dek het af met een vochtige doek en laat het deeg op een warme plek 50 min. rijzen tot boven de rand.

6 Verwarm de oven voor op 190 °C en bak het brood 40 min.

7 Voor de saus: verhit het geconcentreerde sinaasappelsap au bain marie. Neem de kom van het vuur en klop de boter door het sap. Voeg naar smaak cayennepeper toe. Dek de kom af en houd de saus warm. Stort het brood op een schotel, snijd het in dikke plakken en geef de saus er apart bij.

SPECIALE GELEGENHEDEN

Gevulde geroosterde pompoenen

Het zoete vruchtvlees van de pompoen past goed bij de zwarte olijven en zongedroogde tomaten.

Voor 2-4 personen
4 kleine hele pompoenen
225 g gekookte, witte, langkorrelige rijst
4 stukken zongedroogde tomaten in olie, uitgelekt en fijngehakt, plus 2 el olie uit het potje
50 g zwarte olijven zonder pit, fijngehakt
1 el fijngehakte verse blaadjes basilicum, plus extra takjes basilicum ter garnering
4 el zachte geitenkaas
tzatziki om te serveren

1 Verwarm de oven voor op 180 °C. Snijd de bodem en bovenkant van de pompoenen en schep het zaad eruit met een lepel.

2 Meng rijst, zongedroogde tomaten, olijven, basilicum en kaas in een kom. Voeg de helft van de olie uit het potje toe.

3 Vet een ovenschotel in met de rest van de olie. Verdeel het rijstmengsel over de vier pompoenen en zet ze in de ovenschotel. Verdeel de rest van de olie over de pompoenen.

4 Dek de ovenschotel af met aluminiumfolie en bak de pompoenen in 45-50 min. gaar in de oven. Garneer de schotel met takjes basilicum en geef er tzatziki bij.

Tip van de kok
225 g gekookte rijst is gelijk aan 65 g ongekookte rijst.

Variaties
- U kunt in plaats van olijven ook rozijnen nemen.
- Als u geen kleine pompoenen kunt krijgen, neem dan per persoon een halve grote.

Gevulde groenten

Met dit kleurrijke gerecht is koken voor vrienden een waar genot.

Voor 4 personen
3 el olijfolie, plus extra om in te vetten
1 aubergine
1 groene paprika
2 vleestomaten
1 ui, gesnipperd
2 teentjes knoflook, geperst
115 g champignons, in stukjes
1 wortel, geraspt
225 g gekookte witte langkorrelige rijst
1 el fijngehakte verse dille
90 g feta, verkruimeld
75 g pijnboompitten, geroosterd
2 el rozijnen
zout en versgemalen zwarte peper

1 Verwarm de oven voor op 190 °C. Vet een ovenschotel in. Snijd de aubergine doormidden, schep het vruchtvlees eruit en snijd dat in blokjes. Snijd de paprika in de lengte doormidden en verwijder de zaadjes.

2 Snijd de bovenkant van de tomaten en schep het vruchtvlees eruit. Snijd het vruchtvlees in stukjes en doe ze bij de blokjes aubergine. Laat de holle tomaten op de kop uitlekken op keukenpapier.

3 Breng een pan met water aan de kook, voeg de auberginehelften toe en blancheer ze 3 min. Voeg de paprikahelften toe en blancheer ook deze 3 min. Giet ze af en leg alle groenten met de bolle kant naar beneden in de ovenschotel.

4 Verhit 2 eetlepels olie in een pan en fruit ui en knoflook ca. 5 min. Voeg de blokjes aubergine, het tomatenmengsel, de champignons en de wortels toe. Laat het geheel afgedekt 5 min. koken tot de groenten zacht zijn. Voeg dan rijst, dille, feta, pijnboompitten en rozijnen toe. Breng het geheel op smaak met zout en peper.

5 Verdeel het mengsel over de holle groenten, druppel de rest van de olijfolie erover en bak de groenten 20 min. in de oven tot de vulling bruin is. Serveer de groenten heet of koud.

Gevulde koolrabi

Als u nog nooit koolrabi hebt geproefd, of alleen maar in een stoofschotel waarin de smaak totaal verloren gaat, moet u dit appetijtelijke gerecht eens proberen.

Voor 4 personen
4 kleine koolrabi's à 175 g
4 dl hete groentebouillon
1 tl zonnebloemolie
1 ui, gesnipperd
1 kleine rode paprika, in reepjes
1 kleine groene paprika, in reepjes
zout en versgemalen zwarte peper

1 Verwarm de oven voor op 180 °C. Snijd de onder- en bovenkant van de koolrabi's en leg de koolrabi's in een ovenschotel.

2 Giet de hete bouillon bij de koolrabi's (ze moeten half onderstaan). Smoor de koolrabi's met het deksel op de pan in 30 min. zacht in de oven. Doe ze over op een bord, bewaar de bouillon, en laat ze afkoelen. Laat de oven aan.

3 Verhit de zonnebloemolie in een braadpan. Fruit de ui 3-4 min. op laag vuur tot hij zacht is. Voeg de reepjes rode en groene paprika toe en roerbak ze 2-3 min. tot de ui lichtbruin is.

4 Voeg de achtergehouden bouillon toe en breng paprika en ui op smaak met zout en peper. Laat het onafgedekt zacht koken tot de meeste bouillon is verdampt.

5 Schep het vruchtvlees uit de koolrabi en snijd het in stukjes. Voeg de stukjes koolrabi toe aan de paprika en de ui. Voeg eventueel nog zout en peper toe. Zet de holle koolrabi's in een ovenschotel.

6 Schep de vulling in de koolrabi's. Zet ze ca. 10 min. in de oven en serveer direct.

Koolrolletjes met citroensaus

Deze lichtverteerbare en smakelijke maaltijd bestaat uit met rijst en rode linzen gevulde koolbladen met een lichte citroensaus.

Voor 4-6 personen
12 grote koolbladen of snijbietbladen, zonder steel
2 el zonnebloemolie
1 ui, gesnipperd
1 grote wortel, geraspt
115 g champignons, in plakjes
6 dl groentebouillon
115 g langkorrelige rijst
4 el rode linzen
1 tl gedroogde oregano
90 g zachte knoflookkaas
25 g bloem
sap van 1 citroen
3 eieren, losgeklopt
zout en versgemalen zwarte peper

1 Breng in een grote pan water en zout aan de kook. Voeg de kool of snijbiet toe en blancheer hem tot hij net begint te slinken. Laat hem goed uitlekken en bewaar het kookwater. Dep de bladen vervolgens voorzichtig droog met keukenpapier en zet ze weg.

2 Verhit de olie in een grote pan. Voeg ui, wortel en champignons toe en roerbak ze 5 min. op laag vuur tot de ui zacht is maar nog niet verkleurd.

3 Giet de bouillon erbij en voeg rijst, linzen en oregano toe. Breng de groenten op matig vuur aan de kook. Draai het vuur lager en laat het mengsel afgedekt 15 min. zacht koken. Neem de pan van het vuur en voeg de kaas toe. Voeg naar smaak zout en peper toe.

4 Verwarm de oven voor op 190 °C. Leg een koolblad op een snijplank met de geribbelde kant naar onderen en schep een beetje vulling op het blad. Vouw de zijkanten naar binnen en rol het blad op. Doe hetzelfde met de andere koolbladen.

5 Leg de rolletjes in een kleine braadslee en giet het achtergehouden kookwater erbij. Dek de schotel af met aluminiumfolie en bak de rolletjes 30-45 min. in de oven tot de bladen gaar zijn. Schep de rolletjes met een schuimspaan uit de ovenschotel en leg ze op een warm bord. Bewaar het kookvocht. Houd de rolletjes warm terwijl u de saus maakt.

6 Giet 6 dl van het kookvocht in een pan en breng het aan de kook. Meng de bloem met een beetje koud water tot een papje en klop het met het citroensap door het kokende water.

7 Klop de eieren los met ca. 4 eetlepels van het hete mengsel in een maatbeker. Giet het mengsel al roerend beetje bij beetje terug in de pan. Blijf het roeren op laag vuur tot de saus glad en dik is. Laat de saus niet koken, want anders gaat hij schiften.

8 Giet een beetje saus over de rolletjes en geef de rest er apart bij.

Linzen-notenbrood

Serveer dit brood voor speciale gelegenheden met alles erop en eraan, inclusief de vegetarische jus. Garneer het brood voor een extra feestelijk effect met verse cranberry's en bladpeterselie.

Voor 6-8 personen
115 g rode linzen
115 g hazelnoten
115 g walnoten
1 grote wortel
2 stengels bleekselderij
1 grote ui
115 g champignons
50 g boter, plus extra om in te vetten
2 tl mild kerriepoeder
2 el tomatenketchup
2 el worcestersaus
1 ei, losgeklopt
2 tl zout
4 el fijngehakte verse peterselie
1,5 dl water

1 Doe de linzen in een schaal, zet ze onder water en laat ze 1 uur weken. Maal de noten in de keukenmachine, maar niet te fijn, en doe ze over in een grote schaal. Snijd wortel, bleekselderij, ui en champignons in stukjes en hak ze fijn in de keukenmachine.

2 Verhit de boter in een steelpan. Voeg de groenten toe en bak het geheel onder af en toe roeren 5 min. op laag vuur. Voeg het kerriepoeder toe en kook alles nog 1 min. Neem de pan van het vuur en laat de inhoud afkoelen.

3 Giet de geweekte linzen af, roer ze door de gemalen noten en voeg groenten, ketchup, worcestersaus, peterselie, het ei, zout en water toe.

4 Verwarm de oven voor op 190 °C. Vet een bakblik met een inhoud van 1 liter in en beleg het met vetvrij papier of aluminiumfolie. Doe het groentemengsel in het bakblik en druk het aan.

5 Bak het brood ruim een uur in de oven tot het stevig is; bescherm de bovenkant met aluminiumfolie als hij begint aan te branden. Laat het brood 15 min. afkoelen voordat u het stort en het papier verwijdert. Het brood blijft vrij zacht.

Gehaktbrood met paddestoelen en noten

De korst van deze braadschotel ziet er erg mooi uit en contrasteert uitstekend met het zachte brood.

Voor 4 personen
2 el zonnebloemolie, plus extra om in te vetten
3 el zonnebloempitten
3 el sesamzaad
1 ui, gesnipperd
2 stengels bleekselderij, in stukjes
1 groene paprika, in stukjes
225 g gemengde paddestoelen, in stukjes
1 teentje knoflook, geperst
115 g vers volkorenbroodkruim
115 g gemengde noten, in stukjes
50 g rozijnen
stukje verse gemberwortel, fijngehakt
2 tl korianderzaad, geplet
2 el lichte sojasaus
1 ei, losgeklopt
zout en versgemalen zwarte peper
blaadjes selderij en koriander ter garnering
tomatensaus om te serveren

1 Vet een bakblik met een inhoud van ca. 0,75 liter in met zonnebloemolie en beleg het met keukenpapier. Verdeel de zonnebloempitten en het sesamzaad over de bodem.

2 Verwarm de oven voor op 190 °C. Verhit de olie in een grote pan en voeg ui, bleekselderij, paprika, paddestoelen en knoflook toe. Roerbak het geheel 5 min. op laag vuur tot de ui zacht is maar nog niet verkleurd. Neem de pan van het vuur.

3 Meng het broodkruim en de noten in een schaal. Voeg de inhoud van de grote pan, rozijnen, gember, sojasaus en korianderzaad toe. Bind het mengsel met het ei en voeg naar smaak zout en peper toe.

4 Verdeel het mengsel over het bakblik en bak het 45 min. in de oven. Snijd de zijkanten van het gehaktbrood met een mes los van het bakblik en laat het nog 2-3 min. afkoelen. Stort het op een schotel en garneer het met de blaadjes selderij en koriander. Geef de tomatensaus er apart bij.

Preisoufflé

Met een soufflé maakt u altijd indruk op uw gasten. Deze imposante soufflé is gemakkelijk te bereiden.

Voor 2-3 personen
3 el boter, plus extra om in te vetten
1 el zonnebloemolie
2 stengels prei, in dunne ringen
3 dl melk
25 g bloem
4 eieren, gesplitst
75 g gruyère of emmentaler, geraspt
zout en zwarte peper

1 Verwarm de oven voor op 180 °C. Vet een grote soufflévorm in met boter. Verwarm de zonnebloemolie en 1 eetlepel boter in een pan en bak de prei op laag vuur al roerend in 4-5 min. zacht, maar niet bruin.

2 Roer de melk erdoor en breng het mengsel aan de kook. Laat het afgedekt 4-5 min. zacht koken tot de prei gaar is. Zeef het groentenat in een maatbeker.

3 Smelt de rest van de boter, roer de bloem erdoor en verwarm het mengsel 1 min. Vul met groentenat aan met melk tot 3 dl. Roer de melk langzaam door de roux tot een gladde saus. Breng de saus al roerend langzaam aan de kook. Laat hem iets indikken.

4 Neem de pan van het vuur en laat de saus wat afkoelen. Roer de eierdooiers, de kaas en de prei erdoor en voeg naar smaak zout en peper toe.

5 Klop de eiwitten stijf en lepel het eiwit met een metalen lepel door het prei-eimengsel. Schenk het mengsel in de soufflévorm en bak de soufflé ca. 30 min. tot hij is gerezen en goudbruin is. Serveer hem direct.

> **Tip van de kok**
> Alles behalve het kloppen van de eiwitten kunt u van tevoren doen. Maak de soufflé af wanneer uw gasten zijn gearriveerd en een halfuurtje later hebt u een heerlijke, lichte maaltijd.

Kaasfondue

Kaasfondues zijn uitermate geschikt voor een informeel etentje. Deze is lekker vol van smaak.

Voor 4 personen
250 g fontina of gruyère, in blokjes
2,5 dl melk
1 el boter
2 eieren, losgeklopt
versgemalen zwarte peper
1 ciabatta of focaccia, in stukken om te serveren

1 Doe de kaas in een kom, giet de melk erover en laat het geheel 2-3 uur weken. Doe het over in een hittebestendige schaal en zet die boven een pan met kokend water.

2 Voeg de boter en de eieren toe en laat de kaas smelten tot een gladde, dikke saus. Haal de pan met kom van het vuur en voeg peper toe. Doe de kaasfondue over in een schaal en geef het brood er apart bij.

Nederlandse kaasfondue

Voor 4 personen
2,5 dl witte wijn
1 el citroensap
450 g Goudse kaas, geraspt
1 el maïzena
2 el water
2 el jenever
versgemalen zwarte peper
bloemkoolroosjes, reepjes wortel, blaadjes witlof en stukjes brood om te serveren

1 Breng in een pan op laag vuur wijn en citroensap aan de kook. Voeg beetje bij beetje de kaas toe en roer tot hij is gesmolten.

2 Meng maïzena en water tot een papje en roer het door de fondue. Breng het geheel al roerend aan de kook en voeg de jenever en peper toe.

3 Doe het mengsel over in een fonduepan. Geef er rauwkost en brood bij.

Paddestoelen-spinaziesoufflé

Een tongstrelende combinatie: wilde paddestoelen met spinazie en eieren.

Voor 4 personen
50 g boter, plus extra om in te vetten
2 el geraspte parmezaanse kaas
225 g verse spinazie
1 teentje knoflook, geperst
175 g gemengde wilde paddestoelen, zoals eekhoorntjesbrood, oesterzwammen en cantharellen, in stukjes
2 dl melk
25 g bloem
6 eieren, gesplitst
snufje nootmuskaat
zout en versgemalen zwarte peper

1 Verwarm de oven voor op 190 °C. Vet een soufflévorm van ca. 1 liter royaal in met boter en bestrooi hem met wat parmezaanse kaas.

2 Stoom de spinazie 3-4 min. op matig vuur. Doe hem in een zeef, spoel hem onder de koude kraan en druk er met een lepel zo veel mogelijk water uit. Snijd de spinazie fijn.

3 Verhit de boter in een pan en bak het knoflook en de paddestoelen zacht op laag vuur. Draai het vuur hoog en laat het vocht verdampen. Voeg de spinazie toe, schep het mengsel in een schaal, dek het af en houd het warm.

4 Giet 3 eetlepels van de melk in een kom en breng de rest aan de kook. Roer de bloem en de eierdooiers door de koude melk en meng ze goed. Roer de gekookte melk door het melk-eiermengsel, giet het mengsel in de pan en laat het indikken. Voeg het spinaziemengsel toe. Breng alles op smaak met zout, peper en nootmuskaat.

5 Klop de eiwitten stijf. Roer eerst 1 lepel eiwit door het spinaziemengsel en voeg dan de overige eiwitten toe.

6 Stort het mengsel in de soufflévorm, strijk de bovenkant glad, verdeel de rest van de kaas erover en bak de soufflé ca. 25 min. in de oven tot hij goudbruin en gerezen is. Serveer hem direct, omdat hij vrij snel inzakt.

Kaassoufflé

Een kaassoufflé die smelt op uw tong: iets lekkerders bestaat er niet. Voor erbij hebt u enkel een salade en een glas goede wijn nodig.

Voor 2-3 personen
50 g boter
2-3 el droog broodkruim
5 el bloem
snufje cayennepeper
½ tl mosterdpoeder
2,5 dl melk
50 g geraspte cheddar
25 g geraspte parmezaanse kaas
4 eieren, gesplitst, plus 1 eiwit
zout en versgemalen zwarte peper

1 Verwarm de oven voor op 190 °C. Smelt 1 eetlepel boter en vet hiermee een soufflévorm in. Bekleed de binnenkant van de vorm met het broodkruim.

2 Smelt de rest van de boter in een pan, voeg bloem, cayennepeper en mosterdpoeder toe en bak het mengsel 1 min. Voeg al roerend de melk toe en blijf roeren tot het mengsel kookt en indikt tot een gladde saus. Laat de saus 1-2 min. pruttelen en neem hem dan van het vuur. Voeg alle cheddar en de helft van de parmezaanse kaas toe en naar smaak zout en peper. Laat de saus iets afkoelen en klop de eierdooiers erdoor.

3 Klop het eiwit stijf en voeg een paar lepels eiwit toe aan de saus. Roer goed en schep vervolgens de rest van de eiwitten door de saus.

4 Giet het mengsel in de soufflévorm en strooi de overige parmezaanse kaas erover. Zet de vorm op een bakplaat en bak de soufflé 25 min. in de oven tot hij gerezen en goudbruin is. Serveer direct.

Tip van de kok
Strijk met een vinger langs de rand van de soufflé voordat u hem in de oven zet. Zo rijst hij gelijkmatig.

Roulade van knolselderij en blauwe kaas

Voor 6 personen
1 el boter
225 gekookte spinazie, uitgelekt en fijngehakt
1,5 dl crème fraîche
4 grote eieren, gesplitst
4 el geraspte parmezaanse kaas
snufje nootmuskaat
zout en versgemalen zwarte peper

Voor de vulling
225 g knolselderij
citroensap
75 g gorgonzola
115 g roomkaas

1 Verwarm de oven voor op 200 °C. Beleg een bakblik van 33 x 23 cm met bakpapier.

2 Verhit de boter in een pan en voeg de spinazie toe. Verwarm de spinazie tot al het vocht is verdampt. Neem de pan van het vuur en roer crème fraîche, eierdooiers, parmezaanse kaas en nootmuskaat door de spinazie. Breng het geheel op smaak met zout en peper.

3 Klop de eiwitten stijf, schep ze door het spinaziemengsel en doe dat in het bakblik. Verdeel het gelijkmatig over het blik en strijk de bovenkant glad.

4 Bak het mengsel in 10-15 min. stevig en goudbruin en leg het op een vel bakpapier. Verwijder het oude bakpapier. Rol de spinazieplak op en laat hem iets afkoelen.

5 Voor de vulling: schil de knolselderij en rasp hem. Besprenkel het geraspte vruchtvlees met citroensap. Meng de gorgonzola met de roomkaas en roer het mengsel door het knolselderijraspsel. Breng alles op smaak met zwarte peper.

6 Rol de spinazieplak weer uit, verdeel de vulling erover en rol de plak weer op, nu zonder bakpapier. Serveer de roulade direct of zet haar eerst in de koelkast.

Roulade van spinazie, paddestoelen en geitenkaas

Deze roulade is eigenlijk een Zwitserse rolsoufflé. Omdat er lucht inzit, wordt de roulade bij het verhitten groter en krijgt ze een krokant korstje. Een ideaal gerecht voor een etentje.

Voor 4 personen
150 g boter, plus extra om in te vetten
50 g bloem
3 dl melk
100 g geitenkaas, in stukjes
40 g geraspte parmezaanse kaas, plus extra ter garnering
4 eieren, gesplitst
225 g verse shii-take, zonder steeltjes, in plakjes
275 g jonge spinazie, geslonken
3 el crème fraîche
zout en versgemalen zwarte peper

1 Verwarm de oven voor op 190 °C. Beleg een bakblik van 30 x 20 cm met keukenpapier. Laat het papier boven de randen uitsteken en vet het licht in met boter.

2 Smelt 50 g boter in een grote pan. Voeg de bloem toe en roerbak hem met een houten lepel 1 min. op laag vuur. Roer dan geleidelijk de melk erdoor. Breng de roux al roerend aan de kook en laat hem indikken.

3 Laat de roux 2 min. zacht koken, voeg dan de geitenkaas en de helft van de parmezaanse kaas toe. Laat de saus 5 min. afkoelen en klop er eierdooiers, zout en peper door.

4 Klop de eiwitten stijf. Voeg eerst 1 lepel toe aan het kaasmengsel en schep dan de overige eiwitten erdoor. Schep het mengsel in het bakblik, strijk de bovenkant glad met een paletmes en bak de rollade 15-17 min. in de oven tot de bovenkant stevig is.

5 Haal de roulade uit de oven en laat haar een paar minuten afkoelen. Stort haar vervolgens op bakpapier dat is bestrooid met de rest van de parmezaanse kaas. Verwijder voorzichtig het oude bakpapier. Rol de roulade op met het nieuwe bakpapier en laat haar afkoelen.

6 Voor de vulling: smelt de rest van de boter in een grote pan en bewaar 2 eetlepels. Voeg de shii-take toe en bak ze onder af en toe roeren 3 min. op laag vuur. Voeg de spinazie toe en kook hem even. Giet de spinazie af en voeg de crème fraîche toe. Voeg naar smaak zout en peper toe en laat de vulling afkoelen.

7 Verwarm de oven voor op 190 °C. Rol de roulade uit en verdeel de vulling over de lap. Rol haar weer op en leg haar in een bakblik. Bestrijk haar met de achtergehouden boter en strooi er wat parmezaanse kaas over. Bak de roulade 15 min. in de oven tot ze is gerezen en een goudbruine kleur heeft gekregen.

Preiroulade met kaas, walnoten en paprika's

Een eenvoudig te bereiden gerecht dat het goed doet als hoofdmaaltijd.

Voor 4-6 personen

4 el boter, plus extra om in te vetten
2 el droog witbroodkruim
75 g geraspte parmezaanse kaas
2 stengels prei, in dunne ringen
6 el bloem
2,5 dl melk
1 tl Franse mosterd
ca. 1/2 tl nootmuskaat
2 grote eieren, gesplitst, plus 1 eiwit
1/2 tl cream of tartar (kaliumwaterstoftartraat)
zout en versgemalen zwarte peper

Voor de vulling

2 grote rode paprika's, gehalveerd
350 g ricotta
75 g walnoten, in stukjes
4 lente-uitjes, gesnipperd
15 g verse blaadjes basilicum

1 Verwarm de oven voor op 190 °C. Vet een bakblik van 30 x 23 cm in en beleg het met bakpapier. Bestrooi de bodem met het broodkruim en 2 eetlepels parmezaanse kaas.

2 Verhit de boter in een pan en bak de prei in 5 min. zacht, maar niet bruin. Voeg de bloem toe en bak hem al roerend 1 min. mee. Voeg al roerend de melk toe en blijf roeren tot het mengsel kookt en indikt.

3 Voeg mosterd, nootmuskaat, zout en peper toe. Bewaar 2-3 eetlepels van de parmezaanse kaas en roer de rest door de saus. Laat de saus wat afkoelen en klop dan de eierdooiers erdoor.

4 Klop de eiwitten met de cream of tartar stijf. Roer eerst 2-3 eetlepels door het preimengsel en voeg dan de rest toe.

5 Giet het mengsel in het bakblik en strijk de bovenkant glad. Bak de roulade 15-18 min. in de oven tot ze is gerezen en stevig wordt.

6 Voor de vulling: gril de paprika's tot ze zwart zijn en de velletjes loslaten. Leg ze in een schaal, dek ze af met verfrommeld keukenpapier en laat ze 10 min rusten. Ontvel ze en snijd ze in reepjes.

7 Meng de ricotta met de walnoten en de lente-uitjes. Snijd de helft van het basilicum fijn en voeg het toe aan het mengsel. Voeg naar smaak zout en peper toe.

8 Strooi de laatste parmezaanse kaas over een stuk bakpapier en stort de roulade erop. Verwijder het oude bakpapier en laat de roulade afkoelen. Verdeel het kaasmengsel en de reepjes paprika erover. Strooi daarover de gesnipperde blaadjes basilicum.

9 Rol met behulp van het nieuwe bakpapier de roulade op. Leg haar op een bord en serveer haar warm of koud.

Gevulde pannenkoeken

Bij deze pannenkoeken loopt u het water in de mond. Geef er een groene salade en een tomatensaus bij.

Voor 4 personen

115 g bloem
50 g polenta of maïsmeel
1/2 tl mild chilipoeder
2 grote eieren, losgeklopt
4,5 dl melk
2 el boter, gesmolten
plantaardige olie, om in te vetten
zout en zwarte peper

Voor de vulling

3 el olijfolie
450 g pompoen, in blokjes
wat gedroogde rodepepervlokken
2 grote preien, in dikke ringen
1/2 tl fijngehakte verse tijm
3 stronkjes witlof, in stukken
115 g geitenkaas, in blokjes
75 g walnoten, in stukjes
2 el fijngehakte verse peterselie, plus extra ter garnering
3 el geraspte parmezaanse kaas

1 Meng bloem, polenta, chilipoeder en zout en maak een kuiltje in het midden. Doe daar de eieren en wat melk in. Meng de ingrediënten en voeg geleidelijk aan meer melk toe tot u een glad beslag hebt. Laat het 1 uur rusten.

2 Klop de gesmolten boter door het beslag. Schep ca. 4 eetlepels beslag in een hete koekenpan en bak de pannenkoek 2-3 min., keer hem en bak hem nog 1-2 min. Maak de overige pannenkoeken op dezelfde manier.

3 Voor de vulling: verhit 2 eetlepels olie in een hapjespan en bak de pompoen onder regelmatig roeren 10 min. Voeg pepervlokken, prei en tijm toe en bak ze 5 min. mee. Voeg de witlof toe en bak hem onder regelmatig roeren 4-5 min. Laat het mengsel wat afkoelen en voeg dan geitenkaas, walnoten, peterselie, zout en peper toe.

4 Verwarm de oven voor op 200 °C en vet een ovenschaal in. Schep 2-3 eetlepels van het groentemengsel op de pannenkoeken en vouw ze dubbel. Leg de pannenkoeken in de ovenschaal. Strooi er parmezaanse kaas over en besprenkel ze met de rest van de olijfolie. Bak ze 10-15 min. in de oven tot de kaas is gesmolten.

Marokkaanse pannenkoeken

Dit ongewone gerecht zal aan tafel heel wat gespreksstof opleveren.

Voor 4-6 personen
1 el olijfolie
1 grote ui, gesnipperd
250 g verse spinazie
400 g kikkererwten uit blik
2 courgettes, geraspt
2 el fijngehakte verse koriander
2 eieren, losgeklopt
zout en zwarte peper
verse blaadjes koriander

Voor de pannenkoeken
150 g bloem
1 ei
3,5 dl melk
5 el water
1 el zonnebloemolie, plus extra om in te vetten

Voor de saus
2 el boter
2 el bloem
3 dl melk

1 Meng bloem, ei, melk en water met de staafmixer tot een glad beslag. Voeg de olie en wat zout toe. Verhit een licht ingevette koekenpan en schep een achtste van het beslag in de pan. Bak de pannenkoek 2-3 min. aan één zijde. Maak op dezelfde manier nog 7 pannenkoeken.

2 Verhit de olijfolie in een pan en fruit de ui tot hij zacht is. Zet hem weg. Was de spinazie, doe hem in een pan en kook hem met het aanhangend water tot hij is geslonken. Snijd de spinazie fijn.

3 Giet de kikkererwten af, doe ze over in een kom met koud water en wrijf ze tot de velletjes loslaten. Giet de kikkererwten af en pureer ze met een vork. Voeg ui, courgettes, spinazie en koriander toe. Roer de eieren erdoor en voeg zout en peper toe.

4 Verwarm de oven voor op 180 °C. Leg de pannenkoeken met de gebakken zijde naar boven op een snijplank en schep wat vulling in het midden. Rol ze op en leg ze in een grote ingevette ovenschaal. Voor de saus: smelt de boter, voeg de bloem toe en bak het mengsel 1 min. Klop geleidelijk de melk erdoor tot het mengsel kookt. Voeg zout en peper toe en giet de saus over de pannenkoeken. Bak ze goudbruin in 15 min. Garneer ze met de blaadjes koriander.

Gebakken kruidenflensjes

Met een vulling van spinazie, kaas en pijnboompitten veranderen pannenkoeken in ware feesthapjes.

Voor 4 personen
25 g fijngehakte verse kruiden
1 el zonnebloemolie, plus extra om in te vetten
1,2 dl melk
3 eieren
25 g bloem

Voor de saus
2 el olijfolie
1 kleine ui, gesnipperd
2 teentjes knoflook, geperst
400 g blokjes tomaat uit blik
snufje lichte basterdsuiker

Voor de vulling
450 g verse spinazie, gekookt en uitgelekt
175 g ricotta
25 pijnboompitten, geroosterd
5 stukken zongedroogde tomaten in olie, uitgelekt en fijngehakt
4 eiwitten
2 el fijngehakt vers basilicum
zout en zwarte peper

1 Meng kruiden en olie met de staafmixer tot een gladde pasta. Voeg melk, eieren, bloem en zout toe en pureer het mengsel. Laat het beslag 30 min. rusten.

2 Verhit een licht ingevette koekenpan. Schep een achtste van het beslag in de pan. Bak het flensje 2 min., keer het en bak het nog eens 1-2 min. Bereid op dezelfde manier nog 7 flensjes.

3 Verhit voor de saus de olie in een pan en fruit ui en knoflook 5 min. Voeg de tomaten en de suiker toe en stoof ze ca. 10 min. tot de saus indikt. Pureer de saus met de staafmixer of in een keukenmachine, zeef hem en zet hem weg.

4 Meng alle ingrediënten, behalve de eiwitten, voor de vulling. Klop de eiwitten stijf en schep eenderde deel door het spinaziemengsel. Schep vervolgens de rest van de eiwitten erdoor.

5 Verwarm de oven voor op 190 °C. Leg de flensjes een voor een op een ingevet stuk bakpapier, schep er een lepel vulling op en vouw ze tweemaal op. Bak ze 12 min. in de oven. Warm de saus op en geef hem apart bij de flensjes.

Pannenkoeken met artisjokken en prei

Uw gasten zullen deze flensjes met een vulling van artisjokken en prei verrukkelijk vinden!

Voor 4 personen
115 g bloem
snufje zout
1 ei
3 dl melk
plantaardige olie, om in te vetten
verse bladpeterselie ter garnering

Voor de vulling
50 g boter
450 g artisjokken, in blokjes
1 grote prei, in dunne ringen
2 el zelfrijzend bakmeel
2 el crème fraîche
75 g geraspte cheddar
2 el fijngehakte verse peterselie
nootmuskaat
2 eieren, gesplitst
zout en zwarte peper

1 Meng bloem, zout, ei en melk met een staafmixer of in de keukenmachine tot een glad beslag. Verhit een ingevette koekenpan en schep een achtste van het beslag erin. Bak de pannenkoek 2-3 min., keer hem en bak de andere zijde 2 min. Maak op dezelfde manier nog 7 pannenkoeken.

2 Smelt voor de vulling de boter in een pan, voeg de artisjokken en de prei toe en laat ze afgedekt 12 min. smoren tot ze heel zacht zijn. Prak ze fijn met een houten lepel en voeg zout en peper toe.

3 Roer de bloem door de groenten en bak het geheel 1 min. Neem de pan van het vuur en klop de crème fraîche, de peterselie en de nootmuskaat erdoor. Laat alles afkoelen en voeg dan de eierdooiers toe.

4 Verwarm de oven voor op 190 °C. Vet een kleine ovenschaal in. Klop de eiwitten stijf en schep ze door de prei en artisjokken.

5 Vouw de pannenkoeken tweemaal op en schep de vulling in het 'zakje'. Leg de pannenkoeken in de ovenschaal en bak ze 15 min. tot ze gerezen zijn en een goudbruine kleur hebben gekregen. Garneer ze met de peterselie en serveer ze meteen.

Flensjes met geroosterde asperges

Geroosterde asperges zijn al heerlijk, maar met de flensjes erbij zijn ze onovertroffen.

Voor 3 personen
175 g bloem
2 eieren
3,5 dl melk
plantaardige olie

Voor de vulling
6-8 el olijfolie
450 g mascarpone
4 el crème fraîche
25 g geraspte parmezaanse kaas
zeezout

1 Meng bloem, eieren, melk en een snufje zout tot een glad beslag met een staafmixer of in een keukenmachine.

2 Verhit een koekenpan van 20 cm doorsnede, vet hem in met de olie en schep een zesde van het beslag in de pan. Bak de pannenkoek 2-3 min., keer hem en bak de andere zijde goudbruin. Maak op dezelfde manier nog 5 pannenkoeken.

3 Verwarm de oven voor op 180 °C. Vet een grote ovenschaal in. Leg de asperges op de bodem van de ovenschaal, giet de olijfolie erover en schud de schaal zodat alle asperges ermee worden bedekt.

4 Strooi wat zeezout over de asperges en rooster ze dan in 8-12 min. zacht.

5 Meng de mascarpone met de crème fraîche en parmezaanse kaas en smeer het mengsel op de pannenkoeken. Houd wat achter ter garnering. Verhit de grill.

6 Verdeel de asperges over de pannenkoeken, rol ze op en leg ze in een ovenschaal. Schep de rest van het kaasmengsel erover en gril de pannenkoeken 4-5 min. tot ze door en door warm en goudbruin zijn.

Fusilli met wilde paddestoelen

Dit machtige gerecht met zijn nootachtige smaak is heel geschikt als hoofdgerecht, vooral als u erna een knapperige groene salade serveert.

Voor 4 personen
½ x 275 g wilde paddestoelen in olijfolie
2 el boter
225 g verse wilde paddestoelen, in plakjes
1 tl fijngehakte verse tijm, plus extra ter garnering
1 tl majoraan of oregano, plus extra ter garnering
350 g fusilli
2,5 dl room
zout en versgemalen zwarte peper

1 Giet ca. 1 eetlepel olie uit het potje met paddestoelen in een hapjespan. Snijd grote paddestoelen in stukjes.

2 Verhit de olie met de boter op laag vuur. Voeg alle paddestoelen, fijngehakte kruiden en het knoflook toe en naar smaak peper en zout. Bak het mengsel 10 min. onder af en toe roeren tot de verse paddestoelen zacht zijn.

3 Breng een grote pan met water en wat zout aan de kook en kook de pasta al dente.

4 Draai het vuur onder het paddestoelenmengsel wat hoger en schep het mengsel om tot het vocht is verdampt.

5 Voeg de room toe en breng het mengsel al roerend aan de kook. Voeg eventueel nog peper en zout toe.

6 Giet de pasta af en doe hem over in een warme schaal. Schep het paddestoelenmengsel over de pasta en schep alles om. Garneer het gerecht met de verse kruiden.

Penne met asperges en room

Een lekker recept voor het voorjaar wanneer u jonge asperges in overvloed kunt krijgen.

Voor 4 personen
275 g verse jonge asperges
350 g penne
2 el boter
2,5 dl room
2 el droge witte wijn
115 g geraspte parmezaanse kaas
2 el fijngehakte gemengde kruiden
zout en zwarte peper

1 Snijd de houtachtige uiteinden van de asperges af. Breek de punt af en zet de asperges weg. Snijd de stengels diagonaal in stukken van ongeveer dezelfde lengte als de penne.

2 Breng een grote pan met water en wat zout aan de kook en blancheer de aspergestengels 1 min. Voeg de punten toe en blancheer ze nog 1 min. mee. Schep ze met een schuimspaan in een vergiet. Spoel ze af onder de koude kraan, laat ze uitlekken en zet ze weg.

3 Breng de pan met water weer aan de kook, voeg de pasta toe en kook hem al dente. Meng intussen de boter en room in een pan, voeg zout en peper toe en breng het mengsel aan de kook. Laat het een paar minuten pruttelen tot de room indikt, en voeg dan de asperges, de wijn en de helft van de parmezaanse kaas toe. Voeg eventueel nog zout en peper toe en laat het mengsel op laag vuur koken.

4 Giet de gekookte pasta af en doe hem over in een warme schaal. Giet de saus erover, bestrooi de pasta met de gemengde kruiden en schep het geheel goed om. Garneer het gerecht met de rest van de parmezaanse kaas.

> **Tip van de kok**
> Koop asperges met dunne, ongerimpelde stelen, die zacht en zoet zijn. De knoppen horen dicht te zitten en de steel hoort een egale kleur te hebben.

Taglierini met witte truffel

Er gaat niets boven de geur en smaak van de Italiaanse witte truffel.

Voor 4 personen
350 g verse taglierini
6 el boter, in blokjes
4 el geraspte parmezaanse kaas
nootmuskaat
1 kleine witte truffel van 25-40 g
zout en versgemalen zwarte peper

1 Breng een grote pan met water en wat zout aan de kook en kook de pasta al dente. Giet de pasta af en doe hem over in een warme schaal.

2 Voeg de blokjes boter, de geraspte parmezaanse kaas en de nootmuskaat toe en naar smaak zout en peper. Schep alles om zodat de pasta is bedekt met boter.

3 Verdeel de pasta over vier warme borden en rasp boven elk bord wat truffel. Serveer het gerecht direct.

Farfalle met dolcelatte

De saus van dit eenvoudige gerecht heeft door de blauwe kaas een nootachtige smaak.

Voor 4 personen
350 g farfalle
175 g dolcelatte, in blokjes
1,5 dl room
2 el fijngehakte verse salie
zout en versgemalen zwarte peper
verse blaadjes salie ter garnering

1 Kook de pasta al dente in ruim water met zout.

2 Smelt intussen de kaas en de room al roerend in een pan.

3 Giet de pasta af en doe hem terug in de pan. Giet de saus erbij met de fijngehakte salie en schep alles goed om. Garneer het gerecht met salie.

Sardinische ravioli

Deze opzienbarende ravioli is gevuld met aardappelpuree en munt.

Voor 4-6 personen
pastadeeg
bloem
50 g boter
50 g geraspte pecorino

Voor de vulling
400 g aardappels, in blokjes
65 g geraspte rijpe pecorino
75 g zachte verse pecorino
1 eierdooier
blaadjes van 1 bosje verse munt, fijngehakt
snufje saffraanpoeder
zout en zwarte peper

1 Voor de vulling: breng een pan met water en wat zout aan de kook en kook de aardappels in 15-20 min. gaar. Giet ze af, doe ze over in een schaal en pureer ze. Laat ze afkoelen en roer er kaas, eierdooier, munt en saffraan door. Voeg naar smaak zout en peper toe.

2 Rol met een pastamachine een kwart van het pastadeeg uit tot repen van 90 cm. Snijd de repen in twee stukken van 45 cm.

3 Steek uit elke lap 4-5 cirkels van 10 cm doorsnede. Schep een opgehoopte theelepel vulling op de helft van de cirkels. Bestrijk de rand met wat water en vouw de cirkel dubbel tot een halvemaanvorm. Druk de randen aan.

4 Leg de ravioli op een met bloem bestoven theedoek, bestrooi hem met bloem en laat hem drogen. Doe hetzelfde met de rest van het deeg en maak in totaal 32-40 stukjes.

5 Verwarm de oven voor op 190 °C. Breng een grote pan met water en wat zout aan de kook en kook de ravioli 4-5 minuten. Smelt ondertussen de boter in een pannetje.

6 Giet de ravioli af, doe hem in een ovenschaal en giet de gesmolten boter erover. Strooi de geraspte pecorino erover en bak de ravioli 10-15 min. in de oven tot hij goudbruin is en de kaas is gesmolten. Laat hem 5 min. afkoelen voordat u hem serveert.

Polentataart

Als u gasten hebt, is het leuk om iets bijzonder op tafel te zetten. Deze combinatie van polenta, tomaten, spinazie en bonen zal het beslist goed doen.

Voor 6 personen
2 l water
1 tl zout
375 g fijne polenta of maïsmeel
olijfolie, om in te vetten
25 g geraspte parmezaanse kaas
zout en versgemalen zwarte peper

Voor de tomatensaus
1 el olijfolie
2 teentjes knoflook, fijngehakt
400 g blokjes tomaat uit blik
1 el fijngehakte verse salie
½ tl lichte basterdsuiker
200 g cannellinibonen uit blik, uitgelekt en afgespoeld

Voor de spinaziesaus
250 g verse spinazie, zonder steeltjes
1,5 dl crème fraîche
115 g gorgonzola, in blokjes
nootmuskaat

1 Breng het water met het zout aan de kook. Neem de pan van het vuur en roer de polenta erdoor.

2 Zet de pan terug op het vuur en laat de polenta al roerend nog 15-20 min. zacht koken tot hij dik is en loskomt van de pan. Neem de pan van het vuur.

3 Voeg naar smaak zout en peper toe, schep de polenta op een nat werkvlak en verdeel hem met een natte spatel tot een plak van 1 cm dik. Laat de plak polenta in ca. 1 uur afkoelen en stevig worden.

4 Verwarm de oven voor op 190 °C. Verhit voor de tomatensaus de olie in een pan en bak het knoflook 1 min. Voeg tomaten, salie en suiker toe en naar smaak zout en peper. Laat dit onder af en toe roeren 10 min. zacht koken tot de saus wat is ingedikt. Roer de bonen erdoor en kook de saus nog 2 min.

5 Was intussen de spinazie en doe hem met aanhangend water in een pan. Kook de spinazie afgedekt onder af en toe roeren in 3 min. gaar. Laat hem uitlekken in een vergiet en knijp er zo veel mogelijk water uit.

6 Breng in een pannetje crème fraîche, kaas en nootmuskaat aan de kook en breng dit mengsel op smaak met zout en peper. Draai het vuur lager en laat de saus indikken. Roer regelmatig.

7 Snijd de polenta in driehoekjes en leg een laag polenta in een ingevette, diepe ovenschaal. Schep de tomatensaus erover en leg daar weer een laag polenta op. Schep dan een laag spinaziesaus over de polenta en beleg die met de laatste driehoekjes. Bestrijk ze met olijfolie, bestrooi ze met parmezaanse kaas en bak de polentataart 35-40 min. in de oven. Zet de taart eventueel nog even onder de grill om de bovenkant bruin te laten worden.

Gegrilde polenta met gekarameliseerde ui

Heerlijke gegrilde polenta belegd met gekarameliseerde ui en gesmolten kaas.

Voor 4 personen
9 dl water
1 tl zout
150 g polenta of maïsmeel
50 g geraspte parmezaanse kaas
1 tl fijngehakte verse tijm

6 el olijfolie
675 g ui, gehalveerd en in ringen
2 teentjes knoflook, fijngehakt
een paar takjes verse tijm
1 tl lichte basterdsuiker
2 el balsamicoazijn
2 kroppen radicchio, in stukken
225 g taleggio, in plakken
zout en versgemalen zwarte peper

1 Breng water en zout aan de kook. Voeg al roerend de polenta toe en breng alles nogmaals aan de kook. Draai het vuur laag en kook de polenta in 30-40 min. dik en glad. Roer regelmatig.

2 Voeg de parmezaanse kaas en de fijngehakte tijm toe en schep het geheel op een blad. Verdeel het gelijkmatig en laat het hard worden.

3 Verhit 2 eetlepels olie in een koekenpan en fruit de ui onder af en toe roeren 15 min. op laag vuur. Voeg het knoflook en een paar takjes tijm toe. Kook het mengsel in 10 min. goudbruin en heel zacht. Voeg de suiker toe, de helft van de wijn en naar smaak zout en peper. Kook het mengsel in nog eens 10 min. bruin.

4 Verhit de grill. Snijd de polenta in dikke plakken en bestrijk ze met wat olie. Gril ze tot ze knapperig en lichtbruin zijn. Keer ze. Leg de stukken radicchio onder de grill, strooi er zout en peper over en bestrijk ze met wat olie. Gril het geheel 5 min. tot de polenta en radicchio bruin zijn. Druppel wat azijn over de radicchio.

5 Schep de uien op de stukken polenta en bestrooi ze met kaas en tijm. Gril ze tot de kaas is gesmolten.

Gnocchi met gorgonzolasaus

Voor deze deegballetjes is een eenvoudig aardappeldeeg gebruikt. De gnocchi zijn heerlijk in combinatie met een romige kaassaus.

zout en versgemalen zwarte peper
verse takjes tijm ter garnering
4 el geraspte parmezaanse kaas, als bijgerecht

Voor 4 personen
450 g aardappels, ongeschild
1 groot ei
115 g bloem

Voor de saus
115 g gorgonzola
4 el room
1 el fijngehakte verse tijm

1 Doe de aardappels in een pan met koud water. Breng ze aan de kook, voeg zout toe en kook ze in ca. 20 min. gaar. Giet ze af, laat ze goed afkoelen en schil ze.

2 Doe de aardappels in een zeef boven een kom en wrijf ze met de bolle kant van een lepel door de zeef. Voeg zout en peper toe en klop het ei erdoor. Roer beetje bij beetje de bloem erdoor tot u een glad deeg hebt.

3 Kneed het deeg 3 min. op een met bloem bestoven werkvlak tot u een glad deeg hebt dat gemakkelijk loslaat van de handen.

4 Verdeel het deeg in zes stukken. Rol de stukken tussen uw handen uit tot een rol van 15 cm lang en 2,5 cm dik. Snijd elke rol in zes gelijke stukken en rol die door de bloem. Druk met de tanden van een vork ribbels in de gnocchi.

5 Breng een grote pan met water aan de kook. Doe telkens zo'n twaalf gnocchi in de pan. Na 2 min. komen ze aan de oppervlakte drijven. Kook ze nog 4-5 min. en schep ze met een schuimspaan uit de pan. Laat ze uitlekken en houd ze warm terwijl u de overige gnocchi kookt.

6 Doe voor de saus gorgonzola, room en tijm in een hapjespan en laat de kaas smelten. Voeg de uitgelekte gnocchi toe en schep het geheel om. Garneer het gerecht met tijm en geef er parmezaanse kaas bij.

Griesmeelgnocchi met pesto

Deze gnocchi worden gemaakt met griesmeel. U bestrijkt ze met gesmolten boter, bestrooit ze met kaas en gaat ze dan bakken. Heerlijk met een tomatensaus!

Voor 4-6 personen
7,5 dl melk
220 g griesmeel
3 el pesto

4 el zongedroogde tomaten, drooggedept en in stukjes
50 g boter, plus extra om in te vetten
75 g geraspte pecorino
2 eieren, losgeklopt
nootmuskaat
zout en zwarte peper
verse takjes basilicum ter garnering
tomatensaus, als bijgerecht

1 Verhit de melk in een steelpan. Voeg wanneer de melk het kookpunt heeft bereikt de griesmeel toe; blijf roeren tot het mengsel glad en dik is. Zet het vuur laag en laat het 2 min. zacht koken.

2 Neem de pan van het vuur en roer de pesto en zongedroogde tomaten erdoor, met de helft van de boter en de helft van de pecorino. Klop de eieren erdoor, voeg nootmuskaat en naar smaak zout en peper toe. Schep een laag mengsel van 1 cm dik in een ondiepe ovenschaal en strijk hem glad. Laat dit alles afkoelen en zet de schaal in de koelkast.

3 Verwarm de oven voor op 190 °C. Vet een ondiepe ovenschaal in. Steek met een koekvorm van 4 cm doorsnede zo veel mogelijk rondjes uit de griesmeelplak.

4 Verdeel de overgebleven griesmeel over de bodem van de ovenschaal en leg de rondjes er elkaar overlappend op. Smelt de rest van de boter en bestrijk de gnocchi ermee. Strooi de rest van de pecorino erover. Bak de gnocchi in 30-40 min. goudbruin in de oven. Garneer ze met het basilicum en geef er een tomatensaus bij.

> **Variatie**
> U kunt in plaats van pecorino ook parmezaanse kaas gebruiken.

Pompoengnocchi met cantharellensaus

Een gerecht voor de echte fijnproever, waarmee u ongetwijfeld indruk zult maken.

Voor 4 personen
450 g geschilde pompoen, in blokjes
450 g aardappels, ongeschild
2 eierdooiers
200 g bloem, plus extra om te bestuiven
snufje piment
¼ tl kaneel
snufje nootmuskaat
schil van ½ sinaasappel, fijngeraspt
50 g geraspte parmezaanse kaas
zout en zwarte peper

Voor de saus
2 el olijfolie
1 sjalotje, gesnipperd
175 g cantharellen, in plakjes
1,5 dl crème fraîche
een beetje melk of water
5 el fijngehakte verse peterselie

1 Verwarm de oven voor op 180 °C. Wikkel de pompoen in aluminiumfolie en bak hem 30 min. Doe intussen de aardappels in een pan met koud water, voeg zout toe en breng ze aan de kook. Kook ze in 20 min. gaar. Giet ze af, schil ze en zet ze weg.

2 Voeg de pompoen toe aan de aardappels en pureer ze. Voeg eierdooiers, bloem, specerijen, sinaasappelrasp en zout en peper toe en meng alles tot een zacht deeg.

3 Breng een pan met water en wat zout aan de kook. Bestuif een werkvlak met bloem. Schep het deeg in een slagroomspuit met een tuit van 1 cm. Spuit een rolletje van 15 cm lang op het werkvlak en rol hem door de bloem. Snijd de rol in stukjes van 2,5 cm. Druk er met een vork ribbels in en kook ze 3-4 min.

4 Voor de saus: verhit de olie in een pan en fruit het sjalotje tot het zacht is. Voeg de cantharellen toe, bak ze even en voeg dan de crème fraîche toe. Laat het mengsel even koken en voeg zo nodig wat melk of water toe. Voeg de peterselie toe en naar smaak zout en peper. Schep de gnocchi op borden. Giet de saus erover en bestrooi ze met de parmezaanse kaas.

Pizza met radicchio

De bodem van deze pizza is gemaakt van deeg voor scones en belegd met radicchio, prei en tomaten. Snel klaar en lekker!

Voor 2 personen
5 tl olijfolie, plus extra om in te vetten en te dopen
200 g blokjes tomaat uit blik
2 teentjes knoflook, geperst
droog basilicum
2 preien, in ringen
90 g radicchio, in stukken
20 g geraspte parmezaanse kaas
115 g mozzarella, in plakken
10-12 zwarte olijven zonder pit
zout en zwarte peper
verse blaadjes basilicum ter garnering

Voor het deeg
225 g zelfrijzend bakmeel, plus extra om te bestuiven
½ tl zout
50 g boter
ca. 1,2 dl melk

1 Verwarm de oven voor op 220 °C. Vet een bakplaat in. Meng de bloem en het zout in een kom en wrijf de boter erdoor. Voeg beetje bij beetje de melk toe. Rol het deeg uit op een met bloem bestoven werkvlak tot een cirkel van 25-28 cm doorsnede en leg het op een bakplaat.

2 Doe de tomaten in een pannetje. Roer de helft van het knoflook erdoor met het gedroogd basilicum en wat zout en peper. Laat het mengsel op een laag vuur indikken en tot de helft reduceren.

3 Verhit de olijfolie in een hapjespan en bak de prei met de rest van het knoflook tot ze zacht zijn. Voeg de radicchio toe en roerbak hem 2-3 min. Laat het mengsel afgedekt 5-10 min. zacht koken. Roer de parmezaanse kaas erdoor en voeg naar smaak zout en peper toe.

4 Bedek de pizzabodem met de tomatensaus en schep dan de prei en radicchio erop. Leg de plakken mozzarella op de groenten en verdeel de olijven erover. Doop een paar blaadjes basilicum in olijfolie en leg ze op de pizza. Bak de pizza in 15-20 min. goudbruin.

Pizza met voorjaarsgroenten en pijnboompitten

Op deze heerlijke pizza kunt u al uw artistieke talenten uitleven. Met zijn kleurrijke beleg van voorjaarsgroenten ziet de pizza eruit als een schilderspalet.

Voor 2-3 personen
1 pizzabodem, 25-30 cm doorsnede
3 el olijfolie
1 teentje knoflook, geperst
4 lente-uitjes, in ringetjes
2 courgettes, in dunne plakjes
1 prei, in dunne ringen
115 g asperges, in stukjes
1 fijngehakte verse oregano
2 el pijnboompitten
50 g geraspte mozzarella
2 el geraspte parmezaanse kaas
zout en zwarte peper

Voor de tomatensaus
1 el olijfolie
1 ui, gesnipperd
1 teentje knoflook, geperst
400 g blokjes tomaat uit blik
1 el tomatenpuree
1 el fijngehakte verse kruiden
beetje suiker

1 Verhit voor de tomatensaus de olie in een pan en bak ui en knoflook op een laag vuur in 5 min. zacht maar niet bruin. Voeg de overige ingrediënten toe, roer ze goed en laat de saus 15-20 min. pruttelen tot hij indikt.

2 Verwarm de oven voor op 220 °C. Bestrijk de pizzabodem met 1 eetlepel olijfolie. Verdeel de tomatensaus gelijkmatig over de bodem. Laat daarbij een 1 cm brede rand vrij.

3 Verhit de helft van de resterende olijfolie in een koekenpan en roerbak knoflook, lente-uitjes, courgettes, prei en asperges 3-5 min. op matig vuur.

4 Verdeel de groenten over de tomatensaus en bestrooi de pizza met oregano en pijnboompitten.

5 Meng de twee soorten kaas en strooi ze over de pizza. Druppel de rest van de olijfolie over de pizza en strooi er zout en peper over. Bak de pizza in 15-20 min. goudbruin in de oven.

Pizza met geroosterde groenten en geitenkaas

Deze heerlijke pizza is belegd met geitenkaas en rokerige geroosterde groenten.

Voor 3 personen
1 aubergine, in stukken
2 courgettes, in de lengte in repen
1 rode paprika, in vieren
1 gele paprika, in vieren
1 kleine rode ui, in partjes
6 el olijfolie
1 pizzabodem, 25-30 cm doorsnede
400 g blokjes tomaat uit blik, uitgelekt
115 g geitenkaas, in blokjes
1 el fijngehakte verse tijm
versgemalen zwarte peper
tapenade (zie Tip van de kok)

1 Verwarm de oven voor op 220 °C. Leg de groenten in een braadslede, bestrijk ze met 4 eetlepels olie en rooster ze 30 min. Laat de paprika's zwart blakeren. Haal de groenten uit de oven, maar schakel de oven niet uit.

2 Doe de paprika's in een kom, bedek ze met verfrommeld keukenpapier en laat ze afkoelen. Verwijder de velletjes van de paprika's en snijd het vruchtvlees in reepjes. Bestrijk de pizzabodem met 1 eetlepel olijfolie en verdeel de stukjes uitgelekte tomaat erover. Beleg de bodem met de geroosterde groenten. Leg de blokjes geitenkaas erop en strooi er tijm over.

3 Druppel 1 eetlepel olijfolie over de pizza en bestrooi hem met zout en peper. Bak de pizza 15-20 min. in de oven en schep er tapenade op.

> **Tip van de kok**
> Doe voor vegetarische tapenade 40 groene olijven zonder pit en 1 tl kappertjes in de keukenmachine. Voeg 4 uitgelekte zongedroogde tomaten in olie toe, 1 tl gemalen amandelen, 1 fijngehakt teentje knoflook en een snufje djintan. Pureer het mengsel even, voeg 4 el olijfolie toe en roer alles tot een gladde pasta.

Minipizza's met feta, chilipeper en pijnboompitten

Deze minipizza's brengen wat leven in de brouwerij. Ze zijn zo gemaakt en nog sneller opgegeten.

Voor 24 stuks
pizzadeeg
4 el olijfolie
2 el vegetarische tapenade
175 g feta
1 pot of blik pimiento's (geroosterde paprika)
2 el fijngehakte verse tijm
2 el pijnboompitten
versgemalen zwarte peper
verse takjes tijm ter garnering

1 Verwarm de oven voor op 220 °C. Verdeel het pizzadeeg in 24 stukjes en rol het op een met bloem bestoven werkvlak uit tot kleine ovalen van ca. 3 mm dik.

2 Leg ze op een ingevette bakplaat en prik er gaatjes in met een vork. Bestrijk ze met 2 eetlepels olijfolie.

3 Smeer een dun laagje tapenade op de minipizza's en strooi er wat verkruimelde feta over. Snijd de pepers in dunne reepjes en leg ze op de kaas.

4 Strooi wat tijm en pijnboompitten op de pizza's. Druppel de rest van de olie erover en maal er wat zwarte peper boven. Bak de minipizza's 10-15 min. in de oven tot ze knapperig en goudbruin zijn. Garneer ze met takjes tijm en serveer ze direct.

> **Tip van de kok**
> Feta gemaakt van ooienmelk is het lekkerst.

> **Variaties**
> • In plaats van feta kunt u ook geitenkaas nemen.
> • U kunt de tapenade ook van zwarte olijven maken, in plaats van groene.

Minipizza's met wilde paddestoelen

Deze opvallende minipizza's zijn uitstekend geschikt als voorgerecht of borrelhapje (maak ze dan nog kleiner) voor speciale gasten.

Voor 4 personen
3 el olijfolie
350 g verse wilde paddestoelen, in plakjes
2 sjalotjes, gesnipperd
2 teentjes knoflook, fijngehakt
2 el fijngehakte tijm en bladpeterselie
½ pak pizzadeeg
40 g gruyère
2 el geraspte parmezaanse kaas
zout en versgemalen zwarte peper

1 Bereid het pizzadeeg volgens de aanwijzingen op de verpakking. Verwarm de oven voor op 220 °C. Verhit 2 eetlepels olie in een koekenpan. Voeg paddestoelen, sjalotjes en knoflook toe en bak ze onder af en toe roeren op matig vuur tot al het vocht is verdampt.

2 Roer de helft van de gemengde kruiden door het mengsel en breng het op smaak met zout en peper. Laat het afkoelen.

3 Verdeel het deeg in 4 stukken en rol het op een met bloem bestoven werkvlak uit tot cirkels van 13 cm doorsnede. Leg ze met voldoende tussenruimte op twee ingevette bakplaten. Bestrijk de pizzabodems met de rest van de olijfolie en verdeel het paddestoelenmengsel erover. Houd de rand vrij.

4 Meng gruyère en parmezaanse kaas en strooi op elke pizza een kwart deel. Bak de pizza's in 15-20 min. goudbruin in de oven. Haal ze uit de oven en garneer ze met de kruiden.

> **Tip van de kok**
> U kunt voor het beleg ook gecultiveerde paddestoelen gebruiken, zoals shii-take, oesterzwammen en kastanjechampignons.

Panzerotti met spinazie en ricotta

Dit zijn lekkere knabbels voor op een feestje, maar ook geschikt als voorgerecht.

Voor 20-24

115 g diepvriesspinazie, gesneden, ontdooid, uitgelekt en uitgeknepen
50 g ricotta
50 g geraspte parmezaanse kaas
nootmuskaat
1 pak pizzadeeg
bloem om te bestuiven
1 eiwit, even geklopt
olie om te frituren
zout en zwarte peper

1 Doe spinazie, ricotta, parmezaanse kaas en nootmuskaat in een kom. Voeg naar smaak zout en peper toe en klop het mengsel met een houten lepel tot een glad geheel.

2 Bereid het pizzadeeg volgens de beschrijving op de verpakking. Rol het uit op een met bloem bestoven werkvlak tot een lap van ca. 3 mm dik. Steek er 20-24 rondjes uit van 7,5 cm doorsnede.

3 Smeer wat spinaziemengsel op de rondjes. Bestrijk de randen met een beetje eiwit, vouw het deeg dubbel en druk de randen goed vast.

4 Verhit de olie in een hapjespan of friteuse tot 180 °C (of tot een blokje brood er in 45-60 sec. bruin in wordt). Frituur de panzerotti in porties goudbruin in 2-3 min. Laat ze uitlekken op keukenpapier en serveer ze direct.

Tips van de kok
- Zorg ervoor dat de spinazie zo droog mogelijk is.
- Het is belangrijk dat de olie voor het frituren de juiste temperatuur heeft voordat u de panzerotti in de pan doet.
- Doe niet te veel panzerotti tegelijk in de pan. Daardoor zal de temperatuur van de olie namelijk flink dalen en de olie kan bovendien gaan spatten.
- Serveer panzerotti direct, want dan zijn ze het lekkerst.

Calzone met aubergine en zongedroogde tomaten

Aubergines, sjalotjes en zongedroogde tomaten vormen een verrassende vulling voor een calzone.

Voor 2 personen

3 el olijfolie
4 babyaubergines, in blokjes
3 sjalotjes, gesnipperd
1 teentje knoflook, fijngehakt
6 stukken zongedroogde tomaten in olie, uitgelekt en fijngehakt
¼ tl gedroogde peppervlokken
2 tl verse tijm, fijngehakt
½ pak pizzadeeg
75 g mozzarella, in blokjes
zout en versgemalen zwarte peper
1-2 el geraspte parmezaanse kaas ter garnering

1 Bereid het pizzadeeg volgens de beschrijving op de verpakking. Verwarm de oven voor op 220 °C. Verhit 2 eetlepels van de olie in een koekenpan en fruit de sjalotjes 5 min.

2 Voeg aubergines, zongedroogde tomaten, peppervlokken, tijm, knoflook, zout en peper toe. Roerbak het geheel 4-5 min. tot de aubergine zacht wordt.

3 Verdeel het deeg in twee porties en rol elke portie uit tot een cirkel van 18 cm doorsnede. Bedek de helft van de pizzabodems met het auberginemengsel (laat langs de randen een strook van 2,5 cm vrij). Leg de mozzarella op de groente.

4 Maak de randen vochtig met water en klap de 'lege' helft van de bodem over de vulling. Druk de randen stevig vast. Leg de calzones op een ingevet bakblik.

5 Bestrijk de calzones met wat olijfolie. Prik met een mes een gaatje in de bovenkant van elke pizza, zodat de stoom kan ontsnappen. Bak de calzones goudbruin in 15-20 min. Haal ze uit de oven en bestrijk ze met de rest van de olijfolie. Bestrooi ze met parmezaanse kaas en serveer ze warm.

Pastinaaksoesjes met pecannoten

Deze soesjes hebben een verrassende vulling: pastinaak.

Voor 18 soesjes
115 g boter, plus extra om in te vetten
3 dl water
75 g bloem
50 g volkorenbloem
3 eieren, losgeklopt
2 el geraspte cheddar
snufje cayennepeper
75 g pecannoten, in stukjes
1 pastinaak, in 18 stukjes van 2 cm
1 el melk
2 tl sesamzaad
verse takjes waterkers ter garnering
waterkers-rucolasaus, als bijgerecht (naar keuze, zie onder)

1 Verwarm de oven voor op 200 °C. Doe de boter en het water in een pan en breng ze aan de kook. Voeg dan beide soorten bloem toe. Klop dit mengsel stevig tot het loslaat van de pan.

2 Neem de pan van het vuur en laat het mengsel 10 min. afkoelen. Klop beetje bij beetje de eieren erdoor. Voeg kaas, cayennepeper en noten toe.

3 Vet een bakplaat in en schep er 18 eetlepels van het mengsel op. Leg een stuk pastinaak op elk hoopje en schep daar weer een eetlepel van het beslag op.

4 Bestrijk de taartjes met wat melk en strooi er sesamzaad over. Bak ze 25-30 min. in de oven tot ze stevig en goudbruin zijn. Garneer ze met waterkers en geef er waterkers-rucolasaus bij (zie onder).

> **Tip van de kok**
> Het geheim van goed soesjesdeeg is het beslag van bloem en boter goed laten afkoelen voordat u de eieren erdoor klopt.

Waterkers-rucolasaus

Deze frisse saus smaakt goed bij het gebak op deze bladzijde, maar is ook lekker bij pasta.

Voor 4 personen
150 g waterkers
150 g rucola
1,75 dl magere yoghurt
nootmuskaat
zout en zwarte peper

1 Breng een pan met water aan de kook en blancheer de waterkers en de rucola 2-3 min. Giet ze af, spoel ze af onder de koude kraan en laat ze uitlekken. Snijd ze in stukjes.

2 Pureer waterkers, rucola en yoghurt in de keukenmachine of met de staafmixer tot een gladde saus. Voeg wat nootmuskaat toe en naar smaak zout en peper.

3 Verwarm de saus au bain marie vlak voordat u hem serveert. Let erop dat de saus niet schift.

Champignontaart

Deze hartige taart is een fantastisch hoofdgerecht. U kunt hem van tevoren bereiden en op het laatste moment afbakken.

Voor 4 personen
6 el boter
115 g bloem
½ tl zout
2 dl water
3 eieren, losgeklopt
75 g gruyère

Voor de vulling
3 el boter
1 kleine ui, in ringen
1 wortel, geraspt
225 g champignons, in plakjes
1 tl milde currypasta
25 g bloem
3 dl melk
2 el fijngehakte verse peterselie
2 el amandelschilfers
zout en versgemalen zwarte peper

1 Verwarm de oven voor op 200 °C. Vet een ondiepe ovenschaal van 23 cm doorsnede in met wat boter. Zeef de bloem en het zout op vetvrij keukenpapier.

2 Verhit de rest van de boter en het water in een pan tot de boter net is gesmolten. Voeg dan de bloem toe. Klop het mengsel stevig tot het loskomt van de pan en een bal vormt.

3 Neem de pan van het vuur en laat het deeg 10 min. afkoelen. Klop beetje bij beetje de eieren door het beslag tot het mengsel langzaam van een eetlepel drupt.

4 Roer de kaas erdoor en schep het mengsel in de ovenschaal, langs de rand.

5 Voor de vulling: smelt de boter in een pan en fruit ui, wortel en champignons 5 min. Roer de currypasta door het mengsel en vervolgens de bloem. Voeg beetje bij beetje de melk toe en blijf roeren tot het mengsel kookt en indikt; dan peterselie, zout en peper. Giet de vulling in het midden van de deegring.

6 Bak de taart 35-40 min. in de oven tot hij gerezen en goudbruin is. Bestrooi de taart 5 min. voor het eind van de baktijd met de amandelschilfers.

Feestelijke beursjes

Deze beursjes van filodeeg, gevuld met romige prei, passen goed bij een feestmaal.

Voor 4 personen
115 g boter
225 g prei, fijngehakt
225 g roomkaas
1 el fijngehakte verse dille
1 el fijngehakte verse peterselie
2 lente-uitjes, gesnipperd
snufje cayennepeper
1 teentje knoflook, fijngehakt
1 eierdooier
9 vellen filodeeg, ontdooid
zout en versgemalen zwarte peper
gekookte prei ter garnering

1 Verwarm de oven voor op 200 °C. Smelt 2 eetlepels boter in een koekenpan en bak de prei in 4-5 min. zacht. Giet het vocht af.

2 Doe de roomkaas in een kom en roer er dille, peterselie, lente-uitjes, cayennepeper en knoflook door. Voeg eierdooier en prei toe en naar smaak zout en peper. Smelt de rest van de boter.

3 Leg een vel filodeeg op een snijplank, bestrijk het met wat gesmolten boter en leg er een vel bovenop. Bestrijk ook dat met boter en leg er een derde vel op.

4 Snijd de lagen filodeeg in 4 vierkantjes en schep 4 theelepels met kaasmengsel op het midden van elk vierkantje. Vouw de hoeken naar elkaar toe en draai de bovenkant dicht, zodat een 'tasje' ontstaat. Doe hetzelfde met de andere vellen filodeeg en maak nog 12 beursjes. Bestrijk ze met wat boter.

5 Zet de beursjes op een ingevette bakplaat en bak ze in 20-25 min. goudbruin. Serveer ze op een bedje van geblancheerde prei.

> **Tip van de kok**
> *De beursjes zien er nog mooier uit als u ze dichtknoopt met een reepje geblancheerde prei.*

Strudel met ratatouille en fontina

Kleurrijke ratatouille gemengd met romige kaas in een korstje van filodeeg: een lekker zomers gerecht.

Voor 6 personen
1 kleine aubergine, in blokjes
3 el olijfolie extra vierge
1 ui, in ringen
2 teentjes knoflook, geperst
1 rode paprika, in ringen
1 gele paprika, in ringen
2 courgettes, in stukjes
gedroogde gemengde kruiden
2 el pijnboompitten
2 el rozijnen
8 vellen filodeeg van 30 x 18 cm, ontdooid
50 g boter, gesmolten
130 g fontina of bel paese, in blokjes
zout en versgemalen zwarte peper
gemengde salade, als bijgerecht

1 Leg de blokjes aubergine in een vergiet en bestrooi ze met zout. Laat ze 20 min. uitlekken, spoel ze af en dep ze droog.

2 Verhit de olie in een hapjespan en bak ui, knoflook, paprika en aubergine 10 min. Voeg courgettes en kruiden toe en naar smaak zout en peper. Stoof het geheel nog 5 min. tot de groenten zacht zijn. Laat het afkoelen tot kamertemperatuur en voeg dan de pijnboompitten en rozijnen toe.

3 Verwarm de oven voor op 180 °C. Bestrijk 2 vellen filodeeg met wat gesmolten boter. Leg de vellen naast elkaar en laat ze ca. 5 cm overlappen.

4 Leg de overige vellen erbovenop en bestrijk ze steeds met wat gesmolten boter. Schep het groentemengsel langs één lange kant van de lap filodeeg.

5 Bestrooi de groenten met de kaas. Rol het deeg op tot een lange rol, leg die op keukenpapier en sluit hem tot een ring. Bestrijk de ring met de rest van de gesmolten boter en bak hem in ongeveer 30 min. goudbruin in de oven. Laat hem 10 min. afkoelen en snijd hem dan in stukken. Geef er een gemengde salade bij.

Aardappel-preitaart

Dit gerecht is uitstekend geschikt voor een vegetarisch koud buffet.

Voor 8 personen
800 g nieuwe aardappels, in schijfjes
6 el boter
400 g prei, in ringen
15 g peterselie, fijngehakt
4 el fijngehakte gemengde verse kruiden
12 vellen filodeeg, ontdooid
150 g chester of salers (cantal), in plakken
2 teentjes knoflook, fijngehakt
2,5 dl room
2 eierdooiers
zout en versgemalen zwarte peper

1 Verwarm de oven voor op 190 °C. Breng een pan met water en wat zout aan de kook en kook de schijfjes aardappel 3-4 minuten. Giet ze af.

2 Smelt 2 eetlepels boter in een koekenpan en bak de prei onder af en toe roeren tot hij zacht is. Neem de pan van het vuur, voeg peper toe en roer de helft van de peterselie en de helft van de gemengde kruiden erdoor.

3 Smelt de rest van de boter. Bekleed een springvorm van 23 cm doorsnede met 6 of 7 vellen filodeeg. Bestrijk elke laag met boter. Laat de randen van het deeg over de springvorm hangen.

4 Leg schijfjes aardappel, prei en kaas in lagen in de springvorm. Strooi tussen elke laag wat kruiden en knoflook. Voeg wat zout en peper toe. Vouw het overhangende deeg over de vulling en dek de taart af met 2 vellen filodeeg; bestrijk ze met gesmolten boter. Dek de taart af met aluminiumfolie en bak hem 35 min. in de oven.

5 Klop ondertussen room, eierdooiers en overige kruiden. Maak een kuil in het midden van de taart en giet dit mengsel erin. Schik de overige vellen filodeeg in mooie krullen op de taart en bestrijk ze met gesmolten boter. Draai de temperatuur van de oven naar 180 °C en bak de taart nog eens 25-30 min. Laat hem afkoelen.

Spanakopitta

Deze populaire spinazietaart komt uit Griekenland. U kunt hem op verschillende manieren bereiden, maar feta is een vast ingrediënt.

Voor 6 personen
1 kg verse spinazie
4 lente-uitjes, gesnipperd
300 g feta, verkruimeld
2 grote eieren, losgeklopt
2 el fijngehakte verse peterselie
1 el fijngehakte verse dille
8 vellen filodeeg van 30 x 18 cm, ontdooid
1,5 dl olijfolie
versgemalen zwarte peper

1 Verwarm de oven voor op 190 °C. Verwijder de dikke steeltjes van de spinazie, was de blaadjes en kook ze in aanhangend water. Giet de spinazie af zodra hij begint te slinken, spoel hem onder de koude kraan en laat hem weer uitlekken. Knijp de groente droog en snijd hem fijn.

2 Doe de spinazie in een kom. Voeg lente-uitjes en kaas toe en giet vervolgens de eieren erbij. Voeg de kruiden toe en breng de vulling op smaak met peper.

3 Bestrijk een vel filodeeg met olie en leg hem in een taartvorm van 23 cm doorsnede. Laat de randen over de vorm hangen. Leg er nog 3 of 4 vellen diagonaal bovenop en bestrijk elk vel met olie.

4 Schep de vulling in de taartvorm en leg de rest van de vellen filodeeg erop, op één na. Bestrijk elk vel met olie. Vouw het overhangende deeg over de vulling. Bestrijk het laatste vel filodeeg met olie en leg het op de taart.

5 Bestrijk de taart met olie en besprenkel hem met wat water, zodat de randen niet opkrullen. Zet de taart op een bakplaat en bak hem ca. 40 min. in de oven tot hij goudbruin en knapperig is. Laat de taart 15 min. afkoelen voordat u hem serveert.

Asperges in filokorst

Een ware sensatie: malse asperges in een knapperig korstje van filodeeg. De romige kruidensaus maakt het af.

Voor 2 personen
4 vellen filodeeg, ontdooid
50 g boter, gesmolten
16 jonge asperges
blaadje sla ter garnering (naar keuze)

Voor de saus
2 sjalotjes, gesnipperd
1 laurierblad
1,5 dl droge witte wijn
175 g boter, zacht
1 el fijngehakte verse kruiden
zout en versgemalen zwarte peper
geknipt bieslook ter garnering

1 Verwarm de oven voor op 200 °C. Bestrijk de vellen met gesmolten boter en vouw ze dubbel tot een driehoek. Bewaar de overige vellen zolang onder een vochtige doek.

2 Leg vier asperges op de langste zijde van de driehoekjes en rol ze op naar de punt.

3 Leg de vier rolletjes op een ingevette bakplaat en bestrijk ze met de rest van de gesmolten boter. Bak de rolletjes 8 min. tot het deeg goudbruin is.

4 Voor de saus: doe sjalotjes, laurierblad en wijn in een pan. Verhit de pan op hoog vuur tot er nog 3-4 eetlepels wijn over zijn.

5 Giet het wijnmengsel in een kom. Klop beetje bij beetje de boter erdoor tot een gladde, romige saus.

6 Voeg de kruiden toe en naar smaak zout en peper. Doe de saus weer in de pan en warm hem op. Serveer de rolletjes op borden, eventueel met een salade. Geef de saus er, gegarneerd met bieslook, apart bij.

Aspergetaart met ricotta

Een chique quiche met de heerlijke smaak van asperges en gemengde kaas.

Voor 4 personen
75 g boter
175 g bloem, plus extra om te bestuiven

Voor de vulling
225 g asperges
2 eieren, losgeklopt
225 g ricotta
2 el Griekse yoghurt
40 g geraspte parmezaanse kaas
zout en versgemalen zwarte peper

1 Verwarm de oven voor op 200 °C. Meng boter en bloem, voeg wat zout toe en voldoende koud water om een glad deeg te vormen.

2 Rol het deeg uit op een met bloem bestoven werkvlak en bekleed er een springvorm van 23 cm doorsnede mee. Druk de randen goed aan en prik met een vork gaatjes in het deeg. Bak de bodem ca. 10 min. tot hij stevig, maar nog bleek is. Haal de vorm uit de oven en zet de oven op 180 °C.

3 Maak de asperges schoon, snijd stukken van 5 cm van de kop en snijd de stelen in stukjes van 2,5 cm. Kook de aspergestelen 1 min. en voeg dan de kopjes toe. Laat ze 4-5 min. koken. Giet ze af en spoel ze onder de koude kraan. Laat ze uitlekken. Houd de stelen en topjes apart.

4 Meng eieren, ricotta, yoghurt en parmezaanse kaas. Voeg zout en peper toe. Roer de aspergestelen erdoor en giet het mengsel in de springvorm.

5 Verdeel de aspergekopjes erover en druk ze een beetje in het ricottamengsel. Bak de taart in 35-40 min. goudbruin en serveer hem heet of koud.

Prei-uientaartjes

Kleine taartjes zijn gemakkelijk te serveren en zien er gegarneerd met sla en tomaten mooi uit.

3 eieren
3 dl crème fraîche
snufje nootmuskaat
zout en zwarte peper

Voor 6 personen
2 el boter
1 ui, in dunne ringen
½ tl tijm
450 g prei, in dunne ringen
50 g geraspte gruyère of emmentaler

Voor het deeg
175 g bloem
½ tl zout
6 el koude boter
1 eierdooier
2-3 el koud water

1 Voor het deeg: zeef bloem en zout in een kom en meng ze met de boter tot een kruimelig geheel. Maak een kuiltje in het midden en vul dat met de eierdooier en het water. Klop het geheel tot een deeg. Pak het deeg in en leg het 30 min. in de koelkast.

2 Vet 6 taartvormpjes van 10 cm doorsnede in met boter. Rol het deeg uit op een met bloem bestoven werkvlak. Steek er rondjes uit van 13 cm doorsnede en bekleed de vormpjes hiermee. Prik gaatjes in de bodems en zet ze 30 min. in de koelkast.

3 Verwarm de oven voor op 190 °C. Bekleed de taartjes met folie en doe er een blinde vulling in. Zet ze op een bakplaat en bak ze 6-8 min. tot de randen goudbruin zijn. Verwijder folie en blinde vulling en bak de taartjes nog 2 min. Zet ze op een rooster en draai de oven op 180 °C.

4 Smelt de boter in een koekenpan en bak ui en tijm in 3-5 min. zacht. Voeg de prei toe en bak alles nog eens 10-12 min. Verdeel het mengsel over de taartvormpjes en strooi er kaas over.

5 Meng de eieren met de crème fraîche en de nootmuskaat en voeg zout en peper toe. Zet de taartjes op een bakplaat en overgiet ze met het eiermengsel. Bak de taartjes in 20 min. stevig. Laat ze wat afkoelen en haal dan uit de vormpjes.

Pissaladière

Dit klassieke gerecht uit de Provence wordt eigenlijk gemaakt met ansjovis, maar deze vegetarische variant doet daar niet voor onder!

Voor 6 personen
225 g bloem
115 g boter
1 tl gedroogde gemengde kruiden
snufje zout

Voor de vulling
3 el olijfolie
2 grote uien, in dunne ringen
2 teentjes knoflook, geperst
400 g blokjes tomaat uit blik
1 tl kristalsuiker
tijm
nootmuskaat
75 g zwarte olijven zonder pit, in ringen
2 el kappertjes, afgespoeld
zout en versgemalen zwarte peper
fijngehakte verse peterselie ter garnering

1 Verwarm de oven voor op 190 °C. Meng bloem en boter in een kom tot een kruimelig mengsel. Voeg de kruiden en het zout toe. Meng dit met koud water tot een stevig deeg.

2 Rol het deeg uit en bekleed er een quichevorm van 23 cm doorsnede mee. Bekleed het deeg met keukenpapier en leg er een blinde vulling op. Bak de bodem 20 min., verwijder het papier en de blinde vulling en bak de bodem nog eens 5-7 min. Laat hem afkoelen.

3 Verhit voor de vulling de olie in een koekenpan en bak ui en knoflook in 10 min. zacht. Voeg tomaten, suiker, tijm, nootmuskaat, zout en peper toe. Laat het mengsel 10 min. zacht koken.

4 Laat de vulling afkoelen. Voeg de olijven en de kappertjes toe en schep de vulling op de bodem. Bestrooi het geheel met peterselie.

> **Variatie**
> U kunt ook geraspte kaas over de bovenkant van de pissaladière strooien en hem nog even onder de grill zetten.

Kaas-spinazievlaai

Deze vlaai kunt u gemakkelijk invriezen en weer opwarmen. Een uitstekend onderdeel voor een feestbuffet.

Voor 8 personen
225 g bloem, plus extra om te bestuiven
115 g boter
½ tl mosterdpoeder
½ tl paprikapoeder
zout
115 g geraspte cheddar
3-4 el koud water
1 ei, losgeklopt

Voor de vulling
450 g diepvriesspinazie
1 ui, gesnipperd
nootmuskaat
225 g hüttenkäse
2 grote eieren
50 g geraspte parmezaanse kaas
1,5 dl crème fraîche
zout en versgemalen zwarte peper

1 Meng bloem en boter in een kom tot een kruimelig mengsel en roer er mosterdpoeder, paprikapoeder, zout en kaas door. Kneed er met het koude water een glad deeg van. Pak het deeg in en leg het 30 min. in de koelkast.

2 Voor de vulling: doe spinazie en ui in een pan en laat de spinazie afgedekt langzaam ontdooien. Draai het vuur hoger en roer tot het mengsel droog is. Voeg zout, peper en nootmuskaat toe. Schep de spinazie in een kom en laat hem wat afkoelen. Voeg de overige ingrediënten voor de vulling toe.

3 Verwarm de oven voor op 200 °C. Rol driekwart van het deeg uit op een met bloem bestoven werkvlak en bekleed er een springvorm van 23 cm doorsnede mee. Schep de vulling in de vorm.

4 Rol de rest van het deeg uit en maak een raster voor de bovenkant van de taart. Leg het deksel met behulp van een deegroller op de vlaai en druk de randen aan. Bestrijk het deksel met ei. Bak de vlaai 35-40 min. in de oven tot hij goudbruin is. Serveer hem heet of koud.

Wildepaddestoelentaart

De wilde paddestoelen geven deze taart een volle smaak.

Voor 6 personen
225 g bloem
½ tl zout
115 g boter
2 tl citroensap
1,5 dl koud water
1 ei, losgeklopt

Voor de vulling
150 g boter
2 sjalotjes, gesnipperd
2 teentjes knoflook, geperst
450 g gemengde wilde paddestoelen, in plakjes
3 el fijngehakte verse peterselie
2 el room
zout en versgemalen zwarte peper

1 Meng bloem, zout en de helft van de boter tot een kruimelig mengsel. Snijd de overige boter in blokjes en zet ze in de koelkast. Voeg het citroensap toe en maak met het koude water een zacht, maar niet-plakkerig deeg. Dek het deeg af en zet het 20 min. in de koelkast.

2 Rol het deeg op een met bloem bestoven werkvlak uit tot een rechthoek. Verdeel het deeg in de breedte in drie gelijke stukken. Leg de helft van de blokjes boter op de bovenste twee delen van het deeg. Vouw het onderste deel naar boven en het bovenste deel naar beneden. Sluit de randen met een deegroller. Draai het deeg een kwartslag en rol het weer uit. Verdeel het weer in drie stukken en herhaal de vorige handelingen met de laatste blokjes boter. Laat het deeg 20 min. afkoelen. Herhaal dan het uitrollen, opvouwen en afkoelen drie keer zonder boter.

3 Voor de vulling: smelt de boter en fruit de sjalotjes en het knoflook tot ze zacht zijn. Voeg de paddestoelen toe en bak het geheel 35-40 min. Giet het kooknat af, voeg de overige ingrediënten toe en laat alles afkoelen. Verwarm de oven voor op 230 °C.

4 Verdeel het deeg in tweeën. Rol de ene helft uit en bekleed er een springvorm van 23 cm doorsnede mee. Schep de vulling in het midden. Rol de rest van het deeg uit tot een cirkel die over de taart past. Bestrijk de rand van de taart met water en leg het deksel erop. Druk de randen dicht en versier de bovenkant. Bestrijk de taart met ei en bak hem in 45 min. goudbruin.

Hartige taart uit één stuk

Deze taart wordt zonder vorm gebakken. Het deeg bevat een rijke vulling van tomaat, aubergine en kidneybonen. Als het deeg barst, lapt u het simpelweg op.

Voor 4 personen
500 g aubergine, in blokjes
1 rode paprika
2 el olijfolie, plus extra voor het invetten
1 grote ui, gesnipperd
1 courgette, in plakjes
2 teentjes knoflook, geperst
1 el fijngehakte verse oregano of 1 tl gedroogde, plus verse voor de garnering
200 g kidneybonen uit blik, uitgelekt en afgespoeld
115 g zwarte olijven zonder pit, afgespoeld
1,5 dl passata
1 ei, losgeklopt voor het bestrijken
2 el griesmeel
zout en zwarte peper

Voor het deeg
75 g bloem
75 g volkorenbloem
75 g plantaardige margarine
50 g versgeraspte parmezaanse kaas

1 Verwarm de oven voor op 220 °C. Bereid het deeg. Zeef beide soorten bloem in een grote kom en voeg daarna de in de zeef achtergebleven zemelen toe. Snijd met twee messen de margarine erdoor tot een kruimelige massa ontstaat. Voeg de parmezaanse kaas toe. Meng het geheel met wat koud water tot een zacht deeg. Rol hier een bal van, pak hem in en zet hem 30 min. in de koelkast.

2 Doe de blokjes aubergine in een vergiet, strooi er zout over en laat ze 30 min. uitlekken in de gootsteen. Spoel de blokjes goed af, laat ze uitlekken en dep ze droog met keukenpapier.

3 Gril ondertussen de paprika tot het vel zwartgeblakerd ziet en blaren vertoont. Doe hem in een kleine kom, dek hem af met verkreukeld keukenpapier en laat hem afkoelen. Wrijf het velletje eraf, verwijder de zaadjes en snijd het vruchtvlees in blokjes. Zet ze apart.

4 Verhit de olie in een grote koekenpan met dikke bodem. Bak de ui onder af en toe roeren in 5 min. glazig op laag vuur. Voeg de blokjes aubergine toe en bak ze in 5 min. zacht.

5 Roer de plakjes courgette, het knoflook en de oregano erdoor en bak het geheel al roerend nog eens 5 min. Voeg de kidneybonen en olijven toe, schep ze er goed door en doe passata en blokjes paprika erbij. Voeg naar smaak zout en peper toe. Bak het geheel onder af en toe roeren op matig vuur tot het door en door heet is en laat het afkoelen.

6 Rol het deeg uit tot een cirkel met een doorsnede van 30 cm. Leg hem op een licht met olie ingevette bakplaat. Bestrijk het deeg met een beetje ei, bestrooi het met het griesmeel, maar laat een rand van 4 cm vrij. Schep de vulling op het deeg.

7 Vouw de randen van het deeg gedeeltelijk over de vulling, laat het midden open. Bestrijk het deeg met de rest van het ei en bak de pakketjes in 30-35 min. goudbruin. Doe ze over op een voorverwarmde schaal, garneer ze met oregano en serveer ze direct.

Pastei met kastanjes, stilton en bruin bier

Een hartig wintergerecht.

Voor 4 personen
2 el zonnebloemolie
2 grote uien, gesnipperd
500 g champignons, gehalveerd
3 wortels, in plakjes
1 pastinaak, in dikke plakken
1 el fijngehakte verse tijm
2 laurierblaadjes
2,5 dl bruin bier
1,2 dl groentebouillon
1 tl marmite (gistextract)
1 tl zachte donkerbruine suiker
350 g kastanjes uit blik
2 el maïzena, aangelengd met 2 el koud water
150 g stilton, in blokjes
1 ei, losgeklopt voor het bestrijken
zout en zwarte peper

Voor het deeg
115 g volkorenbloem
snufje zout
50 g boter
1 el fijngehakte verse tijm

1 Snijd met twee messen de boter door bloem en zout tot een kruimelige massa ontstaat. Voeg tijm en water toe. Kneed het deeg licht, pak het in en zet het 30 min. in de koelkast.

2 Verhit de olie in een pan en bak de uien glazig. Doe de champignons erbij en bak het geheel 3 min. Voeg wortels, pastinaak en kruiden toe, dek de pan af en bak alles nog eens 3 min.

3 Giet er bier en bouillon bij en roer marmite en suiker erdoor. Laat het geheel afgedekt 5 min. pruttelen. Voeg de uitgelekte en gehalveerde kastanjes toe en naar smaak zout en peper. Roer de aangelengde maïzena erdoor tot de saus gaat binden. Voeg de kaas toe en laat hem al roerend smelten.

4 Verwarm de oven voor op 220 °C. Schep het kastanjemengsel in een ovenschaal met een inhoud van 1,5 liter. Rol van het deeg een deksel. Maak de randen van de schaal vochtig en leg het deegdeksel erop. Druk de randen dicht, snijd ze netjes af en maak met een vork een sierrandje. Maak een kleine snede in het midden en maak van het overgebleven deeg blaadjes ter decoratie. Bestrijk de pastei met het ei en bak hem 30 min.

Tarte tatin met sjalotjes

Hartige versies van de beroemde tarte tatin met appel zijn al jaren populair.

Voor 4-6 personen
300 g bladerdeeg, ontdooid
50 g boter
75 g parmezaanse kaas

Voor de vulling
40 g boter
500 g sjalotjes, gepeld
12-16 grote teentjes knoflook, gepeld
1 el lichtbruine basterdsuiker
1 el balsamicoazijn
3 el water
1 tl fijngehakte verse tijm
zout en zwarte peper

1 Rol het deeg uit tot een rechthoek. Besmeer het met boter, maar laat een rand van 2,5 cm vrij. Strooi de parmezaanse kaas erover. Vouw het onderste derde deel van het deeg over het midden en het bovenste deel hier weer over. Druk de randen dicht, draai het deeg een kwartslag, rol het uit tot een rechthoek en vouw het weer op, zoals hierboven beschreven. Zet het deeg 30 min. in de koelkast.

2 Smelt voor de vulling de boter in een koekenpan met dikke bodem en een doorsnede van 23-25 cm, die in de oven kan. Voeg de sjalotjes en het knoflook toe en bak ze lichtbruin.

3 Strooi de suiker erover en draai het vuur wat hoger. Bak het geheel tot de suiker begint te karameliseren en schep alles goed door elkaar. Voeg azijn, water, tijm en naar smaak zout en peper toe. Dek de pan gedeeltelijk af en bak het geheel 5-8 min. tot het knoflook nét zacht is. Laat alles afkoelen.

4 Verwarm de oven voor op 190 °C. Rol het deeg uit tot een cirkel die iets groter is dan de pan en leg hem over de sjalotjes en het knoflook. Vouw het overhangende randje in de pan en maak met een mes sneetjes in het deeg. Bak de tarte 25-35 min. tot hij gerezen is en een goudbruine kleur heeft gekregen.

5 Laat de tarte 5-10 min. afkoelen, doe hem over op een schaal en snijd hem in punten.

Rode-uientaart met een polentakorstje

Voor 5-6 personen
4 el olijfolie
1 kg rode uien, in dunne ringen
2-3 teentjes knoflook, in dunne plakjes
1 tl fijngehakte verse tijm, plus een paar takjes
1 tl zachte donkerbruine suiker
2 tl sherryazijn
225 g fontina, in dunne plakjes
zout en zwarte peper

Voor het deeg
115 g bloem
75 g fijne polenta
1 tl zachte donkerbruine suiker
1 tl fijngehakte verse tijm
90 g boter
1 eierdooier
2 el ijswater

1 Meng voor het deeg bloem en polenta in een kom en voeg zout, peper, suiker en tijm toe. Snijd met twee messen de boter erdoor tot een kruimelige massa ontstaat. Klop de eierdooier los met wat water en bind het deeg hiermee. Voeg zo nodig extra water toe. Maak een bal van het deeg, pak hem in en zet hem 30-40 min. in de koelkast.

2 Bak de uien in 3 eetlepels olie, dek de pan af en bak de uien onder af en toe roeren 20-30 min. op laag vuur.

3 Voeg het knoflook en de fijngehakte tijm toe en bak het geheel onder af en toe roeren 10 min. Draai het vuur iets hoger en voeg de suiker en de sherryazijn toe. Bak het geheel onafgedekt 5-6 min. tot de uien gaan karameliseren. Voeg naar smaak zout en peper toe. Laat het gerecht afkoelen.

4 Verwarm de oven voor op 190 °C. Rol het deeg dun uit en bekleed er een springvorm met een doorsnede van 25 cm mee. Prik met een vork gaatjes in het deeg en houd de zijkanten omhoog met aluminiumfolie. Bak de taartbodem 12-15 min.

5 Verdeel de uien over de deegbodem. Voeg de kaas, de meeste takjes tijm en zout en peper toe. Sprenkel de rest van de olie erover en bak de taart 15-20 min. tot de kaas gaat bubbelen. Garneer de taart met takjes tijm en serveer direct.

Taart met veldchampignons, noten en pruimen

Heel bijzonder, deze taart met noten en pruimen.

Voor 6 personen
75 g groene linzen, afgespoeld
1 tl plantaardige bouillonpoeder
1 el zonnebloemolie
2 grote stengels preien, in plakjes
2 teentjes knoflook, fijngehakt
2 tl gemengde gedroogde kruiden
200 g veldchampignons, fijngehakt
75 g fijngehakte gemengde noten
75 g pruimen zonder pit
25 g vers witbroodkruim
2 eieren, losgeklopt
425 g kant-en-klaar bladerdeeg, ontdooid
bloem om te bestuiven
zout en zwarte peper

1 Doe de linzen in een pan en zet ze onder koud water. Breng ze aan de kook, draai het vuur lager en roer het bouillonpoeder erdoor. Zet het deksel schuin op de pan en kook de linzen in 20 min. gaar.

2 Verhit de olie in een pan met dikke bodem en bak prei en knoflook in 5 min. zacht. Voeg kruiden en champignons toe, bak het geheel nog eens 5 min. en doe het over in een kom. Roer er noten, pruimen, broodkruim en linzen door.

3 Verwarm de oven voor op 220 °C. Doe twee derde van het ei bij de linzen en voeg zout en peper toe. Laat het geheel afkoelen.

4 Rol ondertussen de helft van het deeg uit. Snijd een rand van 2,5 cm af en leg de rest op een vochtige bakplaat. Rol de tweede helft uit, bestuif hem met bloem en vouw hem in de lengte doormidden. Maak om de centimeter inkepingen over de vouw heen en laat een rand van 2,5 over.

5 Verdeel de vulling over de bodem en laat rondom een rand van 2,5 cm vrij. Bevochtig de randen van de bodem. Ontvouw het gevouwen stuk deeg en leg dit op de vulling. Snijd overtollige deegrandjes af en druk de overige goed aan. Maak een sierrandje. Bestrijk de bovenkant van de taart met de rest van het ei en bak hem in 25-30 min. goudbruin.

Prei-roqueforttaart met walnotendeeg

Een goede combinatie: prei en zoute roquefort.

Voor 4-6 personen
25 g boter
450 g prei (gewicht na schoonmaken), in plakjes
175 g roquefort, in plakjes
2 grote eieren
2,5 dl slagroom
2 tl fijngehakte verse dragon
zout en zwarte peper

Voor het deeg
175 g bloem
1 tl zachte donkerbruine suiker
50 g boter
75 g gemalen walnoten
1 el citroensap
2 el ijswater

1 Zeef voor het deeg bloem en een halve theelepel zout in een kom. Voeg een snufje peper en de suiker toe. Snijd met twee messen de boter erdoor tot een kruimelige massa ontstaat en roer de walnoten erdoor. Bind het deeg met citroensap en ijswater. Maak van het deeg een bal, pak hem in en zet hem 30-40 min. in de koelkast.

2 Verwarm de oven voor op 190 °C. Rol het deeg uit en bekleed er een springvorm van 23 cm mee. Bedek de deegranden met aluminiumfolie. Prik met een vork gaatjes in de bodem en bak de taartbodem 15 min. Verwijder de folie en bak de bodem nog eens 5-10 min. tot het deeg nét stevig is. Verlaag de oventemperatuur tot 180 °C.

3 Smelt ondertussen de boter in de pan, voeg de prei toe en bak hem afgedekt 10 min. Voeg zout en peper toe en bak de prei al roerend nog eens 10 min. Laat de prei afkoelen.

4 Schik de prei en de plakjes roquefort op de taartbodem. Klop de eieren met de room en voeg zwarte peper toe. Klop de dragon erdoor en giet het mengsel op de vulling.

5 Bak het geheel 30-40 min. tot de vulling is gerezen en een goudbruine kleur heeft en stevig aanvoelt als u er voorzichtig op drukt. Laat de taart 10 min. afkoelen.

Bladerdeegdoosjes met een vulling van lentegroenten in pernodsaus

Bij malse groenten in knapperige omhulsels past pernod uitstekend.

Voor 4 personen
225 g bladerdeeg, ontdooid
1 el versgeraspte parmezaanse kaas, plus extra
1 el fijngehakte verse peterselie
1 ei, losgeklopt voor het bestrijken
175 g tuinbonen
115 g bospeentjes, geschrapt
8 lente-uitjes, in ringen
75 g doperwten
50 g peultjes
zout en zwarte peper
verse takjes dille ter garnering

Voor de saus
200 g blokjes tomaat uit blik
25 g boter
25 g bloem
snufje kristalsuiker
3 el fijngehakte verse dille
3 dl water
1 el pernod

1 Verwarm de oven voor op 220 °C. Vet een bakplaat in en rol het deeg erop uit. Bestrooi het met de parmezaanse kaas en de peterselie, vouw het dubbel en rol het weer uit. Snijd het deeg in vier stukken van 7,5 x 10 cm en leg die op de bakplaat. Snijd, zonder door het deeg heen te snijden, in elk stuk een rechthoek, 1 cm van de kant. Snijd een ruitenpatroon in de binnenste rechthoeken, bestrijk ze met ei en bak de stukken deeg in 12-15 min. goudbruin.

2 Druk voor de saus de tomaten door een zeef in een pan, voeg de overige ingrediënten toe en breng ze al roerend aan de kook. Voeg zout en peper toe, draai het vuur laag en laat de saus pruttelen.

3 Kook de bonen 8 min. in water met zout. Voeg de wortels, de uien en de doperwten toe en kook alles 5 min. Kook vervolgens de peultjes 1 min. mee en giet alle groenten af.

4 Snijd de binnenste rechthoeken uit het deeg. Sprenkel een beetje saus op vier borden. Vul elk doosje voor de helft met groenten, schep er een beetje saus over en vervolgens weer wat groenten. Bestrooi met parmezaanse kaas.

Courgette-dilletaart

Het loont de moeite zelf het deeg voor deze taart te maken. Een mengsel van volkorenbloem en zelfrijzend bakmeel geeft heel goede resultaten.

Voor 4 personen
115 g volkorenbloem
115 g zelfrijzend bakmeel
115 g koude boter, in blokjes
0,75 dl ijswater
takjes verse dille ter garnering

Voor de vulling
1 el zonnebloemolie
3 courgettes, in dunne plakjes
2 eierdooiers
1,5 dl slagroom
1 teentje knoflook, geperst
1 el fijngehakte verse dille
zout en zwarte peper

1 Meng de bloem in een keukenmachine. Voeg wat zout en de boter toe en mix het geheel tot een kruimelige massa. Voeg geleidelijk het ijswater toe tot een deeg ontstaat. Pak het in en zet het 30 min. in de koelkast.

2 Verwarm de oven voor op 200 °C. Beboter een quichevorm van 20 cm doorsnede. Rol het deeg uit en bekleed de vorm ermee. Prik met een vork gaatjes in de bodem en bak het deeg in 10-15 min. goudbruin.

3 Verhit voor de vulling de olie in een koekenpan en bak de courgette in 2-3 min. lichtbruin. Meng eierdooiers, room, knoflook en dille in een kleine kom. Voeg naar smaak zout en peper toe.

4 Schik de courgette in concentrische cirkels op het deeg. Giet het roommengsel erover. Bak de quiche 25-30 min. of tot de vulling stevig en goudkleurig is. Laat de quiche in de vorm afkoelen en doe hem over op een bord. Garneer de taart met dille.

> **Tip van de kok**
> Als u geen keukenmachine hebt, snijd dan met twee messen de boter door de bloem.

Omgekeerde groentetaart

Dit is een mediterrane versie van de tarte tatin.

Voor 2-4 personen
225 g langkorrelige rijst
2 el zonnebloemolie
½ el olijfolie
1 aubergine, in de lengte in plakjes gesneden
1 grote rode paprika, zonder zaadjes, in reepjes
5 tomaten
2 sjalotjes, gesnipperd
1-2 teentjes knoflook, geperst
1,5 dl witte wijn
2 tl gehakt vers basilicum
40 g zwarte olijven, zonder pit, fijngehakt
350 g bladerdeeg, ontdooid
versgemalen zwarte peper
veldsla ter garnering

1 Kook de rijst. Verwarm de oven voor op 190 °C. Verhit zonnebloemolie en 1 eetlepel olijfolie in een koekenpan en bak de plakken aubergine 4-5 min. hierin aan elke kant goudbruin. Laat ze uitlekken op keukenpapier.

2 Schep de paprika door de olie. Dek de pan af en stoof de paprika op matig vuur in 5-6 min. zacht en iets bruin.

3 Snijd twee tomaten in plakjes en zet ze apart. Dompel de rest van de tomaten in heet water, ontvel ze, snijd ze in vieren en verwijder de zaadjes. Hak ze grof.

4 Verhit de rest van de olie in de koekenpan. Bak de sjalotjes en het knoflook zacht. Voeg de tomaten toe en bak het geheel 3 min. Roer er wijn, basilicum en naar smaak peper door. Breng alles aan de kook, neem de pan van het vuur en roer de rijst en de olijven erdoor.

5 Leg de plakjes tomaat en aubergine en de reepjes paprika in een enkele laag op de bodem van een ondiepe, zware ovenschaal van 30 cm doorsnede. Verdeel het rijstmengsel erover.

6 Rol het deeg uit tot een cirkel die iets groter is dan de schaal en leg hem op de rijst. Vouw de rand naar binnen. Bak de taart 25-30 min. tot het deeg is gerezen. Laat hem afkoelen en stort hem omgekeerd op een serveerschaal. Garneer met veldsla.

Griekse picknickquiche

Laagjes aubergine, spinazie, feta en rijst zijn een heerlijke vulling voor een quiche.

Voor 6 personen
375 g (diepvries)kruimeldeeg
3-4 el olijfolie
1 grote aubergine, in plakjes
1 ui, gesnipperd
1 teentje knoflook, geperst
175 g spinazie
4 eieren
75 g feta
40 g versgeraspte parmezaanse kaas
4 el yoghurt
6 el volle melk
225 g gekookte langkorrelige rijst
zout en zwarte peper

1 Verwarm de oven voor op 180 °C. Rol het deeg dun uit en bekleed er een quichevorm van 25 cm mee. Prik gaatjes in het deeg en bak het in 10-12 min. lichtbruin in de oven.

2 Verhit 2-3 eetlepels olie in een koekenpan en bak de plakjes aubergine in 6-8 min. aan elke kant goudbruin. Laat ze uitlekken op keukenpapier.

3 Bak de ui en het knoflook zachtjes gaar in de achtergebleven olie. Voeg zo nodig extra olie toe.

4 Hak de spinazie fijn. Klop de eieren in een grote mengkom en voeg spinazie, feta, parmezaanse kaas, yoghurt, melk en uienmengsel toe. Voeg naar smaak zout en peper toe en roer het geheel goed door.

5 Verdeel de rijst over de voorgebakken deegbodem. Bewaar een paar plakjes aubergine voor de bovenste laag en schik de rest gelijkmatig over de rijst.

6 Schep het spinazie-fetamengsel over de aubergines en leg de achtergehouden plakjes aubergine erbovenop. Bak de quiche in 30-40 min. lichtbruin. Serveer hem warm of laat hem volledig afkoelen. Doe hem over op een bord of pak hem in voor een picknick.

Vierkazenrisotto

Dit is een zeer machtig gerecht. Serveer het als voorafje bij een speciale gelegenheid, bij voorkeur met een lichte, droge, mousserende witte wijn.

Voor 4 personen
40 g boter
1 kleine ui, gesnipperd
1,2 l sterke groentebouillon
350 g risottorijst
2 dl droge witte wijn
50 g geraspte gruyère
50 g taleggio, in blokjes
50 g gorgonzola
50 g versgeraspte parmezaanse kaas
zout en versgemalen zwarte peper
gehakte verse bladpeterselie ter garnering

1 Smelt de boter in een grote pan met dikke bodem. Voeg de ui toe en bak hem in 8 min. onder af en toe roeren zacht en lichtbruin. Giet de bouillon in een andere pan en breng hem zachtjes aan de kook. Draai het vuur lager zodat de bouillon tegen het kookpunt aan zit.

2 Doe de rijst bij de ui. Schep alles om tot de rijstkorrels gaan ploffen en giet de witte wijn erbij. Voeg, als het grootste deel is opgenomen, een beetje hete bouillon toe. Bestrooi het geheel met zout en peper. Roer op laag vuur tot de bouillon is opgenomen.

3 Giet al roerend de rest van de bouillon erbij; laat de rijst het vocht eerst opnemen voordat u er meer bij giet. Na 20-25 min. is de rijst al dente en de risotto romig.

4 Draai het vuur uit en voeg de gruyère, taleggio, gorgonzola en de helft van de parmezaanse kaas toe. Roer voorzichtig tot alle kaas is gesmolten en breng het geheel zo nodig op smaak met zout en peper. Schep de risotto in een schaal en garneer hem met peterselie. Geef de rest van de parmezaanse kaas er apart bij.

Risotto met asperges

Verse asperges van de koude grond zijn er maar even. In deze risotto passen ze uitstekend; u en uw vrienden zullen ervan smullen!

Voor 3-4 personen
225 g verse asperges
7,5 dl sterke groentebouillon
65 g boter
1 kleine ui, gesnipperd
275 g risottorijst
75 g versgeraspte parmezaanse kaas
zout en versgemalen zwarte peper

1 Snijd de houtachtige uiteinden van de asperges af en gooi ze weg. Breng een pan met water aan de kook en kook de asperges hier 5 min. in. Giet ze af en bewaar het kookwater. Spoel ze af met koud water en laat ze goed uitlekken. Snijd de stengels diagonaal in stukken van 4 cm. Bewaar de kopjes.

2 Giet de bouillon in een pan en voeg 4,5 dl van het aspergekookvocht toe. Verhit het geheel tot het kookpunt.

3 Smelt twee derde van de boter in een pan en bak de ui zacht en goudbruin. Schep alle asperges, behalve de kopjes, erdoor en bak ze 2-3 min. Voeg de rijst toe en bak het geheel 1-2 min. Schep het geheel goed om tot alle korrels zijn bedekt met boter. Voeg een soeplepel hete bouillon toe en schep alles om tot deze is opgenomen.

4 Voeg al roerend geleidelijk de rest van de bouillon toe, maar wacht na elke toevoeging tot al het vocht door de rijst is opgenomen.

5 Doe na 15 min. bouillon toevoegen de aspergekopjes erbij. Blijf de rijst 5-10 min. op dezelfde manier koken tot hij al dente is en de risotto romig.

6 Neem de pan van het vuur en roer de parmezaanse kaas door de risotto. Voeg zo nodig wat peper en zout toe. Serveer direct.

Risotto met eekhoorntjesbrood en parmezaanse kaas

Het geheim van een goede risotto zit zowel in de kwaliteit van de rijst als in de bereiding. Voeg geleidelijk de bouillon toe en blijf voor een romige consistentie goed roeren.

Voor 4 personen
15 g gedroogd eekhoorntjesbrood
1,5 dl warm water
1 l sterke groentebouillon
flink wat saffraandraadjes
2 el olijfolie
1 teentje knoflook, geperst
350 g risottorijst
1,5 dl droge witte wijn
25 g boter
50 g versgeraspte parmezaanse kaas
zout en zwarte peper
roze en gele oesterzwammen om te serveren (naar keuze)

1 Doe het eekhoorntjesbrood in een kom en giet het warme water eroverheen. Laat het 20 min. weken en haal het met een schuimspaan uit het water. Giet het weekwater door een zeef bekleed met keukenpapier en doe het, samen met de bouillon, in een pan. Breng het vocht op laag vuur aan de kook.

2 Schep ca. 3 eetlepels van de hete bouillon in een kom, roer de saffraandraadjes erdoor en zet dit mengsel apart. Hak het eekhoorntjesbrood fijn. Verhit de olie in een andere pan en bak uien, knoflook en eekhoorntjesbrood 5 min. Voeg de rijst toe en schep hem om tot alle korrels zijn bedekt met olie. Bak het geheel al omscheppend 2 min. Voeg zout en peper toe.

3 Giet de witte wijn erdoor. Bak alles al roerend tot de wijn is opgenomen en voeg een kwart van de bouillon toe. Bak alles al roerend tot de bouillon is opgenomen en voeg geleidelijk de overige bouillon toe. Laat de rijst eerst al het vocht absorberen voordat u nieuwe toevoegt en blijf het geheel omscheppen.

4 Schep na ca. 20 min., als alle bouillon is opgenomen en de rijst al dente is, de boter, het saffraanwater (met draadjes) en de helft van de parmezaanse kaas erdoor. Bestrooi de risotto met de rest van de parmezaanse kaas en garneer hem eventueel met oesterzwammen.

Champagnerisotto

Dit lijkt misschien een extravagant recept, maar de champagne geeft de risotto een bijzonder lekkere smaak. Een perfect gerecht voor dat speciale feestmaal.

Voor 3-4 personen
25 g boter
2 sjalotjes, gesnipperd
275 g risottorijst
½ fles of 3 dl champagne
7,5 dl lichte groentebouillon die tegen het kookpunt aan zit
1,5 dl slagroom
40 g versgeraspte parmezaanse kaas
2 tl fijngehakte verse kervel
zout en versgemalen zwarte peper
geschaafde zwarte truffels ter garnering (naar keuze)

1 Smelt de boter in een grote pan met dikke bodem. Voeg de sjalotjes toe en bak ze al roerend in 2-3 min. op laag vuur. Doe de rijst erbij en bak hem al omscheppend tot alle korrels met de boter zijn bedekt.

2 Giet twee derde van de champagne erbij, voorzichtig, zodat het vocht niet over de pan heen bruist, en kook het geheel al omscheppend op hoog vuur tot alle vocht is opgenomen.

3 Voeg met een soeplepel geleidelijk de bouillon toe en zorg ervoor dat alle bouillon is opgenomen voordat u nieuwe toevoegt. De risotto moet geleidelijk romig en fluwelig worden en alle bouillon moet zijn geabsorbeerd.

4 Roer als de rijst gaar is, maar toch wat *bite* heeft, de rest van de champagne, de slagroom en de parmezaanse kaas erdoor. Voeg zout en peper toe. Neem de rijst van het vuur en laat hem afgedekt enkele minuten staan. Roer er kervel door. Als u de smaak wilt versterken, kunt u de risotto garneren met wat truffelschaafsel.

Tip van de kok
Als u risotto van deze klasse bereidt, is het heel belangrijk het juiste type rijst te gebruiken. Carnaroli is een uitstekende keus.

Parelgortrisotto met geroosterde muskaatpompoen en prei

Deze risotto lijkt meer op een nootachtige pilav dan een klassieke risotto. Zoete prei en geroosterde muskaatpompoen gaan voortreffelijk samen met parelgort.

Voor 4-5 personen
200 g parelgort
1 muskaatpompoen, geschild, zonder zaadjes, in blokjes
2 tl fijngehakte verse tijm
4 el olijfolie
2 el boter
4 stengels prei, in vrij dikke diagonale plakken
2 teentjes knoflook, fijngehakt
175 g kastanjechampignons, in plakjes
2 wortels, grof geraspt
1,2 dl groentebouillon
2 el fijngehakte verse bladpeterselie
50 g pecorino, geraspt of geschaafd
3 el pompoenpitten, geroosterd
zout en versgemalen zwarte peper

1 Spoel de gort af en laat hem uitlekken. Breng water tegen de kook aan, voeg de gort toe en zet schuin het deksel op de pan. Kook de gort in 35-45 min. gaar en giet hem af. Verwarm de oven voor op 200 °C.

2 Doe de blokjes pompoen met de helft van de tijm in een bakblik. Voeg peper toe en de helft van de olie. Rooster het geheel, eenmaal omscheppend, in 30-35 min. gaar.

3 Verhit de helft van de boter met de rest van de olie in een grote koekenpan. Bak prei en knoflock 5 min. op laag vuur. Voeg de champignons en de rest van de tijm toe en bak het geheel tot het vocht van de champignons verdampt.

4 Schep de wortels erdoor en bak ze 2 min. Voeg gort, de meeste bouillon, zout en peper toe. Zet het deksel schuin op de pan en kook het geheel 5 min. Giet zo nodig de rest van de bouillon erbij. Schep peterselie, de rest van de boter en de helft van de pecorino erdoor, vervolgens de pompoen en zout en peper. Bestrooi de risotto met pompoenpitten en de rest van de pecorino.

Gevulde aubergines in een pikante tomatensaus

Met hun bijzondere vorm, substantie en interessante smaak zijn aubergines bijzonder geschikt voor een etentje met gasten.

Voor 4 personen
4 kleine aubergines
7 el olijfolie
1 kleine ui, gesnipperd
175 g risottorijst

7,5 dl hete groentebouillon
1 el wittewijnazijn
25 g versgeraspte parmezaanse kaas
2 el pijnboompitten

Voor de tomatensaus
3 dl dikke passata of gepureerde tomaten
1 tl milde kerriepasta
snufje zout

1 Verwarm de oven voor op 200 °C. Snijd de aubergines in de lengte doormidden, snijd het vruchtvlees in blokjes en haal ze er met een scherp mesje uit. Bestrijk de uitgeholde aubergines met 2 eetlepels olie en leg ze op een met verkreukelde aluminiumfolie belegde bakplaat. Bak ze 6-8 min. en zet ze apart.

2 Hak het vruchtvlees in stukjes. Verhit de rest van de olie in een grote koekenpan met dikke bodem. Voeg het vruchtvlees en de ui toe en bak ze onder af en toe omscheppen in 3-4 min. zacht, maar nog niet bruin.

3 Schep de rijst en de bouillon erdoor en laat het geheel onafgedekt 15 min. koken op laag vuur. Voeg de azijn toe.

4 Verhoog de oventemperatuur tot 230 °C. Vul de aubergines met het rijstmengsel, bestrooi ze met kaas en pijnboompitten, doe ze terug in de oven en bak ze in 5 min. bruin.

5 Bereid ondertussen de saus. Meng de passata of gepureerde tomaten met de kerriepasta in een kleine pan. Verwarm de saus door en door en voeg naar smaak zout toe. Schep de saus op vier borden en leg op elk bord twee gevulde auberginehelften.

Courgetteroulade

Een indrukwekkend gerecht voor een buffet of dineetje.

Voor 6 personen
40 g boter
50 g bloem
3 dl melk
4 eieren, gesplitst
3 courgettes, geraspt
25 g versgeraspte parmezaanse kaas, plus 2 el voor het bestrooien
zout en zwarte peper
een groene salade met kruiden om te serveren

Voor de vulling
75 g zachte geitenkaas
4 el kwark
225 g gekookte rijst
1 el fijngehakte verse kruiden
1 el olijfolie
15 g boter
75 g champignons, fijngehakt

1 Verwarm de oven voor op 200 °C. Beleg een platte bakvorm van 33 x 23 cm met bakpapier.

2 Smelt de boter in een steelpan, roer de bloem erdoor en bak de roux al roerend 1-2 min. Giet beetje bij beetje de melk erbij tot een gladde saus ontstaat. Neem de saus van het vuur en laat hem afkoelen. Roer de eierdooiers erdoor en voeg courgetteraspsel, parmezaanse kaas en zout en peper toe.

3 Klop de eiwitten stijf, spatel ze door het courgettemengsel en doe ze over in de belegde bakvorm. Verdeel het mengsel goed over de bodem en bak het in 10-15 min. stevig en lichtbruin. Stort het voorzichtig op met parmezaanse kaas bestrooid bakpapier. Haal het bakpapier uit de bakvorm, rol het gebakken courgettemengsel in het papier op en laat het afkoelen.

4 Maak de vulling. Meng geitenkaas, kwark, rijst en kruiden in een kom en voeg zout en peper toe. Verhit olie en boter in een kleine pan en bak de champignons tot ze zacht zijn.

5 Rol de courgetteroulade weer uit, verdeel de rijstvulling erover en leg de champignons in de lengte in het midden. Rol de roulade weer op. Serveer haar met de groene salade.

Wilde rijst met gegrilde groenten

De combinatie van wilde rijst en langkorrelige rijst doet het erg goed in dit gerecht en zorgt voor een bijzonder smakelijke vegetarische maaltijd.

Voor 4 personen
225 g wilde en langkorrelige rijst, gemengd
1 grote aubergine, in dikke plakken
1 rode paprika, zonder zaadjes en in vieren
1 gele paprika, zonder zaadjes en in vieren
1 groene paprika, zonder zaadjes en in vieren
2 rode uien, in ringen
225 g kastanjeboleten of shii-take
2 kleine courgettes, in de lengte doormidden gesneden
olijfolie voor het bestrijken
2 el fijngehakte verse tijm, plus enkele hele takjes ter garnering (naar keuze)

Voor de dressing
6 el olijfolie extra vierge
2 el balsamicoazijn
2 teentjes knoflook, geperst
zout en zwarte peper

1 Doe de wilde en langkorrelige rijst in een grote pan met koud water met zout. Breng de rijst aan de kook, draai het vuur laag, dek de pan af en kook de rijst in 30-40 min. op laag vuur gaar.

2 Verwarm de grill voor. Maak de dressing: roer olijfolie, azijn en knoflook in een kommetje door elkaar en voeg naar smaak zout en peper toe.

3 Leg de groenten op een rooster en bestrijk ze met olijfolie. Gril ze ca. 5 min.

4 Keer de groenten, bestrijk ze met nog wat olie en gril ze in nog eens 5-8 min. gaar en iets donker.

5 Giet de rijst af, doe hem over in een kom en schep de helft van de dressing erdoor. Schep de rijst op aparte borden en beleg hem met de gegrilde groenten. Besprenkel het geheel met de overgebleven dressing en strooi er fijngehakte tijm over. Garneer het geheel naar wens met hele takjes tijm.

Gebakken rijst met citrusvruchten

Zoals voor alle gebakken rijstgerechten moet de rijst koud zijn. Voeg hem toe nadat alle ingrediënten zijn bereid en schep het geheel goed om tot de rijst door en door warm is.

Voor 4-6 personen
4 eieren
2 tl Japanse rijstazijn
2 el lichte sojasaus
3 el arachideolie
50 g cashewnoten
2 teentjes knoflook, geperst
6 lente-uitjes, in diagonale ringetjes
2 kleine wortels, julienne
225 g asperges, in vieren
175 g champignons, gehalveerd
2 el rijstazijn
2 el water
450 g gekookte langkorrelige rijst
2 tl sesamolie
1 roze grapefruit of een sinaasappel, in partjes
reepjes sinaasappelschil ter garnering

Voor de hete dressing
1 tl geraspte sinaasappelschil
2 el Japanse rijstwijn
3 el vegetarische 'oestersaus'
2 el versgeperst rozegrapefruit- of sinaasappelsap
1 tl matig hete chilisaus

1 Klop de eieren los met de azijn en 2 theelepels sojasaus. Verhit 1 eetlepel olie in een wok en bak de eieren tot roerei. Doe het roerei over op een bord en zet het apart.

2 Roerbak de cashewnoten 1-2 min. in een wok en zet ze apart. Verhit de rest van de olie en voeg het knoflook en de lente-uitjes toe. Bak het geheel tot de uitjes zacht worden, voeg de wortels toe en roerbak alles 4 min.

3 Doe de asperges erbij en bak ze 2-3 min. mee. Voeg de champignons toe en roerbak ze 1 min. Roer er rijstwijn, de rest van de sojasaus en water door. Kook de groenten in een paar minuten beetgaar op laag vuur.

4 Meng de ingrediënten voor de dressing, doe de dressing in de wok en breng hem aan de kook. Voeg rijst, roerei en cashewnoten toe. Schep het geheel op laag vuur in 3-4 min. om. Roer er sesamolie en partjes citrusvruchten door. Garneer het geheel met de geraspte sinaasappelschil en serveer direct.

Provençaalse rijst

Kleurrijk en vol van smaak, dat is dit stevige lunch- of avondgerecht.

Voor 3-4 personen
2 uien
6 el olijfolie
175 g bruine langkorrelige rijst
2 tl mosterdzaad
4,75 dl groentebouillon
1 grote of 2 kleine rode paprika's, zonder zaadjes en in blokjes
1 kleine aubergine, in blokjes
2-3 courgettes, in plakjes
ca. 12 kerstomaatjes
5-6 verse blaadjes basilicum, in stukjes gescheurd
2 teentjes knoflook, fijngehakt
4 el witte wijn
4 el passata
2 hardgekookte eieren, in partjes
8 gevulde groene olijven, in plakjes
1 el kappertjes, uitgelekt en afgespoeld
boter (naar smaak)
zeezout en versgemalen zwarte peper
knoflookbrood om te serveren

1 Verwarm de oven voor op 200 °C. Hak 1 ui fijn. Verhit 2 eetlepels olie in een koekenpan en bak de ui op laag vuur glazig.

2 Voeg de rijst en het mosterdzaad toe. Bak het geheel al roerend 2 min. Voeg de bouillon en een beetje zout toe. Breng het geheel aan de kook, draai het vuur laag, dek de pan af en laat de rijst in 35 min. gaar koken op laag vuur.

3 Snijd ondertussen de tweede ui in partjes en doe hem samen met paprika's, aubergine, courgettes en kerstomaatjes in een bakblik. Bestrooi het geheel met de gescheurde blaadjes basilicum en het knoflook. Besprenkel het met de rest van de olijfolie en strooi er zeezout en peper over. Rooster het geheel 15-20 min. tot de groenten gaan verschroeien en schep ze halverwege om. Verlaag de oventemperatuur tot 180 °C.

4 Schep de rijst in een aardewerken ovenschotel met deksel. Leg de geroosterde groenten erbovenop, eventueel samen met het groentevocht, en giet er wijn en passata over. Schik de partjes ei erop, samen met de plakjes olijf en de kappertjes. Leg er klontjes boter op, dek de schotel af, en bak alles in 15-20 min. door en door warm. Serveer er knoflookbrood bij.

Kedgeree met oesterzwammen en cantharellen

Bij speciale gelegenheden vragen ontbijt of brunch om iets bijzonders, zoals deze luxe schotel.

Voor 4 personen
25 g boter
1 ui, gesnipperd
400 g langkorrelige rijst
1 kleine wortel, julienne
9 dl kokendhete groentebouillon
een paar saffraandraadjes
225 g oesterzwammen en cantharellen, gehalveerd
1 bloemige aardappel van ca. 115 g, geschild en geraspt
4,5 dl melk
½ bouillonblokje
½ tl kerriepasta
2 el slagroom
4 hardgekookte eieren, in partjes
4 el fijngehakte verse peterselie, plus een heel takje

1 Smelt de boter in een grote pan. Voeg de ui toe en bak hem al roerend in 5 min. glazig op laag vuur.

2 Schep de helft van de gebakken ui in een andere pan en zet hem tot gebruik apart.

3 Voeg rijst, wortel, bouillon en saffraandraadjes toe aan de grote pan. Verhit ze tot het kookpunt en kook het geheel onafgedekt 15 min. Neem de pan van het vuur, dek hem af en laat hem 5 min. staan.

4 Doe de paddestoelen in de kleine pan en meng ze goed met de ui. Bak ze in een paar minuten zacht op laag vuur. Roer de geraspte aardappel, de melk, het bouillonblokje, de kerriepasta en de room erdoor en kook het geheel 15 min. op laag vuur tot de aardappel het vocht heeft gebonden.

5 Schep de rijst in een voorverwarmde schaal. Schep de paddestoelen met saus in het midden en garneer het geheel met de partjes ei en de fijngehakte peterselie.

Pilav met saffraan en ingelegde walnoten

Ingelegde walnoten hebben een warme, pittige smaak die het uitstekend doet in rijst- en bulgurschotels. Bij deze pilav uit het Midden-Oosten hoeft u niets te serveren.

Voor 4 personen
1 tl saffraandraadjes
1 el kokend water
40 g pijnboompitten
3 el olijfolie
1 grote ui, gesnipperd
3 teentjes knoflook, geperst
¼ tl piment
5 cm verse stemgember, geraspt
225g langkorrelige rijst
3 dl groentebouillon
50 g ingelegde walnoten, uitgelekt en grof gehakt
40 g rozijnen
3 el grof gehakte verse peterselie of koriander, plus hele blaadjes ter garnering
zout en versgemalen zwarte peper
yoghurt om te serveren

1 Doe de saffraan in een kom met het kokende water en zet de kom weg. Verhit een grote koekenpan, rooster de pijnboompitten goudkleurig en zet ze apart.

2 Verhit de olie in een pan en bak uien, knoflook en piment 3 min. Roer de gember en de rijst erdoor en bak ze 1 min.

3 Voeg de bouillon toe en breng het geheel aan de kook. Draai het vuur laag, dek de pan af en laat de rijst in 15 min. bijna gaar koken.

4 Voeg saffraan met vocht, pijnboompitten, walnoten, rozijnen en kruiden toe en schep alles goed om. Bestrooi het met zout en peper. Laat alles nog 2 min. goed warm worden. Garneer met peterselie of koriander en serveer met yoghurt.

> **Variatie**
> *Neem in plaats van ingelegde walnoten een kleine aubergine, in blokjes gesneden en gebakken in olijfolie.*

Rösti met artisjokken

Rösti is een traditioneel Zwitsers gerecht dat doorgaans alleen met aardappels wordt bereid. De toevoeging van artisjokken zorgt voor een subtiele variatie in smaak.

Voor 4-6 personen
450 g aardappels
sap van 1 citroen
450 g artisjokken
50 g boter
zout

1 Schil de aardappels en doe ze in een pan met water en zout. Breng ze aan de kook en kook ze in ca. 15-20 min. beetgaar.

2 Vul ondertussen een pan met koud water en voeg het citroensap toe. Schil de artisjokken en doe ze met een snufje zout in de pan. Breng ze aan de kook en kook ze in 5 min. beetgaar.

3 Giet de aardappels en de artisjokken af, laat ze afkoelen en rasp ze in een kom. Meng ze met uw vingers, zonder ze te veel te beschadigen.

4 Smelt de boter in een grote koekenpan met dikke bodem. Voeg het artisjokkenmengsel toe, verdeel dit met de achterkant van een lepel over de bodem en bak het ca. 10 min. op laag vuur.

5 Stort de 'koek' op een bord en laat hem weer terug in de pan glijden. Bak de onderkant in ca. 10 min. goudbruin. Serveer de rösti direct.

> **Tips van de kok**
> • Hebt u de tijd ervoor, zet de voorgekookte aardappels en artisjokken dan 15-30 min. in de koelkast alvorens ze te schillen. Zo kunt u ze gemakkelijker raspen en vallen ze minder snel uit elkaar.
> • Eenmaal geschild verkleuren artisjokken snel. Voorkom dit door ze in een kom koud water met wat citroensap te leggen.

Spruitjes met kastanjes

Hoewel een klassieker voor de kerstdagen, zijn spruitjes gestoofd met kastanjes het hele jaar door heerlijk.

Voor 4-6 personen
225 g kastanjes
1,2 dl melk
500 g kleine malse spruitjes
25 g boter
1 sjalotje, gesnipperd
2-3 el droge witte wijn of water

1 Kerf met een scherp mesje de bolle kant van de kastanjes kruislings in. Breng een pan met water aan de kook en kook de kastanjes 6-8 min. Neem de pan van het vuur en haal de kastanjes er met een schuimspaan uit. Houd ze een voor een in een theedoek terwijl u met een mes zowel de binnenste als de buitenste schil verwijdert.

2 Spoel de pan, doe de geschilde kastanjes erin terug en voeg de melk toe. Giet er water bij tot de kastanjes onderstaan. Kook ze in 12-15 min. net gaar op laag vuur. Giet ze af en zet ze weg.

3 Maak de spruitjes schoon en snijd ze van onderen kruislings in. Smelt de boter in een grote, zware koekenpan en bak het gesnipperde sjalotje glazig. Voeg spruitjes en wijn of water toe. Dek de pan af en kook de spruitjes 6-8 min. op matig vuur – schud de pan af en toe en giet er zo nodig wat extra water bij.

4 Voeg de gepocheerde kastanjes toe en schud alles voorzichtig door elkaar. Dek de pan af en kook de kastanjes en spruitjes in 3-5 min. gaar. Serveer direct.

> **Tip van de kok**
> Verse kastanjes hebben een heerlijke consistentie en smaak, maar ongezoete hele kastanjes uit blik of pot zijn een goede vervanger.

Tuinbonen met room

Piepkleine nieuwe tuinboontjes kunnen, net als radijsjes, met een beetje zout rauw gegeten worden. Rijpere bonen smaken heerlijk als ze eerst gekookt en gepeld worden tot een knalgroen boontje tevoorschijn komt.

Voor 4-6 personen
450 g gedopte tuinbonen
 (ca. 2 kg met peul)
6 el crème fraîche of slagroom
zout en versgemalen zwarte
 peper
fijngeknipt bieslook ter garnering

1 Breng op matig vuur een grote pan water met wat zout aan de kook. Voeg de bonen toe, breng ze aan de kook, draai het vuur laag en kook de boontjes in 8 min. beetgaar. Giet ze af, spoel ze onder koud water en laat ze weer uitlekken.

2 Maak om de omhulsels te verwijderen met een scherp mesje een snede langs één kant van elke boon en knijp voorzichtig het groene boontje eruit.

3 Doe de boontjes in een pan met de crème fraîche of slagroom, breng alles op smaak met zout en peper, dek de pan af en laat de boontjes goed warm worden. Doe ze over in een voorverwarmde schaal, bestrooi ze met bieslook en serveer direct.

> **Variatie**
> Als u ze kunt krijgen, kunt u verse flageoletten of limabonen op dezelfde manier bereiden.

Asperges met vermoutsaus

Van gegrilde jonge asperges met een sausje van vermout en peterselie maakt u een heerlijk gerecht.

Voor 4 personen
20 asperges
1 el olijfolie
50 g versgeraspte parmezaanse kaas
zout en versgemalen zwarte peper

Voor de saus
3 el droge witte vermout
2,5 dl sterke groentebouillon
1 el fijngehakte verse peterselie
25 g koude boter, in blokjes

1 Bestrijk de asperges met de olijfolie en bestrooi ze met zout en peper. Leg ze op een rooster, bestrooi ze met parmezaanse kaas en bak ze langzaam onder een matig hete grill tot ze beetgaar zijn.

2 Bereid ondertussen de saus. Giet de vermout en de bouillon in een steelpan en kook ze op hoog vuur tot de saus voor de helft is ingekookt. Roer de peterselie, zout en peper erdoor.

3 Draai het vuur laag en roer de blokjes boter, twee per keer, erdoor. Blijf het geheel op laag vuur roeren tot alle boter gesmolten is en de saus dikker is geworden. Leg de asperges op een schaal, giet de saus erover en serveer direct.

Snijbonen met knoflook

Flageoletten en knoflook geven dit eenvoudig bijgerecht een onmiskenbare Franse smaak.

Voor 4 personen
225 g gedroogde flageoletten, 1 nacht geweekt en uitgelekt
1 el olijfolie
25 g boter
1 ui, gesnipperd
1-2 teentjes knoflook, geperst
3-4 tomaten, ontveld en gehakt
350 g snijbonen, in stukjes
1,5 dl witte wijn
1,5 dl groentebouillon
2 el fijngehakte verse peterselie
zout en versgemalen zwarte peper

1 Doe de snijbonen in een grote pan met water, breng ze op matig vuur aan de kook, draai het vuur lager en laat ze in 45 min. tot 1 uur zachtjes gaar koken. Giet ze af en zet ze apart.

2 Verhit de olie en de boter in een grote koekenpan met dikke bodem. Bak hierin ui en knoflook onder af en toe roeren in 3-4 min. zacht op laag vuur.

3 Voeg de gehakte tomaten toe en bak ze op laag vuur zacht.

4 Roer de flageoletten door ui en tomaat en voeg vervolgens snijbonen, wijn, bouillon en wat zout toe. Roer het geheel goed. Dek de pan af en laat alles 5-10 min. zachtjes koken tot de snijbonen gaar zijn.

5 Draai het vuur op matig om het vocht te laten inkoken en roer de fijngehakte peterselie erdoor. Voeg eventueel extra zout en peper toe. Doe alles over in een voorverwarmde schaal en serveer direct.

> **Tip van de kok**
> Flageoletten worden ook wel groene bonen genoemd.

Courgettes in citrussaus

Courgettes, vooral de gekleurde soorten, zien er zo aantrekkelijk uit dat de flauwe smaak ervan soms een teleurstelling is. Met deze scherpe en pikante saus hoeft u daar niet bang voor te zijn.

Voor 4 personen
350 g minicourgettes
4 lente-uitjes, in dunne ringetjes
stukje verse gember van 2,5 cm
2 el ciderazijn
1 el lichte sojasaus
1 tl zachte lichtbruine suiker
3 el groentebouillon
sap en geraspte schil van ½ citroen
sap en geraspte schil van een ½ sinaasappel
1 tl maïzena
2 tl water

1 Breng in een pan water met wat zout aan de kook. Voeg de courgettes toe en breng ze aan de kook. Kook ze in 3-4 min. beetgaar op laag vuur.

2 Doe ondertussen uien, gember, azijn, sojasaus, suiker, bouillon, citroensap en -raspel en sinaasappelsap en -raspel in een kleine pan. Breng alles aan de kook, draai het vuur lager en laat het 2 min. zachtjes koken.

3 Roer de maïzena en het water tot een papje en roer dat door de saus. Breng de saus al roerend aan de kook tot hij bindt.

4 Giet de courgettes goed af en doe ze in een voorverwarmde schaal. Schep de hete saus erover. Meng alles voorzichtig tot de courgettes goed zijn bedekt en serveer direct.

Tip van de kok
Als u geen minicourgettes kunt krijgen – van ca. 7,5 cm – gebruik dan de grotere, maar kook ze heel, zodat ze niet te veel water opnemen en papperig worden. Halveer ze na het koken in de lengte en snijd de helften in repen van 10 cm voordat u ze met de saus besprenkelt.

Rode kool in port-wijnsaus

Een zoetzure, pikante rode koolschotel met sappige peren en knapperige walnoten.

Voor 6 personen
1 el walnotenolie
1 ui, in ringen
2 hele anijssterretjes
1 tl gemalen kaneel
mespuntje kruidnagelpoeder
450 g rode kool, fijn geschaafd
25 g zachte donkerbruine suiker
3 el rodewijnazijn
3 dl rode wijn
1,5 dl rode port
2 peren, in blokjes van 1 cm
125 g rozijnen
125 g walnoten
zout en versgemalen zwarte peper

1 Verhit de olie in een grote pan met dikke bodem. Voeg de ui toe en bak hem onder af en toe roeren in 5 min. glazig.

2 Voeg steranijs, kaneel, kruidnagel en kool toe en bak het geheel ca. 3 min.

3 Roer er suiker, azijn, wijn en port door. Dek de pan af en laat alles afgedekt en onder af en toe roeren 10 min. koken op laag vuur.

4 Roer de blokjes peer en de rozijnen door de kool en laat het geheel nog 10 min. zonder deksel koken tot de kool gaar is. Voeg naar smaak zout en peper toe. Schep de walnoten erdoor en serveer direct.

Tip van de kok
De wijn en de azijn verlenen dit gerecht niet alleen extra smaak, maar helpen ook de prachtige kleur van de kool te behouden.

Variatie
Jeneverbessen gaan uitstekend samen met rode kool. Laat de steranijs en de kaneel weg en voeg 1 eetlepel jeneverbessen en de kruidnagel toe.

Kool uit de oven

In dit gezonde en voordelige gerecht wordt de hele kool gebruikt, dus ook de smakelijke stronk.

Voor 4 personen
- 1 groene of witte kool van ca. 675 g
- 1 el lichte olijfolie
- 2 el water
- 3-4 el groentebouillon
- 4 stevige, rijpe tomaten, ontveld en gehakt
- 1 tl mild chilipoeder
- 1 el fijngehakte verse peterselie of venkel ter garnering (naar keuze)

Voor de bovenlaag
- 3 stevige rijpe tomaten, in dunne plakjes
- 1 el olijfolie
- zout en versgemalen zwarte peper

1 Verwarm de oven voor op 180 °C. Schaaf de koolbladeren en -stronk dun. Verhit de olie en het water in een koekenpan en voeg de kool toe. Dek de pan af en kook de kool 5-10 min. op een laag vuur. Roer hem af en toe.

2 Giet de groentebouillon erdoor en voeg daarna de tomaten toe. Kook het geheel nog 10 min. op laag vuur. Breng de kool op smaak met chilipoeder en een beetje zout.

3 Schep de kool in een grote vierkante ovenschaal. Strijk het oppervlak plat en schik de plakjes tomaten erbovenop. Bestrijk ze met de olie en bestrooi ze naar smaak met zout en peper.

4 Bak het geheel 30-40 min. of tot de tomaten bruin worden. Serveer het gerecht heet, eventueel bestrooid met wat peterselie of venkel.

> **Tips van de kok**
> *Voeg voor de variatie eens rode of groene paprika's met de tomaten toe. Als u een vuurvaste ovenschaal met deksel hebt, kunt u de kool ook op het fornuis koken en daarna overdoen in de oven.*

Broccoli en bloemkool met een saus van cider en appelmunt

Deze cidersaus is ook heerlijk bij andere groenten, zoals bleekselderij of boontjes.

Voor 4 personen
- 1 el olijfolie
- 1 grote ui, gesnipperd
- 2 grote wortels, gehakt
- 1 grote teen knoflook
- 1 el dillezaad
- 4 grote verse takjes appelmunt
- 2 el bloem
- 3 dl droge cider
- 500 g broccoliroosjes
- 500 g bloemkoolroosjes
- 2 el tamari
- 2 tl mint jelly (gelei van blaadjes munt)
- zout

1 Verhit de olijfolie in en grote koekenpan met dikke bodem. Voeg ui, wortels, knoflook, dillezaad en blaadjes appelmunt toe en bak ze onder af en toe roeren 5 min. op laag vuur tot de groenten zacht zijn.

2 Roer de bloem erdoor en bak het geheel al omscheppend 1 min. voordat u de cider erbij giet. Breng alles aan de kook en laat het zachtjes pruttelen tot de saus gaat glanzen. Neem de pan van het vuur en laat het geheel wat afkoelen.

3 Breng twee pannetjes water met wat zout aan de kook en kook de broccoli en de bloemkool apart tot ze gaar zijn.

4 Giet ondertussen de saus in de keukenmachine en voeg de tamari en mint jelly toe. Mix de ingrediënten tot een puree.

5 Giet de bloemkool en de broccoli goed af en schep ze door elkaar in een warme schaal. Giet de saus erover, schep alles voorzichtig om en serveer direct.

> **Tip van de kok**
> *Tamari is een Japanse sojasaus. Hij is donker en dik en minder zout dan Chinese sojasaus.*

Venkel met een kruimelkorstje

De delicate anijssmaak van venkel past erg goed bij pastaschotels en risotto's.

Voor 4 personen
3 venkelknollen, in de lengte in vieren
2 el olijfolie
50 g volkoren broodkruim van 1 dag oud
1 teentje knoflook, fijngehakt
2 el fijngehakte verse bladpeterselie
zout en versgemalen zwarte peper
blaadjes venkel ter garnering

1 Breng op matig vuur een pan met water met wat zout aan de kook. Voeg de venkel toe, breng ze aan de kook, draai het vuur lager en kook de venkel in ca. 10 min. beetgaar.

2 Verwarm de oven voor op 190 °C. Giet de venkel af en leg de stukken in een ovenvaste schaal. Bestrijk ze met de helft van de olijfolie.

3 Doe het broodkruim, het knoflook en de peterselie in een kom en giet de rest van de olijfolie erover. Bestrooi alles met zout en peper. Meng het geheel een beetje en verdeel het over de venkel.

4 Bak de schotel 30 min. of tot de venkel gaar is en het broodkruim knapperig en goudbruin. Garneer met blaadjes venkel en serveer direct.

> **Variaties**
> • Voeg 4 eetlepels geraspte oude kaas toe, zoals extra belegen of parmezaanse kaas, aan het broodkruimmengsel.
> • Voeg twee of drie uitgeboorde en in plakjes gesneden rode appels toe aan de venkel voordat die de oven ingaat.

Spinazie met rozijnen en pijnboompitten

Gekookte spinazie wordt lekkerder door een vleugje zoet, zoals in dit Spaanse gerecht.

Voor 4 personen
50 g rozijnen
1 dikke snee knapperig witbrood
3 el olijfolie
25 g pijnboompitten
500 g jonge spinazie, zonder steeltjes
2 teentjes knoflook, geperst
zout en zwarte peper

1 Doe de rozijnen in een kommetje. Giet er kokend water over en laat ze 10 min. weken.

2 Snijd de korst van het brood en snijd het brood in blokjes.

3 Verhit 2 eetlepels olijfolie in een grote koekenpan met dikke bodem. Voeg de blokjes brood toe en bak ze onder voortdurend roeren en omscheppen op matig vuur goudbruin. Haal ze met een schuimspaan uit de pan en laat ze goed uitlekken op keukenpapier.

4 Verhit de rest van de olie in de pan en roerbak de pijnboompitten tot ze verkleuren. Voeg spinazie en knoflook toe en roerbak ze snel tot de spinazie net begint te slinken.

5 Giet de rozijnen af, schep ze door de spinazie en breng het gerecht op smaak met zout en peper. Schep het in een hete schaal en strooi er croutons over.

> **Variatie**
> Vervang de spinazie door snijbiet. Deze heeft een iets langere kooktijd.

Courgettes in tomatensaus

Serveer dit kleurrijke gerecht warm of koud. Snijd de courgettes in dikke plakken, zodat ze knapperig blijven.

Voor 4 personen
1 el olijfolie
1 ui, gesnipperd
1 teentje knoflook, gehakt
4 courgettes, in dikke plakken
blik tomaten à 400 g, uitgelekt en in blokjes
2 tomaten, ontveld, zonder zaadjes en in blokjes
1 tl groentebouillonpoeder
1 el tomatenpuree
zout en zwarte peper

1 Verhit de olie in een pan met dikke bodem en bak ui en knoflook onder af en toe roeren glazig. Voeg de courgettes toe en bak ze 5 min.

2 Voeg de tomaten uit blik en de verse tomaten toe en roer er bouillonpoeder en tomatenpuree door. Laat alles 10-15 min. zachtjes koken tot de saus dikker is geworden en de courgettes beetgaar zijn. Voeg zout en peper toe en serveer direct.

Gekarameliseerde sjalotjes

Heerlijk bij notengerechten of linzencakes, of bij gestoofde of geroosterde groenten zoals blokjes zomerpompoen.

Voor 4-6 personen
50 g boter
500 g sjalotjes of kleine uien, gepeld maar met het onderste stukje er nog aan
1 el lichtbruine basterdsuiker
2 el rode of witte wijn
1,5 dl groentebouillon
2-3 verse laurierblaadjes
zout en versgemalen zwarte peper
verse takjes tijm ter garnering

1 Smelt de boter in een grote koekenpan en voeg de sjalotjes of uien in een laag toe. Bak ze ca. 10 min. onder af en toe roeren lichtbruin op laag vuur.

2 Strooi de suiker over de sjalotjes of uien en bak ze, terwijl u de pan heen en weer schudt, tot de suiker begint te karameliseren. Voeg de wijn toe en laat het geheel 4-5 min pruttelen.

3 Giet de bouillon erbij en voeg de laurierblaadjes toe. Breng alles op smaak met zout en peper. Dek de pan af en kook het geheel nog 5 min. Verwijder het deksel, kook de sjalotjes of uien tot het vocht is verdampt en ze gaar zijn.

4 Voeg zo nodig zout en peper toe en schep het geheel in een kom. Garneer met takjes tijm en serveer direct.

Gestoofde prei met wortels

Zoete wortels en prei met fijngehakte munt, kervel of bladpeterselie is een combinatie om u tegen te zeggen.

Voor 6 personen
65 g boter
675 g wortels, in dikke plakken
2 laurierblaadjes
½ tl basterdsuiker
5 el water
675 g prei, in stukjes van 5 cm
1,2 dl witte wijn
2 el fijngehakte verse munt
zout en versgemalen zwarte peper

1 Smelt 2 eetlepels boter in een pan en smoor de wortels 4-5 min. Laat ze niet bruin worden.

2 Voeg laurierblaadjes, basterdsuiker, water en naar smaak zout en peper toe. Breng het geheel aan de kook, dek de pan goed af en smoor alles 10-15 min. tot de wortels gaar zijn. Schud de pan regelmatig om te voorkomen dat de wortels aanbakken. Haal het deksel eraf en kook alles tot het vocht is verdampt en de wortels geglaceerd zijn.

3 Smelt ondertussen 25 gram boter in een pan waar de prei in één laag in past. Voeg de prei toe, roer hem tot hij met de boter is bedekt en bak hem 4-5 min. op laag vuur zonder hem bruin te laten worden.

4 Roer de wijn en de helft van de munt erdoor en voeg zout en peper toe. Verhit het geheel tot het zachtjes kookt, dek de pan af en kook alles 5-8 min. op laag vuur tot de prei gaar is, maar nog niet uit elkaar is gevallen.

5 Haal het deksel van de pan en schep de prei door het kookvocht. Draai het vuur hoger en kook het vocht snel in tot er nog maar een paar eetlepels over zijn.

6 Doe de wortels bij de prei, laat ze goed warm worden en schep de overgebleven boter erdoor. Voeg naar smaak extra zout en peper toe. Schep de groenten in een voorverwarmde schaal, bestrooi ze met de rest van de munt en serveer direct.

> **Variatie**
> *Sjalotjes met kastanjes:* kook de sjalotjes zoals hierboven beschreven, maar voeg 250 g kort voorgekookte kastanjes toe net voordat u de bouillon erbij schenkt. Kook de twee groenten 5-10 min. en bestrooi ze met veel bladpeterselie.

Okra's met koriander en tomaten

Gecombineerd met tomaten en milde specerijen is okra een heerlijk bijgerecht dat bijzonder goed smaakt bij een aardappelstrudel of een courgette-dilletaart.

Voor 4 personen
450 g tomaten of blokjes tomaat uit blik à 400 g
450 g verse okra's
3 el olijfolie
2 uien, in dunne ringen
2 tl korianderzaadjes, geplet
3 teentjes knoflook, geperst
½ tl basterdsuiker
fijngeraspte schil en sap van 1 citroen
zout en versgemalen zwarte peper

1 Gebruikt u verse tomaten, snijd ze dan met een scherp mesje aan de bovenkant kruislings in en dompel ze 30 seconden in kokend heet water. Giet ze af en spoel ze met koud water. Ontvel ze en hak het vruchtvlees fijn.

2 Snijd met een scherp mesje de steeltjes van de okra's en laat de okra's verder heel. Maak geen sneetjes in de okra's, want anders siepelt het plakkerige sap eruit.

3 Verhit de olie in een grote koekenpan met dikke bodem. Voeg uien en korianderzaadjes toe en bak ze onder af en toe roeren 3-4 min. op matig vuur tot de uien zacht zijn en bruin beginnen te worden.

4 Voeg de okra's en het knoflook toe en bak ze 1 min. mee. Schep voorzichtig de tomaten en de suiker erdoor zonder de okra's kapot te maken. Draai het vuur lager en laat het geheel ca. 20 min. zachtjes koken tot de okra's gaar zijn. Roer af en toe.

5 Roer het sap en de schil van de citroen erdoor en voeg zout en peper toe. Proef het geheel en voeg naar smaak wat suiker toe. Schep het in een voorverwarmde schaal en serveer direct.

Gestoofde sla met doperwten

Dit gerecht is gebaseerd op het traditionele Franse gerecht van gestoofde doperwten, sla en lente-uitjes.

Voor 4 personen
50 g boter
4 bladeren little gem (krokante slasoort), in de lengte gehalveerd
2 bosjes lente-uitjes, het groene gedeelte afgesneden
1 tl basterdsuiker
400 g gedopte doperwten (ca. 1 kg in de dop)
4 takjes verse munt
1,2 dl groentebouillon
1 el blaadjes verse munt
zout en zwarte peper

1 Smelt op laag vuur de helft van de boter in een brede pan met dikke bodem. Voeg de slabladeren en de lente-uitjes toe. Schep de groenten door de boter en bestrooi ze met de suiker, een halve theelepel zout en veel zwarte peper. Dek de pan af en bak het geheel 5 min. op laag vuur. Schep het een keer door.

2 Voeg de doperwten en de takjes munt toe. Schep ze door het botervocht, giet de bouillon erbij, dek de pan af en kook alles 5 min. op laag vuur. Verwijder het deksel, draai het vuur hoger en kook het vocht in tot er een paar eetlepels van zijn overgebleven.

3 Roer de rest van de boter erdoor en breng het geheel op smaak met zout en peper. Schep alles in een voorverwarmde schaal en bestrooi het met de blaadjes munt. Serveer direct.

Variaties
• Stoof 8 worteltjes mee met de sla.
• Gebruik 1 krop in repen gescheurde sla en laat de munt weg. Voeg tegen het eind van de kooktijd 150 g rucola (bij voorkeur de sterk smakende wilde variant) toe en kook hem kort tot de blaadjes net slinken.
• Voor dit recept kunt u eigenlijk elke kleine soort bindsla gebruiken.
• Varieer in smaak door de munt te vervangen door versgeraspte nootmuskaat.

Gegratineerde knolselderij

Misschien geen lust voor het oog, maar knolselderij heeft een heerlijk zoete en nootachtige smaak, die in dit gerecht wordt versterkt door emmentaler.

Voor 4 personen
sap van 1/2 citroen
450 g knolselderij
25 g boter
1 kleine ui, gesnipperd
2 el bloem
3 dl melk
25 g geraspte emmentaler
1 el kappertjes, afgespoeld en uitgelekt
zout en cayennepeper

1 Verwarm de oven voor op 190 °C. Vul een pan met water en voeg het citroensap toe. Schil de knolselderij en snijd hem in stukken van 0,5 cm, die u meteen in het citroenwater legt, zodat ze niet verkleuren.

2 Breng het water aan de kook, draai het vuur lager en laat de knolselderij 10-12 min. zachtjes koken tot hij beetgaar is. Giet hem af en leg de stukken dakpansgewijs in een ondiepe ovenschaal.

3 Smelt de boter in een kleine pan. Voeg de ui toe en bak hem onder af en toe roeren in 5 min. glazig. Roer de bloem erdoor, kook het geheel nog 1 min. en voeg al roerend geleidelijk de melk toe tot het mengsel bindt en u een gladde saus hebt.

4 Roer de geraspte kaas en de kappertjes door de saus en breng hem op smaak met zout en cayennepeper. Giet hem over de knolselderij. Bak het gerecht 15-20 min. in de oven tot de bovenkant goudbruin is.

> **Variatie**
> Voor een minder sterk smakend gerecht wisselt u lagen knolselderij af met lagen aardappel. Snijd de aardappel in plakjes en kook ze eerst beetgaar.

Paprika's en tomaten uit de oven

De sappen in deze groenteschotel zijn ronduit verrukkelijk, dus serveer het gerecht bij een pasta- of rijstschotel of gewoon knapperig brood.

Voor 8 personen
2 rode paprika's, zonder zaadjes
2 gele paprika's, zonder zaadjes
1 rode ui, in ringen
2 teentjes knoflook, gehalveerd
6 romatomaten, in vieren
50 g zwarte olijven
1 tl zachte lichtbruine suiker
3 el sherry
3-4 takjes rozemarijn
2 el olijfolie
zout en versgemalen zwarte peper

1 Verwarm de oven voor op 200 °C. Snijd elke paprika in 12 repen en leg ze in een groot bakblik. Voeg ui, tomaten en olijven toe.

2 Bestrooi het geheel met de suiker en sprenkel er sherry over. Voeg voldoende zout en peper toe, dek alles af met aluminiumfolie en bak het 45 min. in de oven.

3 Verwijder de aluminiumfolie en schep het geheel goed om. Voeg de takjes rozemarijn toe.

4 Besprenkel het gerecht met olijfolie. Zet het bakblik terug in de oven en rooster alles nog 30 min. tot de groenten gaar zijn. Serveer het gerecht heet.

> **Tip van de kok**
> Van alle tomaten hebben voor dit gerecht trostomaten de beste smaak.

> **Variatie**
> Gebruik eventueel vier of vijf goed rijpe vleestomaten in plaats van trostomaten. Snijd ze in dikke partjes, niet in vieren.

Maïs met jalapeñopepers en kaas

Als u iets anders wilt dan gewone maïskolven, probeer dan eens dit romige groentegerecht dat is opgepept met ingelegde chilipepers.

Voor 6 personen
6 maïskolven
50 g boter
1 kleine ui, gesnipperd
115 g uitgelekte ingelegde plakjes jalapeñopeper
130 g volvette verse kaas
25 g versgeraspte parmezaanse kaas, plus schaafsel om te gratineren
zout en versgemalen zwarte peper

1 Haal de schutbladeren en alle draden van de maïskolven. Doe de kolven in een kom water en borstel achtergebleven draadjes er met een groenteborsteltje af. Zet elke kolf rechtop op een snijplank en snijd de korrels eraf; snijd zo dicht mogelijk bij de stronk.

2 Smelt de boter in een pan, voeg de ui toe en bak hem al roerend in 4-5 min. zacht en glazig.

3 Voeg de maïskorrels toe en bak alles 4-5 min. tot de maïs beetgaar is. Hak de jalapeñopepers klein en schep ze erdoor.

4 Roer er verse kaas en geraspte parmezaanse kaas door. Bak het geheel op laag vuur tot alle kaas is gesmolten en de maïs ermee bedekt is. Breng het gerecht op smaak met zout en peper, schep het in een voorverwarmde schaal en garneer het met geschaafde parmezaanse kaas.

Variaties
- Doop gekookte hele maïskolven in room en besprenkel ze met verkruimelde verse kaas.
- Leg hele maïskolven in een ondiepe ovenschaal en bak ze in 30 min. in een op 200 °C voorverwarmde oven gaar en goudbruin. Giet er 1,2 dl crème fraîche over en bestrooi ze met 2 eetlepels versgeraspte parmezaanse kaas.
- Of gril ze met boter bestreken hele maïskolven op een barbecue.

Pikante pompoen met tomatensalsa

Geroosterde pompoen heeft een heerlijke volle smaak, vooral als u hem serveert met salsa en een schepje crème fraîche.

Voor 6 personen
1 kg pompoen
50 g boter, gesmolten
2 tl hete chilisaus
½ tl zout
½ tl gemalen piment
1 tl gemalen kaneel
crème fraîche om te serveren
gehakte verse kruiden ter garnering

Voor de tomatensalsa
3 verse chilipepertjes
1 grote ui, gesnipperd
geraspte schil en sap van 2 limoenen, plus reepjes limoenschil ter garnering
8 rijpe, stevige tomaten, ontveld en in blokjes
grote bos verse koriander, fijngehakt
snufje basterdsuiker

1 Bereid de salsa 3 uur van tevoren. Gril de chilipepers tot de velletjes zwartgeblakerd zijn en blaasjes vertonen. Leg ze in een kom, dek ze af met verkreukeld keukenpapier en zet ze 20 min. weg. Marineer ondertussen de ui in limoenraspsel en -sap.

2 Doe de tomaten bij de gemarineerde ui. Ontvel de chilipepers, verwijder de zaadjes en hak het vruchtvlees fijn. Doe ze samen met de koriander en de suiker in de kom. Meng alles goed, garneer het met extra limoenraspsel, dek de kom af en zet hem in de koelkast.

3 Verwarm de oven voor op 220 °C. Snijd de pompoen in grote stukken. Verwijder de draadjes en zaadjes en leg de stukken pompoen in een braadslee.

4 Roer de gesmolten boter door de chilisaus en sprenkel dit mengsel over de pompoen. Meng zout, piment en kaneel in een kom en strooi ze over de pompoen.

5 Rooster de pompoen 30-40 min. of tot het vruchtvlees meegeeft als u er zachtjes op drukt. Doe hem over in een voorverwarmde schaal, garneer hem met fijngehakte kruiden en serveer met salsa en crème fraîche.

Geroosterde mediterrane groenten met pecorino

Aubergines, courgettes, paprika's en tomaten kunnen samen uitstekend worden geroosterd. Besprenkel ze met geurige olijfolie en bestrooi ze met geschaafde pecorino.

Voor 4-6 personen
1 aubergine, in plakjes
2 courgettes, in plakjes
2 paprika's (rode, gele, of een van elk) zonder zaadjes en in vieren
1 grote ui, in dikke ringen
2 grote wortels, in repen
4 stevige romatomaten, gehalveerd
olijfolie extra vierge voor het bestrijken en besprenkelen
3 el fijngehakte verse peterselie
3 el pijnboompitten, licht geroosterd
stukje pecorino van 115 g
zout en versgemalen zwarte peper

1 Leg de plakjes aubergine in laagjes in een vergiet en bestrooi elke laag met zout. Laat ze 20 min. uitlekken in de gootsteen, spoel ze daarna goed af met koud stromend water, laat ze goed uitlekken en dep ze droog met keukenpapier. Verwarm de oven voor op 220 °C.

2 Verdeel aubergine, courgette, paprika, ui, wortels en tomaten over een of twee braadsleden. Bestrijk ze licht met olijfolie en rooster ze 20-30 min. tot ze lichtbruin zijn en de velletjes van de paprika blaasjes vertonen.

3 Doe de groenten in een grote schaal. Ontvel de paprika's eventueel. Besprenkel de groenten met braadvocht uit de sleden en breng alles op smaak met zout en peper. Besprenkel het geheel tijdens het afkoelen met extra olijfolie. Schep er, als het gerecht eenmaal op kamertemperatuur is, verse peterselie en geroosterde pijnboompitten door.

4 Schaaf met een dunschiller reepjes van de pecorino en strooi die over de groenten.

Groentepakketjes met citroen

Wat is er nu mooier – of gemakkelijker – dan deze handige pakketjes wintergroenten? Ze zullen gegarandeerd zelfs de somberste dag opfleuren.

Voor 4 personen
2 wortels, in blokjes
1 kleine koolraap, in blokjes
1 grote pastinaak, in blokjes
1 stengel prei, in plakjes
fijngeraspte schil van ½ citroen
1 el citroensap
1 el grove mosterd
1 tl walnoten- of zonnebloemolie
zout en versgemalen zwarte peper

1 Verwarm de oven voor op 190 °C. Doe de blokjes wortel, koolraap en pastinaak in een grote kom en voeg de prei toe. Roer er citroenschil en -sap en mosterd door. Breng de groenten op smaak met zout en peper.

2 Knip vier vierkante stukken bakpapier uit van 30 cm en bestrijk ze licht met de olie. Verdeel de groenten over de stukken papier. Rol de pakketjes op en draai de uiteinden goed dicht.

3 Leg de pakketjes op een bakplaat en bak ze 50-55 min. in de oven tot de groenten beetgaar zijn.

4 Serveer de pakketjes iets geopend op hete borden.

> **Tip van de kok**
> Als u geen bakpapier hebt, gebruik dan vetvrij papier. Aluminiumfolie kunt u voor deze pakketjes beter niet gebruiken.

> **Variatie**
> Vervang de mosterd door eenzelfde hoeveelheid currypasta en laat citroenschil en -sap weg.

Gegratineerde radicchio en witlof

Romige bechamelsaus met zijn delicate smaak is de perfecte tegenhanger voor deze bittere groenten.

Voor 4 personen
olie voor het bestrijken
2 kropjes radicchio
2 stronkjes witlof
4 stukjes zongedroogde tomaten op olie, uitgelekt en grof gehakt, plus 2 el olie uit de pot
25 g boter
1 el bloem
2,5 dl melk
snufje versgeraspte nootmuskaat
50 g geraspte emmentaler
zout en zwarte peper
gehakte verse peterselie ter garnering

1 Verwarm de oven voor op 180 °C. Vet een ovenschaal van 1,2 liter in. Verwijder de kernen er bruine of verwelkte blaadjes van de groenten. Snijd de groenten in de lengte in vieren en leg ze in de schaal.

2 Bestrooi de groenten met de grof gehakte zongedroogde tomaten en bestrijk ze royaal met tomatenolie. Strooi er zout en peper over en bedek alles met aluminiumfolie. Bak het geheel 15 min., verwijder de folie en bak de groenten in nog eens 10 min. zacht.

3 Bereid ondertussen de saus. Smelt de boter in een steelpannetje, roer de bloem erdoor en kook het papje 1 min. Klop beetje bij beetje de melk erdoor tot de saus kookt en bindt. Draai het vuur laag en kook de saus 2-3 min. Voeg naar smaak zout en peper toe en vervolgens de nootmuskaat.

4 Giet de saus over de groenten en bestrooi alles met kaas. Bak het 20 min. en serveer het direct met peterselie.

> **Tip van de kok**
> In Italië worden radicchio en witlof vaak gegrild op de barbecue. Bereid de groenten voor zoals hierboven beschreven en bestrijk ze met olijfolie. Leg ze met de snijkant naar beneden en gril ze in 7-10 min. bruin. Keer ze en gril de andere kant bruin.

Gemengde groenten met aromatische zaadjes

Het prikkelende aroma verklapt onmiddellijk hoe smakelijk deze groentecombinatie is. De verse gember en drie verschillende soorten zaadjes geven deze schotel een heerlijke smaak.

Voor 4-6 personen
675 g krieltjes
1 kleine bloemkool
175 g sperziebonen
115 g diepvriesdoperwten
een klein stukje verse gember
2 el zonnebloemolie
2 tl komijnzaadjes
2 tl zwartemosterdzaadjes
2 el sesamzaadjes
sap van 1 citroen
zout en zwarte peper

1 Boen de aardappeltjes, maar schil ze niet. Snijd de bloemkool in kleine roosjes, haal de sperziebonen af en snijd ze in tweeën.

2 Kook de groenten in aparte pannen met lichtgezouten water gaar, 10-15 min. voor de aardappeltjes, 8-10 min. voor de bloemkool en 4-5 min. voor de boontjes en de doperwten. Giet ze goed af.

3 Schil de gember en hak hem met een klein scherp mesje fijn.

4 Verhit de olie in een brede, ondiepe pan. Voeg de gember en de zaadjes toe. Dek de pan af en bak het geheel tot de zaadjes iets gaan ploffen.

5 Voeg de gekookte groenten toe en schep het geheel 2-3 min. om. Besprenkel de groenten met citroensap en voeg naar smaak peper toe.

> **Tip van de kok**
> U kunt ook andere groenten nemen, zoals courgette, prei en broccoli. Koop wat het verst is en bewaar de groenten niet te lang, omdat het vitaminegehalte, de smaak en de textuur dan minder worden.

Geroosterde ovenfrites

Dit gemakkelijke alternatief voor gefrituurde patat is even lekker en veel eenvoudiger te bereiden. Ook heerlijk als hapje vooraf.

Voor 4-6 personen
1,5 dl olijfolie

4 kruimige aardappels
1 tl gemengde gedroogde kruiden (naar keuze)
zeezout
mayonaise om te serveren

1 Verwarm de oven voor op de hoogste temperatuur, meestal 240 °C. Bestrijk een braadslee met een klein beetje olijfolie en zet hem in de oven zodat hij goed heet wordt terwijl u de aardappels klaarmaakt.

2 Snijd de aardappels in de lengte doormidden en daarna in partjes. Bestrijk elke kant dun met olijfolie.

3 Haal, als de oven echt heet is, de braadslee eruit en verdeel de aardappeltjes in één laag over de hete olie.

4 Bestrooi de aardappels met de kruiden en het zeezout en rooster ze ca. 20 min. (iets langer als ze dikker zijn). Keer ze eenmaal, zodat ze gelijkmatig goudbruin en knapperig worden en iets opgezwollen raken. Haal de braadslee uit de oven, laat de aardappeltjes goed uitlekken op keukenpapier en serveer ze met mayonaise.

Variaties
• Zoete aardappels zijn ook heerlijk voor ovenfrites. Bereid ze zoals gewone aardappels, al kan het zijn dat ze een iets kortere roostertijd hebben.
• Kruid de ovenfrites met mild paprikapoeder in plaats van gemengde kruiden.
• Serveer de aardappeltjes met citroensap in plaats van mayonaise.

Zoeteaardappelpuree met knoflook

Oranje zoete aardappels zien er niet alleen mooi uit, ze smaken ook nog eens heerlijk in een puree met knoflookboter.

Voor 4 personen
900 g zoete aardappels
45 g boter
2 teentjes knoflook, geperst
zout en zwarte peper

1 Breng een grote pan water met wat zout aan de kook. Kook de zoete aardappels in ca. 15 min. gaar. Giet ze goed af, doe ze terug in de pan en dek de pan af.

2 Smelt de boter in een koekenpan en bak het knoflook al roerend 1-2 min. goudkleurig op laag vuur.

3 Giet de knoflookboter over de aardappels en stamp ze met zout en peper tot een gladde puree. Serveer direct.

Perfecte aardappelpuree

Gladde aardappelpuree smaakt goed en past prima bij andere vegetarische gerechten.

Voor 4 personen
900 g stevige kruimige aardappels, in blokjes
3 el olijfolie extra vierge

1,5 dl hete melk
versgeraspte nootmuskaat
enkele verse blaadjes basilicum of takjes peterselie, gehakt
zout en versgemalen zwarte peper
verse blaadjes basilicum ter garnering

1 Doe de aardappels in een pan met koud water en kook ze beetgaar. Giet de aardappels goed af en pureer ze.

2 Klop er olijfolie en voldoende hete melk door voor een gladde, dikke puree.

3 Breng de puree op smaak met nootmuskaat, zout en peper, en roer de fijngehakte kruiden erdoor. Schep de puree op een hete schaal, garneer met blaadjes basilicum en serveer direct.

Gegratineerd aardappelpannetje

Laagjes gebakken aardappels, afgewisseld met mosterdboter, zijn heerlijk bij een groene salade voor een licht avondmaal of als bijgerecht bij een groente- of notenschotel.

Voor 4 personen
4 grote aardappels, samen ca. 1 kg
25 g boter
1 el olijfolie
2 grote tenen knoflook, geperst
2 el gewone of gekruide dijonmosterd
1 el citroensap
1 el verse blaadjes tijm, plus extra voor de garnering
4 el sterke groentebouillon
zout en zwarte peper

1 Schil de aardappels en snijd ze in dunne plakjes. Leg de plakjes in koud water zodat ze niet verkleuren.

2 Verwarm de oven voor op 200 °C. Verhit de boter en de olie in een diepe koekenpan die geschikt is voor de oven. Voeg het knoflook toe en bak het al roerend in 3 min. goudkleurig. Roer de mosterd, het citroensap en de tijm erdoor. Neem de pan van het vuur en giet het mengsel in een kan.

3 Giet de aardappels af en dep ze droog met keukenpapier. Leg een laag aardappels in de koekenpan, bestrooi ze met zout en peper en overgiet zet met een derde van het botermengsel. Leg hier weer een laagje aardappels op, voeg zout en peper toe en overgiet ze weer met een derde van het botermengsel. Leg hier een laatste laag aardappels op en giet er de rest van het botermengsel en dan de bouillon over. Voeg zout en peper toe en bestrooi het geheel met de extra tijm.

4 Bedek de pan met bakpapier met antiaanbaklaag en bak de aardappels 1 uur in de oven. Verwijder het papier en bak de aardappels goudbruin in nog eens 15 min.

> **Variatie**
> *Elke soort wortelgroente kan worden gebruikt: probeer bleekselderij, pastinaak, wortels of een combinatie hiervan.*

Aardappels à la lyonnaise

Twee eenvoudige ingrediënten worden apart bereid en daarna perfect samengevoegd. Deze aardappels gaan goed samen met gegrilde vleestomaten en geblancheerde sperziebonen.

Voor 6 personen
900 g bloemige aardappels, geschrobd maar niet geschild
plantaardige olie
25 g boter
1 el olijfolie
2 uien, in ringen
zeezout
1 el fijngehakte verse peterselie

1 Breng een grote pan met water met wat zout aan de kook en kook de aardappels 10 min. Laat ze uitlekken in een vergiet en laat ze enigszins afkoelen. Schil ze en snijd ze in dunne schijfjes.

2 Verhit de plantaardige olie in een grote pan met dikke bodem. Voeg de helft van de schijfjes aardappel toe en bak ze, af en toe kerend, in ca. 10 min. knapperig en laag vuur. Haal ze met een schuimspaan uit de pan en laat ze uitlekken op keukenpapier. Zet ze apart en houd ze warm terwijl u de rest bakt.

3 Smelt ondertussen de boter met de olijfolie in een koekenpan. Voeg de uien toe en bak ze onder af en toe roeren in 10 min. goudbruin op laag vuur. Laat ze uitlekken op keukenpapier.

4 Haal de tweede portie schijfjes aardappel met een schuimspaan uit de pan en laat ze uitlekken op keukenpapier. Schep alle aardappels door elkaar in een voorverwarmde schaal, schep er zeezout en voorzichtig de uien erdoor. Bestrooi het geheel met peterselie en serveer direct.

> **Variatie**
> *Voor aardappels à la lyonnaise met een knoflooksmaak voegt u zes ongepelde teentjes knoflook toe tijdens het blancheren van de aardappels in stap 1. Laat ze daarna heel of pers ze en verdeel ze over de aardappels.*

Aardappellatkes

Deze traditionele joodse aardappelpannenkoekjes smaken heerlijk met appelmoes en zure room.

Voor 4 personen
2 bloemige aardappels
1 ui, gepeld
1 groot ei, losgeklopt
2 el fijngemalen matses
plantaardige olie
zout en versgemalen zwarte peper

1 Schil de aardappels en rasp ze grof. Rasp ook de ui grof. Meng aardappel en ui in een groot vergiet in de gootsteen, maar spoel ze niet af. Druk ze goed aan om er zo veel mogelijk vocht uit te drukken. Schep het aardappelmengsel in een grote kom.

2 Roer meteen het losgeklopte ei erdoor. Voeg de gemalen matses toe en schep die er voorzichtig door. Breng het geheel op smaak met zout en veel peper.

3 Verwarm de oven voor op 150 °C. Giet 1 cm olie in een koekenpan met dikke bodem. Verhit de olie tot een stuk brood van een dag oud gaat sissen zodra u het toevoegt. Schep voorzichtig een lepel van het aardappelmengsel in de olie. Blijf dit herhalen, maar laat ruimte vrij tussen elke schep mengsel.

4 Maak de pannenkoekjes een beetje platter met de achterkant van een lepel. Frituur de latkes enkele minuten tot ze van onderen goudbruin zijn. Keer ze voorzichtig en frituur ook de andere kant goudbruin.

5 Laat de latkes uitlekken op keukenpapier, doe ze in een ovenvaste schaal en houd ze warm in de oven, terwijl u de rest frituurt. Serveer ze heet.

> **Variatie**
> *Probeer voor een echt uitgesproken smaak eens gelijke hoeveelheden aardappel en artisjok.*

Nieuwe aardappels met sjalotboter

Nieuwe aardappels zijn altijd een lekkernij en smaken voortreffelijk met deze delicate boter.

Voor 6 personen
500 g krieltjes
25 g boter
3 sjalotjes, gesnipperd
2 teentjes knoflook, geperst
1 tl fijngehakte verse dragon
1 tl fijngeknipt vers bieslook
1 tl fijngehakte verse peterselie
zout en zwarte peper

1 Breng een pan met water met wat zout aan de kook. Voeg de aardappeltjes toe en kook ze in 15-20 min. beetgaar. Giet ze af.

2 Smelt de boter in een grote koekenpan. Bak de sjalotjes en het knoflook onder af en toe roeren 5 min. op laag vuur. Doe de aardappeltjes erbij en meng ze goed met de sjalotboter. Voeg zout en peper toe. Bak de aardappeltjes al roerend tot ze flink heet zijn.

3 Schep de aardappeltjes op een hete schaal. Bestrooi ze met de verse kruiden en serveer ze direct.

Nieuwe aardappels met zure room

Een traditionele Russische manier om aardappels te serveren. De zure room mag op smaak worden gebracht met lente-uitjes, zoals hier, of fijngeknipt vers bieslook.

Voor 6 personen
900 g nieuwe aardappels
1,5 dl zure room
4 lente-uitjes, in dunne ringetjes
zout en zwarte peper
1 el fijngehakte verse dille ter garnering

1 Breng een pan met water met wat zout aan de kook. Kook de aardappels in 15-20 min. beetgaar. Giet ze af.

2 Meng de zure room met de lente-uitjes en zout en peper. Doe de aardappels in een warme schaal, voeg het roommengsel toe en schep alles voorzichtig om. Garneer met dille.

Aardappelbakjes met tomatenvulling

Deze gedraaide aardappelbakjes gevuld met een pikant tomatenmengsel zien eruit om van te watertanden. De hoeveelheid is voldoende voor een bijgerecht voor zes personen of een smakelijke lunch voor twee tot drie personen.

Voor zes bakjes
4 grote bloemige aardappels, samen ca. 900 g
1 el olijfolie, plus extra voor het invetten
2 sjalotjes, gesnipperd
450 g rijpe tomaten, ontveld, zonder zaadjes en in blokjes
25 g boter
0,6 dl melk
3 eierdooiers
zout en versgemalen zwarte peper
fijngehakte verse peterselie ter garnering

1 Schil de aardappels en snijd ze in stukjes. Doe ze in een pan met koud water. Voeg zout toe, breng de aardappels aan de kook en kook ze in 20 min. beetgaar.

2 Verhit de olijfolie in een grote koekenpan. Voeg de sjalotjes toe en bak ze al roerend 2 min.

3 Doe de blokjes tomaat erbij en bak het geheel onder af en toe roeren 10 min. op laag vuur tot al het vocht is verdampt. Houd het warm op laag vuur.

4 Laat de aardappels uitlekken in een vergiet en doe ze terug in de pan zodat ze goed droog worden. Laat ze iets afkoelen en stamp ze fijn met de boter, de melk en twee eierdooiers. Breng ze op smaak met zout en peper.

5 Verwarm de grill voor en vet een bakplaat in. Schep het aardappelmengsel in een spuitzak met een stervormige spuitmond. Spuit zes ovaalvormige bakjes op de bakplaat. Klop de laatste eierdooier los met wat water en bestrijk de bakjes er voorzichtig mee. Gril ze in ca. 5 min. goudbruin.

6 Schep het tomatenmengsel in de bakjes, garneer ze met peterselie en serveer direct.

Gratin dauphinois

Dit geliefde ovengerecht is een goed alternatief voor geroosterde aardappels, vooral omdat er geen last minute-handelingen nodig zijn.

Voor 8 personen
boter voor het invetten
1,6 kg aardappels
2-3 teentjes knoflook, geperst
115 g geraspte cheddar
½ tl versgeraspte nootmuskaat
6 dl melk
3 dl slankroom
2 grote eieren, losgeklopt
zout en versgemalen zwarte peper

1 Verwarm de oven voor op 180 °C. Vet een lage ovenschaal van 2,4 liter dik in met boter. Schil de aardappels en snijd ze in dunne plakjes.

2 Leg de aardappels in laagjes in de schaal met het knoflook en twee derde van de geraspte kaas. Bestrooi elke laag naar smaak met zout en peper en een beetje geraspte nootmuskaat.

3 Klop de melk, de room en de eieren in een kan en giet het mengsel over de aardappels. Prik zo nodig de lagen aardappel met een satéstokje in, zodat het vocht ook de bodem van de schaal bereikt.

4 Bestrooi het geheel met de rest van de kaas en bak het in 45-50 min. goudbruin. Test met een scherp mes of de aardappels gaar zijn; ze moeten goed zacht zijn. Serveer direct.

Variaties
• Maak een slankere versie door de volle melk te vervangen door magere. Laat de kaas en room achterwege en gebruik 150 g kwark.
• Maak een gratin savoyarde door geen melk, room en eieren te gebruiken. Vervang de cheddar door beaufort. Leg tussen de laagjes aardappel beaufort en klontjes boter en overgiet het geheel met 9 dl groentebouillon. Bak het zoals hierboven beschreven.

Caribische geroosterde zoete aardappels, uien en rode bieten

Een pasta van aromatisch kokos, gember en knoflook maakt een mengelmoesje van groenten tot iets gedenkwaardigs.

Voor 4 personen

2 el arachideolie
450 g zoete aardappels, geschild en in dikke repen of blokken
4 vers gekookte rode bieten, geschild en in partjes
450 g kleine rode of gele uien, gehalveerd
1 tl korianderzaadjes, licht geplet
3-4 kleine hele verse rode chilipepers
zout en versgemalen zwarte peper
gehakte verse koriander ter garnering

Voor de pasta

2 grote teentjes knoflook, gehakt
1-2 verse groene chilipepers, zonder zaadjes en fijngehakt
1 el fijngehakte verse gember
3 el fijngehakte verse koriander
0,75 dl kokosmelk
2 el arachideolie
geraspte schil van 1/2 limoen
1/2 tl lichte rietsuiker

1 Verwarm de oven voor op 200 °C. Pureer voor de pasta knoflook, chilipepers, gember, koriander en kokosmelk in de keukenmachine. Schep de pasta in een kommetje en klop er olie, limoenschil en rietsuiker door.

2 Verhit de olie 5 min. in een braadslee in de oven. Voeg de zoete aardappels, de rode biet, de uien en de korianderzaadjes toe en schep ze door de hete olie. Rooster ze 10 min.

3 Roer de pasta en de hele rode chilipepers erdoor. Breng het geheel op smaak met zout en peper en schep de groenten om tot ze volledig met de pasta zijn bedekt.

4 Rooster de groenten 25-35 min. tot aardappels en uien goed gaar zijn. Schep het geheel af en toe om, zodat de pasta niet aan de braadslee blijft plakken. Schep alles in een voorverwarmde schaal, bestrooi het met wat fijngehakte verse koriander en serveer direct.

Zwitserse souffléaardappels

Een fantastische combinatie van heerlijke, machtige ingrediënten: kaas, eieren, room, boter en aardappels. Een perfect gerecht voor een winters diner.

Voor 4 personen

4 grote bloemige aardappels, samen ca. 900 g
115 g geraspte gruyère
115 g kruidenboter
0,6 dl slagroom
2 eieren, gesplitst
zout en versgemalen zwarte peper
fijngeknipt vers bieslook ter garnering
mayonaise om te serveren (naar keuze)

1 Verwarm de oven voor op 220 °C. Maak met een vork veel gaatjes in de aardappels. Bak ze in 1-1½ uur gaar. Haal ze uit de oven en verlaag de oventemperatuur tot 180 °C.

2 Snijd elke aardappel doormidden en schep het binnenste in een kom. Leg de uitgeholde aardappels op een bakplaat en laat ze in de oven knapperig worden terwijl u de vulling maakt.

3 Prak de uitgeschepte aardappel en voeg gruyère, kruidenboter, room en eierdooiers toe. Klop dit tot een glad mengsel, proef het en voeg naar smaak zout en peper toe.

4 Klop de eiwitten stijf en spatel ze voorzichtig door het aardappelmengsel. Schep dit in de aardappelschillen en bak ze 20-25 min. tot ze gerezen en goudbruin zijn.

5 Zet de aardappels op een hete schaal, garneer ze met bieslook en serveer er naar wens mayonaise bij.

Tip van de kok
Roer voor de kruidenboter 3 el fijngehakte verse peterselie en 2 tl fijngehakte dille door 115 g zachte boter. Breng de kruidenboter op smaak met wat zout.

Pilavrijst met hele specerijen

Deze geurige rijstschotel past perfect bij elk Indiaas vegetarisch gerecht.

Voor 4 personen
6 dl hete groentebouillon
flink wat saffraandraadjes
250 g basmatirijst
50 g boter
1 ui, gesnipperd
1 teentje knoflook, geperst
½ kaneelstokje
6 groene kardemompeulen
1 laurierblaadje
50 g rozijnen
1 el zonnebloemolie
50 g cashewnoten
naanbrood en tomaten-uiensalade om te serveren (naar keuze)

1 Giet de bouillon in een kan, voeg de saffraandraadjes toe en laat dit mengsel intrekken. Spoel de rijst enkele keren met koud water. Als u tijd hebt, laat de rijst dan 30 min. weken in het laatste spoelwater.

2 Verhit de boter in een pan en bak de uien en het knoflook 5 min. Roer het kaneelstokje, de kardemompeulen en het laurierblaadje erdoor door en bak alles 2 min.

3 Laat de rijst goed uitlekken, voeg hem toe aan de pan en bak het geheel al roerend 2 min. Giet de bouillon met saffraan erin en voeg de rozijnen toe. Breng het geheel aan de kook, roer het door, draai het vuur laag, dek de pan af en laat alles ca. 10 min. pruttelen tot de rijst gaar is en al het vocht is opgenomen.

4 Verhit ondertussen de olie in een koekenpan en bak de cashewnoten bruin. Laat ze goed uitlekken op keukenpapier en strooi ze over de rijst. Serveer er eventueel naanbrood en salade bij.

Tip van de kok
Gebruik geen zwarte kardemompeulen: die zijn grover, smaken sterker dan de groene en worden alleen gebruikt in gerechten met een lange kooktijd.

Indonesische kokosrijst

Deze manier van rijst bereiden is in heel Zuidoost-Azië populair.

Voor 4-6 personen
350 g pandanrijst
4 dl kokosmelk
3 dl water
½ tl gemalen koriander
kaneelstokje van ca. 5 cm
1 stengel sereh, gekneusd
1 laurierblaadje
zout
gefrituurde uitjes (zie Tip van de kok) ter garnering

1 Doe de rijst in een vergiet en spoel hem goed af onder koud water. Laat de rijst goed uitlekken en doe hem in een pan. Giet de kokosmelk en het water erbij. Voeg de koriander, het kaneelstokje, de sereh en het laurierblaadje toe en zout naar smaak. Breng alles aan de kook, draai het vuur laag, dek de pan af en laat het geheel 8-10 min. zachtjes koken.

2 Kijk of alle vocht is opgenomen, roer de rijst erdoor met een vork en verwijder kaneelstokje, sereh en laurierblad.

3 Zet een goedpassend deksel op de pan en kook de rijst 3-5 min. op het kleinste pitje.

4 Schep de rijst in een voorverwarmde schaal, garneer met knapperige, gefrituurde uitjes en serveer direct.

Tips van de kok
• Gefrituurde uitjes zijn een traditionele Indonesische garnering. U kunt ze kant en klaar kopen, maar ook makkelijk zelf maken. Snijd 450 g uien in zeer dunne ringen en leg ze in één laag op keukenpapier. Laat ze ten minste 1 uur drogen, liever wat langer. Frituur ze in gedeelten in hete olie tot ze knapperig en goudbruin zijn. Laat ze uitlekken op keukenpapier en gebruik ze direct of laat ze afkoelen en bewaar ze in een luchtdicht bakje.
• Als u een toko met een breed assortiment in de buurt hebt, vervang dan het laurierblaadje door een pandanblad. Haal een vork door het blad om de smaak los te maken.

Tomatenrijst

Hét bewijs dat een heerlijk gerecht geen overdaad aan ingrediënten of ingewikkelde kookmethoden behoeft.

Voor 4 personen
400 g basmatirijst
2 el zonnebloemolie
½ tl uienzaadjes
1 ui, in ringen
2 tomaten, fijngehakt
1 oranje of gele paprika, zonder zaadjes en in reepjes
1 tl fijngehakte verse gember
1 teentje knoflook, geperst
1 tl scherp chilipoeder
1 aardappel, in blokjes
1½ tl zout
7,5 dl water
2-3 el fijngehakte verse koriander

1 Spoel de rijst meerdere malen met koud water. Als er genoeg tijd is, laat hem dan ongeveer 30 min. weken in het laatste spoelwater.

2 Verhit de olie in een grote pan met dikke bodem en bak de uienzaadjes 30 seconden tot hun aroma vrijkomt. Voeg de uiringen toe, bak ze onder af en toe roeren 5 min. op laag vuur en draai dan het vuur iets hoger.

3 Voeg tomaten, paprika, gember, knoflook, chilipoeder, blokjes aardappel en zout toe en roerbak alles ca. 5 min. op matig vuur.

4 Giet de rijst goed af en doe hem in de pan. Roer het geheel ca. 1 min. tot alle korrels goed zijn bedekt met het pikante groentemengsel.

5 Voeg het water toe, breng het aan de kook, draai het vuur laag, dek de pan af met een goedpassend deksel en kook de rijst 12-15 min. Neem de pan van het vuur en laat de rijst afgedekt 5 min. staan.

6 Roer de rijst met een vork goed los, schep de koriander erdoor en schep alles in een voorverwarmde schaal. Serveer direct.

Pilav van wilde rijst

Wilde rijst is eigenlijk geen rijst, maar een soort wild gras. Hoe hij ook moge heten, hij smaak heerlijk naar noten en past prima bij dit fruitige gerecht uit het Midden-Oosten.

Voor 6 personen
200 g wilde rijst
40 g boter
½ ui, gesnipperd
200 g langkorrelige rijst
4,75 dl groentebouillon
75 g amandelschaafsel
115 g rozijnen
2 el fijngehakte verse peterselie
zout en versgemalen zwarte peper

1 Breng een grote pan met water met wat zout aan de kook. Voeg de wilde rijst en 1 theelepel zout toe. Draai het vuur laag, dek de pan af en laat de rijst in 45-60 min. gaar koken. Giet hem goed af.

2 Smelt ondertussen 15 g boter in een andere pan en bak de ui tot hij nét zacht is. Roer de langkorrelige rijst erdoor en bak hem 1 min.

3 Roer de bouillon erdoor en breng het geheel aan de kook. Draai het vuur laag, dek het geheel goed af en laat de rijst ca. 30 min. gaar koken (al het vocht moet zijn opgenomen).

4 Smelt de rest van de boter in een pannetje. Bak het amandelschaafsel licht goudkleurig en zet het weg.

5 Schep beide soorten rijst in een voorverwarmde schaal en roer de amandelen, de rozijnen en de helft van de peterselie erdoor. Voeg naar smaak zout en peper toe. Bestrooi het geheel met de rest van de peterselie en serveer direct.

> **Tip van de kok**
> *Zoals alle pilavschotels moet deze ook met sterke bouillon worden gemaakt. Bereid zo mogelijk uw eigen en laat hem inkoken voor een intense smaak.*

Geroerbakte noedels met taugé

Deze klassieke schotel van Chinese noedels vormt een fantastisch bijgerecht. In China worden noedels bij vrijwel elke maaltijd geserveerd, zelfs bij het ontbijt.

Voor 4 personen
175 gedroogde eiernoedels
1 el plantaardige olie
1 teentje knoflook, fijngehakt
1 kleine ui, gehalveerd en in plakjes
225 g taugé
1 kleine rode paprika, zonder zaadjes en in reepjes
½ tl zout
¼ tl versgemalen witte peper
2 el lichte sojasaus

1 Breng een grote pan met water aan de kook. Voeg de noedels toe en neem de pan van het vuur. Dek de pan af en laat hem ca. 4 min. staan tot de noedels net gaar zijn.

2 Verhit de olie in een wok. Voeg, als de olie flink heet is, het knoflook toe, roerbak het kort en voeg de plakjes ui toe. Bak ze al roerend 1 min., voeg dan de taugé en paprika toe en roerbak alles 2-3 min.

3 Laat de noedels goed uitlekken en doe ze in de wok. Schep het geheel met twee spatels of pollepels in 2-3 min. om tot de ingrediënten goed zijn gemengd.

4 Voeg zout, witte peper en sojasaus toe, schep het geheel nogmaals goed om en serveer het in voorverwarmde kommen.

> **Variaties**
> *Dit handige basisgerecht met noedels doet het niet alleen goed als bijgerecht, maar kan ook gemakkelijk omgetoverd worden in een voedzaam hoofdgerecht. Voeg bij stap 2 bijvoorbeeld reepjes wortel, in vieren gesneden champignons en peultjes toe, of een in reepjes gesneden halve komkommer bij de groenten in stap 2 en 115 g in reepjes gesneden spinazie bij stap 3, vlak voordat u de noedels toevoegt.*

Couscoustorentjes met munt

Deze mooie kleine timbaaltjes zijn ideaal voor bij een zomerse lunch. Ze zijn vrijwel vetvrij, dus u kunt uzelf er ongestraft mee verwennen.

Voor 4 personen
225 g couscous
4,75 dl groentebouillon
1 el citroensap
2 tomaten, in blokjes
2 el fijngehakte verse munt
plantaardige olie
zout en versgemalen zwarte peper
takjes verse munt ter garnering

1 Doe de couscous in een kom en giet de kokendhete bouillon erbij. Dek de kom af en laat hem 30 min. staan tot alle bouillon is opgenomen en de korrels gaar zijn.

2 Roer het citroensap, de tomaten en de fijngehakte munt erdoor. Breng het geheel op smaak met zout en peper.

3 Bestrijk de binnenkant van vier kopjes of timbaaltjes met olie. Schep het couscousmengsel erin en druk het goed aan. Zet de timbaaltjes een paar uur in de koelkast.

4 Stort de torentjes op een schaal, garneer ze met munt en serveer ze koud. U kunt ze afgedekt ook voorzichtig opwarmen in de oven. Stort ze op een schaal en serveer ze heet.

> **Tip van de kok**
> *Marokkaanse couscous, de soort die in westerse supermarkten het meest verkrijgbaar is, heeft vrij fijne korrels. De korrels van Israëlische couscous daarentegen zijn zo groot als peperkorrels en Libanese couscous lijkt op kleine kikkererwten. Alle drie soorten moeten op de langzame, traditionele manier worden bereid. Alleen Marokkaanse couscous wordt ook in snelkookvariant verkocht, maar dat is van de buitenkant niet direct te zien, dus lees altijd de aanwijzingen op de verpakking.*

Salade met een warme dressing en gepocheerde eieren

Zachte gepocheerde eieren, hete croutons, knapperige blaadjes sla en een warme dressing zorgen voor een levendige en ongewone combinatie.

Voor 2 personen
½ meergranenbrood
3 el walnotenolie
2 eieren
115 g gemengde blaadjes sla
3 el olijfolie extra vierge
2 teentjes knoflook, geperst
1 el balsamico- of sherryazijn
50 g parmezaanse kaas, geschaafd
versgemalen zwarte peper (naar keuze)

1 Snijd voorzichtig de korst van het brood en gooi hem weg. Snijd het brood in dobbelsteentjes van 2,5 cm.

2 Verhit de walnotenolie in een grote koekenpan met dikke bodem. Voeg de dobbelsteentjes brood toe en bak ze, terwijl u ze keert en omschept, in ca. 5 min. knapperig en goudbruin op laag vuur.

3 Breng een pan met water aan de kook. Breek de eieren een voor een in een kan en laat ze voorzichtig in het water glijden. Pocheer de eieren ca. 4 min. voorzichtig op laag vuur tot het wit net gestold is en de eieren zachtgekookt zijn.

4 Verdeel ondertussen de blaadjes sla over twee borden en bestrooi ze met de croutons.

5 Veeg de koekenpan schoon met keukenpapier. Verhit de olijfolie in de pan, voeg het knoflook en de azijn toen en bak alles 1 min. op hoog vuur. Giet de warme dressing over de salades.

6 Haal de gepocheerde eieren een voor een met een schuimspaan uit de pan en leg ze op de salades. Garneer het geheel met de parmezaanse kaas en naar smaak met versgemalen zwarte peper. Serveer direct.

Lentesalade met kwarteleitjes

Geniet van de lekkerste lentegroenten in deze knapperige groene salade, die een tikje verfijnd worden door de kwarteleieren.

Voor 4 personen
175 g tuinbonen
175 g verse doperwten
175 g asperges
175 g krieltjes, geschrobd
3 el goede citroenmayonaise (zie Tip van de kok)
3 el zure room of crème fraîche
½ bosje verse munt, fijngehakt, plus enkele blaadjes voor de garnering
8 kwarteleitjes, zachtgekookt en gepeld
zout en versgemalen zwarte peper

1 Kook tuinbonen, doperwten, asperges en krieltjes in aparte pannen met water met wat zout tot ze beetgaar zijn. Giet ze af, spoel ze af onder koud water en laat ze uitlekken.

2 Meng de afgekoelde groenten in een kom.

3 Roer de mayonaise en fijngehakte munt door de zure room of crème fraîche in een kan. Voeg zo nodig zout en peper toe.

4 Giet de dressing over de salade en schep haar er goed door. Voeg de kwarteleitjes en de hele blaadjes munt erdoor en schep ook deze er voorzichtig door.

Tip van de kok
Maak uw eigen citroenmayonaise: doe twee eierdooiers, 1 tl dijonmosterd en het raspsel en sap van een halve citroen in een keukenmachine. Voeg naar smaak zout en peper toe en mix alles goed. Laat de keukenmachine lopen en giet er door de invoerbuis ca. 2,5 dl milde olijfolie (of een mengsel van olijfolie en zonnebloemolie) bij tot het mengsel emulgeert. Voeg de olie eerst in druppels toe en vervolgens in een straaltje. Voor een glanzende mayonaise klopt u er tegen het eind ca. 1 eetlepel kokend water door.

Salade van prei, gegrilde paprika en geitenkaas

Deze salade wordt alleen maar lekkerder als hij van tevoren wordt bereid en is dus perfect voor een dineetje.

Voor 6 personen
4 plakken geitenkaas van 1 cm dik
75 g gedroogd fijn witbroodkruim
675 g jonge prei
1 el olijfolie

2 grote rode paprika's, gehalveerd en zonder zaadjes
enkele verse takjes tijm, fijngehakt
plantaardige olie
3 el fijngehakte verse bladpeterselie

Voor de dressing
5 el olijfolie extra vierge
1 teentje knoflook, fijngehakt
1 tl dijonmosterd
1 el rodewijnazijn

1 Rol de plakken kaas door het broodkruim en druk het goed aan, zodat de kaas er goed mee wordt bedekt.

2 Verwarm de grill voor. Breng een pan met water met wat zout aan de kook en kook de prei 3-4 min. Giet hem af, snijd hem in stukken van 10 cm en doe die in een kom. Schep de olijfolie goed door de prei en voeg zout en peper toe. Leg de prei op een rooster en gril hem 3-4 min. aan elke kant.

3 Zet de prei apart. Leg de paprika's op een grill met het vel naar boven en gril tot het vel zwartgeblakerd is en blaasjes vertoont. Leg ze in een kom, bedek ze met verkreukeld keukenpapier en laat ze 10 min. staan. Wrijf het vel eraf en snijd het vruchtvlees in reepjes. Doe ze in een kom en voeg er prei, tijm en wat peper aan toe.

4 Maak de dressing door alle ingrediënten en naar smaak zout en peper in een potje te doen en het potje goed te schudden. Giet de dressing over het preimengsel, dek dit af en zet het enkele uren in de koelkast.

5 Bak de kaas in olie goudbruin. Snijd hem in blokjes. Schep de kaas en de peterselie door de salade.

Pompoensalade met feta

Dit gerecht smaakt vooral goed bij een salade met rijst of couscous als basis. De salade is het lekkerst als u hem warm of op kamertemperatuur serveert.

Voor 4-6 personen
5 el olijfolie
1 el balsamicoazijn, plus een beetje extra
1 el ketjap manis

350 g sjalotjes, gepeld, maar heel
3 verse rode chilipepers, gehakt
1 muskaatpompoen, geschild, zonder zaadjes en in blokjes
1 tl fijngehakte verse tijm
15 g fijngehakte verse bladpeterselie
1 teentje knoflook, fijngehakt
75 g walnoten, fijngehakt
150 g feta
zout en versgemalen zwarte peper

1 Verwarm de oven voor op 200 °C. Doe de olijfolie, de balsamicoazijn en de ketjap in een grote kom en klop tot alles goed is gemengd.

2 Schep de sjalotjes en twee chilipepers door het oliemengsel en giet alles in een groot, ondiep bakblik. Rooster het geheel onafgedekt ca. 25 min. Roer een tot twee keer.

3 Voeg de blokjes pompoen toe en rooster ze, eenmaal roerend, in nog eens 35-40 min. gaar en bruin. Haal alles uit de oven, roer de fijngehakte tijm erdoor en laat de groenten afkoelen.

4 Schep de peterselie en het knoflook door elkaar en meng ze met de walnoten. Verwijder de zaadjes uit de laatste chilipeper en hak hem fijn.

5 Roer peterselie, knoflook en walnotenmengsel door de groenten. Voeg de fijngehakte chilipeper toe. Breng het geheel zo nodig op smaak met zout en peper en voeg wat extra balsamicoazijn toe. Verkruimel de feta en voeg hem toe aan de salade.

6 Doe de salade in een schaal en serveer hem direct op kamertemperatuur.

Salade van geroosterde romatomaten en rucola

Voor 4 personen
450 g Italiaanse romatomaten, in de lengte gehalveerd
5 el olijfolie extra vierge
2 teentjes knoflook, in flinterdunne plakjes
225 g gedroogde pastavormen
2 el balsamicoazijn
2 stukken zongedroogde tomaten op olijfolie, uitgelekt en fijngehakt
flinke snuf kristalsuiker
1 handvol rucola
zout en zwarte peper

1 Verwarm de oven voor op 190 °C. Leg de halve tomaten met de snijkant naar boven in een braadslee. Besprenkel ze met 2 eetlepels olijfolie en bestrooi ze met het knoflook en naar smaak zout en peper. Rooster ze 20 min.; keer ze eenmaal.

2 Breng ondertussen een grote pan met water met wat zout aan de kook en kook de pasta al dente.

3 Doe de rest van de olie in een grote kom met azijn, zongedroogde tomaten, suiker en naar smaak zout en peper.

4 Giet de pasta af en schep hem door de dressing in de kom. Voeg de geroosterde tomaten toe en schep alles voorzichtig door elkaar.

5 Voeg vlak voor het serveren de rucola toe, schep de salade voorzichtig om en breng hem eventueel op smaak met zout en peper. Serveer de salade koud of op kamertemperatuur.

> **Variaties**
> • Als u geen tijd hebt om de tomaten te roosteren, maak de salade dan met halve rauwe tomaten. Zorg er echter wel voor dat die goed rijp zijn!
> • Voeg eventueel 150 g uitgelekte en in blokjes gesneden mozzarella toe aan de rucola.

Paprikasalade met pesto

Hoewel deze kleurrijke salade uit slechts een paar eenvoudige ingrediënten bestaat, is zijn algehele smaak intens.

Voor 4 personen
1 grote rode paprika, zonder zaadjes en gehalveerd
1 grote groene paprika, zonder zaadjes en gehalveerd
250 g gedroogde fusilli tricolore of andere gedroogde pastavormen
1 handvol verse blaadjes basilicum
1 handvol verse blaadjes koriander
1 teentje knoflook
zout en zwarte peper

Voor de dressing
2 el pesto uit een potje
sap van 1/2 citroen
4 el olijfolie extra vierge

1 Leg de rode en groene paprikahelften met de bolle kant naar boven op een rooster en gril ze tot het vel zwartgeblakerd wordt. Doe de paprika's in een kom, dek die af met verkreukeld keukenpapier en laat de paprika's wat afkoelen. Wrijf, zodra u ze kunt vastpakken, de velletjes eraf en gooi die weg.

2 Breng een grote pan met water met wat zout aan de kook en kook de pasta al dente.

3 Klop ondertussen de pesto, het citroensap en de olijfolie in een grote kom door elkaar. Breng dit mengsel op smaak met zout en peper.

4 Giet de gekookte pasta goed af en voeg hem toe aan de dressing. Schep het geheel goed om en laat de pasta afkoelen.

5 Hak het vruchtvlees van de paprika in stukken en voeg ze toe aan de pasta. Hak het meeste basilicum, de koriander en het knoflook fijn op een snijplank. Voeg ze toe aan de pasta, schep het geheel goed om en voeg zo nodig zout en peper toe. Garneer met de blaadjes kruiden.

> **Tip van de kok**
> Serveer de salade op kamertemperatuur of iets gekoeld.

Gado gado

De pindasaus bij deze Indonesische groenteschotel dankt zijn smaak aan de galanga, een aromatische wortel die op gember lijkt.

Voor 4 personen
250 g witte kool, geschaafd
4 wortels, julienne
4 stengels bleekselderij, in reepjes
225 g taugé
½ komkommer, julienne
gebakken uitjes, zoute pinda's en ringetjes verse chilipeper ter garnering

Voor de pindasaus
1 el olie
1 uitje, gesnipperd
1 teentje knoflook, geperst
1 klein stukje galanga, geraspt
1 tl gemalen komijn
¼ tl mild chilipoeder
1 tl tamarindepasta of versgeperst limoensap
4 el pindakaas met stukjes noot
1 tl zachte lichtbruine suiker

1 Stoom de kool, de wortel en de bleekselderij in 3-4 min. beetgaar. Laat ze afkoelen. Verdeel de taugé over een schaal en schik de andere groenten erop.

2 Voor de saus: verhit de olie in een pannetje, voeg ui en knoflook toe en bak ze in ca. 5 min. glazig Voeg de galanga, de komijn en het chilipoeder toe en bak ze 1 min. Voeg de tamarindepasta of het limoensap, de pindakaas en de suiker toe en roer alles goed.

3 Verhit de saus al roerend. Voeg zo nodig wat heet water toe zodat de saus vloeibaar blijft. Schep een beetje saus over de groenten en garneer met gebakken uitjes, pinda's en ringetjes chilipeper. Geef de rest van de pindasaus er apart bij.

Variaties
De saus moet hetzelfde blijven, maar u kunt de groenten naar wens variëren.

Couscoussalade

Couscous is een heel populair ingrediënt voor salades geworden. Op dit klassieke recept zijn vele variaties mogelijk. Deze salade komt uit Marokko.

Voor 4 personen
275 g couscous
5,5 dl kokendhete bouillon
16-20 zwarte olijven zonder pit, gehalveerd
2 kleine courgettes, julienne
25 g geschaafde amandelen, geroosterd
4 el olijfolie
1 el citroensap
1 el fijngehakte verse koriander
1 el fijngehakte verse peterselie
flinke snuf gemalen komijn
flinke snuf cayennepeper
zout

1 Doe de couscous in een kom en giet de hete bouillon erop. Meng het geheel met een vork en laat de bouillon 10 min. intrekken. Roer de couscous daarna goed door met een vork.

2 Voeg olijven, courgettes en amandelen toe en roer ze voorzichtig door de couscous.

3 Klop olijfolie met citroensap, koriander, peterselie, komijn, cayennepeper en een snufje zout in een kan. Giet de dressing over de salade en meng alles goed.

Tip van de kok
Als u de salade een paar uur van tevoren bereidt, kunnen alle smaken goed intrekken.

Variaties
• *U kunt de courgettes vervangen door een halve komkommer en de amandelen door pistachenoten.*
• *Doe voor pikante salade chilipoeder door de dressing.*

Tabbouleh

Deze klassieke bulgursalade blijft een topper. Serveer hem bij geroosterde of gebarbecuede groenten.

Voor 4 personen
150 g bulgur
6 dl water
3 lente-uitjes, fijngesneden
2 grote tenen knoflook, geperst
4 stevige tomaten, ontveld en gehakt
6 el fijngehakte verse peterselie
4 el fijngehakte verse munt
6 el vers citroensap
5 el olijfolie extra vierge
zout en versgemalen zwarte peper

1 Doe de bulgur in een kom en voeg het water toe. Laat de bulgur 20 min. weken.

2 Bekleed een vergiet met een schone theedoek. Giet de geweekte bulgur in het midden en laat hem uitlekken. Pak dan de zijkanten van de theedoek bij elkaar en druk de rest van het vocht eruit. Doe de bulgur in een grote kom.

3 Voeg lente-uitjes, knoflook, tomaat, peterselie en munt toe. Meng alles goed en voeg citroensap en olijfolie toe. Breng het geheel op smaak met voldoende zout en peper en schep de ingrediënten goed om. Dek de kom af en zet hem voor het serveren enkele uren in de koelkast.

Ratatouille

Ratatouille is heerlijk veelzijdig en zowel warm als koud lekker. Niet alleen is ratatouille een uitstekend bijgerecht, u kunt er ook prima gepofte aardappels of hete tortilla's mee vullen. Ook lekker over pasta.

Voor 4-6 personen
4 el olijfolie
2 grote uien, gesnipperd
2 teentjes knoflook, geperst
2 grote aubergines, in grote blokken
3 courgettes, in dikke plakken
2 paprika's (rood en groen), zonder zaadjes en in stukjes
3 grote tomaten, ontveld, zonder zaadjes en fijngehakt
1 el puree van zongedroogde tomaten, opgelost in 2 el kokendheet water
2 el fijngehakte verse koriander
zout en zwarte peper

1 Verhit de olie in een grote pan en bak hierin uien en knoflook zacht. Voeg de blokken aubergine toe en bak ze al roerend 10 min. mee. Voeg courgettes, paprika's, tomaten, verdunde tomatenpuree en veel zout en peper toe.

2 Breng het geheel aan de kook, draai het vuur laag en laat alles onder af en toe roeren ca. 30 min. zachtjes koken tot de groenten gaar zijn. Voeg zo nodig een beetje water toe. Roer de koriander erdoor en serveer de ratatouille warm of koud.

Tip van de kok
Bestrooi de blokken aubergine met zout en laat ze 20 min. liggen in een vergiet. Spoel ze af en dep ze goed droog.

Bulgursalade met sinaasappel en amandelen

De citrusmaken van citroen en sinaasappel komen in deze smakelijke salade, die ruim van tevoren bereid kan worden, goed tot hun recht.

Voor 4 personen
150 g bulgur
6 dl water
1 kleine groene paprika, zonder zaadjes en in blokjes
¼ komkommer, in blokjes
15 g fijngehakte verse munt
4 el amandelschaafsel, geroosterd
geraspte schil en sap van 1 citroen
2 sinaasappels zonder pit
zout en versgemalen zwarte peper
verse takjes munt ter garnering

1 Doe de bulgur in een kom, voeg het water toe en laat de bulgur 20 min. weken.

2 Leg een schone theedoek in een vergiet. Giet de geweekte bulgur in het midden en laat hem uitlekken. Pak de zijkanten van de theedoek bij elkaar en druk de rest van het vocht eruit. Doe de bulgur in een grote kom.

3 Voeg de groene paprika, de blokjes komkommer, de munt, het geroosterde amandelschaafsel en de geraspte citroenschil toe. Giet het citroensap erbij en schep alles goed door elkaar.

4 Pel de sinaasappels en verdeel ze boven een kom in nette partjes. Voeg de partjes en het in de kom opgevangen sap toe aan de bulgur, voeg zout en peper toe en schep alles voorzichtig om. Garneer met takjes munt en serveer direct.

Tip van de kok
Bulgur is tarwe waarvan de korrels grof worden gemalen (na het ontvliezen en stomen) voordat ze worden gedroogd.

Spaanse rijstsalade

De reepjes groene en gele paprika geven deze eenvoudige salade kleur en smaak.

Voor 6 personen
275 g witte, langkorrelige rijst
1 bos lente-uitjes, in dunne ringetjes
1 groene paprika, zonder zaadjes en in reepjes
1 gele paprika, zonder zaadjes en in reepjes
3 tomaten, zonder zaadjes en gesneden
2 el fijngehakte verse koriander

Voor de dressing
3 el zonnebloemolie vermengd met olijfolie
1 el rijstazijn
1 tl dijonmosterd
zout en versgemalen zwarte peper

1 Breng een grote pan met water met wat zout aan de kook en kook de rijst in 10-12 min. bijna gaar; de binnenkant van de korrels moet nog een beetje hard zijn. Giet de rijst af, spoel hem met koud water en laat hem uitlekken. Laat de rijst afkoelen.

2 Doe de rijst in een grote kom. Voeg de lente-uitjes, de paprika's, de tomaten en de koriander toe.

3 Bereid de dressing: doe de oliën, de azijn en de mosterd in een pot met goedpassend deksel en voeg naar smaak zout en peper toe. Schud de pot krachtig heen en weer. Roer 4-5 eetlepels dressing door de rijst en voeg zo nodig extra zout en peper toe.

4 Dek de rijst af en zet hem 1 uur voor het serveren in de koelkast. Geef de dressing er apart bij.

> **Variaties**
> • Voeg eens gekookte doperwtjes, blokjes wortel en uitgelekte maïs uit blik toe aan deze veelzijdige salade.
> • Langkorrelige rijst doet het goed in dit recept, maar voor een echt authentiek gerecht gebruikt u Spaanse rijst. Deze heeft een rondere korrel, enigszins vergelijkbaar met risottorijst.

Fruitige bruinerijstsalade

De oosterse dressing maakt deze kleurrijke salade extra pikant.

Voor 4-6 personen
115 g zilvervliesrijst
1 kleine rode paprika, zonder zaadjes en in blokjes
200 g maïskorrels uit blik, uitgelekt
45 g rozijnen
225 g stukjes ananas op sap uit blik
1 el lichte sojasaus
1 el zonnebloemolie
1 el hazelnootolie
1 teentje knoflook, geperst
1 tl fijngehakte verse gember
zout en versgemalen zwarte peper
4 lente-uitjes, in schuine ringetjes ter garnering

1 Breng in een grote pan water met wat zout aan de kook en kook de zilvervliesrijst in ca. 30 min. beetgaar. Giet de rijst goed af, spoel hem onder koud water en laat hem uitlekken. Laat de rijst afkoelen.

2 Doe de rijst in een kom en voeg de rode paprika, de maïskorrels en de rozijnen toe. Laat de stukjes ananas uitlekken, maar bewaar het sap, en schep ze voorzichtig door de rijst.

3 Giet het ananassap in een schone pot met deksel. Voeg de sojasaus, de zonnebloem- en hazelnootolie, het knoflook en de fijngehakte gember toe en naar smaak zout en peper. Sluit de pot en schud hem krachtig heen en weer.

4 Giet de dressing over de salade en schep het geheel goed om. Bestrooi de salade met lente-uitjes en serveer direct.

> **Tips van de kok**
> • Hazelnootolie geeft elke dressing een uitgesproken smaak, vooral bij bladsalades die een beetje pit nodig hebben. Deze olie lijkt op olijfolie, vanwege de vele enkelvoudige vetzuren.
> • Men denkt vaak dat zilvervliesrijst de hele korrel is. Echter, van alle rijstsoorten wordt het buitenste vlies verwijderd, maar het bruine vliesje daaronder blijft om de korrel.

Japanse salade

Deze exquise en verfrissende salade heeft mild, zoet zeewier als basis, die wordt gecombineerd met radijs, komkommer en taugé.

Voor 4 personen
15 g gedroogde hijiki
250 g radijs, in flinterdunne plakjes
1 kleine komkommer, in dunne staafjes
75 g taugé

Voor de dressing
1 el zonnebloemolie
1 el geroosterdesesamolie
1 tl lichte sojasaus
2 el rijstazijn of 1 el wijnazijn
1 el mirin of droge sherry

1 Doe de hijiki in een kom en bedek hem met koud water. Laat hem 10-15 min. weken en vocht opnemen. Giet de hijiki af, spoel hem onder koud water en laat hem uitlekken. Het volume moet bijna verdrievoudigd zijn.

2 Doe de hijiki in een pan met water. Breng hem aan de kook, draai het vuur laag en kook hem in ca. 30 min. gaar. Giet de hijiki goed af.

3 Bereid ondertussen de dressing: doe zonnebloem- en olijfolie, sojasaus, azijn en mirin of sherry in een potje met schroefdeksel en schud dit krachtig heen en weer.

4 Schik de hijiki in een ondiepe kom of schaal, samen met de radijs, de komkommer en de taugé. Voeg de dressing toe en hussel alles voorzichtig.

> **Tip van de kok**
> Hijiki is een soort zeewier uit Japan, een goede bron van mineralen. In Japan gelooft men dat dit zeewier de schoonheid vergroot en het haar glans geeft. U vindt hijiki in de toko.

Sesam-noedelsalade

Door de geroosterde sesamolie krijgt deze salade een nootachtige smaak. De salade is warm op zijn lekkerst.

Voor 2-4 personen
250 g eiernoedels
200 g sugarsnaps of peultjes, diagonaal in stukjes
2 wortels, julienne
2 tomaten, zonder zaadjes en in blokjes
2 el fijngehakte verse koriander, plus takjes koriander voor de garnering
1 el sesamzaad
3 lente-uitjes, in flinterdunne reepjes

Voor de dressing
2 tl lichte sojasaus
2 el geroosterde sesamolie
1 el zonnebloemolie
stukje verse gember van 4 cm, fijngeraspt
1 teentje knoflook, geperst

1 Breng in een grote pan water met wat zout aan de kook, voeg de noedels toe en haal de pan van het vuur. Doe een deksel erop en laat de noedels in ca. 4 min. beetgaar worden.

2 Breng ondertussen in een steelpannetje water aan de kook. Voeg de sugarsnaps of de peultjes toe, breng ze aan de kook en kook ze 2 min. Giet ze af, spoel ze af met koud water en giet ze nogmaals af.

3 Maak de dressing: doe sojasaus, sesam- en zonnebloemolie, gember en knoflook in een pot met schroefdeksel. Draai de pot goed dicht en schud hem krachtig heen en weer.

4 Laat de noedels goed uitlekken en schep ze in een kom. Voeg de sugarsnaps of de peultjes, de wortels, de tomaten en de koriander toe. Giet de dressing erover en hussel alles goed door elkaar met uw handen.

5 Bestrooi de salade met sesamzaad, lente-ui en takjes koriander. Serveer de noedels als ze nog warm zijn.

Geurige linzen-spinaziesalade

Deze salade is uitstekend geschikt voor een picknick of barbecue.

Voor 6 personen
225 g lentilles vertes du Puy
1 vers laurierblaadje
1 stengel bleekselderij
1 takje verse tijm
2 el olijfolie
1 ui, in dunne ringen
2 tl geroosterd komijnzaad, geplet
400 g blaadjes jonge spinazie
2-3 el fijngehakte verse peterselie, plus extra takjes ter garnering
zout en versgemalen zwarte peper
geroosterd stokbrood om te serveren

Voor de dressing
3 el olijfolie extra vierge
1 tl dijonmosterd
3-5 tl rodewijnazijn
1 teentje knoflook, fijngehakt
½ tl fijngeraspte citroenschil

1 Spoel de linzen af en doe ze in een grote pan. Voeg water toe tot ze zijn bedekt. Bind het laurierblad, de bleekselderij en de tijm tot een bosje, doe dit in de pan en breng alles aan de kook. Kook de linzen in 30-45 min. bijna gaar.

2 Maak ondertussen de dressing. Meng de olie en de mosterd met 1 eetlepel azijn. Voeg het knoflook en de citroenschil toe en klop ze erdoor. Breng alles goed op smaak met zout en peper.

3 Giet de linzen af en gooi de kruiden weg. Doe de linzen in een kom, voeg de meeste dressing toe en schep ze om. Zet ze weg en roer ze af en toe door.

4 Verhit de olie in een pan en bak de uien in 4-5 min. glazig. Voeg de komijn toe en bak alles 1 min.

5 Voeg de spinazie en naar smaak zout en peper toe. Dek de pan af en bak het geheel 2 min. Roer de spinazie goed door en bak hem tot hij is geslonken.

6 Schep de spinazie door de linzen en laat de salade afkoelen tot kamertemperatuur. Voeg de rest van de dressing, de fijngehakte peterselie, zout en peper en naar smaak extra azijn toe. Garneer met peterselie en serveer met stokbrood.

Wittebonensalade met een dressing van geroosterde rode paprika's

Deze gespikkelde dressing met kruiden en rode paprika zorgt voor een prachtig kleurencontrast. Serveer de salade bij voorkeur warm.

Voor 4 personen
1 grote rode paprika, zonder zaadjes en gehalveerd
2 el olijfolie
1 grote teen knoflook, geperst
25 g verse blaadjes oregano of bladpeterselie
2 tl balsamicoazijn
400 g uitgelekte flageoletbonen uit blik, afgespoeld
200 g uitgelekte cannellinibonen uit blik, afgespoeld
zout en versgemalen zwarte peper

1 Verwarm de grill voor. Doe de rode paprika in een grillpan en gril hem onder een middelhete grill tot het vel zwartgeblakerd is. Doe de paprika in een kom en dek hem af met verkreukeld keukenpapier. Laat hem afkoelen.

2 Wrijf, als de paprika voldoende is afgekoeld, het vel eraf. Verwijder voorzichtig (vang het eventuele vocht op) de zaadlijsten en snijd het vruchtvlees in blokjes.

3 Verhit de olijfolie in een pan. Voeg het knoflook toe en bak het al roerend in 1 min. zacht op laag vuur. Neem de pan van het vuur en voeg de oregano of de peterselie toe. Schep de blokjes paprika en het eventueel opgevangen vocht erdoor. Roer de balsamicoazijn erdoor.

4 Doe de bonen in een grote kom en giet de dressing erover. Voeg naar smaak zout en peper toe, schep alles voorzichtig om en serveer direct.

> **Tip van de kok**
> Cannellinibonen zijn altijd roomwit, maar flageoletbonen kunnen groen of wit zijn. De salade ziet er hoe dan ook aantrekkelijk uit. Als u wit prefereert, gebruik dan gewone witte bonen.

Salade van bietjes en rode uien

Deze salade ziet er nog aantrekkelijker uit als hij een combinatie van rode en gele bietjes bevat.

Voor 6 personen
500 g kleine bietjes
5 el water
4 el olijfolie
90 g gehalveerde walnoten
1 tl basterdsuiker, plus extra voor de dressing
2 el walnotenolie
1 el sherryazijn
1 tl sojasaus
1 tl geraspte sinaasappelschil
½ tl gemalen geroosterd korianderzaad
1-2 tl sinaasappelsap
1 rode ui, gehalveerd en in dunne plakjes
1-2 el fijngehakte verse venkel
75 g waterkers of mizuna (Japanse bladkool)
handvol jonge rode snijbietblaadjes of bietenloof (naar keuze)
zout en versgemalen zwarte peper

1 Verwarm de oven voor op 180 °C. Leg de bietjes in één laag in een ovenschaal en voeg het water toe. Dek de schaal goed af en rooster het geheel in 1-1½ uur bijna gaar.

2 Laat de bietjes afkoelen en schil ze. Snijd ze in reepjes en doe ze met 1 eetlepel olijfolie in een kom. Schep ze om en zet ze weg.

3 Verhit 1 eetlepel olijfolie in een kleine koekenpan. Bak de walnoten tot ze bruin worden. Voeg de suiker toe en bak de walnoten al roerend tot ze karameliseren. Voeg peper en een halve theelepel zout toe, en laat de walnoten afkoelen op een bord.

4 Klop de rest van de olijfolie, de walnotenolie, de sherryazijn, de sojasaus, de sinaasappelschil en het korianderzaad door elkaar in een kan. Voeg zout en peper en een snufje basterdsuiker toe. Klop er naar smaak sinaasappelsap door.

5 Haal de uien uit elkaar tot halve ringen en doe ze bij de bietjes. Giet de dressing erover en schep alles goed om. Als u de salade gaat serveren, hussel er dan venkel, waterkers of mizuna, en eventueel rode snijbiet of bietenloof door. Schep de salade op aparte borden en bestrooi hem met gekarameliseerde noten.

Zoetzure artisjokkensalade

In deze Italiaanse salade worden lentegroenten gecombineerd met een heerlijke, pittige saus: *agrodolce*.

Voor 4 personen
sap van 1 citroen
6 kleine artisjokken
2 el olijfolie
2 uien, gesnipperd
175 g verse of diepvriestuinbonen (gewicht zonder peul)
3 dl water
175 g verse of diepvriesdoperwten (gewicht zonder peul)
zout en versgemalen zwarte peper
verse blaadjes munt ter garnering

Voor de saus
1,2 dl wittewijnazijn
1 el basterdsuiker
een handje verse blaadjes munt, gescheurd

1 Vul een kom met koud water en voeg citroensap toe. Schil de buitenste blaadjes van de artisjokken en gooi ze weg. Snijd de artisjokken in vieren en leg ze in het zure water om verkleuring te voorkomen.

2 Verhit de olie in een grote pan met dikke bodem. Voeg de uien toe en bak ze onder af en toe roeren goudbruin op laag vuur.

3 Voeg de bonen toe, giet de artisjokken af en voeg ook deze toe. Giet het water erbij. Breng het water aan de kook, draai het vuur laag, dek de pan af en kook het geheel 10-15 min.

4 Voeg de doperwten en naar smaak zout en peper toe en kook alles 5 min. tot de groenten gaar zijn. Roer af en toe. Giet de groenten goed af. Doe ze in een kom, laat ze afkoelen, dek ze af en zet ze in de koelkast.

5 Doe alle ingrediënten voor de saus in een pannetje. Verhit ze 2-3 min. op laag vuur tot de suiker is opgelost. Laat de saus 5 min. pruttelen en roer hem af en toe. Haal het pannetje van het vuur en laat de saus afkoelen.

6 Sprenkel de saus over de groenten en garneer ze met verse blaadjes munt.

Salade met feta, munt en aardappels

Nieuwe aardappels zijn ideaal voor deze salade en gaan goed samen met feta, yoghurt en verse munt.

Voor 4 personen
500 g nieuwe aardappels
90 g feta, verkruimeld

Voor de dressing
225 g yoghurt
15 g verse blaadjes munt
2 el mayonaise
zout en versgemalen zwarte peper

1 Stoom de aardappels in ca. 20 min. gaar boven een pan kokend water.

2 Doe voor de dressing de yoghurt en de munt in een keukenmachine en mix tot de blaadjes munt fijngehakt zijn. Schep het mengsel in een kom, roer de mayonaise erdoor en voeg naar smaak zout en peper toe.

3 Giet de aardappels goed af en doe ze in een grote kom. Schep de dressing erdoor en bestrooi ze met de feta. Serveer direct.

Tip van de kok
Nieuwe aardappels zijn vastkokend behouden tijdens het koken hun vorm en zijn dus ideaal voor salades. Gebruik altijd vastkokende aardappels zoals Accent, Eersteling en Nicola.

Variaties
- *Neem in plaats van feta eens verkruimelde kefalotiri of jonge manchego.*
- *Voor een romiger dressing gebruikt u Griekse yoghurt.*

Salade van gepofte zoete aardappels

Deze salade smaakt echt tropisch en is de ideale begeleider van oosterse of Caribische gerechten.

Voor 4-6 personen
1 kg zoete aardappels in de schil
1 rode paprika, zonder zaadjes en in blokjes
3 stengels bleekselderij, in blokjes
¼ rode ui, fijngehakt
1 verse rode chilipeper, fijngehakt
zout en versgemalen zwarte peper
blaadjes koriander ter garnering

Voor de dressing
2 el fijngehakte verse koriander
sap van 1 limoen
1,5 dl yoghurt

1 Verwarm de oven voor op 200 °C. Was de aardappels, prik er veel gaatjes in en pof ze in ca. 40 min. gaar.

2 Meng voor de dressing koriander, limoensap en yoghurt in een kommetje en voeg naar smaak zout en peper toe. Zet de dressing in de koelkast terwijl u de rest van de salade bereidt.

3 Meng de blokjes rode paprika en bleekselderij en de fijngehakte ui en chilipeper in een kom.

4 Haal de aardappels uit de oven. Schil ze zodra ze voldoende afgekoeld zijn en snijd ze in blokjes. Voeg ze toe aan de groenten. Besprenkel het geheel met de dressing en hussel het voorzichtig. Voeg zo nodig extra zout en peper toe. Garneer met blaadjes koriander en serveer direct.

Tip van de kok
Vaak denkt men dat de zaadjes het scherpste gedeelte van de chilipeper zijn, terwijl ze helemaal geen capsaïcine (de scherpe stof) bevatten. Dit zit zeer geconcentreerd in de zaadlijsten. Door de zaadjes te verwijderen, verwijdert u dit scherpe gedeelte meestal ook.

Salade van gegrilde ui en aubergine

Een heerlijke schotel met rooksmaak, die de zoete en scherpe smaken goed in evenwicht houdt. Hij past goed bij knapperige sla en zoete, zonrijpte tomaten.

Voor 6 personen
3 aubergines, in dikke plakken van 1 cm
675 g uien, in dikke plakken
5-6 el olijfolie
3 el grof gehakte bladpeterselie
3 el pijnboompitten, geroosterd
zout en versgemalen zwarte peper

Voor de dressing
2 teentjes knoflook, geperst
1,5 dl lichte tahin
sap van 1-2 citroenen
3-4 el water

1 Doe de plakken aubergine in lagen in een vergiet en bestrooi elke laag met veel zout. Zet het vergiet ca. 45 min. in de gootsteen en spoel de plakken aubergine daarna af onder koud stromend water. Dep ze droog met keukenpapier.

2 Rijg de plakken ui op spiesen (week houten spiesen eerst in koud water) om ze bij elkaar te houden.

3 Verhit een gietijzeren grillpan. Bestrijk de plakken aubergine en ui met 3 eetlepels olijfolie en gril ze 6-8 min. aan elke kant. Bestrijk ze zo nodig met extra olie. De gare groenten moeten bruin en zacht zijn. De plakken ui hebben wellicht meer tijd nodig dan de plakken aubergine.

4 Schik de groenten op een schaal en bestrooi ze naar smaak met zout en peper. Besprenkel ze met de rest van de olie als ze er droog uitzien.

5 Plet het knoflook en een snufje zout in een vijzel. Werk beetje bij beetje de tahin erdoor. Voeg, als de tahin volledig is opgenomen, het citroensap en daarna het water toe. Verdun de dressing eventueel met extra water zodat hij behoorlijk vloeibaar wordt.

6 Sprenkel de dressing over de salade en laat hem 30-60 min. Bestrooi de salade met de fijngehakte peterselie en pijnboompitten. Serveer hem op kamertemperatuur.

Tips van de kok
• Als u geen gietijzeren pan hebt, kunt u de gewone grill gebruiken.
• Tahin is een dikke, gladde, olieachtige pasta die van sesamzaad wordt gemaakt. Te koop bij winkels met assortiment uit het Midden-Oosten, natuurwinkels en sommige supermarkten.

Variatie
Vervang de gele uien door rode.

Oosterse salade

Een mooi plaatje: brede groentelinten met knapperige taugé. Serveer er samosa's of Thaise tempékoekjes bij.

Voor 4 personen
225 g taugé
1 komkommer
1 kleine daikon (Japanse radijs)
1 kleine rode ui, in dunne ringen
stuk verse gember van 2,5 cm, julienne
1 kleine verse rode chilipeper, zonder zaadjes en in dunne reepjes
een handvol verse blaadjes koriander of munt

Voor de oosterse dressing
1 el rijstazijn
1 el lichte sojasaus
2 tl vegetarische 'oestersaus'
1 teentje knoflook, fijngehakt
1 el sesamolie
3 el arachideolie
2 el sesamzaad, licht geroosterd

1 Doe voor de dressing azijn, sojasaus, oestersaus, knoflook, sesam- en arachideolie en sesamzaad in een potje met schroefdeksel. Sluit het potje af en schud het krachtig heen en weer.

2 Was de taugé onder koud stromend water en laat hem goed uitlekken in een vergiet.

3 Schil de komkommer en snijd hem in de lengte doormidden. Schraap de zaadjes eruit met een theelepel en gooi ze weg. Schil met een dunschiller de komkommer in lange dunne linten. Schil de wortels en de daikon in soortgelijke linten.

4 Leg de wortel-, radijs- en komkommerlinten in een ondiepe schaal. Voeg taugé, ui, gember, chilipeper en verse koriander of munt toe en schep het geheel goed om. Giet de dressing er vlak voor het serveren over en schep alles nog eens licht om.

Tip van de kok
Als u niet aan de vegetarische versie van de oestersaus kunt komen, gebruik dan extra sojasaus als alternatief.

Salade met avocado, rode ui, spinazie en polentacroutons

De eenvoudige citroendressing geeft deze verfijnde salade een pittige smaak en de knapperige gouden croutons zorgen voor een contrast.

Voor 4 personen
1 grote rode ui, in partjes
300 g kant-en-klare polenta, in blokjes van 1 cm
olijfolie
225 g blaadjes jonge spinazie
1 avocado
1 tl citroensap

Voor de dressing
4 el olijfolie extra vierge
sap van ½ citroen
zout en versgemalen zwarte peper

1 Verwarm de oven voor op 200 °C. Leg de partjes ui en blokjes polenta op een licht ingevette bakplaat en bak ze 25 min. tot de ui gaar is en de polenta knapperig en goudbruin. Keer ze veelvuldig om aankoeken te voorkomen en laat ze enigszins afkoelen.

2 Bereid ondertussen de dressing: doe olijfolie en citroensap in een pot met schroefdeksel. Voeg naar smaak zout en peper toe, sluit het potje goed af en schud het krachtig heen en weer.

3 Doe de spinazie in een kom. Schil de avocado, verwijder de pit en snijd het vruchtvlees in blokjes. Schep ze door het citroensap om verkleuring te voorkomen. Voeg avocado en ui toe aan de spinazie.

4 Giet de dressing over de salade en schep alles voorzichtig om. Bestrooi de salade met de croutons of geef die er apart bij.

> **Tip van de kok**
> Als u geen kant-en-klare polenta kunt vinden, maak dan uw eigen. Kook 115 g polenta volgens de aanwijzingen op de verpakking, giet hem in een bakblik en laat hem afkoelen.

Waterkerssalade met peer, walnoten en roquefort

Zoet fruit en knapperige noten zijn de tegenhangers van de scherpe roquefort en de pittige blaadjes in deze salade.

Voor 4 personen
75 g gehalveerde walnoten
2 handperen
1 el citroensap
150 g waterkers, taaie stelen verwijderd
200 g roquefort, in blokjes

Voor de dressing
3 el olijfolie extra vierge
2 el citroensap
½ tl heldere honing
1 tl dijonmosterd
zout en zwarte peper

1 Rooster de walnoten 2 min. in een droge koekenpan tot ze goudbruin zijn. Schud ze regelmatig om aanbranden te voorkomen.

2 Doe voor de dressing olijfolie, citroensap, honing en mosterd in een pot met schroefdeksel en voeg naar smaak zout en peper toe. Sluit de pot goed af en schud hem krachtig heen en weer.

3 Verwijder de klokhuizen en snijd de peren in plakken. Schep het citroensap erdoor om verkleuring te voorkomen. Doe de plakjes in een kom en voeg waterkers, walnoten en roquefort toe. Giet de dressing over de salade, schep de salade goed om en serveer direct.

> **Tip van de kok**
> Snijd voor een speciale gelegenheid waaiers van de peren en leg ze op een bedje van waterkers. Snijd de peren doormidden, verwijder de klokhuizen, maar houd de peren aan de bovenkant heel en snijd ze in de lengte in. Bestrijk ze met citroensap om verkleuring te voorkomen en leg op elk bordje salade één perenwaaier, met de snijkant naar beneden. Bestrooi ze met de geroosterde walnoten.

Fattoush

Deze eenvoudige salade wordt al eeuwen geserveerd in het Midden-Oosten. Hij prijkt op de kaarten van restaurants uit de hele wereld, van San Francisco tot Syrië.

Voor 4 personen
1 gele of rode paprika, zonder zaadjes en in reepjes
1 grote komkommer, grof gehakt
4-5 tomaten, gehakt
1 bos lente-uitjes, in ringen
2 el fijngehakte verse peterselie
2 el fijngehakte verse munt
2 el fijngehakte verse koriander
2 teentjes knoflook, geperst
sap van 1½ citroen
3 el olijfolie
zout en versgemalen zwarte peper
2 pitabroodjes

1 Doe paprika, komkommer en tomaten in een grote mengkom. Voeg lente-uitjes, peterselie, munt en koriander toe.

2 Meng voor de dressing knoflook en citroensap in een kan. Klop geleidelijk de olijfolie erdoor en breng de dressing op smaak met zout en peper. Giet de dressing over de salade en schep hem even om.

3 Rooster de pitabroodjes knapperig in een broodrooster of onder de grill. Serveer ze bij de salade.

Tip van de kok
Verse koriander: u houdt ervan of niet. Als u er niet van houdt, vervang hem dan door peterselie.

Variatie
U kunt deze salade ook op de traditionele manier bereiden. Rooster de pitabroodjes knapperig in de broodrooster of onder de grill en verkruimel ze boven de salade.

Salade van radijs, mango en appel

Door de schone, knapperige smaken en milde aroma's is deze salade altijd een goede keus, al is hij het lekkerst met verse jonge zomerradijsjes.

Voor 4 personen
10-15 radijsjes
1 handappel
2 stengels bleekselderij, in dunne plakjes
1 kleine rijpe mango
verse takjes dille ter garnering

Voor de dressing
1,2 dl crème fraîche
2 tl mierikswortelsaus
1 el fijngehakte verse dille
zout en zwarte peper

1 Maak de dressing: meng de crème fraîche, de mierikswortelsaus en de dille en voeg naar smaak zout en peper toe.

2 Verwijder blad en wortel van de radijsjes, snijd ze in dunne plakjes en doe ze in een kom. Snijd de appel in kwarten, verwijder de klokhuizen en snijd de kwarten in dunne plakjes. Doe ze met de bleekselderij bij de radijsjes.

3 Snijd de mango in de lengte langs beide kanten van de pit in tweeën, maar schil hem niet. Snijd ruitjes in het vruchtvlees, buig de mango om en snijd de blokjes van de schil af. Doe ze bij de rest van de groenten.

4 Giet de dressing over stukken groenten en fruit en schep het geheel voorzichtig om. Doe de salade vlak voor het serveren over in een slakom en garneer hem met de dille.

Tip van de kok
Radijsjes behoren tot de familie van mosterdplanten en kunnen rood, wit, rond of langwerpig zijn. De sterkte van hun smaak kan nogal verschillen. Kleine dunne Franse radijsjes zijn vooral mild en zoet. Welke soort u ook koopt, zorg ervoor dat ze stevig en fel van kleur zijn en geen rimpeltjes vertonen.

Roemeense paprikasalade

Gebruik voor deze salade de authentieke puntpaprika's.

Voor 4 personen
8 groene en/of oranje puntpaprika's, zonder zaadjes en
gehalveerd
1 teentje knoflook, geperst
4 el wijnazijn
5 el olijfolie
4 tomaten, in plakjes
1 rode ui, in dunne ringen
zout en gemalen zwarte peper
verse takjes koriander ter
garnering
waldkornbrood om te serveren

1 Leg de paprikahelften op een rooster en gril ze tot de velletjes zwartgeblakerd zijn. Doe de paprika's in een kom en dek ze af met gekreukeld keukenpapier. Laat ze enigszins afkoelen, wrijf vervolgens de velletjes eraf en snijd elk stuk in de lengte doormidden.

2 Doe het knoflook en de azijn in een kom en klop de olijfolie erdoor. Schik de paprika's, tomaten en ui op vier borden en giet de knoflookdressing erover. Breng de salade op smaak met zout en peper, garneer hem met verse koriander en serveer met brood.

Eenvoudige paprikasalade

Voor 4 personen
2 grote paprika's in verschillende
kleuren, zonder zaadjes en
gehalveerd
4 el olijfolie
1 ui, in dunne ringen
2 teentjes knoflook, geperst
4 tomaten, ontveld en gehakt
snufje suiker
1 t¹ citroensap
zout en zwarte peper

1 Ontvel de paprika's (zie blz. 217 paprikasalade).

2 Verhit de olie en bak de uien en het knoflook zacht. Voeg de paprika's en de tomaten toe en bak ze 10 min. mee.

3 Neem de pan van het vuur, roer er suiker en citroensap door en voeg zout en peper toe. Serveer de salade op kamertemperatuur.

Komkommer-tomatensalade

De dressing van frisse yoghurt en scherpe verse chilipepers doet het in deze salade bijzonder goed. Serveer er versgebakken brood bij.

Voor 4 personen
450 g stevige, rijpe tomaten
½ komkommer
1 ui
1 scherp chilipepertje, zonder
zaadjes en fijngehakt, en fijngeknipt bieslook ter garnering
boerenbrood of tomatenbruschetta (zie Tip van de kok) om
te serveren

Voor de dressing
4 el olijfolie
6 el dikke Griekse yoghurt
2 el fijngehakte verse peterselie of
fijngeknipt bieslook
½ tl wittewijnazijn
zout en versgemalen zwarte
peper

1 Snijd de tomaten bij de steelaanzet kruislings in en dompel ze 1-2 min. onder in een kom kokendheet water tot het velletje bij het kruisje terugkrult. Giet ze af, dompel ze in koud water en laat ze uitlekken. Ontvel ze, snijd ze in vieren, verwijder de zaadjes en snijd de kwarten in stukjes.

2 Snijd de komkommer en de uien in net zulke grote stukken als de tomaat en doe ze in een kom.

3 Klop voor de dressing olie, yoghurt, peterselie/bieslook en azijn door elkaar en voeg naar smaak zout en peper toe. Giet de dressing over de salade en schep de ingrediënten goed om. Garneer de salade met zwarte peper, fijngehakte chilipeper en bieslook. Serveer met knapperig brood of tomatenbruschetta.

> **Tip van de kok**
> Voor tomatenbruschetta snijdt u een stokbrood diagonaal in dunne plakjes. Meng 1 geperst teentje knoflook, 1 ontvelde en fijngesneden tomaat en 2 eetlepels olijfolie en voeg zout en peper toe. Besmeer de plakjes brood ermee en bak ze 10 min. op 220 °C.

Salade van bieten en bleekselderij

Rauwe rode bieten zijn heerlijk knapperig. Lekker met deze frisse ciderdressing!

Voor 4-6 personen
450 g rauwe bieten, geschild en geraspt
4 stengels bleekselderij, fijngehakt
2 el appelsap
verse kruiden ter garnering

Voor de dressing
1 el ciderazijn
4 lente-uitjes, in dunne ringetjes
2 el fijngehakte verse peterselie
3 el zonnebloemolie
zout en zwarte peper

1 Doe de bieten, de bleekselderij en het appelsap in een kom en schep alles goed om.

2 Doe voor de dressing azijn, lente-uitjes en peterselie in een kommetje en klop de olie erdoor tot alles goed is gemengd. Voeg naar smaak zout en peper toe en roer de helft van de dressing door het bietenmengsel.

3 Sprenkel de rest van de dressing over de salade, dek de salade af en zet hem 2 uur in de koelkast. Garneer hem met verse kruiden.

Bieten-sinaasappelsalade

Een klassieke combinatie voor een frisse salade.

Voor 4 personen
1 kropje sla, in dunne reepjes
8 gekookte jonge rode bieten, gehalveerd
2 sinaasappels, geschild en in partjes
2 el sinaasappelsap
1 el citroensap
2 el olijfolie
1 tl suiker
2 tl fijngeknipt vers bieslook, plus extra ter garnering

1 Schik de sla en daarop de bieten en partjes sinaasappel.

2 Klop de overige ingrediënten door elkaar en giet ze over de salade. Garneer de salade met extra bieslook.

Salade van venkel, sinaasappel en rucola

Deze lichte, frisse salade past uitstekend bij wat zwaardere, kruidige gerechten.

Voor 4 personen
2 sinaasappels
1 venkelknol
115 g rucola
50 g zwarte olijven zonder pit

Voor de dressing
1 el balsamicoazijn
1 teentje knoflook, geperst
2 el olijfolie extra vierge
zout en zwarte peper

1 Haal met een citroentrekker dunne reepjes van de sinaasappelschil; neem het wit niet mee. Snijd ze zo groot als lucifers en zet ze weg.

2 Schil de sinaasappels. Haal al het wit weg. Snijd het vruchtvlees in plakken en gooi de pitjes weg. Breng in een klein pannetje water aan de kook, doe reepjes sinaasappelschil erin en kook ze 2-3 min. Laat ze uitlekken op keukenpapier.

3 Snijd de venkel in de lengte doormidden en vervolgens in zo dun mogelijke reepjes, of rasp hem in de keukenmachine.

4 Meng de plakjes sinaasappel en de geraspte venkel in een kom en schep de rucola erdoor.

5 Meng voor de dressing azijn en knoflook in een kom. Klop de olie erdoor en voeg naar smaak zout en peper toe. Giet de dressing over de salade, schep alles goed om en laat de salade een paar minuten staan. Strooi voor het serveren de olijven erover en garneer met de geblancheerde reepjes sinaasappelschil.

> **Tip van de kok**
> *Hoewel olijfolie extra vierge duur is, is het de moeite waard hierin te investeren, want de smaak is heerlijk in dressings.*

Koolsalade met fruit en noten

Een verrukkelijke en voedzame mix van knapperige groenten, fruit en noten, in een dressing van mayonaise.

Voor 6 personen
225 g witte kool
1 grote wortel
175 g kant-en-klare gedroogde abrikozen
50 g walnoten
50 g hazelnoten
115 g rozijnen
2 el fijngehakte verse peterselie
7 el mayonaise
5 el yoghurt
zout en versgemalen zwarte peper
vers bieslook ter garnering

1 Rasp de kool fijn, rasp de wortel grof en doe ze in een grote mengkom.

2 Hak de gedroogde abrikozen en de noten grof en roer ze met de fijngehakte peterselie door het kool-wortelmengsel.

3 Meng in een apart kommetje de mayonaise met de yoghurt en voeg naar smaak zout en peper toe.

4 Doe het mayonaisemengsel bij de kool en meng alles goed. Dek de kom af en zet hem ten minste een halfuur in de koelkast, zodat de smaken goed kunnen intrekken. Garneer de salade met vers bieslook.

Variaties
- *Een minder vette salade krijgt u door de mayonaise te vervangen door magere yoghurt en havanaise.*
- *Gebruik eens amandelschaafsel en fijngehakte pistachenoten in plaats van walnoten en hazelnoten.*
- *Laat de abrikozen weg en voeg stukjes appel met schil toe.*
- *Vervang de abrikozen door ander (gemengd) gedroogd fruit, zoals nectarines, perziken of pruimen.*

Panzanella

Voor 6 personen
10 dikke sneden (ca. 275 g) Italiaans brood van een dag oud
1 komkommer, geschild en in blokjes
5 tomaten, zonder zaadjes en in blokjes
1 grote rode ui, gesnipperd
175 g olijven zonder pit
20 verse blaadjes basilicum, gescheurd

Voor de dressing
4 el olijfolie extra vierge
1 el rode- of wittewijnazijn
zout en zwarte peper

1 Week het brood ca. 2 min. in een laagje water, haal het eruit en knijp het voorzichtig uit, eerst met uw handen, daarna met een theedoek.

2 Doe voor de dressing olie, azijn en zout en peper in een potje met schroefdeksel. Sluit het potje goed af en schud het. Meng komkommer, tomaten, ui en olijven in een kom.

3 Breek het brood in stukjes en doe het, samen met het basilicum, in de kom. Giet voor het serveren de dressing over de salade en schep de ingrediënten goed om.

Salade met dadels en sinaasappels

Voor 4 personen
4 kropjes little gem
2 wortels, fijngeraspt
2 sinaasappels, in partjes
115 g verse dadels, zonder pit en in de lengte doormidden gesneden
2 el geroosterde amandelen
2 el citroensap
1 tl basterdsuiker
¼ tl zout
1 tl oranjebloesemwater

1 Leg de geraspte wortel in het midden op de sla. Schik hier de partjes sinaasappel, stukken dadel en amandelen om heen.

2 Meng citroensap, suiker, zout en oranjebloesemwater. Sprenkel dit mengsel over de salade en serveer de salade koud.

Caesarsalade

Deze combinatie van knapperige blaadjes sla, parmezaanse kaas en een dressing met verse eieren is een van de populairste gerechten ter wereld.

Voor 4 personen
*2 grote tenen knoflook, gehalveerd
3 el olijfolie
4 sneetjes volkorenbrood
2 kropjes bindsla of little gem
50 g parmezaanse kaas, geschaafd of grof geraspt*

Voor de dressing
*1 ei
2 tl Franse mosterd
1 tl vegetarische 'worcestersaus'
2 el vers citroensap
2 el olijfolie extra vierge
zout en zwarte peper*

1 Verwarm de oven voor op 190 °C. Wrijf de binnenkant van een slakom in met een van de teentjes knoflook.

2 Verhit de olie 5 min. voorzichtig met de rest van het knoflook in een koekenpan. Gooi het knoflook vervolgens weg.

3 Snijd de korsten van het brood en snijd het brood in blokjes. Schep ze door de knoflookolie tot ze er volledig mee zijn bedekt. Leg de blokjes op een bakplaat en bak ze in ca. 10 min. knapperig. Haal ze uit de oven en laat ze afkoelen.

4 Haal de blaadjes sla van de krop, was en droog ze en leg ze in een ondiepe slakom. Zet ze tot aan serveren in de koelkast.

5 Breng in een kleine pan water aan de kook en kook het ei 1 min. Breek het ei boven een kom. Verwijder met een theelepel eventueel aanwezig zacht eiwit. Klop met een garde Franse mosterd, worcestersaus, citroensap en olijfolie door het ei en voeg zout en peper toe.

6 Strooi de parmezaanse kaas over de salade en besprenkel hem met de dressing. Strooi de croutons erover. Schep de salade goed om en serveer direct.

Gemengde bladsla met kruiden en geroosterde pitten

Deze eenvoudige salade is de perfecte tegenhanger van een machtig hoofdgerecht, omdat de verse kruiden de spijsvertering kunnen bevorderen.

Voor 4 personen
*115 g gemengde sla
50 g gemengde kruiden, zoals koriander, peterselie, basilicum en rucola
25 g pompoenpitten
25 g zonnebloempitten*

Voor de dressing
*4 el olijfolie extra vierge
1 el balsamicoazijn
½ tl dijonmosterd
zout en zwarte peper*

1 Bereid eerst de dressing: giet olijfolie, balsamicoazijn en mosterd in een potje met schroefdeksel. Voeg naar smaak zout en peper toe. Sluit het potje goed en schud het krachtig heen en weer.

2 Meng de blaadjes sla en kruiden in een grote kom.

3 Rooster de pompoen- en zonnebloempitten in 2 min. goudbruin in een droge koekenpan. Schep ze regelmatig om om aanbranden te voorkomen. Laat de pitten iets afkoelen voordat u ze over de salade strooit.

4 Giet de dressing over de salade en schep het geheel voorzichtig om met uw handen. Serveer de salade direct.

> **Variaties**
> • Balsamicoazijn geeft de dressing een rijke, zoete smaak, maar u kunt ook rode- of wittewijnazijn gebruiken.
> • Voeg een paar bloemen van de Oost-Indische kers toe aan deze salade.
> • Vervang de pompoen- en zonnebloempitten door andere die u lekker vindt.

Knipbrood

Voor I brood
- I tl boter voor het invetten
- 500 g ongebleekte bloem voor witbrood, plus extra om te bestuiven
- 2 tl zout
- 15 g verse gist
- 3 dl lauw water
- 4 el lauwe melk

1 Beboter een broodvorm met een inhoud van 900 g. Zeef de bloem en het zout in een kom en maak een kuiltje in het midden. Meng de gist met de helft van het lauwe water en roer dan de rest van het water erdoor.

2 Giet het gistmengsel in het kuiltje. Roer beetje bij beetje omringende bloem door het mengsel voor een dik, glad beslag. Bestrooi dit met een beetje bloem en zet het ca. 20 min. op een warme plek tot er belletjes ontstaan. Voeg de melk en de rest van de bloem toe en kneed het geheel tot een stevig deeg.

3 Kneed het deeg in 10 min. soepel op een licht met bloem bestoven werkvlak. Leg het in een licht met olie ingevette kom, dek de kom af met licht ingevette, doorzichtige folie en zet de kom 1-1¼ uur op een warme plek tot het deeg in volume bijna verdubbeld is.

4 Klop het deeg en vorm er een rechthoek van die in de broodvorm past. Rol het deeg in de lengte op, vouw de uiteinden naar onderen en leg het met de naad naar beneden in de vorm. Dek de vorm af en laat het deeg 20-30 min. op een warme plek rijzen tot het in volume bijna verdubbeld is.

5 Maak met een scherp mes één diepe snee over de lengte van het brood en bestrooi het brood met bloem. Laat het 10-15 min. staan. Verwarm de oven voor op 230 °C.

6 Bak het brood 15 min. en verlaag de oventemperatuur naar 200 °C. Bak het nog eens 20-25 min. tot het brood goudbruin is en hol klinkt als u op de onderkant klopt. Haal het brood uit de vorm en laat het afkoelen op een rooster.

Doris Grant-brood

Het deeg voor deze snelle en gemakkelijk te maken broden hoeft niet te worden gekneed en kan snel worden gemengd. De broden blijven enkele dagen vers.

Voor 3 broden
- olie voor het invetten
- 1,3 kg volkorenbloem
- I el zout
- I el instantgist
- I el rietsuiker
- 1,2 l warm water (35-38 °C)

1 Vet drie broodvormen van 21 x 12 x 6 cm in met olie en zet ze op een warme plek. Zeef de bloem en het zout in een grote kom en verwarm ze iets om de kou er af te halen.

2 Roer de gist en de suiker erdoor. Maak een kuiltje in het midden en giet hier het water in. Meng de bloem van de zijkanten naar het midden in ca. I min. Het deeg moet glibberig zijn.

3 Bekleed de vormen met het deeg, dek ze af met licht ingevette, doorzichtige folie en laat ze ca. 30 min. rusten op een warme plek tot het deeg gerezen is tot I cm onder de rand van de vormen.

4 Verwarm ondertussen de oven voor op 200 °C. Bak de broden 40 min. tot ze knapperig zijn en hol klinken als u op de onderkant klopt. Laat ze afkoelen op een rooster.

Tips van de kok
- De meeste soorten brood hebben een rijsmiddel nodig en gist is het gebruikelijkst, al zijn er talloze andere soorten.
- Instantgist is overal verkrijgbaar. Het is niet nodig hem met vocht te mengen voordat u hem aan de droge ingrediënten toevoegt. Daarna voegt u immers lauw water toe.
- Gewone gedroogde gist moet u soms eerst met wat warm water en suiker mengen. Als hij is opgelost en het mengsel schuimig is, kunt u de gist toevoegen aan de droge ingrediënten.

Rond boerenbrood

Dit ronde brood is een echte blikvanger tijdens een informele lunch of avondmaal.

Voor 1 groot rond brood
olie voor het invetten

675 g ongebleekte bloem voor witbrood, plus extra om te bestuiven
2 tl zout
20 g verse gist
4 dl lauw water

1 Vet twee bakplaten dun in met een kwastje. Zeef de bloem en het zout in een grote kom en maak een kuiltje in het midden. Meng de gist met 1,5 dl van het water. Voeg dit mengsel met de rest van het water aan de bloem toe en meng tot een stevig deeg ontstaat.

2 Kneed het deeg 10 min. op een licht met bloem bestoven werkvlak. Doe het in een licht ingevette kom, dek de kom af met licht ingevette, doorzichtige folie en laat het deeg in ca. 1 uur rijzen tot het in volume is verdubbeld.

3 Besla het deeg op een licht met bloem bestoven werkvlak. Kneed het 2-3 min. en verdeel het in twee stukken van tweederde en eenderde deel. Rol van elk stuk een bal.

4 Zet de deegballen op de bakplaten. Zet er kommen overheen en laat het deeg ca. 30 min. rijzen op een warme plek.

5 Maak voorzichtig de bovenkant van de grootste bal plat en snijd een kruis van 5 cm in het midden. Bestrijk de bovenkant met wat water en leg de kleine bal erbovenop. Maak rondom kleine sneetjes in de zijkanten van elke bal.

6 Druk met uw duim en wijs- en middelvinger voorzichtig een gat in het midden van het deeg. Dek het deeg af met licht ingevette, doorzichtige folie en laat het ca. 10 min. rusten op een warme plek.

7 Verwarm de oven voor op 220 °C en schuif de bakplaat onderin. Het brood houdt op met rijzen zodra de oven opwarmt. Bak het brood 35-40 min. en laat het afkoelen.

Volkorenbrood

Dit brood met zaadjes ziet er rustiek uit en is uitstekend geschikt voor picknicks en andere buitenmaaltijden.

Voor 4 ronde broden
20 g verse gist
3 dl lauwe melk
1 tl basterdsuiker
225 g volkorenbloem voor brood

225 g ongebleekte bloem voor witbrood, plus extra om te bestuiven
1 tl zout
50 g koude boter, in blokjes
1 ei, losgeklopt
olie voor het invetten
2 el gemengde zaden

1 Prak de gist met een beetje melk en de suiker tot hij oplost en er een dikke pasta ontstaat. Zeef beide soorten bloem en het zout in een grote, voorverwarmde beslagkom. Snijd met twee messen de boter erdoor tot er een kruimelige massa ontstaat.

2 Voeg het gistmengsel, de rest van de melk en het ei toe en meng dit tot een redelijk zacht deeg. Kneed het 15 min. op een met bloem bestoven werkvlak. Doe het deeg in een licht met olie ingevette kom, dek de kom af met licht ingevette, doorzichtige folie en laat het deeg ten minste 1 uur rijzen op een warme plek tot het in volume is verdubbeld.

3 Besla het deeg en kneed het 10 min. Verdeel het in vieren en maak er platte ronde stukken van. Leg ze op een met bloem bestoven bakplaat en laat ze ca. 15 min. rijzen.

4 Verwarm de oven voor op 200 °C. Bestrooi de broden met de gemengde zaden en bak ze in ca. 20 min. goudbruin en stevig. Laat ze afkoelen op roosters.

> **Tip van de kok**
> *15 g verse gist komt overeen met 1 el gedroogde. Hij moet altijd in een kom worden verkruimeld en geprakt met lauwwarm vocht voordat u hem aan de droge ingrediënten toevoegt.*

Meergranenbol

Serveer deze heerlijke meergranenbol warm, zodat uw huis heerlijk naar vers gebakken brood gaat ruiken.

Voor 1 rond brood
450 g meergranenbloem, plus extra om te bestuiven
2 tl zout
15 g verse gist
3 dl lauw water of een mengsel van melk en water
olie voor het invetten

Voor het bovenlaagje
2 el water
½ tl zout
tarwevlokken of gebroken tarwe voor het bestrooien

1 Bestuif een bakplaat met wat bloem. Zeef de bloem en het zout in een grote kom. Verwarm dit mengsel 5 min. in een lauwwarme oven.

2 Verkruimel de gist in een kommetje en voeg een beetje water of melkmengsel toe. Prak dit met een vork en roer de rest van het vocht erdoor. Doe het gistmengsel bij de bloem en meng alles tot een deeg.

3 Kneed het deeg ca. 10 min. op een met bloem bestoven werkvlak. Doe het deeg in een licht ingevette kom, dek de kom af met licht ingevette, doorzichtige folie en laat het deeg 1 uur en 15 min. op een warme plek rusten tot het in volume is verdubbeld.

4 Besla het deeg, kneed het 2-3 min. en rol er een bal van. Druk de rol een beetje plat en leg hem op de bakplaat. Zet er een kom overheen en laat het deeg 30-45 min. rijzen op een warme plek.

5 Verwarm de oven voor op 230 °C. Meng het water met het zout en bestrijk de bovenkant van het brood met dit mengsel. Bestrooi het brood met de tarwevlokken of gebroken tarwe.

6 Bak het brood 15 min., verlaag de oventemperatuur naar 200 °C en bak het brood nog eens 20 min. tot het stevig aanvoelt en hol klinkt als u op de onderkant klopt. Laat het brood afkoelen op een rooster.

Iers sodabrood

Traditioneel Iers sodabrood kan in een handomdraai worden bereid en is heerlijk als u het warm serveert met veel boter. U kunt eventueel gewone witte bloem gebruiken voor een brood met een fijnere structuur.

Voor 1 rond brood
olie voor het invetten
225 g ongebleekte bloem
225 g volkorenbloem, plus extra om te bestuiven
1 tl zout
2 tl natriumbicarbonaat
2 tl cream of tartar (kaliumwaterstoftartraat)
40 g boter
1 tl basterdsuiker
3½-3¾ dl karnemelk

1 Verwarm de oven voor op 190 °C. Vet een bakplaat dun in. Zeef beide soorten bloem en het zout in een grote kom.

2 Voeg het natriumbicarbonaat en de cream of tartar toe en snijd met twee messen de boter erdoor. Roer de suiker erdoor.

3 Giet er voldoende karnemelk bij om het geheel tot een zacht deeg te mengen. Meng niet te lang, want anders wordt het brood zwaar en taai. Vorm er op een licht met bloem bestoven werkvlak een platte bal van.

4 Leg het brood op de bakplaat en snijd het met een mens kruislings diep in.

5 Bestrooi het brood licht met volkorenbloem en bak het 35-45 min. tot het goed is gerezen. Het brood moet hol klinken als u op de onderkant klopt. Laat het brood iets afkoelen op een rooster, maar serveer het warm.

Variaties
- Maak twee kleine broden en bak ze 25-30 min.
- Gebruik zure room in plaats van karnemelk; beide hebben een hoog melkzuurgehalte.

Rogge-zuurdesembrood

Begin voor het maken van dit brood op tijd; de zuurdesem moet eerst een dag of twee staan.

Voor 2 broden
450 g roggebloem
450 g bloem voor witbrood, plus extra om te bestuiven
1 el zout
zakje instantgist à 7 g
25 g zachte boter
6 dl warm water
olie voor het invetten
1 el karwijzaad, voor de bovenkant

Voor de zuurdesem
4 el roggebloem
3 el warme melk

1 Voor de zuurdesem: meng de roggebloem en melk in een kommetje. Dek af met doorzichtige folie en laat hem 1-2 dagen op een warme plek staan, of tot hij aangenaam zuur ruikt.

2 Zeef de twee soorten bloem met het zout in een grote kom en roer de gist erdoor. Maak een kuiltje in het midden en voeg de boter, water en zuurdesem toe. Meng tot een zacht deeg.

3 Kneed het deeg 10 min. op een met bloem bestoven werkvlak. Doe het in een schone kom, dek de kom af met licht ingevette, doorzichtige folie en laat het deeg 1 uur rijzen op een warme plek tot het in volume is verdubbeld.

4 Kneed het deeg 1 min. Verdeel het deeg in twee stukken en maak van elk stuk een cirkel met een doorsnede van 15 cm. Leg de stukken op ingevette bakplaten. Dek ze af met licht ingevette, doorzichtige folie en laat ze 30 min. rijzen.

5 Verwarm de oven voor op 200 °C. Bestrijk de broden met wat water, bestrooi ze met karwijzaad en bak ze 35-40 min. De broden moeten bruin zijn en hol klinken als u erop klopt.

> **Tip van de kok**
> Rogge-zuurdesembrood blijft een week vers. Dit recept kunt u ook zonder gist bereiden.

Pan de cebada

Serveer dit Spaanse brood bij koude soep of een gezonde dipsaus.

Voor 1 groot brood
Voor de zuurdesem
175 g maïsmeel
5,6 dl water
225 g volkorenbloem voor brood, plus extra
75 g gerstebloem
olie voor het invetten

Voor het deeg
maïsmeel om te bestuiven
20 g verse gist
3 el lauw water
225 g volkorenbloem voor brood
1 el zout

1 Meng voor de zuurdesem het maïsmeel met de helft van het water in een pan en voeg de rest van het water toe. Roer het mengsel op laag vuur tot het dikker is. Doe het over in een grote kom en laat het afkoelen. Roer de volkorenbloem en de gerstebloem erdoor. Kneed alles 5 min. op een licht met bloem bestoven werkvlak en doe het deeg terug in de kom. Dek de kom af met licht ingevette, doorzichtige folie en laat het 36 uur rijzen op een warme plek.

2 Bestuif een bakplaat met maïsmeel. Meng in een kommetje de gist met het water en voeg dit, samen met de volkorenbloem en het zout, aan de zuurdesem toe. Meng alles en kneed het deeg 4-5 min. op een licht met bloem bestoven werkvlak.

3 Laat het deeg in een licht ingevette kom, afgedekt met ingevette doorzichtige folie, 1,5-2 uur rijzen op een warme plek.

4 Besla het deeg, vorm er een platte bal van en bestuif het met wat maïsmeel. Leg het op de bakplaat en zet er een grote kom overheen. Laat het deeg ca. 1 uur rijzen op een warme plek tot het in volume bijna is verdubbeld.

5 Zet een lege braadslee in de oven. Verwarm de oven voor op 220 °C en giet 3 dl koud water in de slede. Haal de kom van het deeg af en schuif de bakplaat in de oven. Bak het brood 10 min. Haal dan de braadslee eruit, verlaag de oventemperatuur naar 190 °C en bak het brood nog 20 min.

Walnotenbrood

Dit heerlijke volkorenbrood zit boordevol walnoten. Belegd met kaas smaakt hij heerlijk en ook bij salades doet hij het goed.

Voor 2 broden
olie voor het invetten
50 g boter

350 g volkorenbloem voor brood, plus extra om te bestuiven
115 g ongebleekte bloem voor witbrood
1 el lichtbruine rietsuiker
1½ tl zout
20 g verse gist
2,75 dl lauwe melk
175 g fijngehakte walnoten

1 Vet twee bakplaten dun in. Smelt de boter in een pannetje tot hij bruin wordt en laat hem afkoelen. Meng beide soorten bloem, suiker en zout in een grote kom en maak een kuiltje in het midden. Roer de gist en de helft van de melk goed door elkaar. Giet dit, met de rest van de melk, in het kuiltje. Zeef de afgekoelde boter bij het vocht in het kuiltje. Roer met uw hand beetje bij beetje de omringende bloem erdoor tot u eerst een beslag hebt en daarna een vochtig deeg.

2 Kneed het deeg 6-8 min. Zet het in een licht ingevette kom, dek de kom af met licht ingevette, doorzichtige folie en laat het deeg 1 uur rijzen op een warme plek tot het in volume is verdubbeld.

3 Besla het deeg voorzichtig op een licht met bloem bestoven werkvlak. Druk of rol het deeg plat, bestrooi het met noten, druk die in het deeg en rol het deeg weer op. Doe het deeg terug in de ingevette kom, dek de kom weer af en laat het deeg 30 min. rusten op een warme plek.

4 Leg het deeg op een licht met bloem bestoven werkvlak en verdeel het in twee ballen. Leg ze op de bakplaten, dek ze af met dun met licht met olie ingevette, doorzichtige folie en laat ze ca. 45 min. rijzen op een warme plek.

5 Verwarm ondertussen de oven voor op 220 °C. Maak met een scherp mes drie diepe sneden in de bovenkant van elk stuk deeg. Bak ze ca. 35 min. tot ze hol klinken als u op de onderkant klopt. Laat ze afkoelen op een rooster.

Focaccia met groenepeperkorrels en steenzout

Een versgebakken focaccia, met zijn gedeukte bovenkant en geweldige smaak, heeft iets onweerstaanbaars.

Voor 1 brood
350 g bloem voor witbrood, plus extra om te bestuiven
½ tl zout

2 tl instantgist
2 tl groenepeperkorrels uit een potje, uitgelekt en licht gekneusd
5 tl olijfolie extra vierge
2,5 dl lauw water
4 tl grof gemalen steenzout, voor de bovenkant
verse blaadjes basilicum ter garnering

1 Zeef bloem en zout in een beslagkom en roer er gist en peperkorrels door. Maak een kuiltje in het midden en giet er 1 eetlepel olijfolie en de helft van het water in. Roer er beetje bij beetje de bloem en extra water door voor een zacht deeg.

2 Kneed het deeg 10 min. op een licht met bloem bestoven werkvlak. Doe het in een schone, licht ingevette kom, dek de kom af met ingevette doorzichtige folie en laat het op een warme plek staan tot het deeg in volume is verdubbeld.

3 Besla het deeg en kneed het 2-3 min. Leg het op een met olie ingevette bakplaat en sla het plat tot het een ovale vorm heeft. Dek het deeg af met ingevette doorzichtige folie en laat het 30 min. staan.

4 Verwarm de oven voor op 190 °C. Maak met uw vingers enkele kuiltjes in de bovenkant van het deeg. Besprenkel het deeg met de rest van de olie en het zout. Bak het in 25-30 min. goudkleurig. Bestrooi het met basilicum en serveer het warm.

> **Tip van de kok**
> *Kneden maakt het gluten in het deeg elastisch. Druk op het deeg, maak het langer met de bal van uw hand en keer het regelmatig.*

Uienfocaccia

Dit pizza-achtige platte brood heeft een zachte, gedeukte bovenkant die soms met grof zeezout is bestrooid of, zoals hier, met rode-uiringen is belegd.

Voor 2 broden
675 g bloem, plus extra om te bestuiven
½ tl zout
½ tl basterdsuiker
1 el instantgist
4 el olijfolie extra vierge, plus extra voor het invetten
4,5 dl lauw water

Voor de bovenkant
2 rode uien, in dunne ringen
3 el olijfolie extra vierge
1 el grof zeezout

1 Zeef de bloem, het zout en de suiker in een grote kom. Roer de gist, de olie en het water erdoor en meng ze met een mes met rond lemmet tot een deeg. Voeg een beetje extra water toe als het deeg droog is.

2 Kneed het deeg 10 min. op een licht met bloem bestoven werkvlak, doe het in een schone, licht ingevette kom en dek die af met lichte ingevette, doorzichtige folie. Zet de kom ca. 1 uur op een warme plek tot het deeg in volume is verdubbeld.

3 Verwarm de oven voor op 200 °C. Zet twee metalen quichevormen met een doorsnede van 25 cm op bakplaten. Vet de binnenkanten van de vormen en de bakplaten in met olie.

4 Verdeel het deeg in tweeën en rol beide stukken uit tot 25 cm doorsnede. Bekleed de quichevormen met het deeg, dek elke vorm af met een vochtige theedoek en laat het deeg 30 min. rijzen.

5 Maak met uw vingers op 2,5 cm afstand kuiltjes in het deeg. Dek het deeg af en laat het 20 min. staan.

6 Bestrooi de bovenkanten met uiringen en besprenkel ze met olijfolie. Bestrooi het brood met grof zeezout en besprenkel het met wat koud water om te voorkomen dat zich een korst vormt. Bak de broden 25 min. Besprenkel ze tijdens het bakken eenmaal met water. Laat ze afkoelen op een rooster.

Ciabatta

Dit onregelmatig gevormde Italiaanse brood wordt van heel vochtig deeg gebakken, dat op smaak is gebracht met olijfolie. Door het bakken komen er gaatjes in het brood en krijgt het een heerlijk knapperig korstje.

Voor 3 broden
Voor het zuurdeeg
7 g verse gist
1,75-2 dl lauw water
350 g ongebleekte bloem, plus extra om te bestuiven

Voor het deeg
olie voor het invetten
15 g verse gist
4 dl lauw water
4 el lauwe melk
500 g ongebleekte bloem voor witbrood
2 tl zout
3 el olijfolie extra vierge

1 Voor het zuurdeeg: meng de gist met een beetje van het water. Zeef de bloem in een grote kom. Roer beetje bij beetje het gistmengsel erdoor en voeg voor een stevig deeg voldoende van de rest van het water toe.

2 Kneed het deeg in ca. 5 min. soepel en elastisch. Doe het terug in de kom, dek de kom af met licht ingevette, doorzichtige folie en laat het 12-15 uur rusten op een warme plek tot het deeg is gerezen en inzakt.

3 Bestuif drie bakplaten met bloem. Roer de gist voor het deeg en een beetje water door elkaar en roer vervolgens de rest van het water erdoor. Voeg dit mengsel geleidelijk toe aan de bigadesem en roer ze door elkaar.

4 Klop de melk er stevig door met een pollepel. Klop de bloem er beetje bij beetje bij met uw hand onder en til het deeg op terwijl u aan het mengen bent. Dit mengen duurt 15 min. of langer. Het deeg wordt erg nat – te nat om op een werkvlak te kneden.

5 Klop er zout en olijfolie door. Dek de kom af met licht ingevette, doorzichtige folie en laat het deeg zo'n 1,5-2 uur rijzen op een warme plek tot het in volume is verdubbeld.

6 Laat per keer, met een lepel, voorzichtig een derde van het deeg op een van de bakplaten vallen. Probeer het deeg tijdens deze handeling niet te beslaan.

7 Kneed het deeg met in bloem gewentelde handen tot ruwe rechthoekige vormen van ca. 2,5 cm dik. Druk ze enigszins plat met gespreide vingers. Bestrooi het deeg met bloem en laat het 30 min. rijzen op een warme plek.

8 Verwarm de oven voor op 220 °C. Bak de broden in 25-30 min. goudbruin. Ze moeten hol klinken als u op de onderkant klopt. Laat ze afkoelen op een rooster.

Tip van de kok
Ciabatta is verrukkelijk als hij warm, maar niet heet wordt geserveerd.

Olijvenbrood

Dit fantastische Italiaanse brood bevat een mengsel van olijven en olijfolie.

Voor 1 brood
olie voor het invetten
275 g ongebleekte bloem voor witbrood, plus extra
50 g volkorenbloem voor brood
zakje instantgist à 7 g
½ tl zout
2,1 dl lauw water
1 el olijfolie extra vierge, plus extra voor het bestrijken
115 g zwarte en groene olijven zonder pit, grof gehakt

1 Vet een bakplaat dun in. Meng de twee soorten bloem, de gist en het zout in een grote kom en maak een kuiltje in het midden.

2 Giet het water en de olie in het kuiltje en meng alles tot een zacht deeg. Kneed het op een licht met bloem bestoven werkvlak tot het soepel en elastisch is. Leg het deeg in een licht ingevette kom, dek het af met licht ingevette, doorzichtige folie en laat het 1 uur op een warme plek rijzen.

3 Besla het deeg op een licht met bloem bestoven werkvlak. Maak het plat en bestrooi het met de olijven. Vouw het op en kneed het om de olijven er goed door te verdelen. Laat het deeg 5 min. rusten en vorm het daarna tot een ovaal. Leg dit op de ingevette bakplaat.

4 Maak zes diepe sneden in de bovenkant van het brood en duw voorzichtig de delen omver. Dek af met licht ingevette, doorzichtige folie en laat het 30-45 min. rijzen tot het in volume is verdubbeld.

5 Verwarm ondertussen de oven voor op 200 °C. Bestrijk het deeg met olijfolie en bak het 35 min. Laat het brood afkoelen op een rooster.

> **Variatie**
> Vervang een deel van de bloem door volkorenbloem voor een rustiek uiterlijk.

Challah

Voor 1 groot brood
olie voor het invetten
500 g ongebleekte bloem voor witbrood, plus een beetje extra
2 tl zout
20 g verse gist
2 dl lauw water
2 el basterdsuiker
2 eieren
75 g boter, gesmolten

Voor de bovenkant
1 eierdooier
1 el water
2 tl maanzaad

1 Vet een bakplaat dun in. Zeef de bloem en het zout in een kom en maak een kuiltje in het midden. Meng de gist met het water en de suiker, en doe dit mengsel, samen met de eieren en de gesmolten boter, in het kuiltje. Roer geleidelijk de bloem erdoor tot een zacht deeg ontstaat.

2 Kneed het deeg 10 min. op een licht met bloem bestoven werkvlak. Doe het in een licht ingevette kom, dek die af met licht ingevette, doorzichtige folie en laat het deeg 1 uur rijzen op een warme plek tot het deeg in volume is verdubbeld.

3 Besla het deeg, dek het weer af en laat het ca. 1 uur rijzen op een warme plek. Besla het deeg nogmaals en kneed het voorzichtig op een licht met bloem bestoven werkvlak. Verdeel het in vier gelijke stukken. Rol elk stuk op tot een rol van 45 cm en leg ze naast elkaar. Maak de uiteinden aan één kant vast.

4 Begin rechts. Sla de eerste rol over de tweede en de derde over de vierde. Leg de vierde rol tussen de eerste en de tweede rollen. Herhaal dit, rechts beginnend, en ga door tot een vlecht ontstaat. Vouw de uiteinden naar onderen en leg het brood op de bakplaat. Dek het deeg af met ingevette, doorzichtige folie en laat het 30-45 min. rijzen op een warme plek tot het in volume is verdubbeld.

5 Verwarm de oven voor op 200 °C. Klop de eierdooier en het water door elkaar. Bestrijk het deeg met dit mengsel. Bestrooi het deeg met maanzaad en bak het in 35-40 min. goudbruin. Laat het brood afkoelen op een rooster.

Russisch aardappelbrood

Een oogstrelend brood, dat door de gestampte aardappel in het deeg lange tijd houdbaar is.

Voor 1 brood
olie voor het invetten
225 g aardappels, geschild en in blokjes
350 g ongebleekte bloem voor witbrood
115 g volkorenbloem, plus extra om te bestuiven
zakje instantgist à 7 g
½ tl karwijzaad, geplet
25 g boter
zout

1 Vet een bakplaat dun in. Kook de aardappels gaar in water met zout, giet ze af en bewaar 1,5 dl van het kookwater. Stamp de aardappels fijn, druk ze door een zeef en laat ze afkoelen.

2 Meng de twee soorten bloem in een grote kom. Voeg de gist, het karwijzaad en 2 theelepels zout toe en snijd met twee messen de boter erdoor tot er een kruimelige massa ontstaat. Meng het kookwater met de gezeefde aardappels. Roer dit mengsel beetje bij beetje door het bloemmengsel tot een zacht deeg ontstaat.

3 Kneed het deeg 8-10 min. op een licht met bloem bestoven werkvlak. Doe het in een licht ingevette kom, dek de kom af met licht ingevette, doorzichtige folie en laat het deeg 1 uur rijzen op een warme plek tot het in volume is verdubbeld.

4 Besla het deeg, kneed het voorzichtig en vorm er een 18 cm lang ovaal van. Leg dit op de bakplaat en bestuif het met een beetje volkorenbloem.

5 Dek het deeg af met licht ingevette, doorzichtige folie en laat het 30 min. rijzen op een warme plek tot het in volume is verdubbeld. Verwarm ondertussen de oven voor op 200 °C.

6 Maak met een scherp mes 6-8 diagonale sneden in de bovenkant zodat een ruitjespatroon ontstaat. Bak het brood 30-35 min. tot het goudbruin is en hol klinkt als u op de onderkant klopt. Laat het afkoelen op een rooster.

Dillebrood

De smaak van verse dille doet anijsachtig aan en is lekker in dit met hüttenkäse verrijkte brood.

Voor 2 broden
850 g bloem voor witbrood, plus extra om te bestuiven
4 tl instantgist
2 el kristalsuiker
4 tl zout
4,75 dl lauw water
4 el lichte olijfolie, plus extra voor het invetten
½ ui, gesnipperd
een grote bos verse dille, fijngehakt
2 eieren, losgeklopt
115 g hüttenkäse
melk voor het bestrijken

1 Meng 350 g bloem met de gist, de suiker en het zout in een grote kom. Maak een kuiltje in het midden. Giet het water erbij. Klop de omringende bloem er beetje bij beetje door tot een glad beslag ontstaat. Dek dit af en laat het 45 min. rijzen op een warme plek.

2 Verhit ondertussen 1 eetlepel olie in een kleine pan. Bak de ui, onder af en toe roeren, in 5 min. glazig op laag vuur. Laat de ui afkoelen.

3 Roer de ui door het gerezen beslag. Roer de dille, de eieren, de hüttenkäse en de rest van de olie erdoor en voeg vervolgens beetje bij beetje de rest van de bloem toe tot een deeg ontstaat.

4 Kneed het deeg 10 min. op een met bloem bestoven werkvlak. Doe het in een kom, dek de kom af met licht ingevette, doorzichtige folie en laat het deeg 1-1,5 uur rijzen op een warme plek tot het in volume is verdubbeld.

5 Vet een grote bakplaat in. Snijd het deeg doormidden en vorm er twee ronde stukken van. Dek ze weer af en laat ze 30 min. rijzen.

6 Verwarm ondertussen de oven voor op 190 °C. Snijd met een mes een ruitjespatroon op de bovenkant van elk stuk deeg. Bestrijk ze met de melk. Bak de broden ca. 50 min. tot ze goudbruin zijn en hol klinken als u op de onderkant klopt. Laat ze afkoelen op roosters.

Spiraalbrood met kruiden

Eenmaal gesneden ziet dit brood er prachtig uit. En het smaakt ook nog eens heerlijk!

Voor 2 broden

350 g bloem voor witbrood, plus extra om te bestuiven
350 g volkorenbloem voor brood
2 zakjes instantgist à 7 g
6 dl lauw water
olie voor het invetten
25 g boter
1 bos lente-uitjes, fijngehakt
1 teentje knoflook, fijngehakt
1 grote bos verse peterselie, fijngehakt
1 ei, losgeklopt
zout en zwarte peper
melk voor het bestrijken

1 Meng de twee soorten bloem in een grote kom. Roer er 1 eetlepel zout en de gist door. Maak een kuiltje in het midden en giet hier het water in. Klop beetje bij beetje de bloem erdoor tot u een grof deeg hebt.

2 Kneed het deeg 8-10 min. op een met bloem bestoven werkvlak. Doe het terug in de kom, dek de kom af met licht ingevette, doorzichtige folie en laat het deeg 2 uur rijzen op een warme plek tot het in volume is verdubbeld.

3 Smelt ondertussen de boter in een pan en bak de lente-uitjes en het knoflook op laag vuur zacht. Voeg zout en peper toe, roer de peterselie erdoor en zet het mengsel weg.

4 Vet twee broodvormen van 23 × 13 cm in. Snijd het gerezen deeg in twee stukken en rol elk stuk uit tot een rechthoek van 35 × 23 cm. Bestrijk het deeg met het ei en verdeel het kruidenmengsel er tot aan de randen over.

5 Rol elke deegrechthoek in de lengte op en plak de uiteinden goed op elkaar. Doe ze met de naad naar beneden in de broodvormen. Dek de bakvormen af en laat ze op een warme plek staan tot het deeg boven de randen uit is gerezen.

6 Verwarm de oven voor op 190 °C. Bestrijk de broden met melk en bak ze 55 min. tot ze goudbruin zijn en hol klinken als u op de onderkant klopt. Laat ze afkoelen op roosters.

Driegranenspiraal

Door de toevoeging van een mengsel van granen krijgt dit compacte brood een heerlijke notensmaak.

Voor 1 brood

2 el marmite (gistextract)
4,75 dl kokendheet water
225 g bloem voor witbrood
1½ tl zout
225 g tarwebloem met mout
225 g roggebloem
1 el instantgist
snufje kristalsuiker
2 el lijnzaad
75 g matig fijn haverbloem
3 el zonnebloempitten
olie voor het invetten

1 Roer de marmite door het kokendhete water. Laat het mengsel afkoelen tot het lauw is.

2 Zeef de bloem voor witbrood en het zout in een mengkom en voeg de andere bloemsoorten toe. Roer de gist en de suiker erdoor. Bewaar 1 theelepel lijnzaad en roer de rest, samen met de haverbloem en de zonnebloemzaadjes, door het bloemmengsel. Maak een kuiltje in het midden.

3 Giet het marmitewater in het kuiltje en meng er beetje bij beetje de bloem door tot u een zacht deeg hebt; voeg zo nodig extra water toe. Kneed het deeg ca. 5 min. op een met bloem bestoven werkvlak en doe het terug in de schone kom, dek de kom af met licht ingevette, doorzichtige folie en laat het deeg ca. 2 uur rijzen op een warme plek.

4 Bestuif een bakplaat met bloem. Kneed het deeg weer en verdeel het in twee stukken. Rol elk stuk op tot een 'worst' van 30 cm lang. Draai de worsten om elkaar heen, bevochtig de uiteinden en plak ze aan elkaar. Leg de deegspiraal op de bakplaat. Bestrijk hem met water, bestrooi hem met de rest van het lijnzaad en dek hem losjes af met een grote plastic zak (tot een soort ballon waar lucht in zit). Laat hem op een warme plek staan tot hij goed is gerezen. Verwarm de oven voor op 220 °C.

5 Bak het brood 10 min. Verlaag de oventemperatuur naar 200 °C en bak het brood nog eens 20 min.

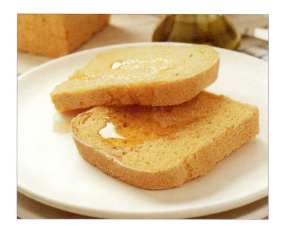

Polenta-paprikabrood

Dit brood met zijn mediterrane smaken en zonnige kleur is het lekkerst als het warm wordt genuttigd, besprenkeld met een beetje olijfolie extra vierge.

Voor 2 broden
175 g polenta
1 tl zout
350 g ongebleekte bloem voor witbrood, plus extra om te bestuiven
1 tl kristalsuiker
zakje instantgist à 7g
1 rode paprika, geroosterd, ontveld en in blokjes
1 el olijfolie, plus extra voor het invetten
3 dl lauw water

1 Meng polenta, zout, bloem, suiker en gist in een grote kom. Roer de blokjes paprika erdoor tot ze goed zijn verdeeld. Maak een kuiltje in het midden van het mengsel. Vet twee broodvormen in.

2 Giet het warme water en de olie in het kuiltje en meng alles tot een zacht deeg. Kneed dit 10 min. Doe het deeg in een met olie ingevette kom, dek de kom af met licht ingevette, doorzichtige folie en laat het deeg 1 uur rijzen op een warme plek tot het in volume is verdubbeld.

3 Besla het deeg, kneed het licht en verdeel het in tweeën. Maak er langwerpige stukken van en bekleed de broodvormen hiermee. Dek ze af met licht ingevette, doorzichtige folie en laat de broden 45 min. rijzen. Verwarm de oven voor op 220 °C.

4 Bak de broden 30 min. tot ze goudbruin zijn en hol klinken als u op de onderkant klopt. Laat ze 5 min. in de vormen staan en daarna afkoelen op roosters.

> **Tip van de kok**
> Gril de paprika tot hij zwartgeblakerd is, doe hem in een kom, bedek hem met keukenpapier en ontvel hem als hij voldoende is afgekoeld.

Zoeteaardappelbrood met kaneel en walnoten

Besmeerd met roomkaas smaakt dit kruidige en zoete brood heerlijk bij zowel hartige gerechten als bij de thee.

Voor 1 brood
1 zoete aardappel
450 g bloem, plus extra
1 tl gemalen kaneel
1 tl instantgist
50 g fijngehakte walnoten
3 dl warme melk
zout en versgemalen zwarte peper
olie voor het invetten

1 Breng een pan met water aan de kook en kook de zoete aardappel 45 min. in de schil tot hij gaar is. Zeef ondertussen de bloem en de kaneel in een grote kom en roer de gist erdoor.

2 Giet de aardappel af, laat hem afkoelen in koud water en schil hem. Prak de aardappel met een vork en roer hem, samen met de noten en wat zout en peper, door de droge ingrediënten.

3 Maak een kuiltje in het midden van het mengsel en giet de melk erin. Meng alles met een mes met rond lemmet tot een grof deeg en kneed dit vervolgens 5 min. op een met bloem bestoven werkvlak.

4 Doe het deeg terug in de kom en dek de kom af met licht ingevette, doorzichtige folie. Laat het deeg 1 uur rijzen op een warme plek. Haal het deeg uit de kom en besla het om alle luchtbellen te verwijderen. Kneed het deeg nog enkele minuten.

5 Vet een broodvorm van 900 g dun in met olie en beleg de bodem met bakpapier met antiaanbaklaag. Vorm het deeg zodat het in de vorm past. Dek de vorm af met licht ingevette, doorzichtige folie en laat het 1 uur rijzen op een warme plek tot het in volume is verdubbeld.

6 Verwarm de oven voor op 200 °C. Bak het brood 25 min. Haal het uit de vorm en klop op de onderkant. Als het brood hol klinkt, is het klaar. Laat het afkoelen op een rooster.

Brood met zongedroogde tomaten

Dit is een brood waar iedereen van lijkt te houden. Gesnipperde ui en zongedroogde tomaten geven het een voortreffelijke smaak.

Voor 4 kleine broden
675 g bloem, plus extra om te bestuiven
2 tl zout
2 el basterdsuiker
25 g verse gist
4-4,75 dl lauwe melk
1 el tomatenpuree
75 g zongedroogde tomaten op olie, uitgelekt en fijngehakt, plus 5 el olie uit de pot
5 el olijfolie extra vierge, plus extra voor het invetten
1 grote ui, gesnipperd

1 Zeef bloem, zout en suiker in een kom en maak een kuiltje in het midden. Verkruimel de gist in een kan, meng hem met 1,5 dl van de melk en giet dit mengsel in het kuiltje.

2 Roer de tomatenpuree door de rest van de melk en giet dit, samen met de tomatenolie en de olijfolie, in het kuiltje.

3 Meng de vloeibare ingrediënten en roer er beetje bij beetje de omringende bloem door tot u een deeg hebt. Kneed dit ca. 10 min. op een met bloem bestoven werkvlak en doe het deeg terug in de schone kom. Dek de kom af met licht ingevette, doorzichtige folie en laat het deeg 2 uur rijzen op een warme plek.

4 Besla het deeg en voeg tomaten en ui toe. Kneed het tot alles goed is verdeeld. Maak er vier ronde stukken van en leg ze op twee ingevette bakplaten. Dek ze af met theedoeken en laat ze ca. 45 min. rijzen.

5 Verwarm de oven voor op 190 °C. Bak het brood 45 min. Als ze hol klinken als u op de onderkant klopt, zijn ze klaar. Laat ze afkoelen op roosters.

> **Tip van de kok**
> Knip de tomaten met een scherpe keukenschaar in stukjes.

Warm kruidenbrood

Dit brood in Italiaanse stijl met basilicum, rozemarijn, olijfolie en zongedroogde tomaten is om van te watertanden. Warm geserveerd heerlijk bij verse salades!

Voor 3 broden
1,3 kg bloem voor witbrood, plus extra om te bestuiven
1 el zout
1 tl basterdsuiker
zakje instantgist à 7 g

9 dl lauw water
75 g zongedroogde tomaten op olie, uitgelekt en grof gehakt
1,5 dl olijfolie extra vierge, plus extra voor het invetten
5 el fijngehakte verse kruiden (basilicum en rozemarijn)

Voor de afwerking
olijfolie extra vierge
blaadjes rozemarijn
zeezoutvlokken

1 Zeef de bloem en het zout in een kom en roer er suiker en gist door. Maak een kuiltje in het midden en voeg water, tomaten, olie en kruiden toe. Roer al kloppend beetje bij beetje de omringende bloem erdoor.

2 Breng het mengsel, als het stevig wordt, met de handen bij elkaar. Kneed tot een zacht, maar niet plakkerig deeg ontstaat. Voeg zo nodig een beetje extra water toe.

3 Kneed het deeg 10 min. op een licht met bloem bestoven werkvlak. Doe het terug in de kom, dek de kom losjes af met licht ingevette, doorzichtige folie en laat het deeg 30-40 min. rijzen op een warme plek tot het in volume is verdubbeld.

4 Kneed het deeg soepel en elastisch en snijd het in drie stukken. Maak er ovalen van 18 cm van en leg elk stuk op een met olie ingevette bakplaat. Kerf een ruitenpatroon in elk brood. Dek de broden losjes af en laat ze 15-20 min. rijzen op een warme plek.

5 Verwarm de oven voor op 220 °C. Bestrijk de broden met een beetje olijfolie en bestrooi ze met blaadjes rozemarijn en zeezoutvlokken. Bak ze in ca. 25 min. goudbruin. Ze moeten hol klinken als u op de onderkant klopt.

Wagenwiel met kaas en courgette

Dit bijzondere brood dankt zijn vochtigheid aan geraspte courgettes en zijn volle smaak aan versgeraspte parmezaanse kaas.

Voor 1 brood
4 courgettes, grof geraspt
675 g bloem voor witbrood
2 zakjes instantgist à 7 g
50 g versgeraspte parmezaanse kaas
2 el olijfolie, plus extra voor het invetten
melk voor het bestrijken
maan- of sesamzaad, voor het bestrooien
zout en zwarte peper

1 Doe de geraspte courgettes in een vergiet en bestrooi ze met zout. Laat het vergiet 20 min. in de gootsteen staan zodat het vocht kan uitlekken. Spoel de courgettes grondig af, laat ze uitlekken en dep ze droog met keukenpapier.

2 Zeef de bloem in een grote kom en voeg gist, parmezaanse kaas, een halve theelepel zout, en naar smaak peper toe. Roer de olie en de courgettes erdoor en voeg dan voldoende lauw water toe voor een stevig, maar nog zacht deeg.

3 Kneed het deeg ca. 10 min. en doe het terug in de kom. Dek de kom af met licht ingevette, doorzichtige folie en laat het deeg 1 uur rijzen op een warme plek tot het in volume is verdubbeld.

4 Vet een diepe ronde cakevorm van 23 cm doorsnede in. Besla het deeg en kneed het weer. Verdeel het in acht stukken en rol die tot gladde balletjes. Doe de balletjes in de vorm; leg één in het midden en de rest eromheen.

5 Bestrijk het brood met een beetje melk en bestrooi het met de zaadjes. Dek het af met licht ingevette, doorzichtige folie en laat het op een warme plek rijzen tot de deegballetjes in volume zijn verdubbeld.

6 Verwarm ondertussen de oven voor op 200 °C. Bak het brood 35-45 min. tot het goudbruin is en hol klinkt als u op de onderkant klopt. Laat het brood afkoelen op een rooster en nuttig het direct.

Kruidig gierstbrood

Een heerlijk, kruidig brood met een goudbruine korst.

Voor 1 brood
90 g gierst
600 g ongebleekte bloem, plus extra om te bestuiven
2 tl zout
zakje instantgist à 7 g
1 tl basterdsuiker
1 tl gedroogde chilivlokken
25 g boter
1 ui, grof gehakt
1 el komijnzaad
1 tl gemalen kurkuma

1 Breng in een pannetje 2 dl water aan de kook. Voeg de gierst toe, dek de pan af en laat de gierst 20 min. op laag vuur koken tot de korrels zacht zijn en het water is opgenomen. Neem de pan van het vuur en laat de korrels afkoelen tot ze net warm zijn.

2 Meng bloem, zout, gist, suiker en chilivlokken in een grote kom. Roer de gierst erdoor, voeg 3,5 dl warm water toe en meng het geheel tot een zacht deeg.

3 Kneed het deeg 10 min. op een met bloem bestoven werkvlak, doe het in een met olie ingevette kom en dek de kom af met licht ingevette, doorzichtige folie. Laat het deeg 1 uur rijzen op een warme plek tot het in volume is verdubbeld.

4 Smelt ondertussen de boter in een koekenpan met dikke bodem en bak de ui glazig. Voeg komijnzaad en kurkuma toe en bak het mengsel al roerend 5-8 min. tot de zaadjes beginnen te ploffen. Zet dit mengsel apart.

5 Besla het deeg, kneed het kort en maak er een rond stuk van. Doe het uienmengsel in het midden van het deeg en vouw de randen eroverheen. Plak de randen goed dicht. Doe het brood met de naad naar beneden op een met olie ingevette bakplaat, dek het af met licht ingevette, doorzichtige folie en laat het 45 min. rijzen op een warme plek tot het in volume is verdubbeld. Verwarm de oven voor op 220 °C.

6 Bak het brood in 30 min. goudbruin. Het moet hol klinken als u op de onderkant klopt. Laat het afkoelen op een rooster.

Syrisch uienbrood

Deze ongewone kleine broodjes uit Syrië hebben een kruidig bovenlaagje bespikkeld met verse munt.

Voor 8 broodjes
450 g ongebleekte bloem voor witbrood, plus extra
1 tl zout
20 g verse gist
2,8 dl lauw water
olie voor het invetten

Voor het bovenlaagje
4 el gesnipperde ui
1 tl gemalen komijn
2 tl gemalen koriander
2 tl fijngehakte verse munt
2 el olijfolie

1 Bestuif twee bakplaten licht met bloem. Zeef de bloem en het zout in een grote kom en maak een kuiltje in het midden. Meng de gist met een beetje water en roer dan de rest erdoor.

2 Giet het gistmengsel in het kuiltje en meng alles tot een stevig deeg. Kneed het deeg 8-10 min. op een licht met bloem bestoven werkvlak tot het soepel en elastisch is. Doe het in een licht ingevette kom, dek de kom af met licht ingevette, doorzichtige folie en laat het deeg 1 uur rijzen op een warme plek tot het in volume is verdubbeld.

3 Besla het deeg en leg het op een licht met bloem bestoven werkvlak. Verdeel het in acht gelijke stukken en rol elk stuk uit tot een rondje van 13-15 cm doorsnede. Maak ze enigszins hol. Prik ze overal in met een vork en leg ze op de bakplaten. Laat er voldoende ruimte tussen. Dek ze af met licht ingevette, doorzichtige folie en laat ze 15-20 min. rijzen.

4 Verwarm de oven voor op 200 °C. Meng ui, komijn, koriander en munt in een kom. Bestrijk de broodjes met olijfolie, bestrooi ze met het uienmengsel en bak ze 15-20 min.

> **Tip van de kok**
> Als u geen verse munt hebt, gebruik dan 1 eetlepel gedroogde, of liever nog gevriesdroogde munt.

Brood met lente-ui, bieslook en ricotta

Met ricotta en bieslook krijgt u zacht en heerlijk smakend brood, zeer geschikt om bij salades te serveren, zeker die met een basis van rijst of bulgur.

Voor 1 brood of 16 broodjes
15 g verse gist
1 tl basterdsuiker
2,7 dl lauw water
450 g ongebleekte bloem voor witbrood, plus een beetje extra
1½ tl zout
1 grote ei, losgeklopt
115 g ricotta
2 el olijfolie extra vierge, plus extra voor het invetten
1 bos lente-uitjes, in ringetjes
3 el fijngeknipt vers bieslook
1 el melk
2 tl maanzaad
grof zeezout

1 Meng de verse gist en de suiker met een vork en voeg vervolgens beetje bij beetje 1,2 dl van het lauwe water toe. Zet dit mengsel 10 min. op een warme plek.

2 Zeef de bloem en het zout in een voorverwarmde kom. Maak een kuiltje in het midden en giet hier het gistmengsel en de rest van het water in. Bewaar een beetje van het ei en voeg de rest toe aan het vocht in de kom. Voeg de ricotta toe en meng alle ingrediënten tot een deeg; voeg een beetje extra bloem toe als het mengsel te plakkerig is.

3 Kneed het deeg in 10 min. soepel en elastisch op een met bloem bestoven werkvlak en doe het dan terug in de kom. Dek de kom af met licht ingevette, doorzichtige folie en laat het deeg 1-2 uur rijzen op een warme plek tot het in volume is verdubbeld.

4 Verhit ondertussen de olie in een kleine pan. Bak de lente-uitjes onder af en toe roeren 3-4 min. op laag vuur tot ze zacht, maar niet bruin zijn. Laat ze afkoelen.

5 Besla het gerezen deeg en kneed de uien en de in de pan achtergebleven olie erdoor. Voeg het bieslook toe. Maak van het deeg broodjes, een groot brood of een vlecht.

6 Vet een bakplaat of broodvorm in en leg het brood of de broodjes erop. Dek ze af met licht ingevette, doorzichtige folie en laat ze ca. 1 uur rijzen op een warme plek. Verwarm de oven voor op 200 °C.

7 Meng melk en achtergehouden ei en bestrijk de broden hiermee. Bestrooi ze met maanzaad en wat grof zeezout en bak ze tot hij goed gerezen is en een goudbruine kleur heeft gekregen. Voor broodjes ca. 15 min., voor een groot brood 30-40 min. Laat het brood afkoelen op een rooster.

> **Tip van de kok**
> Maak een gevlochten brood door het deeg in drie gelijke rollen van ca. 40 cm lang te verdelen. Druk ze aan één uiteinde op elkaar, vlecht ze en druk het laatste stuk samen.

Franse baguettes

Voor 3 baguettes
500 g ongebleekte bloem voor witbrood, plus extra
115 g fijne Franse bloem
2 tl zout
15 g verse gist
5,5 dl lauw water

1 Zeef de bloemsoorten en het zout in een kom. Roer gist en water in een andere kom. Klop er beetje bij beetje de helft van het bloemmengsel door tot u een beslag hebt. Dek dit af met doorzichtige folie en laat het 3 uur staan, of tot het in volume bijna is verdrievoudigd en wat inzakt.

2 Klop er met uw hand beetje bij beetje de rest van de bloem door. Kneed het beslag 8-10 min. op een licht met bloem bestoven werkvlak tot een vochtig deeg. Doe dit in een licht ingevette kom, dek hem af met ingevette, doorzichtige folie en laat het deeg ca. 1 uur rijzen op een warme plek.

3 Besla het deeg en verdeel het in drie gelijke stukken. Maak van elk stuk een bal en van deze weer een rechthoek van 15 x 7,5 cm. Vouw het onderste derde deel in de lengte naar boven, het bovenste derde naar beneden en druk aan. Plak de randen goed dicht. Herhaal dit twee tot nog drie keer tot elk brood langwerpig is.

4 Rek elk brood in de lengte voorzichtig uit tot 35 cm. Vouw een met bloem bestoven theedoek op een bakplaat zodanig dat er drie vormen ontstaan waar de broden hun vorm in behouden. Dek ze af met licht ingevette, doorzichtige folie en laat ze 45-60 min. rusten op een warme plek.

5 Verwarm ondertussen de oven voor op 230 °C. Rol de broden op een bakplaat; laat er voldoende ruimte tussen. Maak met een scherp mes lange diepe diagonale sneden in elk brood. Leg de baguettes boven in de oven en besproei de binnenkant van de oven met water. Bak ze in zo'n 20-25 min. goudbruin. Besproei de oven tijdens de eerste 5 min. baktijd nog twee keer. Laat de broden afkoelen op een rooster en nuttig ze dezelfde dag nog.

Kaas-uistokbroden

Deze smakelijke broden zijn heerlijk bij soepen of salades. Gebruik voor veel smaak goede sterke kaas.

Voor 2 stokbroden
1 el zonnebloemolie, plus extra voor het invetten
1 rode ui, gesnipperd
450 g bloem, plus extra om te bestuiven
1 tl zout
1 tl mosterdpoeder
2 tl instantgist
snufje suiker
3 el fijngehakte verse gemengde kruiden
75 g vetarme (cheddar)kaas
3 dl lauw water

1 Verhit de olie in een koekenpan en bak de ui bruin. Vet twee bakplaten dun in.

2 Zeef de bloem, het zout en de mosterd in een mengkom. Voeg de gist, de suiker en de kruiden toe. Bewaar 2 eetlepels kaas en roer de rest door het bloemmengsel. Maak een kuiltje in het midden. Voeg het water, de gebakken uien en de olie toe en roer beetje bij beetje de bloem erdoor tot een zacht deeg ontstaat. Voeg zo nodig extra water toe.

3 Kneed het deeg zo'n 10 min. op een met bloem bestoven werkvlak. Doe het deeg weer terug in de schone kom, dek de kom af met licht ingevette, doorzichtige folie en laat het deeg ca. 1 uur rijzen op een warme plek tot het in volume is verdubbeld.

4 Leg het deeg op een met bloem bestoven werkvlak, kneed het kort, verdeel het in twee stukken en rol elk stuk uit tot een stokbrood van 30 cm. Leg ze op een bakplaat en maak diagonale sneden in de bovenkant.

5 Bestrooi de broden met de achtergehouden kaas. Dek ze af en laat ze 30 min. staan tot ze goed zijn gerezen.

6 Verwarm de oven voor op 220 °C. Bak de broden 25 min., ze moeten hol klinken als u op de onderkant klopt. Laat ze afkoelen op een rooster.

Pitabrood

Al kunt u pitabrood in elke winkel kopen, het is erg leuk om uw eigen te bakken. Gevuld met ratatouille, geroosterde mediterrane groenten of een salade zijn ze zalig. Zorg voor een hete oven, anders zwellen ze niet op.

Voor 6 stuks
225 g ongebleekte bloem voor witbrood, plus extra
1 tl zout
15 g verse gist
1,4 dl lauw water
3 tl olijfolie extra vierge

1 Zeef de bloem en het zout in een kom. Los de gist op in het water en roer er 2 eetlepels olijfolie door. Klop beetje bij beetje de bloem erdoor tot een zacht deeg is ontstaan.

2 Kneed het deeg 10 min. op een licht met bloem bestoven werkvlak, doe het weer terug in de schone kom, dek de kom af met licht ingevette, doorzichtige folie en laat het ca. 1 uur rijzen op een warme plek tot het in volume is verdubbeld.

3 Besla het deeg. Verdeel het op een licht met bloem bestoven werkvlak in zes gelijke stukken en rol er ballen van. Dek de ballen af met licht ingevette, doorzichtige folie en laat ze 5 min. staan. Rol elke deegbal uit tot een ovaal van ca. 5 mm dik en 15 cm lang. Leg ze op een met bloem bestoven theedoek en dek ze af met folie. Laat ze zo'n 20-30 min. rijzen op kamertemperatuur.

4 Verwarm ondertussen de oven voor op 230 °C.

5 Leg de broden op 3 bakplaten en bak ze 4-6 min. tot ze opgezwollen zijn. Laat ze enigszins afkoelen op een rooster en dek ze af met een theedoek om ze zacht te houden.

> **Variaties**
> Maak volkoren pitabroodjes door de helft van de bloem te vervangen door volkorenbloem. U kunt ook kleinere pitabroodjes van 10 cm doorsnede maken, die u als snacks of canapés serveert.

Gekruid naanbrood

Van oudsher wordt naanbrood in een heel hete tandoori-oven gebakken, maar u kunt ook een hete oven combineren met een grill.

Voor 6 stuks
450 g bloem, plus extra om te bestuiven
1 tl bakpoeder
½ tl zout
zakje instantgist à 7 g
1 tl basterdsuiker
1 tl venkelzaadjes
2 tl zwarte-uienzaadjes
1 tl komijnzaadjes
1,5 dl lauwe melk
2 el olie, plus extra voor het invetten en bestrijken
1,5 dl yoghurt
1 ei, losgeklopt

1 Zeef bloem, bakpoeder en zout in een mengkom. Roer er gist, suiker en zaadjes door. Maak een kuiltje in het midden en giet hier melk, olie, yoghurt en ei in. Klop er beetje bij beetje de omringende bloem goed door tot u een deeg hebt.

2 Kneed het deeg 10 min. op een licht met bloem bestoven werkvlak. Doe het deeg in een licht ingevette kom, dek de kom af met licht ingevette, doorzichtige folie en laat het deeg ca. 1 uur rijzen op een warme plek tot het in volume is verdubbeld.

3 Schuif een dikke bakplaat in de oven en verwarm de oven voor op 240 °C. Verwarm de grill voor. Kneed het deeg licht en verdeel het in zes stukken. Dek vijf stukken af en rol het zesde uit tot het de vorm van een traan heeft. Bestrijk dit stuk met olie en leg het op de hete bakplaat. Doe hetzelfde met de andere vijf stukken.

4 Bak de naanbroodjes 3 min. tot ze opgezwollen zijn en schuif de bakplaat zo'n 30 sec. onder de grill tot de broodjes lichtbruin kleuren. Serveer ze heet of warm.

> **Variatie**
> Voeg eens fijngehakte chilipeper toe of bestrooi de broodjes met maanzaad voordat u ze bakt.

Chapati's

Deze stevige, ongedesemde Indiase broodjes zijn de authentieke begeleider van pittige vegetarische gerechten.

Voor 6 stuks
175 g atta of volkorenbloem, plus extra om te bestuiven
½ tl zout
1,1 dl water
1 tl plantaardige olie, plus extra voor het invetten
gesmolten ghee of boter voor het bestrijken (naar keuze)

1 Zeef de bloem en het zout in een kom. Voeg het water toe en meng alles tot een zacht deeg. Kneed de olie erdoor.

2 Kneed het deeg in 5-6 min. soepel op een licht met bloem bestoven werkvlak. Doe het in een licht ingevette kom, dek de kom af met een vochtige theedoek en laat het deeg 30 min. staan. Leg het op een met bloem bestoven werkvlak en verdeel het in zes stukken. Maak van elk stuk een bal. Druk het deeg met de palm van uw hand groter en rol het tot een *chapati* van 13 cm. Stapel de chapati's op, telkens met een stuk doorzichtige folie ertussen om ze vochtig te houden.

3 Verhit een koekenpan met dikke bodem op matig vuur. Pak één chapati, borstel overtollige bloem eraf en leg hem in de pan. Bak hem 30-60 sec. tot er op de bovenkant belletjes verschijnen en de onderkant witte vlekjes heeft.

4 Keer de chapati met een pannenkoekmes en bak hem nog eens 30 sec. Haal hem uit de pan en houd hem warm tussen een gevouwen theedoek terwijl u de andere chapati's bakt. Bestrijk de chapati's eventueel direct na het bakken met gesmolten ghee of boter. Serveer ze warm.

> **Tip van de kok**
> Atta of ata is een heel fijne volkorenbloem, die alleen in speciaalzaken te koop is. Soms wordt hij simpelweg chapatibloem genoemd.

Bagels

Bagels zijn heel leuk om te maken en smaken verrukkelijk met roomkaas, zowel sec als met gegrilde aubergines of courgettes en verse kruiden.

Voor 10 stuks
olie voor het invetten
350 g ongebleekte bloem voor witbrood, plus extra
2 tl zout
zakje instantgist à 7 g
1 tl marmite (gistextract)
2,1 dl lauw water

Voor het pocheren
2,5 l water
1 el marmite

Voor de bovenkant
1 eiwit
2 tl koud water
2 el maan-, sesam- of karwijzaadjes of gecombineerd

1 Vet twee bakplaten in. Zeef de bloem en het zout in een kom en roer de gist erdoor. Meng de marmite met het water en roer dit mengsel door de bloem tot een deeg ontstaat. Kneed het deeg 10 min. op een met bloem bestoven werkvlak. Doe het in een licht ingevette kom, dek de kom af met licht ingevette, doorzichtige folie en laat het deeg ca. 1 uur rijzen op een warme plek tot het in volume is verdubbeld.

2 Besla het deeg, kneed het 1 min. en verdeel het in 10 stukken. Rol er balletjes van, dek ze af met doorzichtige folie en laat ze 5 min. staan. Druk elke bal een beetje platter en maak een gat in het midden. Leg ze op een met bloem bestoven blad, dek ze weer af en laat ze 10-20 min. op een warme plek staan.

3 Verwarm ondertussen de oven voor op 220 °C. Doe voor het pocheren het water en de marmite in een grote pan, breng ze aan de kook en draai het vuur lager tot het water zachtjes kookt. Pocheer de bagels 1 min. in porties van 2 of 3. Als u ze in de pan doet, zinken ze eerst en komen daarna boven. Keer ze en pocheer de andere kant 30 seconden. Haal ze uit de pan en laat ze uitlekken op een theedoek.

4 Leg op elke bakplaat 5 bagels. Klop het eiwit met het water los en bestrijk de bagels hiermee. Bestrooi ze met de zaadjes. Bak de bagels goudbruin in 25 min. en laat ze afkoelen op een rooster.

Luxebroodjes

Voor 12 stuks
450 g ongebleekte bloem voor witbrood, plus extra
2 tl zout
½ t l bastersuiker
zakje instantgist à 7 g
50 g boter
2,5 dl lauwe melk
1 ei, losgeklopt

Voor de bovenkant
1 eierdooier
1 el water
maan- en sesamzaad

1 Vet twee bakplaten in. Zeef de bloem en het zout in een kom. Roer de suiker en de gist erdoor. Snijd met twee messen de boter erdoor tot een kruimelige massa ontstaat. Voeg de melk en het ei toe en meng alles tot een deeg. Kneed het 10 min. op een met bloem bestoven werkvlak. Doe het deeg in een licht ingevette kom, afgedekt met ingevette, doorzichtige folie en laat het deeg 1 uur rijzen.

2 Besla het deeg op een licht met bloem bestoven werkvlak en kneed het 2-3 min. Verdeel het in 12 stukken.

3 Vlecht: verdeel een stuk deeg in drie 'worsten'. Druk ze aan één kant samen, vlecht ze, druk de eindjes samen en vouw die naar onderen.
Klaverblad: maak drie balletjes van een stuk deeg en druk ze in een driehoek samen.
Stokbrood: maak een langwerpig stuk deeg. Maak sneetjes in de bovenkant.
Boerenbroodje: verdeel het deeg in twee stukken van eenderde en tweederde deel van het deeg en maak ze rond. Leg het kleine stuk op het grote en maak een gat in het midden.
Knoop: vorm een stuk deeg tot een rol en maak er een enkele knoop in.

4 Leg de broodjes op de bakplaten, dek ze af met ingevette, doorzichtige folie en laat ze 30 min. rijzen op een warme plek. Verwarm ondertussen de oven voor op 220 °C.

5 Meng de eierdooier en het water er bestrijk de broodjes ermee. Bestrooi ze met maan- of sesamzaad en bak ze 5-18 min.

Panini all'olio

De Italianen zijn dol op broodjes in barokke vormen.

Voor 16 stuks
4 el olijfolie extra vierge, plus extra
450 g ongebleekte bloem voor witbrood, plus extra
2 tl zout
15 g verse gist
2,5 dl lauw water

1 Vet drie bakplaten dun in met olie. Zeef de bloem en het zout in een kom. Meng de gist met de helft van het water en roer dan de rest erdoor. Voeg dit, samen met de olie, aan de bloem toe en meng alles tot een deeg.

2 Kneed het deeg 8-10 min. op een met bloem bestoven werkvlak. Doe het in een licht ingevette kom, dek de kom af met licht ingevette, doorzichtige folie en laat het deeg ca. 1 uur rijzen op een warme plek tot het deeg bijna in volume is verdubbeld.

3 Besla het deeg op een licht met bloem bestoven werkvlak. Verdeel het in 16 stukken en maak er broodjes van.

4 Tavalli (gedraaide spiralen): rol elk stuk deeg uit tot een reep van 30 cm lang en 4 cm breed. Draai elk stuk tot een losse spiraal en maak de uiteinden vast zodat u een cirkel heeft.
Filoncini (vingervormige broodjes): vorm elk stuk deeg tot een platte ovaal en rol deze op tot hij ca. 23 cm lang is. Maak hem aan het ene uiteinde 5 cm en aan het andere 10 cm breed. Rol ze op, beginnend bij het brede eind, en rek ze uit tot ze 20-23 cm lang zijn. Snijd ze in tweeën.
Carciofi (artisjokvormige broodjes): maak van elk stuk deeg een bal.

5 Leg de broodjes op de bakplaten. Bestrijk ze met olijfolie, dek ze af met licht ingevette, doorzichtige folie en laat ze 30 min. staan op een warme plek. Verwarm de oven voor op 200 °C.

6 Maak de carciofi af door vier tot vijf diepe sneetjes van 5 mm in de vorm een cirkel in de bovenkant te knippen en maak vervolgens vijf langere horizontale sneetjes rondom de zijkanten. Bak de broodjes ca. 15 min. en laat ze afkoelen op een rooster.

Volkoren kruidendriehoekjes

Belegd met sla en kaas zijn deze broodjes lekker voor de lunch.

Voor 8 stuks
225 g volkorenbloem, plus extra
115 g bloem voor witbrood
1 tl zout
½ tl natriumbicarbonaat
1 tl cream of tartar
½ tl chilipoeder
50 g zachte margarine
4 el fijngehakte gemengde verse kruiden
2,5 dl magere melk
1 el sesamzaad

1 Verwarm de oven voor op 220 °C. Bestuif een bakplaat licht met bloem. Doe de volkorenbloem in een mengkom en zeef er bloem, zout, natriumbicarbonaat, cream of tartar en chilipoeder in. Snijd met twee messen de margarine erdoor tot een kruimelige massa ontstaat.

2 Voeg de kruiden en de melk toe en meng het geheel tot een zacht deeg. Leg het op een licht met bloem bestoven werkvlak. Kneed het deeg kort, want anders wordt het taai.

3 Rol het deeg uit tot een rond stuk van 23 cm doorsnede en leg dit op de bakplaat. Bestrijk het dun met water en bestrooi het gelijkmatig met sesamzaad.

4 Snijd het deeg voorzichtig in 8 partjes, haal ze voorzichtig een beetje van elkaar los, en bak ze 15-20 min. Laat ze iets afkoelen op een rooster en serveer ze warm.

> **Variaties**
> • Voeg voor kaas-kruidendriehoekjes 50-115 g geraspte gruyère of emmentaler toe nadat u de margarine in stap 1 door het deeg hebt gesneden.
> • Maak driehoekjes met tomaten: vervang de verse kruiden door 2 eetlepels uitgelekte, fijngesneden zongedroogde tomaten op olie. Voeg, samen met de melk in stap 2, mild paprikapoeder, fijngehakte verse peterselie en fijngehakte verse majoraan toe (1 eetlepel van elk).

Tomatenstengels

Ze zijn vers, gezond, vetarm en zalig met dipsausjes. Maak er genoeg van, want ze smaken altijd naar meer.

Voor 16 stuks
225 g bloem, plus extra om te bestuiven
½ tl zout
1½ tl instantgist
1 tl heldere honing
2 tl olijfolie, plus extra
1,5 dl lauw water
6 stukjes zongedroogde tomaten op olijfolie, uitgelekt en fijngesneden
1 el magere melk
2 tl maanzaad

1 Doe de bloem, het zout en de gist in een keukenmachine. Voeg de honing en 1 theelepel van de olijfolie toe en voeg, terwijl de machine loopt, beetje bij beetje voldoende lauw water toe voor een deeg. Laat de machine nog 1 min. lopen.

2 Kneed het deeg 3-4 min. op een licht met bloem bestoven werkvlak. Kneed de fijngesneden zongedroogde tomaten erdoor. Maak een bal van het deeg en leg die in een licht met olie ingevette kom. Laat het deeg 5 min. rijzen.

3 Verwarm de oven voor op 150 °C. Bestrijk een bakplaat dun met olie.

4 Verdeel het deeg in 16 stukken en rol elk stuk tot een stengel van 25 x 1 cm. Leg de stengels op de bakplaten en laat ze 15 min. rijzen op een warme plek.

5 Bestrijk de stengels met melk en bestrooi ze met maanzaad. Bak ze 30 min. en laat ze afkoelen op een rooster.

> **Tip van de kok**
> Verschillende soorten bloem hebben verschillende absorberende vermogens, dus hebt u misschien niet al het water nodig. Houd op met toevoegen als het deeg aan elkaar gaat plakken.

Brioche

Voor 1 brood
350 g ongebleekte bloem voor witbrood, plus extra om te bestuiven
½ tl zout
15 g verse gist
4 el lauwe melk
3 eieren, losgeklopt
175 g zachte boter
25 g basterdsuiker
olie voor het invetten

Voor het bovenlaagje
1 eierdooier
1 el melk

1 Zeef de bloem en het zout in een grote kom en maak een kuiltje in het midden. Prak de gist met de melk in een kan en voeg dit mengsel, samen met de eieren, toe aan de bloem. Meng alles tot een zacht deeg.

2 Klop met uw hand het deeg 4-5 min. Roer de boter en de suiker door elkaar. Voeg het botermengsel in kleine hoeveelheden toe aan het deeg; zorg ervoor dat het goed is gemengd voordat u meer toevoegt. Klop tot een glanzend en soepel deeg ontstaat.

3 Dek het deeg af met licht ingevette, doorzichtige folie en laat het 1,5 uur rijzen op een warme plek tot het in volume is verdubbeld. Besla het deeg licht, dek het weer af en zet het 8-10 uur in de koelkast.

4 Vet een briochevorm dun in. Leg het deeg op een licht met bloem bestoven werkvlak. Maak van driekwart van het deeg een bal en bekleed de vorm hiermee. Maak van de rest een lang ovaal. Maak een gat in het midden van de grote bal. Druk het ovaal voorzichtig met de dunne kant in het gat.

5 Meng voor het bovenlaagje de eierdooier en de melk en bestrijk de brioche met een beetje van dit mengsel. Dek hem af met licht ingevette, doorzichtige folie en laat de brioche 1,5-2 uur rijzen op een warme plek.

6 Verwarm ondertussen de oven voor op 230 °C. Bestrijk de brioche met de rest van het mengsel en bak hem 10 min. Verlaag de oventemperatuur naar 190 °C en bak de brioche in nog eens zo'n 20-25 min. goudbruin.

Croissants

Voor 18 stuks
500 g bloem, plus extra om te bestuiven
1½ tl zout
2 tl basterdsuiker
1 el instantgist
3,25 dl lauwe melk
olie voor het invetten
225 g koude boter
1 ei, geklopt met 2 tl water, voor het bestrijken

1 Meng bloem, zout, suiker en gist in een kom. Voeg voldoende melk toe voor een zacht deeg. Doe dit in een schone kom, dek de kom af met licht ingevette, doorzichtige folie en laat het deeg 1,5 uur rijzen op een warme plek.

2 Kneed het deeg glad. Wikkel het in vetvrij papier en zet het 15 min. in de koelkast. Verdeel de boter in tweeën en rol elke helft tussen twee stukken vetvrij papier tot een rechthoek van 15 × 10 cm.

3 Rol het deeg op een met bloem bestoven werkvlak uit tot een rechthoek van 30 × 20 cm. Leg een plak boter in het midden. Vouw het onderste derde gedeelte over de boter heen, druk het deeg goed aan en leg de tweede plak boter erop. Vouw het bovenste derde gedeelte erover. Keer het deeg met de korte kant naar u toe. Rol het voorzichtig uit tot een rechthoek van 30 × 20 cm. Vouw het weer in drie gedeelten, wikkel het in vetvrij papier het en leg 30 min. in de koelkast. Doe dit nog tweemaal, verpak het deeg weer en zet het ten minste 2 uur of een nacht in de koelkast.

4 Rol het deeg uit tot een rechthoek van 33 cm breed. Snijd het doormidden en vervolgens in 18 driehoekjes van 15 cm hoog en 10 cm breed. Rol ze iets uit en rol ze van onder naar boven toe op. Leg ze op bakplaten als halve maantjes. Dek ze af met licht ingevette, doorzichtige folie en laat ze 1-1,5 uur rijzen.

5 Verwarm de oven voor op 240 °C. Bestrijk de croissants met het eiermengsel en bak ze 2 min. Verlaag de oventemperatuur naar 190 °C en bak de croissants nog eens 10-12 min.

Kaas-aardappelscones

Door toevoeging van romige aardappelpuree zijn deze volkorenscones vochtig vanbinnen en knapperig vanbuiten.

Voor 9 stuks
40 g boter, plus extra voor het invetten
115 g volkorenbloem, plus extra om te bestuiven
½ tl zout
4 tl bakpoeder
2 eieren, losgeklopt
4 el halfvolle melk
115 g gekookte aardappels, gestampt
3 el fijngehakte verse salie
50 g geraspte belegen cheddar
sesamzaad voor het bestrooien

1 Verwarm de oven voor op 220 °C. Vet een bakplaat in. Zeef bloem, zout en bakpoeder in een kom. Snijd met twee messen de boter erdoor tot een kruimelige massa ontstaat en roer daarna de helft van het losgeklopte ei en alle melk door. Voeg aardappelpuree, salie en de helft van de cheddar toe en meng het geheel tot een zacht deeg.

2 Kneed het deeg op een met bloem bestoven werkvlak glad. Rol het uit tot het 2 cm dik is en snijd er met een rond vormpje van 6 cm doorsnede 9 scones uit.

3 Leg de scones op de bakplaat en bestrijk de bovenkanten met de rest van het losgeklopte ei. Bestrooi ze met de rest van de kaas en het sesamzaad en bak ze in 15 min. goudbruin.

Tip van de kok
Gebruik een scherp vormpje om het indrukken van de randen en daarmee het ongelijkmatig rijzen van de scones te voorkomen.

Variaties
- *Gebruik eventueel ongebleekt zelfrijzend bakmeel in plaats van volkorenbloem met bakpoeder.*
- *Vervang de salie eens door vers(e) rozemarijn of basilicum.*

Scones met gekarameliseerde uien en walnoten

Heerlijk met boter en extra belegen (cheddar)kaas. Ook zalig bij soep of een goed gevulde groentestoofpot.

Voor 10-12 stuks
90 g boter
1 el olijfolie
1 Spaanse ui, gesnipperd
½ tl komijnzaad, licht geplet, plus extra voor het bestrooien
200 g zelfrijzend bakmeel, plus extra
1 tl bakpoeder
25 g havermout
1 tl lichte rietsuiker
90 g fijngehakte walnoten
1 tl fijngehakte verse tijm
1¼ dl karnemelk
een beetje melk
zout en zwarte peper
grof zeezout

1 Smelt 15 g boter met de olie in een pannetje en bak de uien afgedekt op laag vuur glazig. Verwijder het deksel en bak de ui langzaam tot hij bruin kleurt.

2 Voeg het geplette komijnzaad toe en draai het vuur iets hoger. Bak de ui onder af en toe roeren tot hij bruin wordt en aan de randen gaat karameliseren. Laat hem afkoelen. Verwarm de oven voor op 200 °C.

3 Zeef de bloem en het bakpoeder in een grote kom en voeg havermout, een halve theelepel zout, veel versgemalen zwarte peper en rietsuiker toe. Snijd met twee messen de rest van de boter erdoor en voeg ui, walnoten en tijm toe. Roer er voldoende karnemelk door voor een zacht deeg.

4 Rol het mengsel uit tot het iets meer dan 1 cm dik is en steek er ronde scones van 5-6 cm uit. Leg ze op een met bloem bestoven bakplaat, bestrijk ze met melk en bestrooi ze met een beetje grof zeezout en een paar komijnzaadjes. Bak ze 12-15 min. tot ze goed zijn gerezen en goudbruin zijn. Laat ze iets afkoelen op een rooster en serveer ze warm.

Kaas-mosterdscones

Afhankelijk van hun grootte kunnen deze scones als canapé, hapje of zelfs als dekseltje voor een pasteitje worden geserveerd.

Voor 12 stuks
250 g zelfrijzend bakmeel, plus extra om te bestuiven
1 tl bakpoeder
½ tl zout
40 g boter of zonnebloemmargarine
175 g geraspte extra belegen cheddar, plus extra voor het bestrooien
2 tl grove mosterd
1,5 dl melk
versgemalen zwarte peper

Voor het serveren (naar keuze)
roomkaas met knoflook
geknipt vers bieslook
plakjes radijs

1 Verwarm de oven voor op 220 °C. Zeef bloem, bakpoeder en zout in een grote kom en snijd met twee messen de boter of margarine erdoor. Voeg zout en peper toe en roer de geraspte kaas erdoor.

2 Roer de mosterd en de melk goed door elkaar en voeg dit toe aan de droge ingrediënten.

3 Kneed het deeg voorzichtig op een licht met bloem bestoven werkvlak en druk het plat tot een stuk van 2 cm dik. Snijd met een vormpje rondjes van 5 cm uit. Leg ze op een bakplaat met antiaanbaklaag en bestrooi ze met extra geraspte kaas.

4 Bak ze ca. 10 min. tot ze gerezen zijn en een goudbruine kleur hebben gekregen. Als u de zijkanten indrukt, moeten de scones terugveren. Laat de scones afkoelen op een rooster. Besmeer de scones eventueel met knoflookroomkaas, bieslook en plakjes radijs.

> **Tip van de kok**
> Kneed het deeg niet te lang, want dan worden de scones zwaar en taai.

Sesamcrackers met zonnebloemzaad en amandel

Deze zalige, dunne, hartige koekjes zijn heerlijk met kaas en bleekselderij. U kunt ze ook bij hummus of een andere lekkere dipsaus serveren.

Voor ca. 24 stuks
130 g gemalen zonnebloemzaad
90 g gemalen amandelen
1 tl bakpoeder
2 el melk
1 eierdooier
25 g gesmolten boter
25 g sesamzaad

1 Verwarm de oven voor op 190 °C. Bewaar 25 g van het gemalen zonnebloemzaad om de crackers in uit te rollen en meng de rest van de zaadjes met de gemalen amandelen en het bakpoeder in een kom.

2 Meng melk en eierdooier in een kopje en roer ze met de gesmolten boter door de droge ingrediënten. Meng het geheel met uw handen voorzichtig tot een vochtig deeg.

3 Rol het deeg op een koel, met wat gemalen sesamzaad bestoven oppervlak uit tot ca. 5 mm dik. Bestrooi het met extra gemalen zaad om aanplakken te voorkomen.

4 Bestrooi het deeg met het sesamzaad en steek met een vormpje rondjes uit van 5 cm. Doorsnede. Leg ze op een bakplaat met antiaanbaklaag.

5 Bak de crackers in ca. 10 min. lichtbruin en laat ze afkoelen op een rooster.

> **Variatie**
> Bestrooi een paar crackers vóór het bakken met maanzaad.

Haverkoeken

Misschien wat ouderwets, maar deze haverkoeken zijn verrukkelijk, vooral met kaas.

Voor 8 stuks
175 g matig fijne haverbloem, plus extra voor het bestrooien
½ tl zout
snufje natriumbicarbonaat
15 g boter, plus extra voor het invetten
5 el water

1 Verwarm de oven voor op 150 °C. Meng haverbloem met zout en natriumbicarbonaat in een mengkom.

2 Smelt de boter met het water in een steelpannetje. Breng ze aan de kook, voeg het bloemmengsel toe en meng tot een vochtig deeg ontstaat.

3 Leg het deeg op een met haverbloem bestoven werkvlak en kneed het tot een gladde deegbal. Leg een grote bakplaat op zijn kop, vet hem in, bestuif hem licht met haverbloem en leg de deegbal erop. Bestrooi het deeg met haverbloem en rol het uit tot een rond stuk van 25 cm. doorsnede.

4 Snijd dit stuk in acht punten, haal ze een beetje van elkaar en bak ze in 50-60 min. knapperig. Laat ze afkoelen op de bakplaat en haal ze er met een pannenkoekmes af.

> **Tips van de kok**
> • Maak een mooi rond stuk door een bord van 25 cm doorsnede op het deeg te leggen. Snijd het omringende deeg met een pannenkoekmes weg en haal het bord weg.
> • Haverbloem wordt gemalen van de hele haverkorrel en wordt ingedeeld op hoe fijn het is gemalen: zeer grof (speldenknop), grof, matig fijn, fijn en zeer fijn. Haverbloem is in ons land niet gemakkelijk verkrijgbaar; middelfijne of fijne bloem is geschikt voor haverkoeken. Havermout, dat gemaakt is van gestoomde haverkorrels, is niet geschikt.

Rozemarijncrackers

Van rozemarijn wordt wel gezegd dat hij het best groeit voor een vrouw met een sterke wil. Als u hem in de tuin hebt, probeer deze crackers dan eens te maken en versier ze met roomkaas en rozemarijnbloemen.

Voor ca. 25 stuks
225 g bloem
½ tl bakpoeder
flinke snuf zout
½ tl kerriepoeder
75 g boter, in blokjes
2 el fijngehakte jonge blaadjes rozemarijn
1 eierdooier
2-3 el water
melk voor het bestrijken

Voor de versiering
2 el roomkaas
rozemarijnbloemen

1 Doe bloem, bakpoeder, zout en kerriepoeder in een keukenmachine. Voeg de boter toe en mix tot het mengsel op fijn broodkruim lijkt. Voeg de rozemarijn, de eierdooier en 2 eetlepels water toe. Laat de machine weer draaien tot een stevig deeg ontstaat. Voeg zo nodig de rest van het water toe. Wikkel het deeg in doorzichtige folie en zet het 30 min. in de koelkast.

2 Verwarm de oven voor op 180 °C. Rol het deeg dun uit op een licht met bloem bestoven werkvlak en snijd de crackers uit met een gekarteld vormpje van 5 cm. doorsnede.

3 Leg ze op een grote bakplaat en prik er met een vork gaatjes in. Bestrijk ze met melk en bak ze in ca. 10 min. goudbruin. Laat de crackers afkoelen op een rooster.

4 Besmeer elke cracker met een laagje roomkaas en steek hier een paar rozemarijnbloemen in. Gebruik hiervoor eventueel een pincet.

> **Tip van de kok**
> Als u geen keukenmachine hebt, snijd de boter dan met twee messen door het bloemmengsel in een kom. Voeg daarna de rest van de ingrediënten toe en meng ze goed.

Register

A
Aardappelbakjes met tomatenvulling 210
Aardappelgnocchi 76
Aardappelgnocchi met hazelnotensaus 141
Aardappelgratin 58
Aardappelkoekjes 57
Aardappelkoekjes met geitenkaas 159
Aardappel-koolkoek 91
Aardappellatkes 209
Aardappel-preitaart 181
Aardappelrösti met tofu 89
Aardappels à la lyonnaise 208
Aardappelschillen met een cajundip 58
Aardperensoep 25
Aïoli met gebakken aardappelpartjes 41
Aloo Saag 113
Artisjok-risottokoekjes met gesmolten manchego 56
Asperges in filokorst 182
Asperges met ei-citroensaus 29
Asperges met vermoutsaus 197
Aspergesoep 18
Aspergetaart met ricotta 182
Auberginecurry 112
Aubergine-en-kikkererwtenragout 124
Aubergine-paprikaspread 44
Aubergine-parmigiani 88
Auberginepilav 82
Aubergine-spinazieterrines 31
Avocadosalsa 14

B
Baba ganoush met Libanees plat brood 45
Bagels 247
Balti met maïs en bloemkool 132
Balti-aardappels met aubergines 133
Balti-toor dhal met kerstomaatjes 153
Basmatirijst met haricots verts en champignons 79
Beignets met lente-ui en ricotta 36
Bengaalse groente 134
Bieten-sinaasappelsalade 229
Bietenstoofschotel 83
Biryani met aubergine en pastinaak 117
Bladerdeegdoosjes met een vulling van lentegroenten in pernodsaus 188
Blauwekaasdipsaus 43
Bonen met Mexicaanse saus 95
Bonenfeestmaal 157
Borstsj 20
Boterbonendip 46
Brioche 250
Brioches gevuld met bieslookroerei 53
Broccoli en bloemkool met een saus van cider en appelmunt 199
Broccoli-kastanjeterrine 144
Broccolisoep met erwtjes en prei 21
Brood met lente-ui, bieslook en ricotta 244
Brood met zongedroogde tomaten 242
Bruschetta's met boterbonen en rozemarijn 50
Bulgur-linzenpilav 153
Bulgursalade met sinaasappel en amandelen 219
Burgers van kidneybonen en champignons 97
Burrito's met zwarte kidneybonen 103

C
Caesarsalade 231
Calzone met aubergine en zongedroogde tomaten 178
Caribische geroosterde zoete aardappels, uien en rode bieten 211
Challah 238
Champagnerisotto 191
Champignons in zuur 104
Champignonspread met noten 48
Champignontaart 179
Chapati's 247
Chiles rellenos 101
Chili sin carne 155
Chiliolie 13
Chinese soep met paddestoelen 24
Cabatta 237
Citroenoliedip met geroosterde artisjokken 41
Conchiglie met geroosterde groenten 136
Courgettebeignets met chili-jam 59
Courgettebeignets met pistou 158
Ccurgettecurry 114
Ccurgette-dilletaart 188
Courgetteroulade 193
Courgettes in citrussaus 198
Courgettes in tomatensaus 200
Couscoussalade 218
Couscoustorentjes met munt 214
Croissants 250
Crostini met geitenkaas en gin 50
Curry met maïs en erwtjes 114
Curry met okra en champignons 134
Curry met tofu en sperziebonen 115
Curry van spinazie en kikkererwten 123

Curry van tuinbonen en bloemkool 111
Currychampignons 111

D
Dhal met citroen en kokos 45
Dhal van tomaten, linzen en geroosterde amandelen 119
Dillebrood 239
Dip met boterbonen en waterkers 47
Dip van zongedroogde tomaten 43
Doris Grant-brood 232
Driegranenspiraal 240
Dubbelgebakken soufflés met gruyère en aardappel 38

E
Eenvoudige paprikasalade 228
Egyptische rijst met linzen 118
Eier- en linzencurry 120
Eieren 'en cocote' met wilde paddestoelen en bieslook 37
Eieren Benedictine met eenvoudige hollandaisesaus 54
Eieren in gepofte aardappels 57
Eliche met pesto 69
Empanadilla's met spinazie 61

F
Falafel 51
Farfalle met dolce latte 172
Fattoush 227
Feestelijke beursjes 180
Filodeegtasjes met paprika en waterkers 145
Flensjes met geroosterde asperges 170
Focaccia met groenepeperkorrels en steenzout 236
Franse baguettes 245
Franse dressing 13
Franse uiensoep 17
Frittata met paprika en courgette 64
Frittata met pasta 64
Fruitige bruinerijstsalade 220
Fusilli met wilde paddestoelen 171

G
Gado gado 218
Gazpacho 14
Gebakken eieren met crème fraîche 37
Gebakken gevulde pompoen 87
Gebakken kaaspolenta met tomatensaus 85
Gebakken kruidenflensjes 169
Gebakken rijst met champignons 151
Gebakken rijst met citrusvruchten 194
Gefrituurde courgettes met chilisaus 106
Gefrituurde mozzarellasandwiches met verse tomatensalsa 53
Gegratineerd aardappelpannetje 208
Gegratineerde bloemkool met walnoten en gorgonzola 90

Gegratineerde knollen met Indiase kruiden 91
Gegratineerde knolselderij 203
Gegratineerde radicchio en witlof 206
Gegratineerde wilde paddestoelen met beaufort, krieltjes en walnoten 158
Gegrilde polenta met gekarameliseerde ui 173
Gehaktbrood met paddestoelen en noten 164
Geitenkaasspread met knoflook 48
Gekarameliseerde sjalotjes 201
Gekruid naanbrood 246
Gekruide pompoen en spinazie 113
Gemarineerde groenten 30
Gemarineerde tofukebabs 97
Gemengde bladsla met kruiden en geroosterde pitten 231
Gemengde groenten met aromatische zaadjes 206
Gemengdebonencurry 125
Geroerbakte groenten met eieren 65
Geroerbakte groenten met zwartebonensaus 68
Geroerbakte kikkererwten 68
Geroerbakte lentegroenten 66
Geroerbakte noedels met taugé 214
Geroerbakte tofu 67
Geroerbakte tofu met kiemen 116
Geroosterde groenten met salsa verde 94
Geroosterde mediterrane groenten met pecorino 205
Geroosterde ovenfrites 207
Gesmoorde aubergine en courgette 128
Gesmoorde gerst met groente 83
Gesmoorde tofu met paddestoelen 129
Gestoofde prei met wortels 201
Gestoofde sla met doperwten 202
Geurige linzen-spinaziesalade 222
Gevuld brood met courgette, champignons en pesto 160
Gevulde aubergines in een pikante tomatensaus 192
Gevulde champignons 34
Gevulde geroosterde pompoenen 162
Gevulde groenten 162
Gevulde kolrabi 163
Gevulde pannenkoeken 168
Gevulde paprika's met pittige groenten 109
Gevulde portabello's met pijnboompittensaus 87
Gevulde uien met geitenkaas en zongedroogde tomaten 86
Gevulde wijnbladeren 33
Gnocchi met gorgonzolasaus 174
Goudengroentenpaella 79
Gratin dauphinois 210
Griekse picknickquiche 189
Griesmeelgnocchi met pesto 174
Groentebiryani 150
Groentebouillon 13

255
REGISTER

Groentecouscous met saffraan en harissa 81
Groentecurry 109
Groentefajita 103
Groentekashmiri 110
Groentekorma 115
Groentekruimeltaart 90
Groentepaella 149
Groentepakketjes met citroen 205
Groenterösti met whisky 159
Groentestoofpot met geroosterde tomaten en knoflooksaus 94
Groentetempura 36
Groenteterrine 160
Groenteterrine met cognac 31
Guacamole 44

H
Haloumi met geroosterde paprika 35
Hartige couscous met haloumi 81
Hartige flapjes met zoete aardappel 60
Hartige taart uit één stuk 185
Haverkoeken 253
Hete en zure kikkererwten 122
Hummus met rauwkost 47

I
Iers sodabrood 234
Ierse boerenkool 65
Indiase aardappelkoekjes 37
Indiase bloemkool en aardappels 112
Indiase bloemkoolsoep 21
Indiase maïsdip 47
Indiase mie goreng 100
Indonesische kokosrijst 212
Italiaans tomatenbrood 89

J
Jachtschotel met groente en kaasdriehoekjes 84
Jalapeño-uienquiche 101
Jamaïcaanse bonenstoofschotel 156
Japanse salade 221

K
Kaas-aardappelscones 251
Kaasfondue 165
Kaaskrullen 55
Kaas-mosterdscones 252
Kaas-preiworstjes met een pittige tomatensaus 93
Kaassoesjes 55
Kaassoufflé 166
Kaas-spinazievlaai 184
Kaastortilla met jalapeñopepers 102
Kaas-uistokbroden 245

Kasha met geitenkaas 82
Kedgeree met oesterzwammen en cantharellen 195
Kidneybonen met basmatirijst 127
Kidneybonencurry 125
Kidneybonendip 46
Kiemen en paksoi 104
Kikkererwten-spinaziecurry 154
Kitchiri 117
Klassieke kaasomelet 62
Knipbrood 232
Knoflookolie 13
Knoflookpaddestoelen met peterselie en citroen op toast 52
Knoflooksoep met kikkererwten 27
Komkommer-tomatensalade 228
Kool uit de oven 199
Koolrolletjes met citroensaus 163
Koolsalade met fruit en noten 230
Koude amandelsoep 15
Koude gevulde courgettes 34
Koude kokossoep 16
Koude soep met aardappel en prei 16
Koude soep met komkommer, yoghurt en walnoten 15
Koude tomaten-paprikasoep 14
Kruidenomelet 62
Kruidig gierstbrood 243
Kruidige pilav 151

L
Lasagne met spinazie en hazelnoten 139
Lentesalade met kwarteleitjes 215
Linzen met gebakken kruiden 120
Linzen-dhal met geroosterd knoflook 119
Linzen-notenbrood 164
Linzenpuree met gepocheerd ei 152
Linzenrisotto met groenten 147
Luchtige omelet met champignonvulling 63
Luxe Ierse boerenkool 65
Luxebroodjes 248

M
Macaronischotel met groenten 139
Madras Sambal 121
Maïs met jalapeñopepers en kaas 204
Makkelijke knoflook-kokosdip 42
Malfatti met paprikasaus 35
Marokkaanse pannenkoeken 169
Masala chana 122
Masala okra 110
Mayonaise 13
Meergranenbol 234
Mexicaanse tortillapakketjes 60
Mie met asperges en taugé 72
Mie met Chinese specerijen 72
Mierikswortelroom met kerrie 23
Mihoen met pittige groentesaus 135
Milde knoflookdip 42
Minipizza's met feta, chilipeper en pijnboompitten 177
Minipizza's met wilde paddestoelen 177

Mungboontjes met aardappels 126
Mung-dhal met courgettes 126

N
Nederlandse kaasfondue 165
Nieuwe aardappels met sjalotboter 209
Nieuwe aardappels met zure room 209
Noedels met gemengde groenten 100
Notenrijst met paddestoelen 78

O
Okra's met koriander en tomaten 202
Olijvenbrood 238
Omelet met voorjaarsgroenten 142
Omeletpakketjes met oosterse groenten 63
Omgekeerde groentetaart 189
Oosterse gebakken rijst 118
Oosterse groentestoofpot 106
Oosterse salade 225
Ovenschotel met artisjokken 93

P
Paddestoelen alla Bolognese 138
Paddestoelen in romige knoflooksaus 132
Paddestoelenbrood met sinaasappelsaus 161
Paddestoelenpannenkoekjes met bieslookboter 56
Paddestoelenschotel met venkel 130
Paddestoelen-spinaziesoufflé 166
Paddestoelentaart 92
Pan bagna met fontina 49
Pan de cebada 235
Pan haggerty 91
Panini all'olio 248
Pannenkoeken met artisjokken en prei 170
Panpizza met polentabodem 76
Panzanella 230
Panzerotti met spinazie en ricotta 178
Paprika's en tomaten uit de oven 203
Paprika's met ei en linzen 86
Paprikasalade met pesto 217
Parelgortrisotto met geroosterde muskaatpompoen en prei 192
Pasta met citroen 33
Pasta met pittige auberginesaus 98
Pasta met snijbiet, parmezaanse kaas en pijnboompitten 71
Pasta met sugocasa en chilipeper 98
Pastadeeg 12
Pastei met kastanjes, stilton en bruin bier 185

Pastinaak en kikkererwten in kruidenpasta 124
Pastinaaksoesjes met pecannoten 179
Penne met artisjokken 136
Penne met asperges en room 171
Penne rigate met groentesaus 70
Peper-paddestoelencarbonara 99
Perfecte aardappelpuree 207
Pestodipsaus 40
Peultjes en paprika 132
Pikante aardappelstrudel 107
Pikante pompoen met tomatensalsa 204
Pilau met tomaten, pistachenoten en sesamzaad 150
Pilav met saffraan en ingelegde walnoten 195
Pilav van wilde rijst 213
Pilavrijst met hele specerijen 212
Piperade met gemengde paprika 54
Pissaladière 183
Pitabrood 246
Pitabrood met courgettes, wortels en pecannoten 51
Pittig linzen-bonenbrood 157
Pittige aardappels en bloemkool 105
Pittige bonenschotel met citroen en gember 155
Pittige groenten met kokos 105
Pittige kikkererwten met gember 123
Pittige kokoschampignons 104
Pittige linzensoep 23
Pittige mie met pinda's 116
Pittige Noord-Afrikaanse soep 24
Pittige pindasoep 17
Pittige tomaten-spinaziepizza 99
Pittige worteldipsaus 40
Pizza Fiorentina 74
Pizza Margherita 73
Pizza met geroosterde groenten en geitenkaas
Pizza met nieuwe aardappel, rozemarijn en knoflook 75
Pizza met radicchio 175
Pizza met uien en olijven 73
Pizza met verse kruiden 73
Pizza met vier soorten kaas 49
Pizza met voorjaarsgroenten en pijnboompitten
Pizza Quattro Formaggi 75
Pizzadeeg 12
Polenta met gebakken tomaten en olijven 141
Polenta met paddestoelensaus 85
Polenta met pittige saus 32
Polenta-paprikabrood 241
Polentataart 173
Pompoendip met parmezaanse kaas 42
Pompoengnocchi met cantharellensaus 175
Pompoenpizza met salie 74
Pompoensalade met feta 216
Pompoensoep 23
Prei-roqueforttaart met walnotendeeg 187

Register

Preiroulade met kaas, walnoten en paprika's 168
Preisoufflé 165
Prei-uientaartjes 183
Provençaalse rijst 194

Q
Quiche met kaas en ui 92
Quiche met kaas, ui en champignons 145
Quiche met zonnebloempitten 142
Quorn met gember, chili en prei 67

R
Raita van komkommer en yoghurt 105
Ratatouille 219
Ratatouillepannenkoeken 144
Ribollita 26
Ricottaquiche met kruiden 161
Rigatoni met winterse tomatensaus 137
Rijst en bonen met avocadosaus 102
Rijst met linzen uit het Midden-Oosten 80
Rijströsti met wortel-sinaasappelpuree 146
Risotto met asperges 190
Risotto met champignons, prei en cashewnoten 148
Risotto met citroen en ei 78
Risotto met eekhoorntjesbrood en parmezaanse kaas 191
Risotto met paddestoelen en parmezaanse kaas 146
Risotto met rode paprika 147
Risotto met zomergroenten 77
Risotto primavera 148
Risottotaart met citroen en kruiden 149
Rode bonen 155
Rode kool in port-wijnsaus 198
Rodebonenchili 127
Rode-uientaart met een polentakorstje 186
Roemeense paprikasalade 228
Roerbakgroenten met cashewnoten 131
Roerbakgroenteschotel 128
Roerbakschotel met bloemkool 131
Roerbakschotel met broccoli 131
Roerbakschotel met kool 128
Roerbakschotel met linzen 66
Rogge-zuurdesembrood 235
Romige boterbonen met asperges 52
Romige courgettesoep 17
Romige soep met maïs en aardappel 26
Rond boerenbrood 233
Roodgekookte tofu met Chinese paddestoelen 129
Roqueforttaartjes met cognac 39
Rösti met artisjokken 196
Roulade van knolselderij en blauwe kaas 167
Roulade van spinazie, paddestoelen en geitenkaas 167
Rozemarijncrackers 253
Russisch aardappelbrood 239
Rustiek ovengerecht met volkorenpasta 71

S
Saffraandipsaus 40
Saffraanrisotto 77
Salade met avocado, rode ui, spinazie en polentacroutons 226
Salade met dadel en sinaasappel 230
Salade met een warme dressing en gepocheerde eieren 215
Salade met feta, munt en aardappels 224
Salade met gegrilde geitenkaas 29
Salade met peer, parmezaanse kaas en maanzaaddressing 28
Salade met verse paddestoelen 28
Salade van bieten en bleekselderij 229
Salade van bietjes en rode uien 223
Salade van gegrilde ui en aubergine 225
Salade van gepofte zoete aardappels 224
Salade van geroosterde romatomaten en rucola 217
Salade van prei, gegrilde paprika en geitenkaas 216
Salade van radijs, mango en appel 227
Salade van venkel, sinaasappel en rucola 229
Salsa met avocado en tomaat 36
Samosa's 61
Samosa's met kaas en pesto 38
Sardinische ravioli 172
Savooienkool gevuld met paddestoelen en gort 88
Scones met gekarameliseerde uien en walnoten 251
Sesamcrackers met zonnebloemzaad en amandel 252
Sesam-noedelsalade 221
Sinaasappel-tomaatsalsa 50
Sjalotjes en champignons op Griekse wijze 30
Snelle basmatipilav met noten 80
Snijbonen met knoflook 197
Soep met bonen en pasta 27
Soep met geroosterde groenten 22
Soep met knoflook en koriander 15
Soep met spinazie en rijst 25
Spaanse rijstsalade 220
Spaghetti met knoflook en olie 69
Spaghetti met tomatensaus 70
Spanakopitta 181
Sperziebonenbalti met maïs 133
Spinazie met champignons en rode paprika 135
Spinazie met rozijnen en pijnboompitten 200
Spinazie-aardappeltaart 143
Spinazie-dhal 121
Spiraalbrood met kruiden 240
Spruitjes met kastanjes 196
Stoofpot met aubergines en zoete aardappels 108
Stoofpot met kikkererwten 96
Stoofpotje met gemengde groenten en linzen 130
Strudel met ratatouille en fontina 180
Syrisch uienbrood 244

T
Taart met veldchampignons, noten en pruimen 187
Taartjes met kwarteleitjes 39
Tabbouleh 219
Tagliatelle met erwtensaus, asperges en tuinbonen 138
Taglierini met witte truffel 172
Tajine met kikkererwten 152
Tarte tatin met sjalotjes 186
Thaise groentecurry 108
Thaise tempékoekjes met een zoete dipsaus 59
Toast met gruyère 25
Tofu met chilipepers 115
Tomatenrijst 213
Tomatensaus 12
Tomatensoep met vers basilicum 19
Tomatenstengels 249
Tortilla met aardappel en ui 64
Toscaanse witte bonen in tomatensaus 95
Tuinbonen met room 197
Turkse stoofschotel 107
Tzatziki 43

U
Uienfocaccia 237
Urad dhal met chilipepers 154

V
Vegetarische burgers 97
Vegetarische shepherd's pie 96
Vegetarische stoofpot 84
Vegetarische tapenade 46
Venkel met een kruimelkorstje 200
Vetarme calzone 140
Vierkazenrisotto 190
Volkorenbrood 233
Volkorenkruidendriehoekjes 249
Volkorenpasta met groenten en karwij 137

Volkorenpizza met courgette, maïs en tomaten 140

W
Wagenwiel met kaas en courgette 243
Walnotenbrood 236
Warm kruidenbrood 242
Waterkers-rucolasaus 179
Waterkerssalade met peer, walnoten en roquefort 226
Waterkerssoep met peer 18
Wilde rijst met gegrilde groenten 193
Wildepaddestoelensoep 20
Wildepaddestoelentaart 184
Wittebonensalade met een dressing van geroosterde rode paprika's 222
Wortelmousse met champignonsaus 143

Z
Zoeteaardappelbrood met kaneel en walnoten 241
Zoeteaardappelpuree met knoflook 207
Zoeteaardappelrol 32
Zoetzure artisjokkensalade 223
Zoetzure bonenjachtschotel 156
Zwitserse souffléaardappels 211

Aantekeningen

AANTEKENINGEN

AANTEKENINGEN